Hans Peter Thiel

UNSERE ERDE VON A-Z

EIN LEXIKON FÜR KINDER

Mit Bildern von
Ilse und Rudolf Ross

SCHNEIDER VERLAG

Vorwort

Dies ist ein Lexikon für Kinder, die viel über die Erde und die Welt wissen wollen. Man kann das Buch von vorn bis hinten durchlesen und erfährt dabei, wie groß die Erdteile sind und welche Ozeane sie umschließen, wo es Wüsten und Regenwälder gibt, welche Berge am höchsten, welche Flüsse am längsten und welche Seen am tiefsten sind, wie die Kohle entstand und wann die Dinosaurier auf der Erde lebten. In dem Lexikon steht auch, daß kein Wasser auf unserem Planeten verlorengeht, auf welche Weise Wind und Wetter zustande kommen, wie die einzelnen Wolkenformen heißen und wodurch Erdbeben und Vulkanausbrüche entstehen.

Man kann in diesem Buch wie in jedem Lexikon nachschlagen, wenn man etwas ganz Bestimmtes wissen will. Das Lexikon reicht von *A* bis *Z*, von *Aargau*, einem Kanton in der Schweiz, bis *Zypresse*, einem schlanken Nadelbaum am Mittelmeer. Wer nicht weiß, was ein Kanton ist, sucht das Wort unter dem Buchstaben *K*. Dort steht dann die Erklärung.

Dieses Lexikon enthält aber nicht nur Begriffe wie Atmosphäre,Bergbau, Chronometer und viele andere, sondern auch Angaben zu allen Ländern dieser Welt. Unter dem Buchstaben *N* findet sich zum Beispiel das Stichwort *Niger*. Das ist nicht nur ein großer Fluß in Afrika, sondern auch ein afrikanischer Staat. Bei jedem Land steht, in welchem Erdteil es liegt, welche Völker dort wohnen, wie viele Einwohner es hat, wie die Hauptstadt heißt und welche Sprachen dort gesprochen werden. Dazu ist die Flagge des Landes abgebildet und angegeben, das wievielte Land der Welt es der Größe nach ist. Deutschland ist das 61größte Land auf der Erde, das größte ist Rußland. Die Fläche ist immer in km^2 angegeben, das ist die Abkürzung für Quadratkilometer.

Von allen Erdteilen gibt es Karten, auf denen man sieht, wo die Länder liegen. Die meisten europäischen Länder haben eigene Karten, etwa Frankreich oder Italien, die Iberische Halbinsel mit Spanien und Portugal oder Skandinavien. Für Deutschland, Österreich und die Schweiz sind sogar je zwei Karten im Buch. Diese Karten sollte man immer wieder betrachten, wenn man die Texte zu den einzelnen Ländern liest. Man kann sich dann vieles besser vorstellen.

Manche der über 1500 Stichwörter in diesem Lexikon stammen aus fremden Sprachen. Wenn nicht ganz klar ist, wie ein Wort ausgesprochen wird, steht in Klammern dahinter das Aussprachezeichen 👄 mit der Aussprachehilfe.
Das Zeichen ☞ verweist auf andere Stichwörter, die in Zusammenhang mit dem gesuchten Wort stehen, oder auf einen längeren Text, in dem der Begriff besonders ausführlich erklärt ist.

Nun viel Spaß bei der (Lese-)Reise durch die Welt, in der wir leben!

Verlag und Redaktion

Aargau Kanton in der Schweiz mit deutschsprachigen Einwohnern. Die Hauptstadt ist Aarau. ☞ *Kanton, Schweiz*

Abendland Alte Bezeichnung für Europa im Gegensatz zum Morgenland. ☞ *Morgenland, Orient*

Abendrot Wenn die Sonne untergeht, wird das Sonnenlicht an den Luftschichten gebrochen. Das am stärksten gebrochene Licht ist das Rot. Es fällt deshalb am längsten auf die Erdoberfläche. Besonders Wolken erscheinen am Abendhimmel kurz vor Sonnenuntergang wie in Rot getaucht. Die gleiche Erscheinung zeigt sich auch morgens bei Sonnenaufgang und heißt dann Morgenrot. Das Abendrot gilt als Schönwetterzeichen. ☞ *Morgenrot*

Abendstern Der Planet Venus heißt auch Abendstern, da er bei Sonnenuntergang oft besonders gut sichtbar ist. ☞ *Planet*

Abfallbeseitigung Alle Maßnahmen zur Beseitigung von Müll. ☞ *Recycling, Umweltschutz*

Abgase Alle Gase, die bei einer Verbrennung entstehen, insbesondere die Abgase der Kraftfahrzeuge. ☞ *Atmosphäre, Umweltschutz*

Ablagerung Bei der Verwitterung werden Gesteine durch Wind und Wasser, Hitze und Kälte zerstört und immer weiter zerkleinert. Diese Gesteinsbrocken lagern Bäche und Flüsse an anderer Stelle wieder ab. Man nennt sie Ablagerungs- oder Schichtgesteine und mit einem Fremdwort Sedimente. Dazu gehören zum Beispiel Sandstein, Tonschiefer, Kalkstein oder Steinsalz. Diese Gesteine sind in der Erdkruste in Schichten abgelagert. Man kann mit ihrer Hilfe das Alter der Erde bestimmen, da sie meist Versteinerungen urzeitlicher Pflanzen und Tiere enthalten. ☞ *Gestein, Versteinerung*

Aborigines (👁 aboritschines) So nennt man die Ureinwohner Australiens. ☞ *Australien, Völker*

Abrasion Die zerstörerische Kraft der Brandung an der Meeresküste. Das Festland wird dadurch unterspült und die Steilküste von den Meereswellen immer weiter angenagt. ☞ *Brandung, Erosion, Höhle*

Abraum Der Schutt, der beim Bergbau anfällt, wird zu großen Halden aufgetürmt. Im Kohlenbergbau besteht der Abraum überwiegend aus Gestein und Geröll. Im Salzbergbau hat man früher vor allem die Kalisalze ausgeschieden. Heute wird aus diesen Abraumsalzen Dünger hergestellt. Da die Abraumhalden das Landschaftsbild zerstören, bepflanzt man sie mit Gras und Büschen oder ebnet sie ein. Man nennt das Rekultivierung. ☞ *Bergbau*

Abruzzen Die Abruzzen sind ein rauhes Gebirge in Mittelitalien und mit 2 914 m Höhe der höchste Teil des Apennin. ☞ *Apennin, Italien*

Abtragung Wind und Wasser, Hitze und Kälte arbeiten ständig an der Erdoberfläche. Durch diese Erosion werden Gesteine zerkleinert und fortgetragen. Selbst hohe Berge werden so in unendlich langer Zeit abgeflacht und eingeebnet. ☞ *Erosion*

Abwässer Verunreinigtes Wasser aus Häusern und Fabriken muß gereinigt werden, bevor man es in Flüsse, Seen oder das Meer leiten kann. Abwässer, die nur mit pflanzlichen oder tierischen Stoffen verschmutzt sind, reinigen sich teilweise von selbst. Die Schmutzstoffe werden von Bakterien abgebaut. Dies geschieht durch biologische Reinigung in einer Kläranlage. Meist sind in Abwässern aber giftige Stoffe enthalten wie Säuren, Salz, Düngemittel oder Pflanzenschutzmittel. Solche Abwässer müssen chemisch gereinigt werden. ☞ *Kläranlage*

Ackerbau

Vor rund 10 000 Jahren war der Ackerbau noch nicht bekannt. Die Menschen der Steinzeit jagten Tiere und sammelten Wurzeln und Samen eßbarer Pflanzen. Als Jäger und Sammler durchstreiften sie große Gebiete, um Nahrung zu finden. Die Bewohner in der heutigen Türkei und im Irak hatten es besser als Menschen in anderen Gebieten. Hier wuchs nämlich eine Menge wilder Getreidearten mit eßbaren Körnern. Die Steinzeitmenschen schnitten die Gräser mit scharfen steinernen Sicheln und schlugen die Körner aus den Ähren. Irgendwann stellten sie fest, daß aus Körnern, die auf dem Dreschplatz liegengeblieben waren, neue Halme wuchsen. Damit begann der Ackerbau.

Die Menschen blieben jetzt in der Gegend, säten Körner in den Boden und warteten, bis die Halme reif waren und Frucht trugen. Um möglichst viele Körner zum Keimen zu bringen, lockerten sie den Boden mit einem zugespitzten Grabstock auf. Später verwendeten sie dafür eine Astgabel, die sie durch den Boden zogen. Die Spitze versahen sie mit einem scharfkantigen Stein, so daß sie tiefere Furchen ziehen konnten. Da sie noch keine Zugtiere hatten, spannten sie sich selbst vor den Pflug. Es vergingen noch 1 000 bis 2 000 Jahre, ehe die Menschen gelernt hatten, Wildtiere zu zähmen. Zunächst hatten sie nur Ziegen, Schafe und Hunde. Das Rind, das den Pflug ziehen sollte, wurde erst spät zum Haustier. Das mag daran gelegen haben, daß das Urrind, der 1,80 m hohe Auerochse, ein gewaltiges und gefährliches Tier war. Für die Zugtiere wurde der Holzpflug verbessert. Er erhielt jetzt einen Sterz, an dem man ihn führen und tief in die Erde drücken konnte. In der Eisenzeit ersetzte man die steinerne Pflugschar durch Metall. Heute hat man Mehrscharpflüge, die mehrere Furchen gleichzeitig ziehen, und die Zugtiere sind durch Traktoren ersetzt. In vielen Ländern der Dritten Welt pflügen die Menschen häufig noch wie vor 1 000 Jahren. So ziehen in Ostasien Wasserbüffel den Pflug, und auch die Bearbeitung des Bodens mit der Hacke ist noch weit verbreitet. Aus den Steppen und Grasländern der Erde, in Nordamerika, Rußland und China, wurden mit Hilfe des Pflugs riesige Getreidefelder. Die Erfindung des Ackerbaus war die erste große Revolution der Menschheit. Denn dadurch wurden die umherziehenden Menschen seßhaft und gründeten Staaten.

Die Entwicklung des Ackerbaus

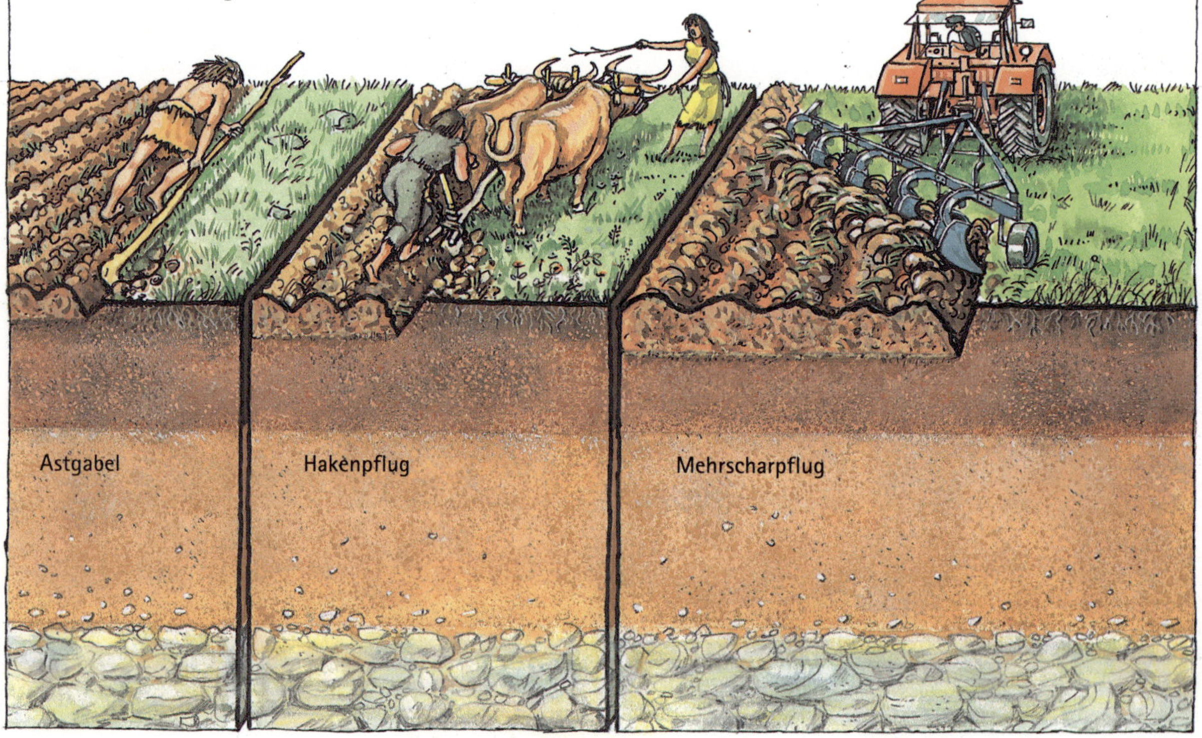

Achat Ein besonders schöner Quarz, der als Schmuckstein verwendet wird. ☞ *Edelsteine*

Ackerbau ☞ *Seite 6*

Ackerboden Nur in der über felsigem Untergrund liegenden Bodenschicht aus Kalk, Ton, Lehm oder Sand können Pflanzen gedeihen. Dieser fruchtbare Boden entsteht durch Verwitterung von Gestein, durch Ablagerung oder Zersetzung von Pflanzen und Tieren. ☞ *Ablagerung, Bodenarten*

Aconcagua Höchster Berg des amerikanischen Kontinents. Der mit ewigem Schnee bedeckte 6 958 m hohe Gipfel liegt in Argentinien. ☞ *Südamerika*

Adler Großer, starker Greifvogel, der in Europa nur noch selten vorkommt. Der Steinadler wird bis zu 90 cm lang, und die Spannweite seiner Flügel beträgt über 2 m. Der Seeadler ist etwas kleiner und gilt als Wappentier der Bundesrepublik Deutschland.

Adria Teil des Mittelmeers zwischen Italien, Kroatien und Griechenland. An der nördlichen Adria liegen berühmte Badeorte wie Rimini oder Cesenatico. In den letzten Jahren war die Adria vor allem durch Abwässer des Po so stark verschmutzt, daß es zu einer Algenpest kam. ☞ *Algen, Po*

Affen Die Affen leben in warmen Zonen der Alten und Neuen Welt. In Nordamerika und Australien gibt es keine Affen, in Europa nur den Magot auf Gibraltar, der Südspitze Spaniens. Vermutlich wurde diese Affenart auf Gibraltar ausgesetzt. Schimpansen, Gorillas und Orang-Utans bezeichnet man als Menschenaffen. Sie können einfache Werkzeuge benutzen und entwickeln sogar eine Art Sprache in unserem Sinn. Sie sind heute vom Aussterben bedroht, und vom Orang-Utan gibt es nur noch wenige Exemplare. Die Menschenaffen zählen zur Gruppe der Altweltaffen und Schmalnasen. Die Breitnasen sind wesentlich kleiner und bevölkern die Urwälder Südamerikas.

Affenbrotbaum Der Affenbrotbaum oder Baobab kommt in der tropischen Savanne vor. Sein Stamm erreicht bis zu 30 m Umfang. In dem schwammigen, weichen Holz kann der Baum für die Trockenzeit viel Wasser speichern. Der Baobab gilt als Kennzeichen der afrikanischen Savanne. ☞ *Savanne*

Afghanistan Asien

Fläche: 652 090 km² (40. Land)
Einwohnerzahl: 16,1 Mio.
Hauptstadt: Kabul (1,2 Mio. Einw.)
Bevölkerung: Paschtunen, Tadschiken, Usbeken
Sprachen: Paschtu, Dari (Farsi)
Religion: Moslems Geld: Afghani
Das sehr gebirgige Land umfaßt den größten Teil des Hindukusch. Im Süden gibt es ausgedehnte Steppen, Wüsten und große Salzsümpfe.

Afrika ☞ *Seite 8*

Ägäis Teil des Mittelmeers, der zwischen Griechenland und der Türkei liegt. Die Ägäis ist reich an Inseln und durch eine Meerenge mit dem Schwarzen Meer verbunden. Die ägäischen Inseln wie Mikonos oder Naxos sind beliebte Ferienziele.

Afrika

Afrika ist der zweitgrößte Erdteil mit 30 Millionen km^2. Es umfaßt ein Fünftel der gesamten Landmasse der Erde. Von Europa ist Afrika durch das Mittelmeer getrennt, und in der Meerenge von Gibraltar nähert es sich dem europäischen Kontinent bis auf 15 km. Das Land ist so riesig, daß im Norden an der Mittelmeerküste ein anderes Klima herrscht als im Süden an den Küsten des Atlantiks oder des Indischen Ozeans. Während die Ägypter in Kairo unter Hitze stöhnen, beginnt in Kapstadt in Südafrika die Regenzeit. Diese Städte liegen fast 8 000 km auseinander, weiter als Amerika und Europa. Von Westen nach Osten sind es rund 7 500 km.

Im Gegensatz zu den anderen Erdteilen hat Afrika keine großen zusammenhängenden Gebirgszüge. Das Atlasgebirge im Norden erreicht in seinen höchsten Gipfeln nur rund 4 000 m, und der Kilimandscharo in Ostafrika ist mit 5 895 m der höchste Berg Afrikas. Die afrikanische Küste ist wenig gegliedert. Es gibt kaum Buchten, Inseln oder Halbinseln.

Der Erdteil mit zwei Hälften

Afrika gehört sowohl zur nördlichen als auch südlichen Erdhälfte und wird vom Äquator etwa in der Mitte geteilt. Es gibt keinen Winter, sondern nur Regenzeiten. Nördlich des Äquators erstreckt sich die Sahara vom Atlantik bis zum Roten Meer. Es ist die größte Wüste der Welt, und sie nimmt mehr als ein Viertel des gesamten Erdteils ein. Durch anhaltende Trockenheit breitet sich die Sahara immer weiter südwärts aus. In der trockenen Sahelzone von der Atlantikküste bis zum Tschadsee schreitet die Wüste jährlich fünf Kilometer weiter fort. Diese Verwüstung wird hauptsächlich vom Menschen verursacht. Da zu viele Rinder gehalten wurden, kam es zu einer Überweidung, und schließlich wuchs kein Gras mehr. Auch durch Brandrodung und Holzschlag für Brennholz wurde immer mehr fruchtbarer Boden zerstört. So kommt es in diesen Gebieten immer wieder zu Hungersnöten.

Auch südlich des Äquators gibt es Wüstengebiete und wüstenartige Steppen. An der Küste von Namibia zieht sich die 1 400 km lange und bis zu 150 km breite Namibwüste hin. Und der größte Teil von Botswana wird von der Kalahari eingenommen. Das ist eine riesige Trockensteppe, in der fast nur Dornbüsche gedeihen. Die wenigen Flüsse und Seen sind fast immer ausgetrocknet. Nur wenn es einmal regnet, füllen sich die Flußtäler, und es entstehen für kurze Zeit reißende Ströme.

Der heiße und der feuchte Erdteil

Afrika ist jedoch kein trockener Erdteil, wie man vielleicht annehmen könnte. Beiderseits des Äquators erstreckt sich der feuchtheiße Urwald. Hier regnet es fast jeden Tag, und hier entspringen auch die meisten großen Flüsse. Mit dem Nil, dem Niger, dem Kongo und dem Sambesi besitzt Afrika einige der längsten Ströme der Erde. Der Nil ist mit 6 671 km sogar länger als der Amazonas. Außer dem Nil, der in der Nähe von Kairo in mehreren Armen in das Mittelmeer mündet, fließen alle großen Flüsse in den Atlantik oder in den Indischen Ozean. Sie haben meist gefährliche Stromschnellen oder stürzen über hohe Wasserfälle talwärts. Im ostafrikanischen Hochland liegen große Seen. Der Tanganjikasee ist mit 1 435 m der zweittiefste See der Erde, und auch der Njassasee ist noch 706 m tief. Am größten ist der Victoriasee mit 68 000 km^2. Er ist zwar nur 50 bis 85 m tief, aber 125 mal größer als der Bodensee. Er würde also fast ganz Bayern bedecken.

Die Tierwelt Afrikas

An den feuchtheißen Urwaldgürtel schließt sich die Savanne an. Diese Landschaft ist mit meterhohem Gras bedeckt. Dazwischen stehen einzelne Affenbrotbäume, die Baobabs, und Schirmakazien mit breiten Kronen. In der Savanne lebten früher riesige Herden von Antilopen, Giraffen, Zebras und Elefanten, und auch der König der Tiere, der Löwe, ist hier zu Hause. Die Zahl der Savannentiere ist stark zurückgegangen, auch weil Großwildjäger aus Europa und Amerika sie seit vielen Jahrzehnten abgeschossen haben. Die Elefanten hat man vor allem wegen ihrer Stoßzähne aus Elfenbein getötet. Um die Tierwelt Afrikas vor dem Aussterben zu bewahren, wurden in der Savanne riesige Nationalparks eingerichtet. Sie müssen von Wildhütern bewacht werden, denn einheimische Wilderer machen nach wie vor Jagd auf die Tiere. Sie verkaufen das Elfenbein und die begehrten Felle seltener Tierarten ins Ausland. Durch anhaltende Trockenheit in den letzten Jahren ist auch in vielen Nationalparks das Wasser und das Futter für die dort wild lebenden Tiere knapp geworden, so daß Hunderttausende verhungerten und verdursteten.

Vor der Südspitze Afrikas liegt die Insel Madagaskar. Sie ist mit fast 590 000 km^2 die viertgrößte Insel der Erde und hat eine eigene Tierwelt. Hier leben etwa 30 verschiedene Arten von Halbaffen, aber nur wenige höherentwickelte Säugetiere.

Afrika

Südliche Sahara
Atlasgebirge
Berberaffe
Atlas
Wüstenspringmaus
Skorpion
Fennek
Dromedar
Dattelpalme
Nil
Rotes Meer
0 500 1000 km
Sahara
Mähnenschaf
Dornschwanz
Gecko
Pavian
Niger
Meerkatze
Giraffe
Elefant
Krokodil
Zebra
Zwergflußpferd
Blauer Nil
Weißer Nil
Lobelie
Gorilla
Victoriasee
Kongo
Im Kongo
Gepard
Flamingo
Kilimandscharo 5895 m
Sambesi
Baobab
Schirmakazie
Katta
Löwe
Strauß
Madagaskar
ATLANTISCHER OZEAN
INDISCHER OZEAN
Victoriafälle

Große Teile Afrikas sind völlig menschenleer. Denn weite Gebiete sind wegen Wassermangel, Tierseuchen und Tropenkrankheiten nicht besiedelt. Nur im Norden Afrikas gab es schon vor Jahrtausenden große Reiche. Vor rund 5 000 Jahren entstand am Nil das Reich der Ägypter, an die heute noch die Pyramiden von Gise und die Reste des Tempels von Luxor erinnern. Der Nil war die Lebensader des ägyptischen Reichs. Jährlich nach der Regenzeit trat er über seine Ufer und lagerte fruchtbaren Schlamm auf den Feldern ab. Die alten Ägypter hatten ein großartiges Bewässerungssystem und verteilten das Wasser des Nil mit Schöpfrädern auf ihre Felder. So konnten sie dreimal im Jahr ernten. Um den Wasserstand des Nil noch besser kontrollieren und nutzen zu können, wurde in unserem Jahrhundert der Assuan-Staudamm gebaut, der das Wasser in einem großen Stausee zurückhält. Ägypten ist heute eines der dichtest besiedelten Länder Afrikas und Kairo mit 6,1 Millionen Menschen die größte Stadt dieses Erdteils.

Hunderte von Völkern

Die Nordafrikaner sind überwiegend arabischer Abstammung und weißer Hautfarbe. Dazu zählen die Beduinen, die teilweise noch als Nomaden mit ihren Kamelherden umherziehen. Die Berber, zu denen das kleine Volk der Tuareg gehört, sind heute mit den Arabern stark vermischt. Marokko ist überwiegend von Berbern bewohnt. Die arabischen Städte Nordafrikas haben fast alle eine Kasba, eine Altstadt mit einer Burg. An die Zeit, als die Römer die nordafrikanische Küste beherrschten, erinnern noch Ruinen römischer Bauwerke.

Das eigentliche Schwarzafrika mit Hunderten von verschiedenen Völkern und Sprachen beginnt südlich der Sahara. Allein im Sudan, dem größten Land Afrikas, gibt es zehn Völker. In Südafrika leben in der Kalahariwüste noch etwa 30 000 Buschmänner. Dieses Volk bewohnte Afrika schon in der Steinzeit und hat seine Lebensgewohnheiten bis heute nicht geändert. Insgesamt leben in Afrika in 52 Staaten rund 600 Millionen Menschen, davon sind etwa 10 Millionen europäischer Abstammung.

Zu den ersten Europäern, die nach Afrika kamen, gehörten die Portugiesen. Sie erforschten die Westküste bis zur Mündung des Niger. Dort holten sie von der Elfenbeinküste die wertvollen Stoßzähne der afrikanischen Elefanten. Von der Goldküste brachten Schiffe das afrikanische Gold nach Europa, und an der Sklavenküste machten die Araber Jagd auf Eingeborene, um sie den Portugiesen als Sklaven zu verkaufen. Erst im vorigen Jahrhundert drangen Engländer, Franzosen und Belgier ins Innere Afrikas vor. Sie teilten den rohstoffreichen Erdteil unter sich auf. So entstanden die Kolonien. Die Weißen legten auf dem schwarzen Erdteil Viehfarmen, Plantagen und Bergwerke an, in denen die Eingeborenen für sie arbeiteten. Gold und Diamanten, edle Hölzer aus dem Urwald, Tierfelle und die Erzeugnisse der Plantagen wie Kaffee und Kakao wurden nach Europa gebracht.

Heute gibt es keine Kolonien mehr, sondern selbständige afrikanische Staaten. Nur aus Südafrika, wo die großen Gold- und Diamantenfelder liegen, haben sich die Weißen noch nicht zurückgezogen. Doch obwohl Afrika jetzt den Afrikanern gehört und der Erdteil reiche Bodenschätze besitzt, zählen die meisten afrikanischen Länder zu den ärmsten der Welt. Es gibt kaum Industrie, und die Arbeitslosigkeit ist groß. Da die Bevölkerung in Afrika schneller wächst als die Nahrungsmittelproduktion zunimmt, drohen ständig Hungersnöte. Man schätzt, daß etwa 20 Millionen Afrikaner infolge der großen Dürren unterernährt sind. Hinzu kommen Bürger- und Stammeskriege, die das Land zerstören und die Entwicklung aufhalten.

Afrika

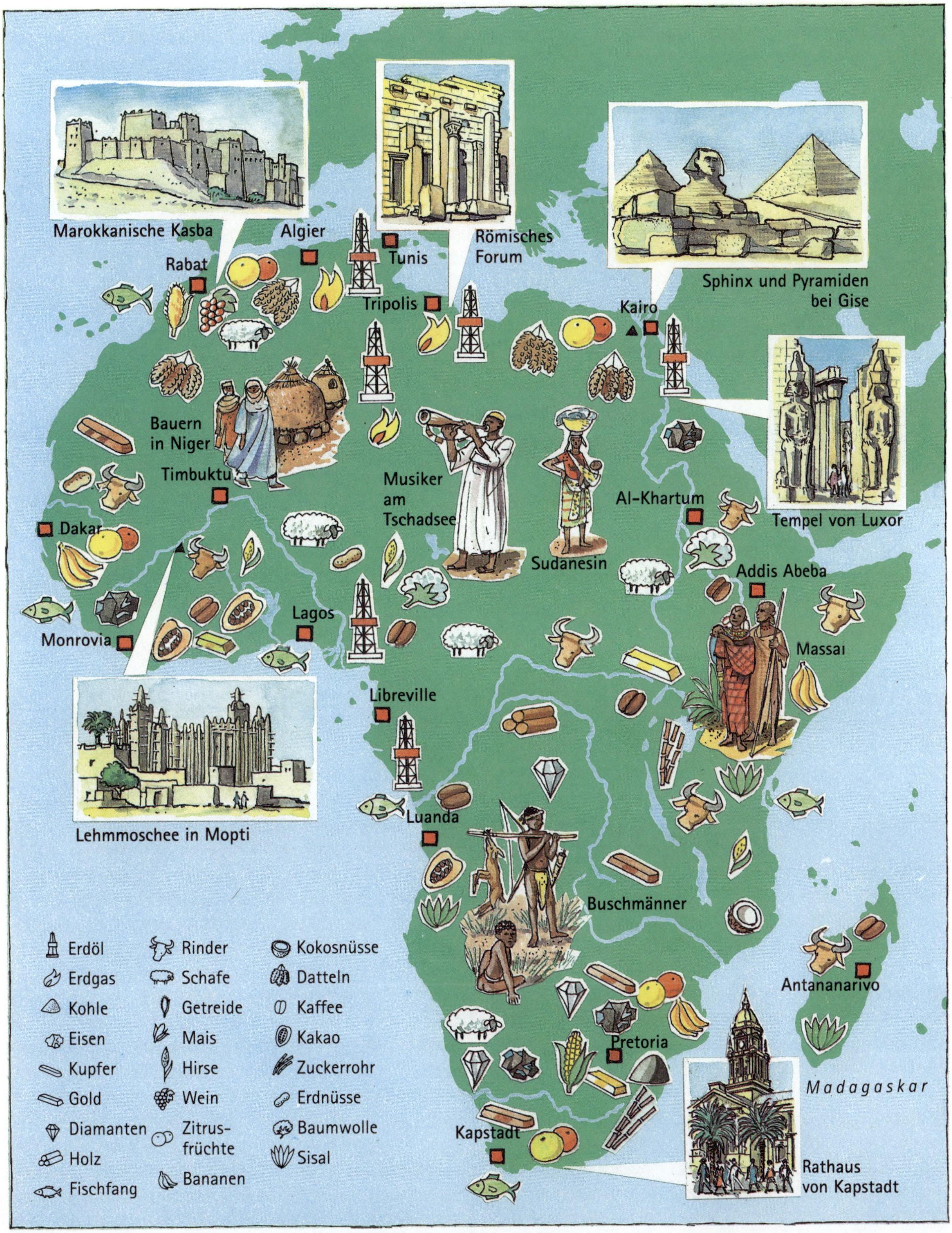
Marokkanische Kasba
Rabat
Algier
Tunis
Römisches Forum
Tripolis
Kairo
Sphinx und Pyramiden bei Gise
Bauern in Niger
Timbuktu
Dakar
Musiker am Tschadsee
Sudanesin
Al-Khartum
Tempel von Luxor
Addis Abeba
Massai
Monrovia
Lagos
Libreville
Lehmmoschee in Mopti
Luanda
Buschmänner
Antananarivo
Madagaskar
Pretoria
Kapstadt
Rathaus von Kapstadt
Erdöl
Erdgas
Kohle
Eisen
Kupfer
Gold
Diamanten
Holz
Fischfang
Rinder
Schafe
Getreide
Mais
Hirse
Wein
Zitrusfrüchte
Bananen
Kokosnüsse
Datteln
Kaffee
Kakao
Zuckerrohr
Erdnüsse
Baumwolle
Sisal

Agave Die mächtige Pflanze mit ihren fleischigen Blättern ähnelt einer großen Kaktee. Sie ist heute im gesamten Mittelmeergebiet verbreitet und wird in Mittelamerika auf Plantagen angebaut. Ihre Fasern liefern den Sisalhanf für Taue und Teppichböden.

Ägypten Afrika

Fläche: 1 001 449 km² (29. Land)
Einwohnerzahl: 52 Mio
Hauptstadt: Kairo (6,1 Mio. Einw.)
Bevölkerung: Ägypter, Beduinen, Nubier
Sprachen: Arabisch, Nubisch, Oromo
Religion: Moslems Geld: Ägyptisches Pfund
Das Herz Ägyptens ist die Oase beiderseits des Nil. Hier leben die Fellachen und betreiben Ackerbau. Fast das ganze übrige Land ist Wüste.

Alaska Nördlichster Staat der USA, der größtenteils in der Polarzone liegt. Während der achtmonatigen Winterzeit ist das ganze Land mit Schnee und Eis bedeckt. Alaska ist reich an Bodenschätzen, vor allem an Gold und Erdöl. ☞ *Nordamerika*

Albanien ☞ *Balkan*

Albatros Größter Sturmvogel der südlichen Halbkugel. Dieser Meeresvogel wird fast 1 m lang und hat eine Flügelspannweite von über 3 m. Er gilt als der beste Segler unter den Vögeln.

Aletschgletscher Größter Gletscher Mitteleuropas in den Berner Alpen. Er ist über 20 km lang und bedeckt eine Fläche von rund 100 km².
☞ *Gletscher, Schweiz*

Alëuten (ale-uten) 2 000 km lange Inselkette im Norden Alaskas zwischen Amerika und Asien. Die Alëuten bestehen aus rund 150 Inseln, auf denen es noch tätige Vulkane gibt. Die Urbevölkerung der Inseln, die zu den USA gehören, sind Eskimos.

Algarve Berühmte Küstenlandschaft in Portugal. Die Algarve umfaßt die südliche Steilküste des Landes und hat wunderschöne rotgelbe Felsen.
☞ *Iberische Halbinsel*

Algen Pflanzen, die überwiegend im Wasser leben. Je nach ihrer Farbe unterscheidet man Blaualgen, Grünalgen, Rotalgen oder Braunalgen. Die kleinsten von ihnen kann man mit dem bloßen Auge gar nicht erkennen, die Riesentange im Meer dagegen werden bis zu 400 m lang. Algen geben wie alle anderen Pflanzen Sauerstoff ab und nehmen Kohlendioxid auf. Sie sorgen so für den Gasaustausch, und ohne sie könnten keine Tiere im Wasser leben. Viele Tiere ernähren sich auch von den Algen, und besonders in Japan stellt man aus bestimmten Meeresalgen auch Nahrungsmittel für den Menschen her. So wird der Zuckertang zum Süßen von Suppen oder Reis verwendet. ☞ *Tang*

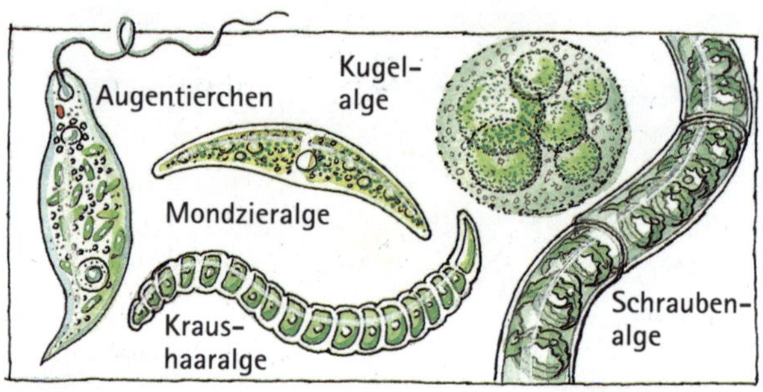

Algerien Afrika

Fläche: 2 381 741 km² (11. Land)
Einwohnerzahl: 25 Mio.
Hauptstadt: Algier (1,5 Mio. Einw.)
Bevölkerung: Araber, Berber, Franzosen
Sprachen: Arabisch, Französisch, Berberdialekte
Religion: Moslems Geld: Algerischer Dinar
Das Land reicht vom Mittelmeer bis in die Sahara und wird im Norden und Süden von hohen Gebirgen umsäumt. An der Küste werden Zitrusfrüchte und Wein angebaut. Algerien besitzt viel Erdöl.

Allgäu Alpenlandschaft zwischen Bodensee und Lech. Im Allgäu wird besonders Viehzucht betrieben, und die Käseherstellung ist weithin bekannt. Auch der Tourismus spielt hier eine große Rolle. Mittelpunkt des Fremdenverkehrs ist Oberstdorf. Die höchsten Berge der Allgäuer Alpen sind die Hochfrottspitze (2649 m), die Mädelegabel (2 645 m) und das Nebelhorn (2 224 m). ☞ *Deutschland*

Alligator Krokodilart, die hauptsächlich am Mississippi und auf der Halbinsel Florida vorkommt. Wegen seiner hechtähnlichen Schnauze wird dieses amerikanische Krokodil auch Hechtalligator genannt. Es gibt mehrere Arten, die bis zu 4 m lang werden können. ☞ *Nordamerika*

Alm Die Alm ist eine Weide im Hochgebirge. In den Alpen werden im Sommer die Kühe auf die Alm getrieben, um die Bergwiesen abzuweiden. Dort werden sie von einem Senn oder einer Sennerin betreut und gemolken. Die Milch kommt entweder mit einer Seilbahn zu Tal oder wird auf der Alm zu Butter und Käse verarbeitet. Beim Almabtrieb im Herbst ziehen die Kühe wieder ins Tal, wo sie den Winter in Ställen verbringen.

Alpaka Südamerikanisches Kleinkamel, das wegen seiner Wolle gezüchtet wird. Es stammt vom wildlebenden Vikunja ab. ☞ *Guanako*

Alpen Die Alpen sind das höchste Gebirge in Europa. Sie sind 1 200 km lang und 150 bis 250 km breit und reichen von Frankreich bis an die ungarische Grenze. Ihr höchster Gipfel ist der Mont Blanc mit 4 810 m in den Westalpen. Sie trennen Nordeuropa von Südeuropa. Anteil an den Alpen haben Frankreich, die Schweiz, Italien, Deutschland, Österreich und Slowenien. Das Faltengebirge ist erdgeschichtlich noch sehr jung. Es entstand vor ungefähr 60 Millionen Jahren. Die Berge und Täler wurden erst von den letzten Eiszeiten ausgeformt. Die Reste sind heute noch sichtbar: die Moränenhügel des Voralpenlands, die Bergseen und die Gletscher auf den höchsten Gipfeln.

Altai Bis zu 4 500 m hohes Grenzgebirge zwischen Rußland und der Mongolei. Der 2 000 km lange Gebirgszug reicht im Norden bis in die Wüste Gobi. Auf den höchsten Gipfeln liegen Gletscher. ☞ *Asien*

Altamira Dieser Ort nahe der nordspanischen Küste ist berühmt für seine Felsmalereien aus der Altsteinzeit. Hier haben Kinder im Jahr 1879 eine Höhle entdeckt, die von den Steinzeitmenschen mit jagdbaren Tieren ausgemalt worden ist. Die Malereien sind etwa 20 000 bis 25 000 Jahre alt. Eine Nachbildung davon kann man heute im Deutschen Museum in München bewundern.
☞ *Höhlenmalerei, Steinzeit*

Alternative Energie Für das Heizen unserer Häuser verwenden wir heute noch überwiegend fossile Brennstoffe. Darunter versteht man Kohle, Erdöl und Erdgas. Diese Brennstoffe sind zugleich wertvolle Rohstoffe für die Chemie und deshalb zum Verbrennen viel zu schade. Statt dessen könnte man andere Brennstoffe verwenden, zum Beispiel Abfallholz aus der Forstwirtschaft oder Biogas, das sich aus Stallmist und verfaulenden Pflanzenabfällen gewinnen läßt. Eine andere, alternative Energie liefern die Sonne und der Wind. Sonnenenergie kann zum Heizen genutzt werden, und Windenergie läßt sich in elektrischen Strom umwandeln. Leider werden diese Energiequellen noch zu wenig genutzt, und wir verbrennen weiterhin wertvolle Bodenschätze. Die Vorräte an Öl und an Kohle sind aber begrenzt. ☞ *Erdöl, Kohle*

Altlasten Heute kommt es immer wieder vor, daß man beim Ausheben einer Baugrube giftige Stoffe im Boden findet. Solche Funde macht man häufig in der Nähe von Fabrikanlagen. Manchmal wurden auch irgendwo im Gelände Müllgruben angelegt und später vergessen. Besonders solche Müllkippen enthalten oft gefährliche Giftstoffe, die in den Boden eindringen und das Grundwasser verseuchen. Heute ist es verboten, Abfälle einfach zu vergraben. Giftstoffe müssen auf einer Sondermülldeponie gelagert werden.
☞ *Deponie, Mülldeponie, Umweltschutz*

Altwasser Flußarme, die vom Fluß abgetrennt sind und nicht mehr durchströmt werden. Dadurch entstehen in der Flußlandschaft kleine Weiher und Tümpel. Diese Totarme bieten vielen Tieren einen Lebensraum. ☞ *Auenlandschaft*

Aluminium Silberweißes, leichtes Metall. Es kommt häufig in der Erdkruste vor, aber nie als reines Metall oder Erz. Rohstoffe für die Gewinnung von Aluminium sind Tonerden wie das rötliche Bauxit oder die weiße Porzellanerde Kaolin. ☞ *Bauxit*

Amazonas Der Amazonas ist der größte Strom Südamerikas, und er nimmt das meiste Süßwasser der Welt auf. Mit 6 518 km Länge ist er nach dem Nil der zweitlängste Fluß der Erde. Sein Flußgebiet umfaßt über 200 Nebenflüsse und zieht sich durch ganz Brasilien. An der Mündung in den Atlantik ist er fast 250 km breit. Sein Lauf führt durch den größten zusammenhängenden Urwald der Erde, den Amazonasregenwald.

Amerika Doppelkontinent, der aus Nordamerika und Südamerika besteht und durch die schmale Landbrücke von Mittelamerika verbunden ist. Nimmt man die gesamte Landmasse zusammen, so ist sie mit 42 Millionen km² der zweitgrößte Erdteil. Obwohl die Wikinger Nordamerika schon um das Jahr 1 000 erreicht hatten, gilt Kolumbus als der eigentliche Entdecker der „Neuen Welt“. Der Kontinent wurde jedoch nach dem italienischen Seefahrer Amerigo Vespucci benannt. ☞ *Entdecker*

Amethyst Violetter, durchsichtiger Edelstein, den man in Brasilien und im Ural findet. ☞ *Edelsteine*

Ammonit Der Ammonit ist ein altertümlicher Tintenfisch, der im Erdmittelalter in den Meeren lebte. Er steckte in einem schneckenförmigen Gehäuse. Von Versteinerungen wissen wir, daß manche Ammoniten einen Durchmesser von 2 m hatten. Die meisten waren aber viel kleiner. Ein Nachfahre des Ammoniten ist der Nautilus, der im Indischen Ozean vorkommt. ☞ *Fossilien*

Amphibie Tier, das sowohl im Wasser als auch auf dem Land leben kann. Die ersten Amphibien erschienen vor 350 Millionen Jahren auf der Erde.

Amsterdam Hauptstadt der Niederlande mit 695 000 Einwohnern. Die Stadt ist ähnlich wie Venedig von Kanälen durchzogen und auf Pfählen gebaut. ☞ *Beneluxländer, Niederlande*

Amundsen, Roald Der norwegische Polarforscher lebte von 1872 bis 1928. Er entdeckte 1911 den Südpol. Bereits 1906 war es ihm gelungen, die Nordwestpassage zu durchfahren. ☞ *Entdecker*

Ananas Tropische Frucht, die aus Mittelamerika stammt. Sie wird heute auf großen Plantagen vor allem in Thailand, auf den Philippinen und in Brasilien angebaut.

Anatolien Die Halbinsel Anatolien wird auch als Kleinasien bezeichnet. Sie liegt zwischen dem Schwarzen Meer und dem Mittelmeer und bildet heute den größten Teil der Türkei. ☞ *Türkei*

Andalusien Landschaft in Südspanien mit der Hauptstadt Sevilla. ☞ *Spanien*

Anden Die Anden sind ein Hochgebirge und erstrecken sich an der Westküste des südamerikanischen Kontinents. Sie sind 100 bis 800 km breit, und ihr höchster Gipfel ist der 6 958 m hohe Aconcagua in Argentinien. Die Anden setzen sich über Mittelamerika bis in die Rocky Mountains fort. Diese Kordilleren (👁 kordiljeren) bilden mit 15 000 km die längste Gebirgskette der Welt.
☞ *Südamerika, Rocky Mountains*

Andorra ☞ *Iberische Halbinsel*

Andromedanebel Am nördlichen Sternenhimmel kann man mit bloßem Auge einen schwachen Lichtfleck erkennen, den Andromedanebel. Er ist eine Anhäufung von Sternen, ähnlich unserer Milchstraße, die etwa 2,5 Millionen Lichtjahre von der Erde entfernt sind. ☞ *Milchstraße*

Angola Afrika

Fläche: 1 246 700 km² (22. Land)
Einwohnerzahl: 10 Mio.
Hauptstadt: Luanda (1,3 Mio. Einw.)
Bevölkerung: Bantu
Sprachen: Bantusprachen, Portugiesisch
Religion: Christen, Naturreligionen Geld: Kwanza
Hochland in Südwestafrika mit einer Küste am Atlantik. Das Land hat ausgedehnte Savannen mit einer reichen Tierwelt.

Ankara Hauptstadt der Türkei mit 2,8 Millionen Einwohnern. Ankara liegt in der Mitte Anatoliens. ☞ *Anatolien, Balkan*

Antarktis Das Gebiet um den Südpol; man bezeichnet es auch als den siebten Kontinent oder Antarktika. Mit fast 14 Millionen km² ist das Südpolargebiet größer als Europa. ☞ *Polargebiete*

Anthrazit Älteste Steinkohle mit dem größten Heizwert. Der tiefschwarze Anthrazit ist aus baumförmigen Farnen entstanden. ☞ *Kohle*

Antigua und Barbuda

Mittelamerika
Fläche: 440 km² (179. Land)
Einwohnerzahl: 79 000
Hauptstadt: Saint John's (36 000 Einw.)
Bevölkerung: Schwarze, Mulatten
Sprachen: Englisch, Kreolisch
Religion: Christen Geld: Ostkaribischer Dollar
Der kleine Staat in der Karibischen See besteht aus mehreren Inseln und ist insgesamt etwa so groß wie das Bundesland Bremen.

Antillen Inselgruppe im Karibischen Meer. Zu den Großen Antillen gehören Kuba, Jamaika, Haiti und Puerto Rico. Die Kleinen Antillen bestehen aus einer Kette vulkanischer Inseln. ☞ *Mittelamerika*

Apartheid Wort aus der Sprache der Buren, die vor Jahrhunderten aus den Niederlanden nach Südafrika auswanderten. Apartheid bedeutet strenge Trennung zwischen Weißen und Farbigen. Dadurch versuchte die weiße Minderheit lange, die Rechte der schwarzen Mehrheit einzuschränken. Seit 1994 bestimmt die Mehrheit die Regierung.

Apennin Gebirgszug in Italien. Er erstreckt sich von Norden nach Süden fast über die gesamte Halbinsel und bildet das Rückgrat Italiens. ☞ *Italien*

Appenzell Zwei Schweizer Halbkantone mit den Hauptstädten Appenzell und Herisau. ☞ *Schweiz*

Aquädukt Wasserleitung der Römer. Der Aquädukt bestand aus steinernen Brückenbogen, die oft sogar zweistöckig waren. Darüber floß das Trinkwasser in einer Rinne.

Aquamarin Wasserblauer Edelstein, der vor allem in Brasilien gefunden wird. ☞ *Edelsteine*

Äquator Der Äquator trennt die Erde in eine nördliche und eine südliche Erdhalbkugel. Er ist eine gedachte Linie, die sich wie ein Gürtel um die Mitte der Erdkugel spannt. Seine Länge beträgt rund 40 000 km. Zu beiden Seiten des Äquators erstrecken sich die Tropen. ☞ *Breitengrad, Tropen*

Äquatorial-Guinea Afrika

Fläche: 28 051 km² (141. Land)
Einwohnerzahl: 417 000 Einw.
Hauptstadt: Malabo (33 000 Einw.)
Bevölkerung: Bantu
Sprachen: Spanisch, Bubi, Fang
Religion: Christen Geld: Afrikanischer Franc
Der Staat am Golf von Guinea umfaßt auch die vorgelagerten kleineren Vulkaninseln. Hier gibt es tropische Regenwälder und Kakaoplantagen.

Aquädukt

Araber Eine Gruppe von Volksstämmen. Sie bewohnen die Halbinsel Arabien, Palästina, den Irak, Ägypten und Nordafrika. Die meisten Araber bekennen sich zum Islam. ☞ *Beduinen, Islam*

Arabien Größte Halbinsel der Welt mit rund 3 Millionen km². Arabien liegt im Südwesten Asiens und ist vom Roten Meer, vom Arabischen Meer und vom Persischen Golf umgeben. Die größte Fläche nimmt das Königreich Saudi-Arabien ein. Auf der Halbinsel gibt es große Ölvorkommen, durch die einige Länder zu reichen Staaten der Erde wurden.

Aralsee Der einst sehr fischreiche Aralsee im Süden Rußlands war mit 66 500 km² der viertgrößte See der Erde. Er trocknet stark aus und verlandet.

Archipel Griechisches Wort für Inselgruppe. Zum Beispiel umfaßt der Griechische Archipel Hunderte von Inseln im Ägäischen Meer. ☞ *Insel*

Argentinien Südamerika

Fläche: 2 780 092 km² (8. Land)
Einwohnerzahl: 32,3 Mio.
Hauptstadt: Buenos Aires (2,9 Mio. Einw.)
Bevölkerung: Weiße, Mestizen
Sprache: Spanisch
Religion: Christen Geld: Peso
Zweitgrößtes Land in Südamerika, das bis nach Feuerland an der Spitze des Erdteils reicht. In Argentinien gibt es feuchtes, subtropisches Klima bis hin zum kalten Polarklima. Einen großen Teil des Landes nimmt das Grasland der Pampas ein.

Arizona Staat im Südwesten der USA. Die Hauptstadt ist Phoenix. In Arizona liegt der Grand Canyon. Es ist altes Indianerland und kommt oft in Wildwestfilmen vor. ☞ *Cañon, Nordamerika*

Arktis Das Gebiet um den Nordpol. Es ist zum größten Teil von Eis bedecktes Meer. Die Eisschicht ist bis zu 4 m dick. Im kurzen arktischen Sommer bricht das Eis auf, dann können Schiffe das Eismeer am Rand befahren. ☞ *Antarktis, Polargebiete*

Ärmelkanal Meerenge zwischen Nordsee und Atlantik. Der Ärmelkanal zwischen Frankreich und England ist an der schmalsten Stelle nur 33 km breit. Ein Tunnel im Meeresboden verbindet das Festland mit der Britischen Insel. ☞ *Eurotunnel*

Armenien Asien

Fläche: 29 800 km² (138. Land)
Einwohnerzahl: 3,6 Mio.
Hauptstadt: Eriwan (1,3 Mio. Einw.)
Bevölkerung: Armenier, Aserbaidschaner
Sprachen: Armenisch, Russisch, Kurdisch
Religion: Christen Geld: Rubel
Land am Kaukasus, das an die Türkei und den Iran angrenzt. Das Gebirgsland gilt als äußerst erdbebengefährdet.

Artenschutz Alle Bemühungen, die Tier- und Pflanzenarten auf der Erde zu erhalten, bezeichnet man als Artenschutz. Die meisten Staaten der Erde haben sich in einem Artenschutzabkommen verpflichtet, gefährdete Tiere und Pflanzen vor dem Aussterben zu bewahren. Danach ist es verboten, mit geschützten Tieren Handel zu treiben, sie zu jagen oder zu töten. Auch der Handel mit den Fellen gefährdeter Tierarten, mit Elfenbein und seltenen Pflanzen ist nicht erlaubt. Leider halten sich nicht alle Länder an dieses Artenschutzabkommen.

Artesischer Brunnen Steht Grundwasser zwischen zwei wasserundurchlässigen Schichten, dann kann es durch eigenen Druck an die Oberfläche steigen. Dazu muß man die wasserführende Schicht anbohren. Artesische Brunnen gibt es vor allem in Australien, aber auch im Süden Afrikas.

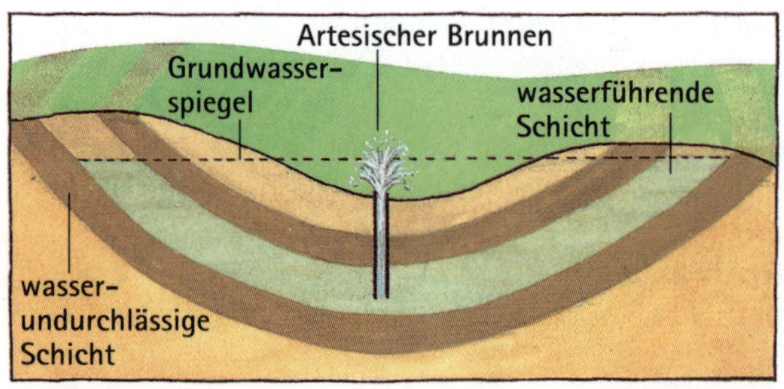

Aserbaidschan Asien

Fläche: 86 600 km² (111. Land)
Einwohnerzahl: 7,1 Mio.
Hauptstadt: Baku (1,2 Mio. Einw.)
Bevölkerung: Aserbaidschaner, Armenier
Sprachen: Aseri, Armenisch, Russisch
Religon: Moslems Geld: Rubel
Das vorderasiatische Land liegt zwischen Kaukasus und Kaspischem Meer, an dem es eine lange Küste besitzt. Es hat große Erdöl- und Erdgasvorkommen.

Felsentempel in Abu Simbel

Assuanstaudamm am Nil

Asien ☞ *Seite 18*

Assam Feuchtheißes Tropenland im Nordosten Indiens. Es ist das regenreichste Gebiet der Erde. In seinem gebirgigen Teil wächst über die Hälfte des Tees, der auf der Welt verbraucht wird. ☞ *Asien*

Assuan-Staudamm Ein 3,6 km langer und 120 m hoher Damm, der den Nil in Oberägypten zu einem gewaltigen See aufstaut. Der Stausee reguliert den Wasserhaushalt im Niltal. Durch das aufgestaute Wasser wären die berühmten Tempel von Abu Simbel zerstört worden. Man hat sie deshalb zerlegt und an höherer Stelle wieder aufgebaut.
☞ *Afrika, Ägypten*

Astronaut Bezeichnung der amerikanischen Raumfahrer. Die russischen Raumfahrer heißen Kosmonauten. ☞ *Raumschiff*

Astronomie Die Himmelskunde und die Lehre von den Sternen. Die Astronomie untersucht die Bewegung der Himmelskörper und ihren Aufbau, ihre chemischen und physikalischen Eigenschaften. Dies geschieht mit Hilfe von Fernrohren, Radioteleskopen und Raumsonden.

Asylant Ein Staat kann ausländischen Flüchtlingen Zuflucht und Schutz gewähren, wenn sie in ihrem Land politisch verfolgt werden. Um als Asylant zu gelten, muß ein Flüchtling nachweisen, daß sein Leben oder seine Freiheit in seinem Heimatland bedroht sind. Wer wegen eines Verbrechens verfolgt wird, erhält in keinem Land Asyl.

Athen Hauptstadt Griechenlands. Athen hat mit allen Vororten und dem Hafen Piräus über 3 Millionen Einwohner. Es ist fast 3 000 Jahre alt und war eine der bedeutendsten Städte des Altertums.
☞ *Balkan, Griechenland*

Äthiopien Afrika

Fläche: 1 221 900 km^2 (24. Land)
Einwohnerzahl: 51,2 Mio.
Hauptstadt: Addis Abeba (1,4 Mio. Einw.)
Bevölkerung: Amharen, Tigre, Oromo
Sprachen: Amharisch, Englisch, Italienisch, Arabisch
Religion: Christen, Moslems Geld: Birr
Hochland in Ostafrika mit den meisten afrikanischen Bergen über 4 000 m. Im Nordosten grenzt es an das Rote Meer. In Äthiopien wird Kaffee angebaut.

Atlantik Der Atlantik oder Atlantische Ozean ist das zweitgrößte Meer der Erde. Seine Wasserfläche ist mit 106 Millionen km^2 zehnmal so groß wie Europa. Der Atlantik trennt Europa und Afrika von Amerika und ist durchschnittlich 6 500 m tief. Seine tiefste Stelle liegt vor Puerto Rico im Golf von Mexiko und beträgt 9 219 m. Es ist das meistbefahrene Meer der Welt. ☞ *Meer, Ozean*

Atlantis Geheimnisvoller Erdteil, der im Atlantischen Ozean liegen soll. Im Altertum glaubte man, daß jenseits des Mittelmeeres das riesige Land Atlantis liege. Bis heute hat man aber keinerlei Spuren eines solchen südlichen Erdteils entdeckt.

Atlas Riese aus der griechischen Sage, der das Himmelsgewölbe auf seinen Schultern trägt. Er wurde zu Stein verwandelt, und das Atlasgebirge in Marokko soll an diese Gestalt erinnern. Wir verstehen heute unter Atlas auch eine Sammlung von Landkarten. ☞ *Globus, Landkarte*

Atmosphäre Griechisches Wort für die Lufthülle, welche die Erde umgibt. ☞ *Lufthülle*

Ätna Der heute noch tätige Vulkan auf der Insel Sizilien ist der größte feuerspeiende Berg Europas. Er ist 3 340 m hoch. Der letzte Ausbruch des Ätna fand 1991 statt. ☞ *Italien, Vulkan*

Asien

Asien ist die größte Landmasse der Erde. Der Erdteil ist mit 44,4 Millionen km² mehr als viermal so groß wie Europa, mit dem es verbunden ist. Man bezeichnet beide Kontinente zusammen auch als Eurasien. Die Grenze zwischen Europa und Asien bildet das Uralgebirge. Vom Ural bis zum Pazifischen Ozean sind es fast 9 000 km. Vom Nordpolarmeer bis zum Indischen Ozean im Süden beträgt die Entfernung 8 500 km. Im Norden wird Asien vom Eismeer begrenzt, im Südwesten reicht es bis an das Mittelmeer. Die Türkei, die Länder im Nahen Osten und Arabien gehören noch zu Asien. Die Grenze zu Afrika bilden der Suezkanal und das Rote Meer. Im Südosten stößt Asien an den Indischen Ozean. In der Beringstraße, im Eismeer, nähert sich der Kontinent bis auf 90 km Nordamerika.

Vom Eismeer zum Urwald

Asien hat Anteil an allen Klimazonen der Erde. Den Norden Asiens nimmt die sibirische Tundra ein. Hier ist der Boden fast ständig tief gefroren. Nur in den kurzen Sommern zwischen Juni und August taut er ein wenig auf. Der kälteste Punkt der bewohnten Erde liegt in Oimjakon in Ostsibirien. Man hat dort schon Temperaturen von –71 Grad Celsius gemessen. In der Tundra gedeihen außer Moosen und Flechten nur wenige Pflanzen. In der Sommerzeit weiden hier Millionen Rentiere. Auch viele Vögel kommen im arktischen Sommer in die Tundra, um zu brüten. Doch nur die Eisbären und Polarfüchse halten es das ganze Jahr über in dieser Kältewüste aus. Auch Menschen leben hier: Nomaden und Pelztierjäger ziehen durch die Tundra. Und Wissenschaftler und Fachleute haben sich hier eingerichtet, um das Land und seine reichen Bodenschätze zu erschließen.
Auf die Tundra folgt im Süden die Taiga mit ihren unendlichen Nadelwäldern. Ein Drittel des Waldes auf der Erde liegt in der Taiga. Dazwischen gibt es ausgedehnte Sumpfgebiete, in denen Birken wachsen. Diese anspruchslosen Bäume vertragen sowohl Nässe als auch große Kälte. Die Menschen der Taiga wohnen vorwiegend an den großen Strömen. Sie leben vom Holz und vom Fischfang.
Mittelasien ist überwiegend gebirgig und wird von weiten Hochflächen eingenommen. Vom Hochland von Pamir, dem „Dach der Welt“, laufen viele hohe Gebirgszüge strahlenförmig auseinander. Am gewaltigsten ist der Himalaja mit dem höchsten Berg der Erde, dem Mount Everest. Er ist 8 848 m hoch. Die Gebirge Mittelasiens schließen weite, trockene Hochländer ein. Dazu gehört die Wüste Gobi in der Mongolei. Sie liegt 1 100 m hoch und ist zusammen mit der Wüste auf der arabischen Halbinsel das regenärmste Gebiet Asiens.

Der Kontinent der Rekorde

Der Kontinent hält noch weitere Rekorde: Er hat den größten See, den Kaspisee, der mit 371 000 km² fast fünfmal so groß ist wie der größte See Kanadas. Man spricht deshalb auch vom Kaspischen Meer. Der Baikalsee in Nordasien ist mit 1 620 m am tiefsten und enthält mehr Wasser als die Ostsee.
Asien hat zwar nicht die längsten, aber die meisten großen Ströme. Der Ob, der in das Eismeer mündet, ist mit dem Irtysch zusammen 5 410 km lang. Auch der Hwangho, der Jangtsekiang und der Mekong, der Ganges und der Brahmaputra sind gewaltige asiatische Ströme. Sie münden in den Pazifischen und in den Indischen Ozean.
Die regenreichsten Gebiete der Erde liegen in Südostasien. Dort fallen am Fuße des Himalaja im Jahr 12 000 Liter Regen auf einen Quadratmeter, und es gedeiht üppiger Urwald. Asien hat nicht nur die einzigen Achttausender, sondern auch die tiefsten Landschaften der Erde. Das Tote Meer liegt in einer Senke fast 400 m unter dem Meeresspiegel. An der Pazifischen Küste gibt es die meisten aktiven Vulkane. Über 100 speien noch Feuer und Rauch und können jederzeit ausbrechen. Auch der heilige Berg der Japaner, der Fudschijama, ist ein Vulkan. In diesem unruhigen Teil der Erde sind die Menschen auch ständig von Erdbeben bedroht. Und an der Pazifikküste Südostasiens gibt es häufig gewaltige Sturmfluten, die Tsunamis.
So unterschiedlich und vielfältig wie die Landschaften des Erdteils ist auch die Tierwelt. Besonders der Tiger ist ein asiatisches Tier. Er kommt in einigen Exemplaren noch in Ostsibirien, häufiger noch in Indien vor. Auf den innerasiatischen Hochflächen leben das Trampeltier und der Yak oder Grunzochse, der unempfindlich gegen strengste Kälte ist. Im Süden Asiens, in Indien und Thailand, gibt es auch Elefanten und Nashörner. Auf den Inseln Sumatra und Borneo leben in den undurchdringlichen Regenwäldern noch wenige Exemplare des Orang-Utan. Dieses indonesische Wort für den rothaarigen Menschenaffen bedeutet soviel wie Waldmensch. Wie Afrika hat Asien auch Halbaffen, zu denen die Plump-Loris zählen.

Asien

NORDPOLARMEER
Tundra
Polarfuchs
Sibirien
Hermelin
Gänsegeier
Braunbär
Uralgebirge
Ob
Tanne
Birke
Rentier
Tordalk
Lena
Jenissei
Baikalsee
Amur
Schwarzes Meer
Kaspisches Meer
Aralsee
Trampeltier
Irtysch
Tiger
Flughörnchen
Kormoran
Euphrat
Pelikan
Wildesel
Yak
Panda
Wüste Gobi
Hwangho
Fudschijama 3776m
Dattelpalme
Hyäne
Indus
Himalaja
Bambus
Jangtsekiang
Wüstenluchs
Brillenschlange
Nashorn
Brahmaputra
Ganges
Elefant
Mekong
Schopfgibbon
Taiwan
Philippinen
Koboldmaki
Rhesusaffe
Tapir
Kokospalme
Arabische Wüste
Ceylon
Orang-Utan
Sumatra
Java
Plump-Lori
Mount Everest 8848m im Himalaja
Flugdrache
0
1000
2000 km
INDISCHER OZEAN

Asien

In Asien leben zwei Drittel der Menschheit, nämlich über drei Milliarden Menschen. Von den 45 Staaten auf diesem Kontinent sind Rußland, China und Indien die größten. Rußland ist das riesigste Land der Erde. Es nimmt fast den ganzen Norden Asiens ein und ist beinahe so groß wie Südamerika. China ist der volkreichste Staat der Erde. Es hat mit seinen 1,2 Milliarden Menschen etwa doppelt so viele Einwohner wie ganz Afrika. Indien hat mit 850 Millionen Menschen noch mehr Bewohner als alle europäischen Staaten zusammen. Insgesamt leben in Asien rund 300 verschiedene Völker, die etwa zur Hälfte zur weißen Rasse, zur anderen Hälfte zur gelben Rasse gehören. Der Hauptteil der Bevölkerung drängt sich an den Küsten des Indischen und Pazifischen Ozeans zusammen oder hat die großen Stromtäler besiedelt. Zwei Drittel des Landes sind nahezu menschenleer, weil es dort zu kalt oder zu heiß ist oder weil es kein Wasser gibt.

Wirtschaft und Industrie

Asien ist reich an Bodenschätzen. Es gibt nichts in der Erdkruste, was man in Asien nicht finden könnte: Gold und Diamanten, Eisen und Kohle, Erdgas und Erdöl. Dennoch lebt die Mehrheit der Bevölkerung von der Landwirtschaft. Das wichtigste Getreide, von dem sich fast die Hälfte der Menschheit ernährt, ist der Reis. Vier Fünftel der Reisernte auf der Welt stammen aus Asien. Der Reisanbau im Tiefland und auf den bewässerten Terrassenfeldern reicht aber nicht aus, um alle Menschen zu versorgen. Vor allem in Indien und in Bangladesch kommt es bei Mißernten immer wieder zu Hungersnöten, besonders wenn der jährliche Monsun ausbleibt. Dieser Wind stellt sich gewöhnlich pünktlich zur Sommerzeit ein und bringt ausgiebigen Regen.

Einige Länder Asiens zählen zu den wichtigsten Wirtschaftsstaaten der Erde, allen voran Japan. Es besteht aus vier großen und fast 4 000 kleinen Inseln. Rund 120 Millionen Japaner drängen sich auf den vier Hauptinseln zusammen. Japan lebt fast ausschließlich von der Industrie und gehört neben den USA und der Bundesrepublik Deutschland zu den größten Wirtschaftsmächten der Erde. Aufstrebende Industrieländer sind auch Korea, Malaysia und Indonesien, das aus über 13 000 Inseln besteht. An die indonesische Inselwelt schließen sich die Philippinen an, ein Staat mit 7 100 Inseln.

1 Georgien	8 Irak	14 Kirgistan	21 Thailand
2 Armenien	9 Jemen	15 Tadschikistan	22 Laos
3 Aserbaidschan	10 Oman	16 Afghanistan	23 Vietnam
4 Syrien	11 Ver. Arabische Emirate	17 Nepal	24 Kambodscha
5 Libanon		18 Bhutan	25 Malaysia
6 Israel	12 Turkmenistan	19 Bangladesch	26 Südkorea
7 Jordanien	13 Usbekistan	20 Myanmar	27 Nordkorea

Alte Kulturen

Alle großen Weltreligionen entstanden in Asien: das Judentum wie das Christentum, der Islam ebenso wie der Buddhismus oder der Hinduismus. In ganz Südostasien gibt es viele für uns fremdartige Tempel, wie zum Beispiel die Heiligtümer des Schintoismus in Japan oder die Pagoden in Thailand. Alte Paläste erinnern an große Reiche in Asien. Geradezu märchenhaft ist der Tadsch Mahal. Dieses Grabmal ließ ein indischer Großmogul vor 350 Jahren für seine Frau errichten. Es gilt noch heute als eines der schönsten Bauwerke der Welt, wird aber durch die zunehmende Luftverschmutzung immer mehr zerstört.

Marco Polo war der erste Europäer, der im 13. Jahrhundert bis nach China reiste. Erst Jahrhunderte später erreichten Portugiesen, Engländer und Holländer die Küsten am Indischen und Pazifischen Ozean. Sie gründeten Handelsniederlassungen und Kolonien in Ostasien und schickten von dort wertvolle Rohstoffe nach Europa. Dazu zählten vor allem Gewürze sowie Tee, Seide und Porzellan aus China. Das chinesische Reich selbst blieb lange von der Außenwelt abgeschlossen. Es hatte sich gegen Norden durch die Große Chinesische Mauer abgeschottet. Diese Mauer ist heute noch zu sehen.

Asien

Die 3450 Kilometer lange „Große Mauer" in China
Fischerdorf in Sibirien
Bergfestung in Anatolien, Türkei
Werchojansk
Irkutsk
Ankara
Wladiwostok
Tokio
Taschkent
Teheran
Peking
Kabul
Mongolen
Riad
Schanghai
Mekka
Lhasa
Delhi
Kalkutta
Hong-
kong
Schinto-Heiligtum in Japan
Bombay
Manila
Bangkok
Singapur
Thai-
ländische
Tempeltänzerin
Jakarta
Erdöl
Erdgas
Kohle
Eisen
Zinn
Kupfer
Gold
Diamanten
Holz
Getreide
Reis
Hirse
Kartoffeln
Zuckerrüben
Wein
Zitrusfrüchte
Bananen
Datteln
Kaffee
Tee
Tabak
Zuckerrohr
Erdnüsse
Soja
Tadsch Mahal in Agra bei Delhi

Atoll Ringförmige Insel, die einen Teil des Meeres als Lagune einschließt. ☞ *Insel, Koralleninsel*

Atomwaffenfreie Zone Gebiete, in denen Atomwaffen weder hergestellt noch gelagert werden dürfen, gelten als atomwaffenfreie Zonen. Wegen der Gefährlichkeit der Kernwaffen möchten viele Menschen erreichen, daß ganz Europa frei von Kernwaffen wird. Das ist noch nicht gelungen.

Auenlandschaft In den Überschwemmungsgebieten großer Flüsse entstehen durch Ablagerung von Schlamm fruchtbare Böden. Hier entwickelte sich der Auenwald mit Weiden und Pappeln, Erlen und Eschen. Dieser natürliche Wald ist die Heimat vieler Tierarten, die anderswo bereits ausgestorben sind. Durch Begradigung der Flüsse, durch den Bau von Kraftwerken und Autobahnen wurden aber viele Auenlandschaften zerstört.

Aufforstung Die meisten unserer Wälder sind heute Nutzwälder, die der Mensch angepflanzt hat. Um möglichst rasch möglichst viel Holz schlagen zu können, hat man vorwiegend schnellwachsende Fichten gepflanzt. Wird ein Waldstück kahlgeschlagen, so forstet man es mit jungen Bäumen wieder auf. ☞ *Forst, Monokultur, Wald*

Aussiedler Deutschstämmige Personen vor allem aus den osteuropäischen Ländern. Seit 1990 kamen Hunderttausende von Aussiedlern aus Rußland, Rumänien und Polen nach Deutschland. Nach dem Grundgesetz hat jeder, der zum deutschen Volk gehört, ein Recht auf Heimat in der Bundesrepublik Deutschland.

Aussterben Auf der Erde verschwinden täglich ein bis zwei Tier- und Pflanzenarten. Sie sterben aus. Die Hauptursache für das Aussterben von Tieren und Pflanzen ist die Zerstörung ihrer Lebensräume. Einem Autobahnbau fallen Wälder und Wiesen zum Opfer. Wenn Bäche und Flüsse begradigt werden, gehen die natürlichen Ufer zugrunde. Durch rücksichtslose Jagd hat der Mensch viele Tiere ausgerottet. Um das Überleben gefährdeter Tier- und Pflanzenarten zu sichern, hat man Artenschutzabkommen vereinbart. Doch Gesetze reichen nicht, um das Leben auf der Erde zu schützen. Jeder einzelne ist aufgefordert, die Natur vor Zerstörung zu bewahren. ☞ *Artenschutz*

Australien ☞ *Seite 23*

Auswanderer Wer seine Heimat verläßt, um in ein anderes Land überzusiedeln, ist ein Auswanderer. Die meisten Menschen wandern aber nicht freiwillig aus. Viele gehen von zu Hause fort, weil sie in ihrer Heimat keine Arbeit finden. Andere werden wegen ihrer politischen Ansichten oder ihrer Religion verfolgt und verlassen deshalb ihr Land. Nicht alle Länder sind bereit, Einwanderer aufzunehmen. Es gelten strenge Einwanderungsbestimmungen.

Autobahn Autobahnen sind Schnellstraßen für Kraftfahrzeuge. Sie haben getrennte, zweispurige Fahrbahnen für jede Richtung. Kreuzungen werden durch Unterführungen oder Überführungen vermieden. Die Autobahnen sollen für einen störungsfreien und flüssigen Verkehr sorgen. Leider nimmt die Zahl der Kraftfahrzeuge immer mehr zu, so daß es auf den Autobahnen häufig zu Staus kommt. Das Straßennetz der Bundesrepublik Deutschland umfaßt 540 000 km, davon sind rund 10 500 km Autobahn.

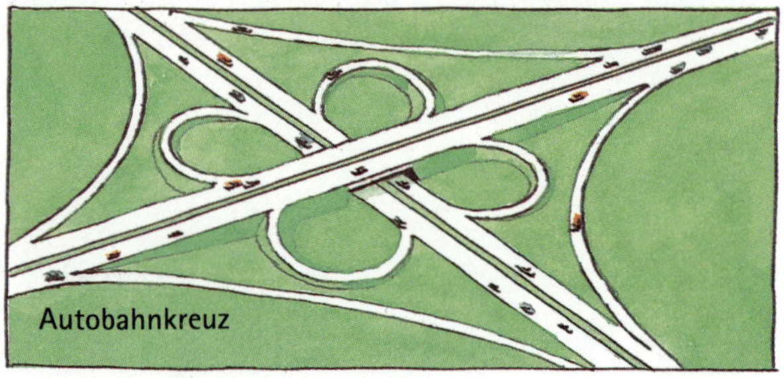
Autobahnkreuz

Azoren Vulkanische Inseln im Atlantik, etwa 1 500 km vor der Küste Portugals. Die Azoren bestehen aus 9 größeren und zahlreichen kleineren Inseln. Sie gehören zu Portugal. Wir kennen die Azoren vom Wetterbericht her, denn über ihnen liegt fast ständig ein Hochdruckgebiet, das unser Wetter in Europa beeinflußt.

Azteken Indianervolk, das im 14. Jahrhundert in Mexiko ein großes Reich errichtet hatte. Die Azteken besaßen bereits einen astronomischen Kalender, eine Bilderschrift und bauten gewaltige Tempel. Ihren Göttern brachten sie Menschenopfer dar. Nach der Entdeckung Amerikas zerstörten die Spanier das Aztekenreich. Auf den Trümmern der Aztekenstadt Tenochtitlan steht die heutige Hauptstadt Mexiko City. ☞ *Indianer, Mittelamerika*

Australien

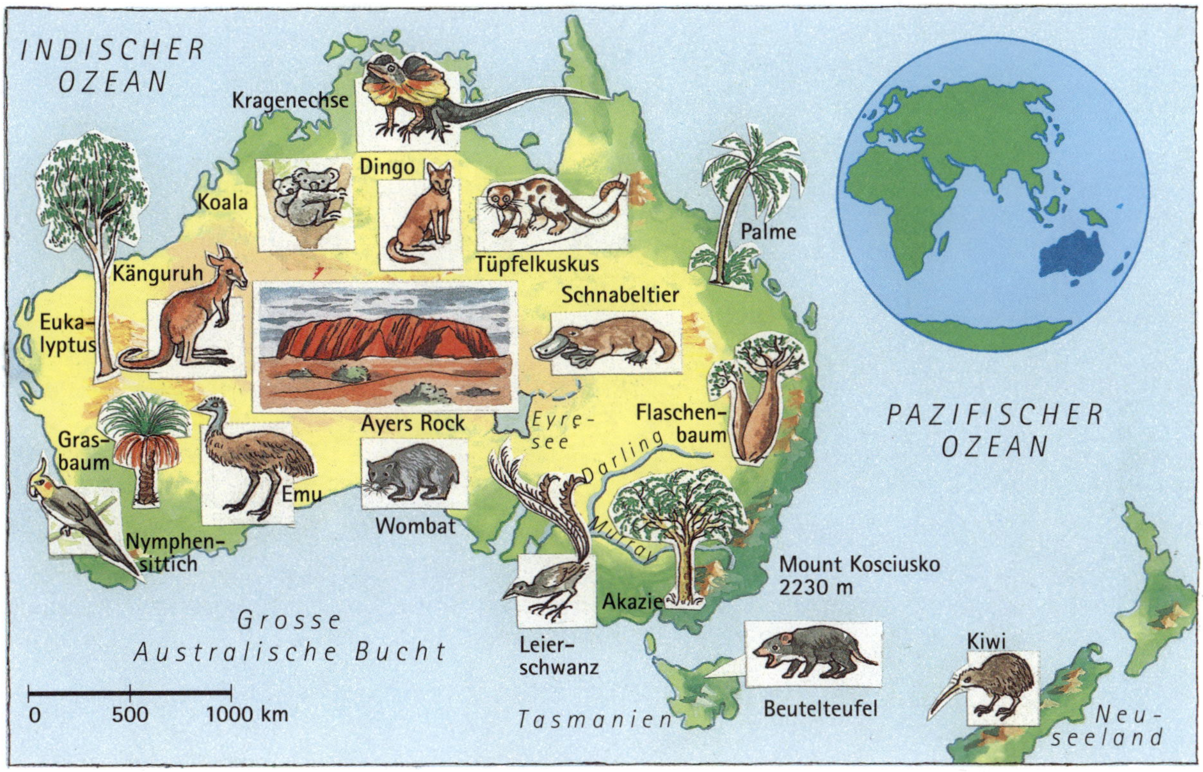

Fläche: 7 686 848 km² (6. Land)
Einwohnerzahl: 17 Mio.
Hauptstadt: Canberra (302 500 Einw.)

Bevölkerung: Australier europäischer, vor allem britischer Abstammung, Aborigines
Sprachen: Englisch, über 100 andere Sprachen
Religion: Christen Geld: Australischer Dollar

Australien ist der kleinste aller Erdteile. Von Norden nach Süden sind es rund 3 500 km, von Westen nach Osten beträgt die Ausdehnung rund 4 200 km. Der flachste aller Kontinente besteht zum größten Teil aus einer eintönigen Hochfläche. Lediglich an der Ostküste ragen die australischen Alpen bis über 2 000 m auf. Der Mount Kosciusko ist mit 2 230 m der höchste Berg. Hier kann man im Winter sogar Ski laufen.

Im Landesinnern wechseln Sandwüsten mit weiten Steppen ab. In diesem australischen Busch bilden die Akazien- und Eukalyptussträucher ein undurchdringliches Dickicht. Nur an den feuchten Rändern des Kontinents werden Eukalyptusbäume höher als Kirchtürme. Besonders merkwürdig sehen die Grasbäume aus. Es gibt auch Flaschenbäume, die in ihrem Stamm Wasser speichern.

Im Innern Australiens regnet es manchmal ein ganzes Jahr nicht. Wenn dann plötzlich Regen fällt, füllen sich die leeren Flußtäler für kurze Zeit, aber das meiste Wasser fließt schnell ins Meer oder versickert im Boden. Dort bildet es große unterirdische Seen. Die Viehhirten bohren solche Wasserspeicher an, und das Wasser sprudelt wie bei einem Springbrunnen an die Oberfläche. Das sind artesische Brunnen. Eine Sehenswürdigkeit in der trockenen Steppe ist der Ayers Rock. Der Felsen strahlt bei Sonnenuntergang rotglühend.

Vor vielen Jahrmillionen wurden Asien und Australien voneinander getrennt. Der Erdteil driftete mit seiner Tier- und Pflanzenwelt weit nach Süden, und so haben sich in Australien sehr altertümliche Tiere erhalten. Dazu gehören die Beuteltiere wie das Känguruh, der Beutelwolf, der Tüpfelkuskus oder der harmlose Wombat und auch der Koalabär, der sich von den Blättern des Eukalyptusbaums ernährt. Der Beutelteufel, ein wilder Marder, kommt nur noch auf der Insel Tasmanien vor. Ein merkwürdiges Säugetier ist das Schnabeltier, das Eier legt. Der australische Dingo ist ein verwilderter Haushund, der von den Schafzüchtern aber fast ausgerottet wurde.

Australien

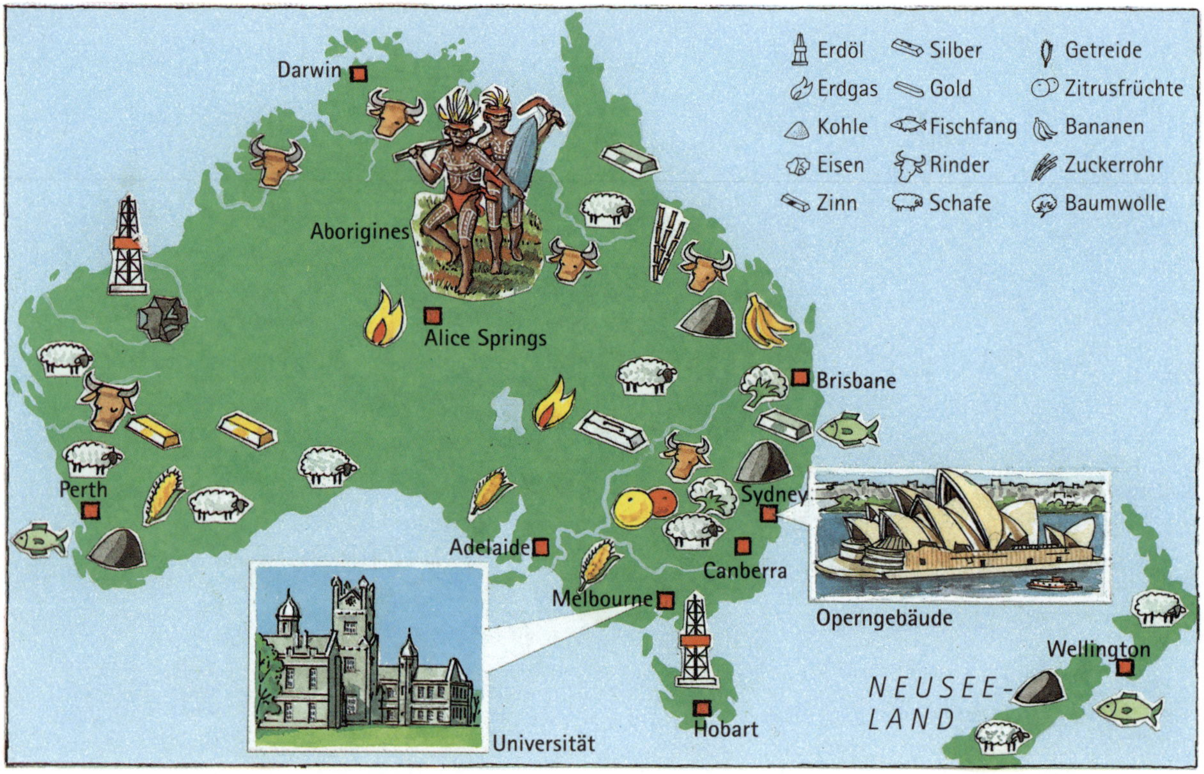

Australien ist sehr dünn besiedelt. Auf einen Quadratkilometer kommen nur zwei Bewohner. Der ganze Erdteil ist etwa zwanzigmal so groß wie Deutschland, es leben aber nicht mehr Menschen darauf als in Nordrhein-Westfalen. Über die Hälfte der rund 17 Millionen Australier wohnt in den Städten an der Südostküste. Dort gibt es genügend Regen, und es ist auch nicht so heiß wie in den anderen Teilen des Landes. Die übrigen Bewohner sind weit über den ganzen Erdteil verstreut. Die riesengroßen Schaffarmen im Landesinnern liegen oft weiter auseinander als bei uns die Städte. Tief in den australischen Busch haben sich die Eingeborenen zurückgezogen, die Aborigines. Sie werden wegen ihrer dunklen Hautfarbe auch Australneger genannt, sind aber eine eigene Völkergruppe. Manche Stämme der australischen Ureinwohner leben noch auf der Stufe der Steinzeit. Mit Wurfspeer und Bumerang jagen sie Känguruhs, Strauße oder auch nur Kaninchen. Nur wenige von ihnen haben sich der Lebensweise der Weißen angepaßt.

Die weißen Australier sind Einwanderer aus über 100 Ländern. Die meisten stammen aus Großbritannien. Und obwohl Australien ein selbständiger Staat ist und eine eigene Regierung hat, ist die Königin von England das eigentliche Staatsoberhaupt. Das kommt daher, daß der englische Kapitän James Cook 1770 Australien wiederentdeckt und für die englische Krone in Besitz genommen hat. Schon 1605 hatten Holländer die australische Küste erreicht, den Erdteil aber nicht betreten.

Australien ist nicht nur ein wildes und einsames, sondern auch ein reiches Land. Es besitzt wertvolle Bodenschätze, vor allem Eisenerze, Nickel und Kohle, dazu Uran, Zink, Silber und Gold. Von großer Bedeutung ist die Viehzucht. Australien hat die meisten Schafe der Welt, zehnmal mehr als Einwohner, und 23 Millionen Rinder. Auf den riesigen Farmen werden Getreide, Zuckerrohr und Baumwolle angebaut. Die 160 000 Farmer können die gesamte Bevölkerung ernähren.

An der regenreichen Südostküste befinden sich auch die meisten Städte: Die Hauptstadt Canberra liegt im Hinterland der Küste. Die größte Stadt ist Sydney mit 3,5 Millionen Einwohnern. Sie ist berühmt für ihr modernes Operngebäude. In Melbourne leben 3 Millionen Menschen. Hier fanden 1956 die Olympischen Sommerspiele statt.

Bach Bäche sind Rinnsale oder kleine Wasserläufe, die das Wasser einer Quelle einem Fluß zuführen. Bei der Flurbereinigung hat man viele Bäche begradigt und in ein künstliches Bett gezwungen, da viele Wasserläufe oft mitten durch Felder flossen und diese zerstückelten. Durch die Bachbegradigung wurden aber Biotope zerstört, denn in einem gesunden Bach leben nicht nur Tausende von Kleinlebewesen, sondern auch die Bachforelle, die Perlmuschel und viele andere Tiere. Am Ufer eines natürlichen Bachs wachsen auch zahlreiche Pflanzen, die den Tieren des Bachs Nahrung oder Schutz bieten. Alles Leben in einem Bachbiotop hängt eng zusammen. Ist dieser Zusammenhang gestört, dann verschwinden viele Lebewesen, und es dauert lange, bis sich ein neues Gleichgewicht einstellt.
☞ *Biotop, Flurbereinigung*

Baden-Württemberg

Deutsches Bundesland
Fläche: 35 751 km^2 Einwohner: 9,9 Mio.
Landeshauptstadt: Stuttgart (580 000 Einwohner)
☞ *Deutschland*

Baggersee Beim Abbau von Kies, Sand oder Braunkohle werden oft Gruben bis zum Grundwasserspiegel ausgebaggert. In diesen Löchern sammelt sich das Grundwasser, und es entstehen Baggerseen. Damit sie sich in die Landschaft einfügen, müssen die Uferränder rekultiviert werden, das heißt, die Uferstreifen werden befestigt und bepflanzt. Dann kann ein solcher Baggersee als Fischgewässer oder als Badesee genutzt werden.
☞ *Abraum, Grundwasser*

Bahamas Mittelamerika

Fläche: 13 878 km^2 (154. Land)
Einwohnerzahl: 255 000
Hauptstadt: Nassau (191 500 Einw.)
Bevölkerung: Schwarze, Mulatten, Weiße
Sprache: Englisch
Religion: Christen Geld: Bahama-Dollar
Die Bahamas bilden eine Gruppe von 30 größeren und 700 kleineren Inseln im Atlantischen Ozean. Auf der Insel San Salvador landete Kolumbus 1492. Da er glaubte, in Indien angekommen zu sein, nannte er die Bahamas Westindische Inseln. Danach werden heute alle Inseln in der Karibik als Westindien bezeichnet. Die Bahamas sind größtenteils Koralleninseln und heute ein stark besuchtes Ferienziel.

Bahrain Asien

Fläche: 678 km^2 (173. Land)
Einwohnerzahl: 504 000
Hauptstadt: Manama (138 000 Einw.)
Bevölkerung: Araber, Inder u. a.
Sprachen: Arabisch, Englisch
Religion: Moslems Geld: Bahrain-Dinar
Der Staat Bahrain liegt vor der Ostküste Arabiens im Indischen Ozean und besteht aus 33 Inseln. Die Hauptinsel ist durch einen Straßendamm mit dem Festland verbunden.

Baikalsee Der Baikalsee in Sibirien ist mit 1 620 m der tiefste See der Erde. Seine Fläche beträgt 31 500 km^2 und er hat 330 Zuflüsse, aber nur einen einzigen Abfluß. Von Dezember bis Mai ist der ehemals fischreiche See zugefroren. Durch Industrieabwässer ist er stark geschädigt. ☞ *Asien, See*

Balearen Inselgruppe im westlichen Mittelmeer vor der Küste Spaniens mit insgesamt 5 000 km^2 Dazu gehören die bekannten Ferieninseln Mallorca, Menorca, Ibiza und Formentera. ☞ *Spanien*

Bali Eine der kleinen Sundainseln mit 5 600 km^2 Fläche. Hier gibt es viele Vulkane, die aber in der letzten Zeit nicht mehr ausgebrochen sind. Berühmt ist Bali wegen seiner Tempel und seiner Tanzkunst. Die Balinesen sind außerordentlich geschickte Kunsthandwerker. ☞ *Indonesien*

Hindutempel auf der Insel Bali

Balkan und Donauländer

Balkan und Donauländer

Die Balkanhalbinsel liegt im Südosten Europas und ist rund 500 000 km^2 groß. Im Norden wird der Balkan von der Donau, im Westen von der Adria und dem Ionischen Meer, im Süden von der Ägäis und im Osten durch das Schwarze Meer begrenzt. Die Halbinsel ist zum größten Teil gebirgig. An den buchtenreichen Küsten herrscht subtropisches Klima, im Landesinnern hingegen gibt es heiße Sommer und kalte Winter. Auf dem Balkan leben über ein Dutzend verschiedene Völker und Volksgruppen.

Bulgarien

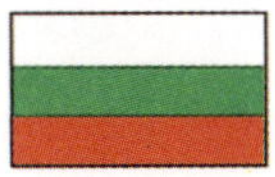

Fläche: 110 993 km^2 (102. Land)
Einwohnerzahl: 9 Mio.
Hauptstadt: Sofia (1,1 Mio. Einw.)
Bevölkerung: Bulgaren
Sprachen: Bulgarisch, Türkisch, Makedonisch
Religion: Christen, Moslems Geld: Lew

Bulgarien wird im Norden von der Donau und im Osten vom Schwarzen Meer begrenzt. Der Norden besteht aus einem fruchtbaren Tafelland, das sich zur Donau hin absenkt. Hier wächst Getreide, aber auch Wein und Tabak. Das Innere des Landes ist sehr gebirgig, und die Bergbewohner betreiben vor allem Schafzucht. Am Sandstrand des Schwarzen Meeres liegen viele Badeorte, von denen Varna der bekannteste ist. Ganz in der Nähe gibt es ein Naturwunder zu bestaunen, den Steinernen Wald – Kalksäulen in Form von Baumstämmen. Bulgarien ist überwiegend Bauernland. Berühmt sind die Rosenfelder, die zur Gewinnung von Rosenöl angelegt sind. Eine wichtige Rolle spielt der Bergbau. Abgebaut werden Eisenerz, Kupfererz und Kohle.

Griechenland

Fläche: 131 957 km^2 (95. Land)
Einwohnerzahl: 10,3 Mio.
Hauptstadt: Athen (885 700 Einw.)
Bevölkerung: Griechen
Sprache: Neugriechisch
Religion: Christen Geld: Drachme

Griechenland nimmt fast ein Drittel der Balkanhalbinsel ein und ist eigentlich wiederum eine eigene Halbinsel. In dem bergigen, kargen Land ist es im Sommer sehr heiß, im Winter kalt. Auf dem höchsten Berg Griechenlands, dem Olymp, liegt auch im Sommer Schnee. Nur ein Drittel des Landes ist landwirtschaftlich nutzbar. Rund ein Fünftel der Landfläche nehmen die 2 000 Inseln ein, von denen 150 bewohnt sind. Viele davon sind beliebte Ferienziele Mit allen Inseln hat Griechenland insgesamt 15 000 km Küstenlänge. Handelsprodukte sind Oliven, Tabak, Wein und Feigen sowie getrocknete Weinbeeren, die Korinthen. Sie haben ihren Namen nach dem Hafen Korinth auf der Halbinsel Peloponnes. Der Peloponnes ist durch einen 6 km langen Kanal vom Festland abgetrennt.

Türkei (36. Land)

Fläche: 23 764 km^2 (Europa),
755 688 km^2 (Asien)
Einwohnerzahl: 4 Mio. (Europa), 53 Mio. (Asien)
Hauptstadt: Ankara (2,8 Mio. Einw.)
Bevölkerung: Türken, Kurden
Sprachen: Türkisch, Kurdisch
Religion: Moslems Geld: Türkisches Pfund

Die Türkei schlägt die Brücke von Europa nach Asien. Istanbul an der Meerenge des Bosporus ist die einzige Stadt, die auf zwei Erdteilen liegt. Noch im Jahr 1815 gehörte der größte Teil der Balkanhalbinsel zum Osmanischen Reich, der späteren Türkei. Heute liegt nur noch ein Dreißigstel dieses riesigen Landes, die Westtürkei, auf dem europäischen Festland. Am Marmarameer, am Schwarzen Meer sowie am Mittelmeer ist das Klima subtropisch. Besonders die türkische Mittelmeerküste ist heute ein beliebtes Fremdenverkehrsgebiet.
Der größte Teil der Türkei ist gebirgiges Hochland und heißt Anatolien. Dort herrscht Steppenklima. Im Osten fällt im Winter viel Schnee. Der höchste Berg an der Grenze zum Irak ist der Ararat mit 5 165 m.

Albanien

Fläche: 28 748 km^2 (140. Land)
Einwohnerzahl: 3,6 Mio.
Hauptstadt: Tirana (226 000 Einw.)
Bevölkerung: Albaner
Sprache: Albanisch
Religion: Moslems, Christen Geld: Lek

Albanien ist das kleinste Land auf dem Balkan und zugleich das ärmste Europas. Die Albaner hatten sich lange Zeit vom übrigen Europa ganz abgeriegelt. Durch Mißwirtschaft verarmte das Land immer mehr, und 1992 versuchten Zehntausende von Albanern der Not in ihrem Land zu entkommen und zu fliehen. Das Land ist sehr gebirgig und kaum erschlossen. Nur an der Küste kann Ackerbau betrieben werden. Chromerz wird abgebaut und Erdöl gefördert.

Balkan und Donauländer

Jugoslawien war bis 1990 das größte Land auf dem Balkan. Es bestand aus sechs Bundesländern und zwei unabhängigen Provinzen. In seinen Grenzen lebten sieben verschiedene Völker: Serben, Kroaten, Bosniaken, Montenegriner, Slowenen, Makedonier und Albaner. 1991 begann in Jugoslawien ein schrecklicher und grausamer Bürgerkrieg, und die einzelnen Bundesländer erklärten sich zu selbständigen Staaten. Besonders schlimm wütete der Krieg in Bosnien-Herzegowina, das sowohl von christlich-orthodoxen Serben, als auch von katholischen Kroaten und muslemischen Bosniaken bewohnt wird. Jede der drei Volksgruppen kämpfte darum, einen Teil des angestammten Landes für sich zu behaupten.
Das gesamte Gebiet des ehemaligen Jugoslawiens läßt sich in drei Großräume unterteilen: Das Küstengebiet Kroatiens an der Adria erstreckt sich über eine Länge von etwa 500 km. Vor der buchtenreichen Küste liegen viele größere und kleinere Inseln. Die dalmatinische Küste gehört zu den meistbesuchten Baderegionen Europas. Besonders berühmt ist die Hafenstadt Dubrovnik, die im Mittelalter neben Venedig einer der bedeutendsten Stadtstaaten in der Adria war.
Parallel zur Küste verlaufen die Gebirgsketten der Dinarischen Alpen, die 600 km lang sind. Das sich anschließende Bergland nimmt über zwei Drittel des ehemaligen Jugoslawiens ein. Dieses schwer zugängliche Gebiet ist sehr karg und wenig fruchtbar. Im Nordwesten, dem heutigen Slowenien, liegt ein riesiges Karstgebiet mit etwa 2 000 Höhlen. Die Adelsberger Grotten bilden hier ein 15 km langes unterirdisches Labyrinth. Es ist das größte Höhlensystem Europas. Weiter südlich liegen die Plitwitzer Seen mit hohen Wasserfällen.
Zwischen der Donau und der Save erstreckt sich ein großes Tiefland, das sich in der ungarischen Tiefebene fortsetzt. Im Tiefland wird viel Getreide angebaut, und hier befinden sich große Industriegebiete.

Die neuen Länder im ehemaligen Jugoslawien :

Bosnien-Herzegowina

Fläche: 51 129 km² (124. Land)
Einwohnerzahl: 4,5 Mio.
Hauptstadt: Sarajevo (448 500 Einw.)
Bevölkerung: Bosniaken, Serben und Kroaten
Sprache: Serbokroatisch
Religion: Moslems, Christen   Geld: Dinar

Jugoslawien

(Serbisches Restjugoslawien – Serbien mit Montenegro, Kosovo und Wojwodina)

Fläche: 102 173 km² (106. Land)
Einwohnerzahl: 10,4 Mio.
Hauptstadt: Belgrad (1,4 Mio. Einw.)
Bevölkerung: Serben, Mazedonier, Montenegriner, Albaner
Sprachen: Serbisch, Montenegrinisch, Mazedonisch, Albanisch
Religion: Christen, Moslems Geld: Jugoslaw. Dinar

Kroatien

Fläche: 56'538 km² (123. Land)
Einwohnerzahl: 4,6 Mio.
Hauptstadt: Zagreb (1,2 Mio. Einw.)
Bevölkerung: Kroaten, Serben
Sprache: Serbokroatisch
Religion: Christen   Geld: Kroatischer Dinar

Makedonien

Fläche: 25 713 km² (145. Land)
Einwohnerzahl: 2,1 Mio.
Hauptstadt: Skopje (506 500 Einw.)
Bevölkerung: Makedonier, Albaner, Türken
Sprache: Makedonisch, Serbokroatisch
Religion: Moslems, Christen
Geld: Makedonischer Denar

Slowenien

Fläche: 20 251 km² (150. Land)
Einwohnerzahl: 2 Mio.
Hauptstadt: Ljubljana (330 000 Einw.)
Bevölkerung: Slowenen
Sprache: Slowenisch
Religion: Christen   Geld: Tolar

Die Balkanhalbinsel wird im Norden von der Donau begrenzt. Hier liegen die Donauländer Ungarn und Rumänien. Sie werden zwar nicht mehr zum Balkan gezählt, gehören aber wie die Länder auf der Balkanhalbinsel zu Südosteuropa.

Ungarn

Fläche: 93 033 km² (109. Land)
Einwohnerzahl: 10,4 Mio.
Hauptstadt: Budapest (2 Mio. Einw.)
Bevölkerung: Madjaren (Ungarn), Sinti, Roma
Sprache: Ungarisch
Religion: Christen   Geld: Forint

☞ *Seite 29*

Balkan und Donauländer

Ungarn liegt in einer großen Tiefebene, die sich beiderseits der Donau hinzieht. Im Westen und im Norden ist das Land gebirgig. Die Berge sind meist bewaldet, und an den Südhängen gedeihen Wein und Obst. Im westlichen Teil liegt der Plattensee. Er ist mit 591 km^2 Fläche der größte See Mitteleuropas, 78 km lang, bis zu 15 km breit, aber nur an wenigen Stellen tiefer als 10 m. Die niederungarische Tiefebene im Osten wird von der Pußta eingenommen. Es ist das Kernland der ungarischen Pferde- und Rinderzucht, obwohl diese Steppe durch Bewässerung zu einem fruchtbaren Ackerland wurde. Maschinenbau und chemische Industrie sind die wichtigsten Industriezweige. Die Hauptstadt Budapest wird auch das Paris des Ostens genannt. Es sind die beiden Städte Buda und Pest, die durch die Donau voneinander getrennt sind. Budapest hat das größte Parlamentsgebäude Europas.

Rumänien

Fläche: 237 500 km^2 (79. Land)
Einwohnerzahl: 22,8 Mio.
Hauptstadt: Bukarest (2 Mio. Einw.)
Bevölkerung: Rumänen, Ungarn, Sinti und Roma
Sprachen: Rumänisch, Ungarisch
Religion: Christen Geld: Leu

Das Innere Rumäniens ist ein Hochland, das von den Transilvanischen Alpen und den Karpaten begrenzt wird. Im Osten schließt sich das große Donautiefland an, das von vielen Flüssen durchzogen ist. Sie münden alle in die Donau, die 1 075 km durch Rumänien fließt. Die Donaumündung am Schwarzen Meer ist ein riesiges Delta, das sich jährlich um 4 m weiter ins Meer schiebt. An der Donaumündung leben über 300 Vogelarten, darunter Pelikane, Reiher und Flamingos. Das Klima an der Küste ist im Sommer subtropisch, im Landesinneren sind die Sommer sehr heiß, die Winter sehr kalt. Hier gibt es noch Bären, Wölfe und Luchse. Rumänien grenzt im Osten an Moldawien, das einst eine sowjetische Republik war. Nahe dieser Grenze liegen die berühmten Moldau-Klöster. Durch Mißwirtschaft ist das einst reiche Bauernland heute eines der ärmsten Länder Europas. Es besitzt zwar reiche Erdöl- und Erdgasvorkommen, aber die Industrie kann mit dem übrigen Europa nicht mithalten. Auch der Fremdenverkehr an der Schwarzmeerküste ist stark zurückgegangen.

Ballungsraum Dichtbesiedeltes Gebiet, meistens in Großstädten. In Ballungsräumen gibt es viel Industrie, und alle Verkehrswege laufen hier zu Verkehrsknotenpunkten zusammen. Solche Ballungsräume sind in Deutschland zum Beispiel die Gebiete um München, Stuttgart, Berlin und das Ruhrgebiet.

Baltikum Die drei Ostseeländer Estland, Lettland und Litauen sind seit 1991 wieder selbständige Staaten. Nach dem Zweiten Weltkrieg waren diese Länder zu russischen Provinzen geworden.
☞ *Estland, Lettland, Litauen*

Bambus Grasart, die in allen heißen Ländern der Erde vorkommt. Die holzigen Stämme einiger Bambusarten können eine Höhe von 30 m erreichen. In Indien und Ostasien benutzt man die dicken Bambusrohre zum Bau von Häusern, Brücken und Flößen. Auch Möbel und Flechtwerk werden aus Bambus angefertigt. Die jungen Bambusschößlinge ergeben ein wohlschmeckendes Gemüse.

Banane Die Banane stammt aus Südasien, kommt heute aber in allen tropischen Ländern der Erde vor. Bananenstauden werden bis zu 10 m hoch. Ihre bis 6 m langen Blätter werden zum Dachdecken für die Wohnhütten verwendet. Es gibt verschiedene Sorten von Bananen. Die Obstbanane kennen wir alle. Die Mehlbanane dient den Einheimischen als Nahrungsmittel. Die Blattstiele der Faserbanane liefern den Manilahanf für Seile.

Bangkok Die Hauptstadt von Thailand hat in ihrer gesamten Ausdehnung fast 8 Millionen Einwohner. Bangkok gilt als „Venedig des Ostens“, weil es von vielen Kanälen durchzogen ist. Berühmt ist es wegen seiner buddhistischen Tempel. ☞ *Asien*

Bangladesch Asien
Fläche: 143 998 km² (92. Land)
Einwohnerzahl: 108 Mio.
Hauptstadt: Dhaka (3,5 Mio. Einw.)
Bevölkerung: Bengalen
Sprache: Bengali
Religion: Moslems, Hindus Geld: Taka
Das Tiefland liegt in Vorderindien im Mündungsgebiet des Ganges und Brahmaputra. Es ist größtenteils sumpfig und hat feuchtheißes Klima.

Bannwald Lawinenschutzwald an den Berghängen, in dem das Baumfällen streng verboten ist. Wo der natürliche Schutzwald dennoch geschlagen wurde, müssen kostspielige Lawinenverbauungen errichtet werden. ☞ *Erdrutsch, Lawine*

Bantu Große Völkergruppe in Mittel- und Südafrika. Die Bantu bilden einige hundert Stämme mit verwandten Sprachen. ☞ *Afrika*

Baobab Botanischer Name des Affenbrotbaums. ☞ *Affenbrotbaum*

Barbados Mittelamerika
Fläche: 430 km² (180. Land)
Einwohnerzahl: 257 000
Hauptstadt: Bridgetown (7 500 Einw.)
Bevölkerung: Schwarze
Sprachen: Englisch, Bajan
Religion: Christen Geld: Barbados-Dollar
Die Koralleninsel Barbados zählt zu der Inselgruppe der Antillen. Hier wird viel Zuckerrohr angebaut. Barbados ist auch ein Ferienparadies in der Karibik.

Bären Die Bären gehören zu den größten und stärksten Landraubtieren. Sie kommen nur in Nordamerika, Asien und Europa vor. Während in Kanada und Alaska noch viele Bären leben, trifft man in Europa nur noch vereinzelt Braunbären an, zum Beispiel in den Wäldern Finnlands oder Schwedens, in den Pyrenäen, den Abruzzen, den Kalkalpen Jugoslawiens oder in anderen einsamen Gebirgsgegenden. In Mitteleuropa ist der Bär weitgehend ausgerottet. Man versucht ihn in abgelegenen Alpentälern wieder anzusiedeln. Der bis 1,50 m große Riesenpanda bewohnte die Hochgebirge Tibets und Chinas, ist aber nahezu ausgestorben. Den Eisbär trifft man nur am nördlichen Polarkreis an.

Bärlappgewächse Die Bärlappe sind etwa 30 cm hohe Gewächse. Wie die Farne pflanzen sie sich durch Sporen fort. Vor 350 Millionen Jahren gab es auf der Erde riesige Bärlappbäume, aus denen zum großen Teil die Kohlenlager entstanden sind. ☞ *Kohle, Kreidezeit*

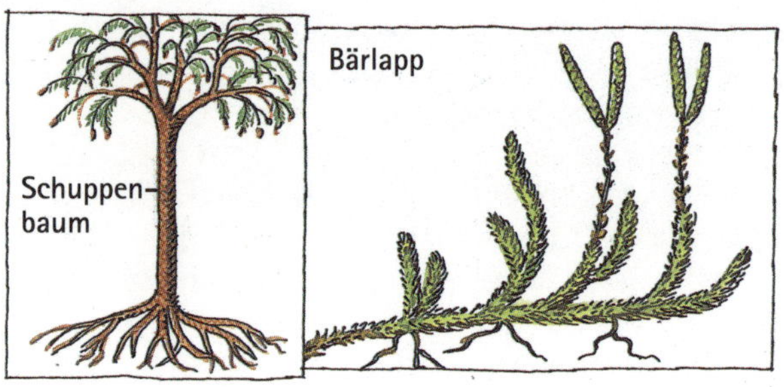

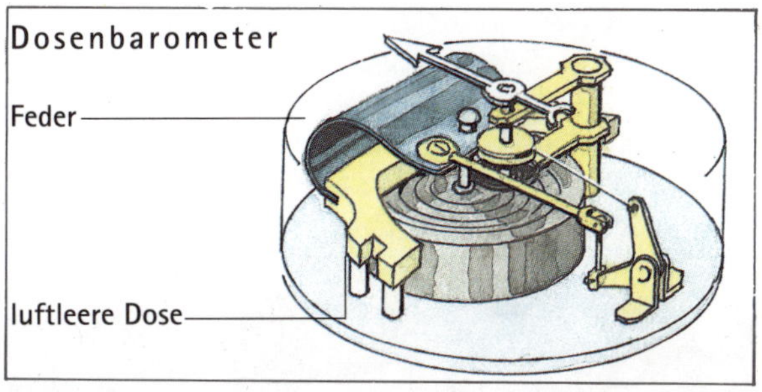

Barometer Mit dem Barometer kann man den Luftdruck messen. Das geschieht zum Beispiel mit einem Dosenbarometer aus dünnem Metallblech. Bei hohem Luftdruck wird die Dose zusammengepreßt. Dadurch bewegt sich ein Zeiger, und man kann den Luftdruck auf einer Skala ablesen. Genauere Messungen erhält man mit einem Quecksilberbarometer. Der Luftdruck wird in Hektopascal (hPa) angegeben. Da der Luftdruck mit zunehmender Höhe abnimmt, sind Barometer auf die Meereshöhe Null eingestellt. ☞ *Luftdruck, Wetter*

Basalt Schwarzes Vulkangestein, das beim Haus- und Straßenbau verwendet wird. ☞ *Gestein*

Basel Zwei deutschsprachige Halbkantone mit den Hauptstädten Basel und Liestal. ☞ *Schweiz*

Basken Uralter Volksstamm, der zu beiden Seiten der Pyrenäen lebt. Die Basken siedeln also sowohl in Südfrankreich als auch in Nordspanien. Sie sprechen eine eigene Sprache. Das typische Kleidungsstück der Basken ist die flache runde Baskenmütze. In Spanien versuchen die Basken seit langem, einen eigenen Staat zu gründen.

Batate Besonders süße Kartoffelart, die – wie auch unsere Kartoffel – von den Indianern stammt. Sie hat sich von Mittelamerika in allen warmen Ländern verbreitet und wächst auch in Südeuropa.

Bauernhof Bauernhöfe sind heute landwirtschaftliche Betriebe, die Nahrungsmittel erzeugen. Noch vor 100 Jahren reichten die Erträge eines Bauernhofs gerade aus , um die eigene Familie zu versorgen. Heute produziert ein Bauer Nahrungsmittel für etwa 40 Menschen. Die Steigerung der Erträge geht in der Landwirtschaft auf moderne Arbeitsmethoden, den Einsatz von Maschinen und Düngemittel zurück. In der Viehwirtschaft wurden durch planmäßige Zucht und Massentierhaltung immer mehr Fleisch und Milch produziert. Durch das Überangebot an Nahrungsmitteln sind nur noch große Bauernhöfe konkurrenzfähig und können überleben. Immer mehr Kleinbauern sind gezwungen, ihren Bauernhof aufzugeben.

Bäume Von allen Pflanzen der Erde sind die Bäume schon wegen ihrer Größe am auffälligsten. Sie bestimmen deutlich das Landschaftsbild. So wachsen in den kalten Gebieten Nadelbäume, hingegen kommen Laubbäume überwiegend in den gemäßigten Klimazonen vor. Die tropischen Regenwälder zeichnen sich durch üppige, immergrüne Pflanzen aus, und die Bäume werden hier sehr hoch. ☞ *Klima, Vegetation, Wald*

Baumgrenze Je höher man auf einen Berg steigt, desto geringer wird der Pflanzenwuchs. Ab einer bestimmten Höhe können im Gebirge keine Bäume mehr wachsen. Diese Höhenlinie bezeichnet man als Baumgrenze. Sie liegt in den Ostalpen bei etwa 1 700 m, in den Westalpen bei 2 400 m und im Himalaja bei etwa 4 400 m. Eine Baumgrenze gibt es auch, wenn man sich den Kältepolen der Erde nähert. Ab einer bestimmten Entfernung vom Nordpol oder Südpol wachsen keine Bäume mehr. ☞ *Gebirge, Höhenstufen*

Baumwolle Die erbsengroßen Samen der Baumwollpflanze sind von seidenweichen Haaren umhüllt. Diese Pflanzenfasern hat man schon seit Jahrtausenden benutzt, um daraus Garne zu spinnen und Stoffe zu weben. Ursprünglich stammt die Baumwolle aus Indien und hat sich später über alle warmen Länder verbreitet. So wächst die Baumwolle heute zum Beispiel auch in Amerika und im Süden Rußlands, ja sogar in Süditalien hat man Baumwolle angebaut. Sie ist neben der Wolle der wichtigste Rohstoff für Textilien.

Bauxit Der Rohstoff für Aluminium ist eine rotbraune Tonerde. Dieses Mineral findet sich vor allem in Australien und Guinea, aber auch in anderen Ländern. Mit Hilfe von elektrischem Strom wird daraus Aluminium gewonnen. ☞ *Aluminium, Mineralien*

Bayerischer Wald Waldreiches Mittelgebirge in Ostbayern an der Grenze zur Tschechischen Republik. Der Bayerische Wald ist durchschnittlich 1 000 m hoch. Die höchsten Gipfel sind der Große Arber mit 1 457 m und der Rachel mit 1 452 m. Im Bayerischen Wald gibt es einen Nationalpark, in dem sogar Luchse in freier Wildbahn leben.

Bayern

Deutsches Bundesland
Fläche: 70 554 km^2 Einwohner: 11,6 Mio.
Landeshauptstadt: München (1,2 Mio. Einwohner)
☞ *Deutschland*

Beaufortskala (bofohrt) Um die Stärke des Windes festzustellen, benutzt man die Beaufortskala. Darauf werden die Windstärken nach der Geschwindigkeit angegeben. Bei Windstärke 0 herrscht vollkommene Windstille. Ein Orkan, der eine Geschwindigkeit von über 100 km in der Stunde erreicht, hat Windstärke 12. ☞ *Wind*

Bebauung Nicht jeder kann bei uns ein Haus bauen, wo er gerade will und ein Grundstück besitzt. Denn nicht nur in den Städten, sondern auch auf dem Land gibt es Bebauungspläne. Sie schreiben fest, welche Flächen bebaut werden dürfen und welche nicht. Ohne solche Vorschriften würde das Land noch stärker zersiedelt, als das bisher schon der Fall ist. Es würde immer mehr Boden verbraucht, und es blieben immer weniger freie Flächen für Landschafts- und Naturschutzgebiete. Wo solche Bebauungspläne nicht vorhanden sind oder nicht eingehalten werden, entstehen weit auseinandergezogene Streusiedlungen, und das Landschaftsbild wird zerstört.

Becken Größere Vertiefungen in der Erdoberfläche. Eine Beckenlandschaft wird an den Rändern von höherliegenden Landesteilen, meist von Gebirgen, eingeschlossen. Bei einem runden Becken spricht man von einem Kessel, bei einer länglichen Vertiefung von einem Graben, zum Beispiel dem Oberrheinischen Graben.

Beduinen Araber, die mit ihren Herden in den Wüsten- und Steppengebieten Nordafrikas und Arabiens umherziehen. Sie sind Nomaden und wohnen in Zelten. Die meisten Beduinenstämme sind heute aber seßhaft. ☞ *Nomaden*

Behaim, Martin Berühmter deutscher Geograph, der 1459 in Nürnberg geboren wurde. Mit 21 Jahren ging er nach Lissabon und begleitete portugiesische Seefahrer auf Reisen an der Westküste Afrikas. Er zeichnete Seekarten und fertigte 1492 den ersten Globus an. ☞ *Globus, Landkarte*

Belau Ozeanien

Fläche: 487 km^2 (176. Land)
Einwohnerzahl: 15 100
Hauptstadt: Koror (7 700 Einw.)
Bevölkerung: Mikronesier
Sprachen: Mikronesische Dialekte, Englisch
Religion: Christen Geld: US-Dollar
Von den 241 Koralleninseln in Ozeanien sind nur 11 bewohnt. Die Belauer leben vom Fischfang, dem Fremdenverkehr und bauen Kokospalmen an.

Belgien ☞ *Beneluxländer*

Belgrad Hauptstadt Serbiens mit 1,4 Millionen Einwohnern. Belgrad war bis 1990 die Hauptstadt Jugoslawiens. ☞ *Balkan, Jugoslawien, Serbien*

Belize Mittelamerika

Fläche: 22 965 km^2 (147. Land)
Einwohnerzahl: 191 800
Hauptstadt: Belmopan (4 000 Einw.)
Bevölkerung: Schwarze, Mulatten, Mestizen, Indios
Sprachen: Englisch, Spanisch, Kreolisch
Religion: Christen Geld: Belize-Dollar
Das feuchtheiße Land an der karibischen Küste gehört zu den Tropen. Es gibt große Urwälder. Die Belizer bauen Zuckerrohr, Kakao und Bananen an.

Beneluxländer

Die drei Länder **Be**lgien-**N**(i)**e**derland(e)-**Lux**emburg werden nach einer alten Abkürzung auch als Beneluxländer zusammengefaßt. Sie liegen zwischen der Nordsee, Frankreich und Deutschland und sind zusammen nur etwa so groß wie Bayern. Dennoch gehören sie zu den wichtigsten Staaten Europas.

Niederlande

Fläche: 41 473 km² (131. Land)
Einwohnerzahl: 15 Mio.
Hauptstadt: Amsterdam (695 000 Einw.)
Bevölkerung: Niederländer, Friesen
Sprachen: Niederländisch, Friesisch
Religion: Christen Geld: Holländischer Gulden

Das Königreich der Niederlande bezeichnen wir oft als Holland – nach seiner größten Provinz. Die Niederlande sind überwiegend flach. Gegen Osten, zur deutschen Grenze hin, gibt es sanfte Hügel. Wald wächst in den Niederlanden kaum. Fast ein Fünftel der Oberfläche ist Wasser. Die wichtigste Wasserstraße ist der Rhein. Lange vor seiner Mündung in die Nordsee verzweigt er sich in Ijssel (👄 äisel), Lek und Waal und bildet zusammen mit der Maas ein großes Delta.

Das Land an der Küste liegt tiefer als der Meeresspiegel. Das Meerwasser wird von dem 60 m hohen Dünengürtel abgehalten. Die Holländer haben aber auch Deiche und Kanäle angelegt, um das Land vor Überflutung zu schützen. Überall sieht man noch Windmühlen, die früher Wasserpumpen betrieben. Der größte Meereseinbruch ist das Ijsselmeer. Seit Jahrhunderten hat die Nordsee diese riesige Bucht geschaffen und dabei immer mehr Land verschlungen. Dann hat man einen Damm gebaut und die Bucht gegen das Meer abgeschlossen. Seither gewinnen die Niederländer das Land wieder zurück. Irgendwann wird die Wasserfläche wohl ganz in fruchtbares Ackerland verwandelt sein. Denn die Niederländer nutzen jeden Handbreit Boden, um Feldfrüchte, Gemüse und Obst anzubauen. Außerdem gibt es viele Gewächshäuser und riesige Blumenfelder. Holländische Blumenzwiebeln gehen in alle Welt. Auf den weniger fruchtbaren Böden wird Viehzucht betrieben. Die Hauptstadt der Niederlande ist Amsterdam, der Regierungssitz Den Haag. Rotterdam am Rhein hat den größten Nordseehafen. Hier legen riesige Öltanker an, und hier lagert das meiste Rohöl für Europa.

Beneluxländer

Belgien

Fläche: 30 519 km² (136. Land)
Einwohnerzahl: 10 Mio.
Hauptstadt: Brüssel (960 300 Einw.)
Bevölkerung: Flamen, Wallonen
Sprachen: Französisch, Niederländisch, Deutsch
Religion: Christen   Geld: Belgischer Franc

Das Königreich Belgien erstreckt sich von der Nordsee bis an die rund 700 m hohen Ardennen. Dieses Mittelgebirge ist zugleich die Grenze gegen Luxemburg. Von der Nordsee bis zur Maas zieht sich eine Tiefebene hin. Hier liegen fruchtbare Ackerböden, und es wird Gemüse und Obst angebaut. Im mittelbelgischen Tafelland und in den Ardennen wird vor allem Viehzucht betrieben. Berühmt sind die Belgier für die Zucht von schweren Zugpferden, die sogenannten Kaltblüter. Im Osten besitzt Belgien reiche Steinkohlenlager, und um die großen Städte gibt es viel Industrie. Belgien erzeugt Eisen und Stahl, baut Maschinen und stellt Flugzeuge, Schiffe, Lokomotiven und Autos her. Bedeutend ist auch die Textilindustrie in alten Tuchmacherstädten wie Gent und Brüssel. Die Hauptstadt Brüssel ist heute ein Mittelpunkt Europas, und hier trifft sich der europäische Ministerrat. Der wichtigste Hafen ist Antwerpen an der Schelde, die in die Nordsee mündet.

Luxemburg

Fläche: 2 586 km² (165. Land)
Einwohnerzahl: 384 600
Hauptstadt: Luxemburg (74 400 Einw.)
Bevölkerung: Luxemburger, viele Ausländer
Sprachen: Französisch, Letzebuergisch, Deutsch
Religion: Christen   Geld: Luxemburgischer Franc

Das Großherzogtum Luxemburg liegt zwischen Belgien, Deutschland und Frankreich in den Ardennen und ist stark bewaldet. In den fruchtbaren Flußtälern der Mosel und ihrer Nebenflüsse wird Ackerbau betrieben und vor allem Gemüse, Obst und sogar Wein angebaut. Der Reichtum Luxemburgs liegt in seinen Eisenerzlagern. Die Luxemburger führen Kohle ein und verarbeiten Eisen zu Stahl. Außerdem stellt Luxemburg auch chemische Produkte her. Eine große Bedeutung hat die Hauptstadt des Landes als Finanzplatz. Gleichzeitig ist es Sitz zahlreicher Einrichtungen der Europäischen Gemeinschaft. Das kleine Luxemburg gilt als eines der reichsten Länder Europas.

Belt Drei schmale Meeresstraßen verbinden Nord- und Ostsee: der Große und der Kleine Belt und der Sund. ☞ *Dänemark, Nordsee*

Beneluxländer ☞ *Seite 33*

Benin Afrika

Fläche: 112 622 km² (99. Land)
Einwohner: 4,7 Mio.
Hauptstadt: Porto-Novo (164 000 Einw.)
Bevölkerung: Beniner (insgesamt 60 Stämme)
Sprachen: Französisch, 60 afrikanische Sprachen
Religion: Naturreligionen, Christen, Moslems
Geld: Afrikanischer Franc

Die ehemalige Kolonie Frankreichs liegt am Golf von Guinea. Die Menschen leben vom Fischfang und bauen Palmen, Baumwolle und Erdnüsse an.

Berber Urvolk in Nordwestafrika. Dazu zählen verschiedene Volksstämme. Berber sind Weiße mit hellbrauner Haut, aber keine Araber. ☞ *Afrika*

Bergbahn Bergbahnen befördern Touristen und Skiläufer auf die Gipfel. Früher baute man Zahnradbahnen, die bergauf schnell fahren. Bei der Talfahrt müssen die schweren Wagen aber abgebremst werden. Heute gibt es Seilbahnen. Bei Standseilbahnen werden die Wagen auf Schienen an einem Zugseil hochgezogen oder zu Tal gelassen. Die Gondeln von Seilschwebebahnen laufen auf Tragseilen und werden von einem Zugseil bewegt.

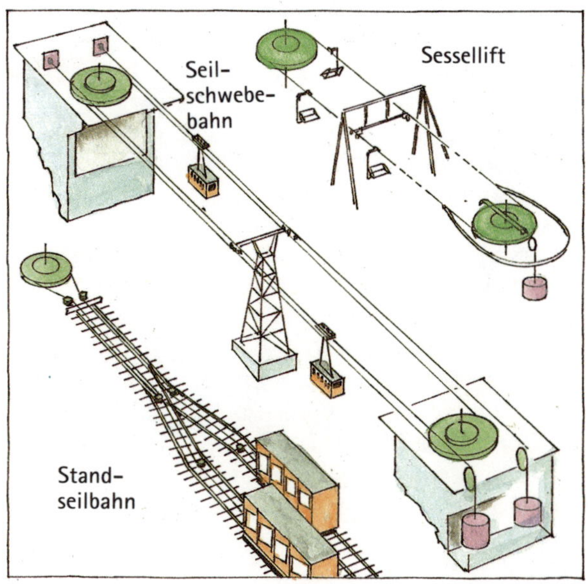

Bergbau

In Bergwerken werden Bodenschätze wie Braunkohle, Steinkohle oder Erze aus der Erde geholt. Man unterscheidet dabei zwischen Untertagebau und Tagebau. Im Tagebau wird vor allem Braunkohle gewonnen. Riesige Schaufelradbagger heben die Erdschichten von oben her ab, bis sie an die Braunkohlenlager gelangen. Steinkohle liegt tiefer in der Erde. Um sie zu fördern, werden senkrechte Schächte nach unten getrieben.

Das Abbaugebiet ist von einem Netz aus Gängen und Röhren durchzogen wie ein Ameisenhaufen. Die waagrechten Strecken mit den Grubenbahnen führen bis an die Flöze heran. Das sind die kohlen- oder erzhaltigen Schichten, die meist schräg zur Erdoberfläche liegen. Sie sind oft kilometerlang und mehrere Meter dick. Dieses Kohlenflöz wird heute meist mit computergesteuerten Maschinen wie der Schrämwalze oder dem Kohlenhobel ausgeschält. Über Förderbänder und Wendelrutschen wird die gebrochene Kohle auf Füllwagen geladen, die von der Grubenlokomotive zum Förderschacht gezogen werden. Im Förderkorb werden die gefüllten Loren nach oben gebracht. Die Hauptgänge münden alle in den Förderschacht, in dem der Förderkorb wie eine Aufzugskabine auf- und abfährt. Wenn die Kohle aus dem Berg herausgebrochen worden ist, entstehen Hohlräume. Damit das Bergwerk nicht einstürzt, müssen diese abgebauten Flöze abgestützt oder mit Steinen aufgefüllt werden. Einen solchen abgebauten, ausgefüllten Gang nennt man Streb oder „toten Mann“.

Die Bergleute, die oft 1 000 m und tiefer unter Tage arbeiten, können es dort nur mit nacktem Oberkörper aushalten, denn pro 100 m Tiefe steigen die Temperaturen im Erdinnern durchschnittlich um etwa 3 Grad Celsius an. Im tiefsten Bergbau der Welt, in den südafrikanischen Goldgruben, kann noch unter 2 000 m gearbeitet werden. Die Temperatur steigt hier nach unten langsamer als sonst.

Besonders in Kohlenbergwerken ist die Luft staubig. Durch den Wetterschacht fließt frische Luft in die Grube, und die verbrauchte, staubige Luft wird von riesigen Ventilatoren abgesaugt. Zu den harten Arbeitsbedingungen kommt noch die Gefahr durch schlagende Wetter. Man versteht darunter das hochexplosive Gemisch aus Kohlenstaub und Luft. Schon der geringste Funke genügt, um eine Explosion zu verursachen. Deshalb dürfen Bergleute nicht mit offenem Geleucht, das heißt nicht mit brennendem Licht, in den Schacht einfahren.

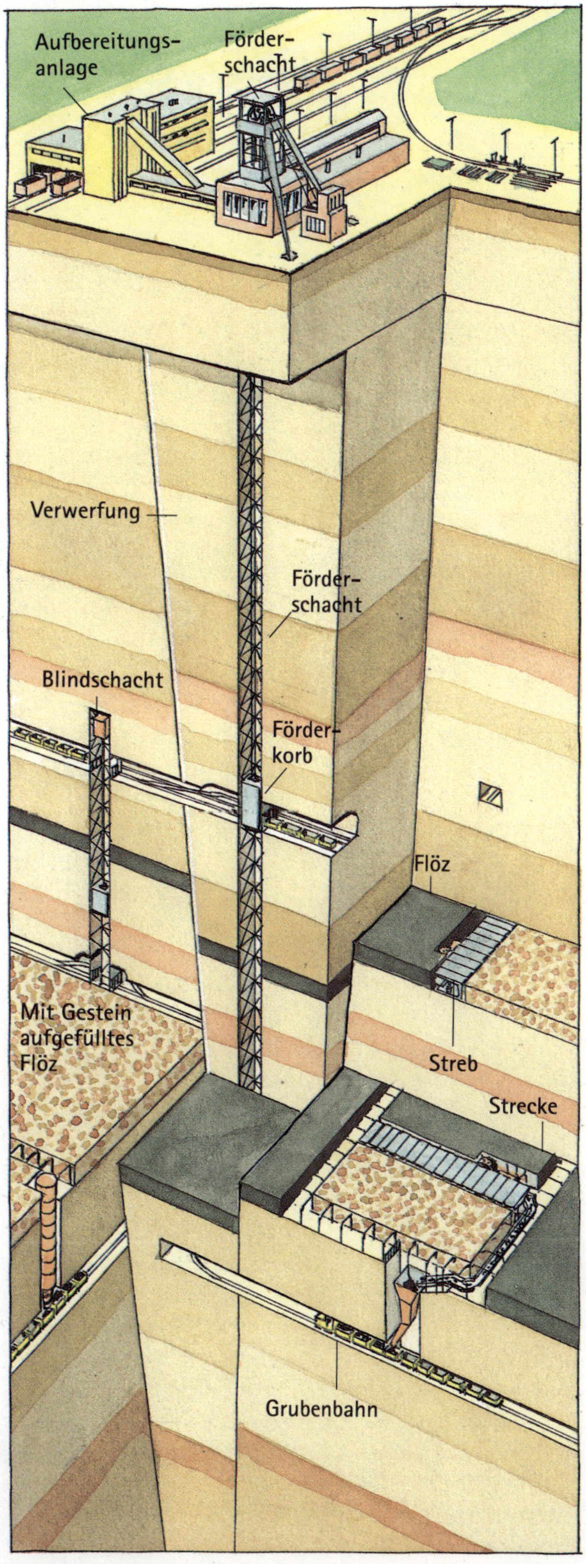

Bergformen Als Berge bezeichnen wir Erhebungen, die deutlich aus ihrer Umgebung hervorragen. Man unterscheidet den Fuß des Bergs, den Hang, der unterschiedlich steil sein kann, und schließlich den Scheitel oder Gipfel. Er bildet die höchste Spitze des Bergs. Ist der Gipfel nicht spitz, sondern flach, spricht man von einem Bergrücken oder einer Tafel. Die Höhe des Bergs wird immer senkrecht zum Fuß gemessen und im Verhältnis zum Meeresspiegel angegeben. Ragt ein Berg etwa 1 000 m in einer 2 000 m hohen Hochebene hervor, dann beträgt seine Höhe insgesamt 3 000 m. Die Bergformen hängen zum Teil vom Gestein und Alter des Bergs ab. Je älter ein Gebirge ist, desto abgerundeter sind die Bergspitzen. ☞ *Gebirge*

Bergkristall Wasserheller Schmuckstein. Man findet solche Quarze in den Alpen. In manchen Höhlen sind sie meterhoch. ☞ *Edelsteine, Quarz*

Bergsturz Im Frühjahr oder nach lang anhaltendem Regen können an steilen Berghängen gewaltige Erdmassen abrutschen. Das ist ein Bergsturz. Manchmal werden dabei Dörfer am Fuß des Bergs verschüttet. Bergstürze kommen vor allem dort vor, wo Skipisten in die Berghänge geschlagen wurden oder der Wald ganz abgeholzt wurde. Dann wird das Erdreich nicht mehr genügend festgehalten und rutscht zu Tal. ☞ *Bannwald, Erdrutsch*

Beringstraße Die 100 km breite Meeresstraße zwischen Alaska und Sibirien ist nach dem dänischen Seefahrer Vitus Bering benannt. Er entdeckte die Durchfahrt zwischen den beiden Erdteilen Amerika und Asien im Jahr 1728. ☞ *Entdecker*

Berlin Deutsches Bundesland
Fläche: 889 km² Einwohner: 3,4 Mio.
Berlin ist zugleich Hauptstadt der Bundesrepublik Deutschland. ☞ *Deutschland*

Bermudas Inselgruppe im Atlantischen Ozean etwa 1 000 km vor der nordamerikanischen Küste. Von den rund 360 Inseln sind nur 20 bewohnt. Die Bermudas gehören noch zu Großbritannien und sind ein beliebtes Touristenziel.

Bern Bundeshauptstadt der Schweiz mit etwa 140 000 Einwohnern. Das Land Bern ist der zweitgrößte Kanton der Schweiz. ☞ *Kanton, Schweiz*

Bernstein Vor allem an der Ostseeküste kann man bräunliche, durchsichtige Steine finden. Das ist Bernstein, Millionen Jahre altes versteinertes Harz von Nadelbäumen. Gelegentlich ist darin ein Insekt oder ein Stück von einer Pflanze eingeschlossen, die einst in dem klebrigen Harz hängengeblieben sind. Bernstein wird seit alten Zeiten zu Schmuck verarbeitet. Schon die Römer schätzten den Bernstein und holten ihn auf Handelsstraßen von den Meeren im Norden nach Italien.
☞ *Fossilien, Versteinerung*

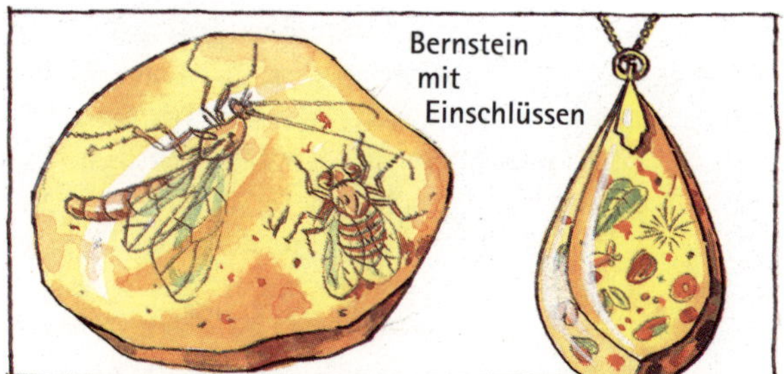

Beuteltiere Die meisten Beuteltiere leben in Australien oder auf den umliegenden Inseln. Nur ein paar dieser altertümlichen Säugetiere kommen auch in Süd- und Mittelamerika vor. Unter den Beuteltieren gibt es Pflanzenfresser wie die Känguruhs oder den Koala. Ein Fleischfresser ist der Beutelmarder. Der Beutelmull lebt wie ein Maulwurf unter der Erde. ☞ *Australien*

Bevölkerungsdichte Die Bevölkerungsdichte gibt an, wie viele Menschen auf einem Quadratkilometer wohnen. Dabei wird die Bevölkerungszahl durch die Fläche des Landes geteilt. Dadurch entsteht oft ein falsches Bild. Häufig leben die Menschen nur in einem Landesteil, weil andere Gegenden als Wüste oder Gebirge unbewohnbar sind. Obwohl bewohnbare Gebiete sehr dicht besiedelt sind, erscheint die Bevölkerungsdichte des Landes dann als nicht sehr hoch. Zu den dichtest besiedelten Ländern der Erde gehört Bangladesch.

Bewässerung Wo es nicht genug regnet und die Pflanzen auf den Feldern verdorren, muß künstlich bewässert werden. Schon vor 5 000 Jahren haben die Ägypter mit einfachen Schöpfwerken das Wasser aus dem Nil gehoben und auf die Felder verteilt. Durch künstliche Bewässerung haben die Menschen in Israel sogar in der trockenen Negev-Wüste fruchtbare Felder anlegen können.

Bhutan Asien

Fläche: 46 500 km^2 (128. Land)
Einwohnerzahl: 1,4 Mio.
Hauptstadt: Thimbu (15 000 Einw.)
Bevölkerung: Bhotia, Tibetaner
Sprache: Dsongha
Religion: Buddhisten, Hindus Geld: Ngultrum
Das Königreich liegt im Himalaja und ist bis über 7 500 m hoch. Im Süden wird es vom Stromland des Brahmaputra begrenzt.

Biber Der Biber ist das größte europäische Nagetier. Er hat ein braunes Fell und einen schwarzen, platten Schwimmschwanz. Seine Nahrung besteht aus der Rinde von Weichhölzern wie Weiden und Pappeln. Biber fällen Bäume und errichten aus dem Holz ihre Wasserburgen. Die Zugänge zu ihrem Nest liegen immer unter Wasser. Sinkt der Wasserspiegel ab, stauen sie Bäche und Flüsse auf, bis der Eingang zur Biberburg wieder von Wasser bedeckt ist. Auf diese Weise haben Biber früher zur Regulierung der Wasserläufe beigetragen und Überschwemmungen verhindert. Bei uns sind die Biber wegen ihres wertvollen Pelzes stark gejagt und nahezu ausgerottet worden. Heute versucht man sie wieder anzusiedeln. ☞ *Flußregulierung*

Binnengewässer Alle Gewässer innerhalb des Festlands, also Seen, Flüsse und Kanäle, werden Binnengewässer genannt.

Binnenmeer Eine große, ringsum von Land eingeschlossene Wasserfläche bezeichnet man als Binnenmeer oder Binnensee. Der größte Binnensee ist das Kaspische Meer in Rußland. Es besteht aus Salzwasser und hat keinen Abfluß. Auch Nebenmeere, die nur durch einen schmalen Zugang mit dem Ozean verbunden sind wie das Mittelmeer, das Schwarze Meer oder das Rote Meer werden als Binnenmeere bezeichnet.

Binnenschiffahrt Zur Binnenschiffahrt zählt der gesamte Verkehr auf Binnenwasserstraßen. Schiffe, die Waren oder Personen auf Flüssen, Seen und Kanälen befördern, sind Binnenschiffe.
☞ *Schiffahrt, Verkehr*

Biogas Gase, die in einer Kläranlage oder durch Verfaulen von Pflanzenteilen und Stallmist entstehen. Biogase haben einen ähnlich hohen Heizwert wie Erdgas, werden aber bisher noch viel zu wenig genutzt. ☞ *Alternative Energie, Erdgas*

Biotop Lebensräume der Pflanzen und Tiere. Ein Biotop bilden zum Beispiel die Wiese, der Bach, der Wald. Hier kommen nur ganz bestimmte, angepaßte Lebewesen vor. Durch die Landwirtschaft, den Bau von Straßen und Autobahnen sowie Flußbegradigungen wurden viele Biotope zerstört.

Birma ☞ *Myanmar*

Bison Richtiger Name für den indianischen Büffel. Der Bison ist das größte Wildrind und wird bis zu 2 m hoch und 3 m lang. Früher bevölkerte er die Prärie in großen Herden. Von ursprünglich 60 Millionen Tieren blieben nicht einmal 1 000 übrig. Inzwischen gibt es in den Nationalparks in Nordamerika aber wieder etwa 50 000 Bisons. ☞ *Prärie*

Blei Blaugraues, weiches, sehr giftiges Schwermetall. Es wird aus bleihaltigem Erz, dem Bleiglanz, gewonnen. Die größten Bleivorkommen befinden sich in Rußland, Australien und Nordamerika. ☞ *Bodenschätze*

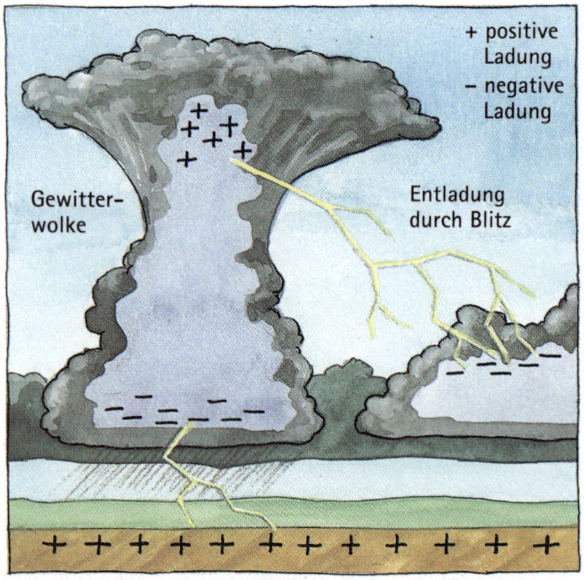

Blitze entstehen, wenn sich zwei elektrisch entgegengesetzt geladene Wolken entladen. Eine solche Entladung ist aber auch zwischen Wolken und der Erdoberfläche möglich. In jedem Fall gibt es einen gewaltigen Funken, der bis zu 10 km lang sein kann. Blitze erreichen sehr hohe Spannungen und Stromstärken. Sie schlagen oft ins Wasser oder in einzelnstehende Bäume und hohe Türme ein. Man sollte bei einem Gewitter deshalb nicht ins Wasser und nicht auf ein freies Feld gehen. Auch das Unterstellen unter einzelne Bäume ist lebensgefährlich. ☞ *Gewitter, Wetter*

Blizzard (👄 blißart) Gefürchteter Schneesturm, der in Nordamerika auftritt. ☞ *Wind*

Blütenpflanzen Alle Pflanzen, die sich durch Samen vermehren wie Blumen, Gräser, Kräuter sowie Laub- und Nadelbäume, gehören zu den Blütenpflanzen. Blütenlose Pflanzen wie Farne, Moose, Pilze und Algen vermehren sich durch Sporen. Die Blütenpflanzen erschienen in der Kreidezeit.

Bodden Eine flache, breite Meeresbucht wird an der Ostsee als Bodden bezeichnet. Eine langgestreckte Bucht heißt Förde. ☞ *Bucht, Fjord*

Bodenarten Die oberste Schicht der Erdkruste bezeichnen wir als Boden. Darauf wachsen die Pflanzen, von denen wiederum die Tiere abhängen. Die Bodenart bestimmt also das Aussehen einer Landschaft und die jeweilige Tierwelt. Welcher Boden wo vorkommt, ergibt sich aus dem vorhandenen Gestein. Eine wichtige Rolle spielt dabei die Verwitterung und das Klima. Die oberste Bodenschicht, die Krume, ist um so fruchtbarer, je mehr Humus sie enthält. Bodenkundler erkennen die Zusammensetzung und den Wert des Bodens schon an der Farbe. So findet man graue Böden vor allem in der Wüste. Die Böden der tropischen Regenwälder sind meist rot und enthalten wenig Humus. Am fruchtbarsten sind die Schwarzerdeböden, wie sie in vielen Grassteppen vorkommen. Auf diesen Böden gedeiht das meiste Getreide der Erde, zum Beispiel in Mittelrußland oder in der Prärie.

Bodenfrost Bei Temperaturen unter 0 Grad Celsius gefriert das Wasser in den obersten Bodenschichten. Da Eis mehr Raum einnimmt als Wasser, wird der Boden nach oben gedrückt und aufgewölbt. Das sind die Frostaufbrüche. In Mitteleuropa kann der Boden bei strenger Kälte bis zu einem Meter tief gefrieren. ☞ *Dauerfrostboden, Tundra*

Bodenorganismen Im Garten- oder Ackerboden sind unvorstellbar viele Lebewesen enthalten. Zu diesen Bodenorganismen zählen Bakterien, Pilze, Würmer, Insekten und größere Lebewesen. Sie sind für die Fruchtbarkeit des Bodens sehr wichtig. Die Bodenorganismen erzeugen durch Atmung große Mengen an Kohlendioxid, das die Pflanzen für das Wachstum benötigen. Viele wandern im Boden umher und machen ihn so locker und luftdurchlässig. Je mehr Lebewesen im Boden vorhanden sind, um so fruchtbarer ist er.
☞ *Bodenarten, Humus, Kohlendioxid*

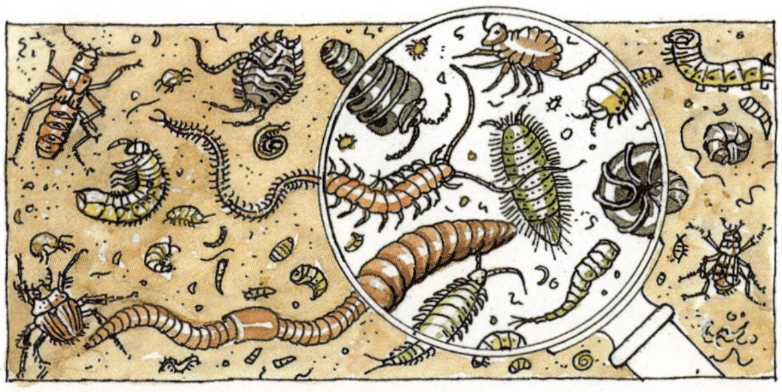

Bodenschätze Von den rund 2 000 Mineralien in der Erde werden nur etwa 50 als Bodenschätze abgebaut. Dazu gehören die Erze, aus denen man Metalle gewinnt, sowie die Kohle. Rein finden sich nur Edelmetalle in der Erdkruste: Gold, Silber und Platin. Bodenschätze in des Wortes wahrster Bedeutung sind Edelsteine und Diamanten. Von den nichtmetallischen Mineralien spielen Salz, Schwefel und Phosphate als Bodenschätze eine Rolle. Aber auch Kalkstein und Ton, Schiefer, Granit, Marmor und andere Gesteine werden abgebaut. Die beiden wichtigsten Bodenschätze sind flüssig: das Erdöl und das Wasser, das wir alle benötigen.

Bodensee Mit 538 km² ist der Bodensee der drittgrößte See in Mitteleuropa. Seine Tiefe beträgt rund 250 m. Der See wird vom Rhein durchflossen. Drei Länder teilen sich den See: die Schweiz, Österreich und Deutschland. ☞ *See*

Böhmen Kernland der heutigen Tschechischen Republik. Es wird im Westen vom Böhmerwald, im Nordwesten vom Erzgebirge und im Nordosten von den Sudeten begrenzt. ☞ *Osteuropa*

Bolivien Südamerika

Fläche: 1 098 581 km² (27. Land)
Einwohnerzahl: 7,3 Mio.
Hauptstadt: Sucre (95 700 Einw.)
Bevölkerung: Indianer, Mestizen, Weiße
Sprachen: Spanisch, Ketschua, Aimará
Religion: Christen Geld: Boliviano
Bolivien reicht von den Anden im Westen bis in das Tiefland des Gran Chaco im Osten. Es gibt Regenwälder und Savannen. La Paz in 3 600 m Höhe ist die höchstgelegene Großstadt der Welt.

Bonn Universitätsstadt am Rhein mit 290 000 Einwohnern. Von 1948 bis 1991 war Bonn Hauptstadt der Bundesrepublik Deutschland. Bis die Regierung in die neue Hauptstadt Berlin übersiedelt ist, bleibt Bonn Regierungssitz. ☞ *Deutschland*

Bora Heftiger, kalter Wind, der besonders an der östlichen Adriaküste weht. ☞ *Wind*

Borneo Nach Grönland und Neuguinea die größte Insel der Erde. Borneo umfaßt 746 951 km², ist also doppelt so groß wie Deutschland. Sie gehört mit Sumatra, Java und Celebes (Sulawesi) zu den Großen Sundainseln im Indischen Ozean. Der Hauptteil Borneos ist indonesisch. ☞ *Indonesien*

Bosnien-Herzegowina ☞ *Balkan*

Bosporus 30 km lange, bis zu 3 km breite Meerenge zwischen der europäischen Türkei und Kleinasien. Durch den Bosporus gelangt man vom Marmarameer in das Schwarze Meer.
☞ *Dardanellen, Schwarzes Meer*

Botswana Afrika

Fläche: 581 730 km² (46. Land)
Einwohnerzahl: 1,3 Mio.
Hauptstadt: Gaborone (138 500 Einw.)
Bevölkerung: Bantu
Sprachen: Tswana, Englisch, Bantusprachen
Religion: Christen, Naturreligionen Geld: Pula
Wenig fruchtbares Steppenland im Süden Afrikas. Den größten Teil nimmt die Kalahariwüste ein.

Brackwasser An Mündungen von Flüssen in das Meer mischt sich das Süßwasser mit dem Salzwasser. Dabei entsteht Brackwasser. ☞ *Meer*

Brandenburg Deutsches Bundesland

Fläche: 29 107 km² Einwohner: 2,6 Mio.
Landeshauptstadt: Potsdam (139 800 Einw.)
☞ *Deutschland*

Brandrodung In vielen Teilen der Erde, vor allem in den tropischen Regenwäldern, wird noch Brandrodung betrieben. Die Menschen brennen ein Stück Wald oder ein Stück Steppe ab, um darauf Felder anzulegen. Wenn der Boden erschöpft ist und nicht mehr genügend wächst, verlassen sie das gerodete Land und ziehen weiter. Sie überlassen es der Natur, daß sich die Vegetation erholt. Auf diese Weise wurden große Waldflächen zerstört. ☞ *Wald*

Brandung Wenn Meereswellen mit großer Wucht auf die Küste zulaufen, überschlagen sie sich am Strand oder an den Felsen. Das dabei entstehende Meeresrauschen bezeichnen wir als Brandung. ☞ *Kliff, Wellen*

Brasilien Südamerika

Fläche: 8 511 999 km² (5. Land)
Einwohnerzahl: 153 Mio.
Hauptstadt: Brasilia (1,8 Mio. Einw.)
Bevölkerung: Weiße, Mulatten
Sprache: Portugiesisch
Religion: Christen Geld: Cruzeiro
Größter Staat in Südamerika. Der Norden umfaßt das Tiefland des Amazonas mit dem größten Regenwald der Erde.

Braunkohle Die Braunkohle ist im Vergleich zur Steinkohle viel später entstanden, nämlich erst vor etwa 50 Millionen Jahren. Sie liegt deshalb auch nicht so tief in der Erde. Die Umbildung von Holz in Kohle ist hier noch nicht so weit fortgeschritten, daher ist ihr Heizwert geringer. Um Braunkohle abzubauen, muß man keine tiefen Schächte in die Erde graben. Sie wird im Tagebau gewonnen. Braunkohle enthält verschiedene Kohlenwasserstoffe, die chemisch verarbeitet werden. In Mitteldeutschland, wo es große Braunkohlenvorkommen gibt, wird Braunkohle in Wärmekraftwerken in elektrische Energie umgewandelt. ☞ *Bergbau, Kohle*

Breitengrad Breitengrade sind gedachte Kreise, die quer um den Globus verlaufen. Sie bilden mit den Längengraden ein Gitternetz. Der längste Breitengrad ist der Äquator.
☞ *Äquator, Längengrad*

Bremen Deutsches Bundesland

Fläche: 404 km² Einwohner: 683 000
Es besteht aus der Freien Hansestadt Bremen mit 551 200 Einwohnern und dem vorgelagerten Hafen Bremerhaven. ☞ *Deutschland*

Brennerpaß 1 370 m hoher Bergpaß an der Grenze zwischen Österreich und Italien. Zu beiden Seiten des Brenners ragen über 2 000 m hohe Bergketten auf. Über den niedrigeren Brenner zogen schon die Römer von Italien nach Germanien. Heute führt die Eisenbahn und eine Autobahn über diesen Alpenübergang. ☞ *Paß*

Bretagne Der nordwestliche Teil Frankreichs ist ein welliges Hochland, das sich zum Atlantik hin abgesenkt hat. Hier gibt es Viehwirtschaft, Obstbau und Fischerei. Die Atlantikküste ist steil und wild. In der Bucht von Saint Malo gibt es den größten Gezeitenhub Europas. Das Wasser steigt dort manchmal bei Flut bis zu 13,5 m hoch an.
☞ *Ebbe und Flut, Frankreich, Gezeiten*

Britische Inseln Ungefähr 5 000 Inseln zählen zu den Britischen Inseln. Die beiden größten sind Großbritannien und Irland. ☞ *Großbritannien*

Bronzezeit Vor etwa 4 000 Jahren begann in Mitteleuropa die Bronzezeit. Die Menschen, die bis dahin nur Waffen und Werkzeuge aus Stein kannten, haben nun Bronze, eine Mischung aus Zinn und Kupfer, als Werkstoff entdeckt. Kupfer gab es damals in Griechenland, Spanien und Frankreich, Zinn kam vor allem aus England. ☞ *Eisenzeit*

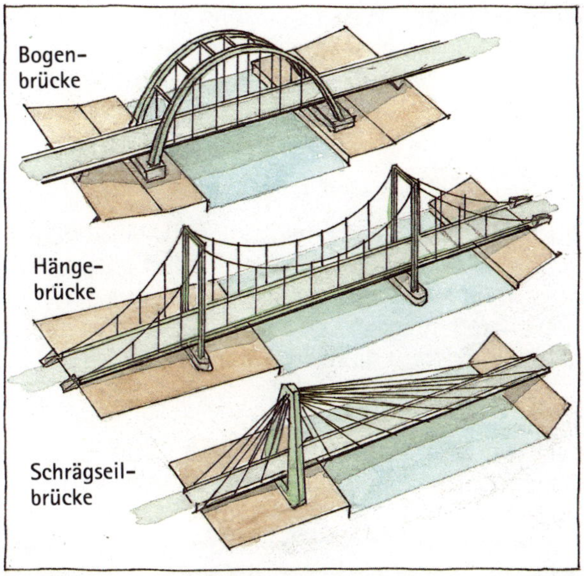

Brücke Um Schluchten und Täler, Flüsse oder Meeresarme zu überqueren, bauen die Menschen von alters her Brücken. Die einfachste Brücke ist ein Baumstamm, den man über einen Fluß legt. Die Eingeborenen in den Urwäldern bauten Hängebrücken aus armdicken Schlingpflanzen, den Lianen. Sie befestigten diese an starken Bäumen und konnten so einen gefährlichen Fluß überqueren. In Babylon gab es schon im 3. Jahrtausend vor Christus eine Brücke mit fünf Pfeilern über den Euphratstrom. Und auch die Römer bauten schon Steinbrücken, von denen manche heute noch benutzt werden. Solche Bogenbrücken haben nur eine begrenzte Spannweite. Erst die Erfindung des Stahl- und Spannbetons ermöglichte große Brückenbogen. So verbindet zum Beispiel die fast 1 km lange Brücke über den Fehmarnsund Mitteleuropa mit Skandinavien. Und am Bosporus, am Schwarzen Meer, kann man über eine 1 660 m lange Hängebrücke von Europa nach Kleinasien gelangen. Die längste und höchste Hängebrücke in Deutschland verbindet in Hamburg den alten und den neuen Hafen. Es ist die 3 940 m lange und über 50 m hohe Köhlbrandbrücke. Zu den höchsten Brücken Europas gehört auch die 180 m hohe Kochertal-Brücke bei Geislingen. Die Europa-Brücke bei Innsbruck ist 181 m hoch. Und die wohl berühmteste Hängebrücke ist die Golden Gate Bridge in San Francisco in Kalifornien. Sie ist 2 737 m lang und 227 m hoch. Eine der ältesten Holzbrücken ist die Kapellbrücke in Luzern in der Schweiz. ☞ *Verkehr*

Brunei Asien

Fläche: 5 765 km² (161. Land)
Einwohnerzahl: 259 000 Einw.
Hauptstadt: Bandar Seri Begawan (50 500 Einw.)
Bevölkerung: Malaien, Chinesen
Sprachen: Malaiisch, Chinesisch, Englisch
Religion: Moslems, Buddhisten, Christen
Geld: Brunei-Dollar
Das tropische Land liegt im Nordwesten der Insel Borneo. Es ist von dichtem Regenwald bedeckt und besitzt große Erdölvorkommen.

Brunnen Wasser ist für die Menschen ein lebenswichtiges Gut. Besonders in Trockengebieten der Erde war es von jeher ein Problem, genügend Wasser zu finden. Wo es kaum Quellen, Bäche und Flüsse gab, sammelten die Menschen Regenwasser in unterirdischen Zisternen, oder sie trieben Schächte in die Erde, um Grundwasser mit Eimern nach oben zu befördern. Solche einfachen Schöpfbrunnen gibt es heute noch. Neben Schachtbrunnen gibt es auch Rohrbrunnen. Dabei wird ein durchlöchertes Stahlrohr bis zum Grundwasserspiegel getrieben. Durch die Löcher fließt Wasser ein, sammelt sich am Rohrende und wird hochgepumpt. ☞ *Artesischer Brunnen, Wasser*

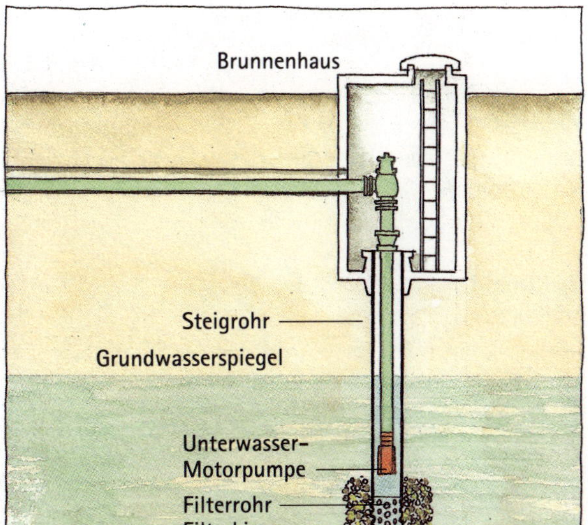

Brüssel Hauptstadt Belgiens mit 960 300 Einwohnern. Sein Marktplatz mit dem Rathaus gilt als einer der schönsten der Welt. Brüssel ist Sitz der Europäischen Gemeinschaft. ☞ *Beneluxländer*

Bucht Einen Einschnitt des Meeres in das Land nennt man Bucht, zum Beispiel die Kieler Bucht an der Ostsee. ☞ *Golf*

Budapest Hauptstadt Ungarns mit 2 Millionen Einwohnern. Budapest gehört zu den schönsten Städten in Europa. ☞ *Balkan und Donauländer*

Buddhismus Es gibt rund 300 Millionen Buddhisten auf der Welt, hauptsächlich in Zentralasien und Südostasien. Damit ist der Buddhismus eine der großen Weltreligionen. Er geht auf den indischen Prinzen und Prediger Gautama Buddha zurück, der rund 500 Jahre vor Christus gelebt hat. Buddha hat gelehrt, daß der Mensch nacheinander in verschiedener Gestalt wiedergeboren wird, bis er sich durch tugendhaftes Leben die Erlösung im Nirwana verdient hat. ☞ *Weltreligion*

Lachender Buddha

Buenos Aires Die Hauptstadt Argentiniens zählt mit 2,9 Millionen Einwohnern zu den größten Städten der Welt. Mit allen Vororten zusammen hat Buenos Aires etwa 12 Millionen Einwohner und ist damit die zweitgrößte Stadt Südamerikas.

Bukarest Hauptstadt Rumäniens mit 2 Millionen Einwohnern. Bukarest liegt nördlich der Donau im Tiefland der Walachei. Die Altstadt wurde weitgehend zerstört, um Regierungsbauten Platz zu machen. ☞ *Balkan und Donauländer*

Bulgarien ☞ *Balkan*

Bundesrepublik Deutschland Der Staat wurde 1949 gegründet und bestand aus 11 Bundesländern. Hauptstadt dieser Bundesrepublik war Bonn. Am 3. Oktober 1990 wurden die Länder der ehemaligen DDR mit der Bundesrepublik Deutschland vereinigt. Seitdem besteht sie aus 16 Bundesländern mit der Hauptstadt Berlin. ☞ *Deutschland*

Bundesstaat Wenn sich mehrere selbständige Staaten oder Länder zu einem Bund mit einer gemeinsamen Regierung zusammenschließen, entsteht ein Bundesstaat. Solche Staaten sind Deutschland, Österreich und die Schweiz. ☞ *Staatenbund*

Buntsandstein Gesteinsart, die aus verfestigtem Sand entstanden ist. Dieser rötliche Sandstein mit gelblichen, bräunlichen oder weißen Streifen findet sich in großen Teilen Deutschlands, zum Beispiel in der Pfalz oder in Sachsen. ☞ *Gestein*

Burg Burgen waren im Mittelalter die Wohnsitze der Ritter. Sie entstanden in vielen Teilen Europas, insbesondere in Deutschland, Frankreich und England. Meist lagen sie auf einem Felsen. Dadurch wurde es Feinden erschwert, die Burg einzunehmen. Zur Sicherung hatten die Burgen starke Torbauten und Türme und waren von einer Mauer umgeben. Oft zog sich vor der Mauer auch ein tiefer Graben hin. Auf dem flachen Land hat man Wasserburgen in einem See angelegt. Eine Burg, die auf einem Berg lag, beherrschte die Umgebung. Der Turmwächter konnte einen Feind früh erkennen und die Burgbewohner rechtzeitig warnen. Da man im Schutz der Burgen sicherer war als auf dem flachen Land, siedelten sich immer mehr Menschen in der Nähe an. So entstanden im Mittelalter viele Städte. Namen wie Hamburg, Quedlinburg oder Nürnberg erinnern an solche Städtegründungen.

Wasserburg

Höhenburg

Burgenland Östlichstes österreichisches Bundesland. Es hat rund 280 000 Einwohner und fast 4 000 km² Fläche. Die Landeshauptstadt ist Eisenstadt. ☞ *Österreich*

Bürger Die Bewohner einer Burg nannte man Bürger. Da sich immer mehr Menschen in der Nähe von Burgen ansiedelten, wurden später auch um diese Siedlungen Stadtmauern gebaut. Alle Menschen innerhalb der Stadtmauern galten jetzt als Bürger. Im Unterschied zu den Dorfbewohnern auf dem Land hatten die Menschen in den mittelalterlichen Städten mehr Rechte. Viele waren angesehene Handwerker oder Kaufleute. Heute bezeichnet man als Bürger die Angehörigen eines Volkes in einem Staat. Jeder Staatsbürger hat gleiche Rechte.

Bürgerkrieg Ein Bürgerkrieg ist eine kriegerische Auseinandersetzung zwischen Angehörigen des gleichen Volkes oder Bürgern in einem Staat. Man spricht auch von Bruderkrieg. Dabei bekämpfen sich meist zwei Parteien desselben Volkes und versuchen, ihre Interessen mit Waffengewalt durchzusetzen. Ein solcher Bürgerkrieg fand in Amerika zwischen den Nordstaaten und den Südstaaten statt. Die Nordstaaten hatten die Sklaverei abgeschafft, aber die Südstaaten wollten ihre schwarzen Sklaven weiterhin beibehalten. Der Krieg dauerte über vier Jahre, bis die Nordstaaten 1865 siegten. 1991 begann ein Bürgerkrieg in Europa. Die Völker im ehemaligen jugoslawischen Staat kämpften um ihre Selbständigkeit. Vor allem Kroaten und Serben wollten die Vormachtstellung in dem einst gemeinsamen Staatsgebiet erreichen. ☞ *Balkan*

Burgund Landschaft in Südostfrankreich, die vor allem wegen des Weinanbaus weltberühmt ist.

Burkina Faso Afrika

Fläche: 274 200 km² (72. Land)
Einwohnerzahl: 9 Mio.
Haupstadt: Quagadougou (441 514 Einw.)
Bevölkerung: Volta-Völker, Mande, Fulbe
Sprachen: Französisch, Mande-Sprachen, Ful
Religion: Naturreligionen, Moslems, Christen
Geld: Französischer Franc
Das fast ebene, trockene Land in Westafrika wird immer wieder von Dürren heimgesucht. Es gehört zu den ärmsten Ländern der Welt. Die Bewohner leben überwiegend von der Viehzucht.

Burma ☞ *Birma, Myanmar*

Burundi Afrika

Fläche: 27 834 km² (142. Land)
Einwohnerzahl: 5,5 Mio.
Hauptstadt: Bujumbura (215 300 Einw.)
Bevölkerung: Bantu, Watussi
Sprachen: Kirundi, Französisch, Suaheli, u. a.
Religion: Christen, Naturreligionen
Geld: Burundi-Franc
Das stark zerklüftete Tafelland im Osten Afrikas grenzt an den Tanganjikasee. Im Südwesten gibt es Regenwälder, im Hochland Feuchtsavannen.

Busch Steppe, in der vereinzelt Büsche wachsen. Man versteht darunter insbesondere den Busch im Innern Australiens. Da es in diesem Gebiet sehr trocken ist, verkümmern sonst hohe Bäume zu niedrigen Sträuchern. Auch der Eukalyptusbaum und die Akazie wachsen hier nur kümmerlich. Diese Kümmerformen verfilzen und bilden ein undurchdringliches Dickicht, den Busch.

Buschmänner Die Buschmänner bilden einen kleinen Volksstamm in den Steppengebieten Afrikas. Sie leben vor allem in der Kalahariwüste als Jäger und Sammler auf der Stufe der Steinzeit. Für die Jagd benutzen sie Pfeil und Bogen. Sie wohnen in Höhlen oder bauen sich Windschirme. Von den übrigen afrikanischen Eingeborenen unterscheiden sie sich durch ihre gelbliche Hautfarbe und ihre Größe. Sie werden nicht viel größer als 1,50 m. Die Buschmänner haben eine eigenartige Sprache mit vielen Schnalzlauten. Von diesem Volk gibt es heute nur noch etwa 30 000 Angehörige.
☞ *Afrika, Völker*

Byrd, Richard (👄 börd) Amerikanischer Admiral und Polarforscher. Er überflog 1926 als erster den Nordpol und 1929 den Südpol. ☞ *Polargebiete*

Camargue (kamarg) Landschaft in Südfrankreich. Sie umfaßt das Rhône-Delta, also das Gebiet, in dem die Rhône in das Mittelmeer mündet. Dieses teilweise sumpfige Gebiet ist ein Tierparadies. Hier leben die halbwilden weißen Camargue-Pferde, eine besondere Ponyrasse. Berühmt sind auch die Flamingos, die sich im Naturschutzgebiet zu Tausenden angesiedelt haben. ☞ *Frankreich*

Cañon (kanjon) Mit diesem spanischen Wort bezeichnet man eine tiefe Talschlucht. Berühmt ist der Grand Canyon (gränd känjen) des Colorado-Flusses im Südwesten der USA. Der Colorado hat sich durch die verschiedenen Gesteinsschichten des Plateaus eine bis 1 800 m tiefe und 350 km lange Schlucht gegraben. Die Gesteinsschichten, die Wind und Regen stehen ließen, leuchten in vielen Sandsteinfarben. ☞ *Nordamerika*

Der Grand Canyon des Colorado

Capri Die meistbesuchte Insel im Mittelmeer. Sie liegt im Golf von Neapel und ist 10 km² groß. Die Insel aus Kalkstein ragt an der steilsten Stelle etwa 500 m über den Meeresspiegel. Das Meer hat eindrucksvolle Felsen herausgespült und die Küste teilweise unterhöhlt. Berühmt ist die Blaue Grotte, in die Touristen mit einem Fischerboot einfahren können. Die Einfahrt ist nur 1,30 m hoch. ☞ *Italien*

Celebes Drittgrößte der Sundainseln, die zu Indonesien gehören. Sie heißt heute Sulawesi und ist teils noch von Urwald bedeckt. ☞ *Sundainseln*

Celsius-Skala Temperaturen messen wir nach der Celsius-Skala, die der schwedische Naturforscher Anders Celsius vor über 250 Jahren schuf. Er teilte den Abstand zwischen dem Gefrierpunkt und Siedepunkt des Wassers in 100 gleiche Teile ein. Danach gefriert Wasser bei 0 Grad Celsius und siedet bei 100 Grad Celsius. Mit diesem Maßstab vergleichen wir alle Temperaturen. Unter 0 Grad erhalten sie ein Minuszeichen. ☞ *Temperatur*

Ceylon Alter Name einer Insel im Indischen Ozean. Auf ihr liegt heute Sri Lanka. ☞ *Sri Lanka*

Chile Südamerika

Fläche: 756 945 km² (37. Land)
Einwohnerzahl: 13,4 Mio.
Hauptstadt: Santiago de Chile (4,4 Mio. Einw.)
Bevölkerung: Mestizen, Weiße
Sprache: Spanisch
Religion: Christen Geld: Chilenischer Peso
Chile ist nur 180 km breit, aber über 4 200 km lang. Es wird von Norden nach Süden ganz von den Anden durchzogen, die zur Pazifikküste hin abfallen.

China Asien

Fläche: 9 560 980 km² (3. Land)
Einwohnerzahl: 1,2 Mrd.
Hauptstadt: Beijing (Peking, 6,9 Mio.)
Bevölkerung: Chinesen
Sprachen: Chinesisch, Englisch, u. a.
Religion: Buddhisten, (konfuzianisch), Taoisten, Christen, Moslems Geld: Renminbi Yuan
Die Volksrepublik China ist das volkreichste Land der Erde. Die meisten Menschen leben an den großen Strömen. China ist eines der ältesten Reiche und bestand schon vor über 3 500 Jahren.

China (Taiwan) Asien

Fläche: 36 179 km² (133. Land)
Einwohner: 20,5 Mio.
Hauptstadt: Taipeh (2,7 Mio.)
Bevölkerung: Chinesen
Sprachen: Chinesisch, Englisch
Religion: Buddhisten (konfuzianisch), Taoisten, Moslems, Christen Geld: Neuer Taiwan Dollar
Das China auf der Insel Formosa (Taiwan) ist über 250mal kleiner als die Volksrepublik China. In Taiwan haben sich 1949 die Chinesen gesammelt, die nicht in der kommunistischen Volksrepublik China leben wollten. Es ist heute ein bedeutendes Industrieland.

Chinesische Mauer Schutzmauer im Norden Chinas, die im 3. Jahrhundert vor Christus errichtet wurde, um Feinde abzuhalten. Sie besteht vorwiegend aus getrocknetem Lehm, zum Teil auch aus Steinen, ist 3 450 km lang, bis zu 16 m hoch und bis zu 8 m dick. Dieses größte Bauwerk der Menschheit ist sogar vom Mond aus sichtbar. ☞ *Asien*

Christen Es gibt auf der Erde rund 1,5 Milliarden Christen. Sie glauben an den dreieinigen Gott, Gottvater, den Heiligen Geist und Jesus Christus. Über 1 Milliarde gehören der katholischen Kirche, eine halbe Milliarde den verschiedenen protestantischen Kirchen an. ☞ *Weltreligion*

Chronometer Um den Standort eines Schiffs auf hoher See bestimmen zu können, ist ein Chronometer erforderlich. Das ist eine auf die Sekunde genau gehende Schiffsuhr. ☞ *Navigation*

Colorado 2 334 km langer Fluß im Südwesten der USA. Der Colorado River ist berühmt für seine Schlucht, den Grand Canyon. ☞ *Cañon*

Columbus, Christofero Entdecker Amerikas. ☞ *Entdecker, Kolumbus*

Commonwealth of Nations (kammonwels of näischens) In diesem losen Staatenbund sind unter Führung Großbritanniens die meisten Länder zusammengeschlossen, die früher englische Kolonien waren. Jedes Mitglied im Commonwealth ist heute unabhängig. ☞ *Großbritannien, Kolonie*

Cook, James Der englische Seefahrer James Cook (cuk) unternahm 1769 bis 1779 drei Seereisen in den Pazifik. Dabei entdeckte er zahlreiche Inseln und kam nach Australien. ☞ *Entdecker*

Cortez, Hernando Der Spanier Cortez war mit 35 Jahren ein wohlhabender Plantagenbesitzer auf der Insel Kuba. 1519 rüstete er auf eigene Kosten eine Expedition aus und verließ Kuba mit 11 Schiffen, 600 Matrosen und Soldaten und 16 Pferden. Er segelte nach Mexiko und nahm dort das gewaltige Reich der Azteken in Besitz. Dabei halfen ihm die indianischen Völker, die von den Azteken unterdrückt worden waren. Durch diese gewaltsame Eroberung gewann Spanien die Vormachtstellung in Mittelamerika. ☞ *Azteken, Entdecker, Indianer*

Costa Rica Mittelamerika

Fläche: 51 100 km² (125. Land)
Einwohner: 3 Mio.
Hauptstadt: San José (296 630 Einw.)
Bevölkerung: Weiße, Mestizen
Sprache: Spanisch
Religion: Christen Geld: Costa-Rica-Colón
Costa Rica liegt im Westen am Pazifischen Ozean und im Osten an der Karibischen See, die zum Atlantischen Ozean gehört. Das tropische Land liefert Kaffee und Bananen.

Côte d'Azur (kotdaßür) Die blaue Küste, die Cote d'Azur, ist ein beliebtes Ferienziel am Mittelmeer. Hier fallen die Alpen an der französischen Riviera steil ins Meer ab. Bekannte Orte sind Cannes, Nizza und Monte Carlo. ☞ *Frankreich, Monaco*

Côte d'Ivoire ☞ *Elfenbeinküste*

Cousteau, Jacques (kustoh) Bekannter französischer Meeresforscher, der 1940 als erster mit Preßluft tauchte. Dazu erfand er die sogenannte Aqualunge, die das Freitauchen erst ermöglichte. Er entwickelte auch Unterwasserstationen und ein Tauchboot. ☞ *Meer, Tiefsee*

Cromagnon-Mensch (kromanjo) Menschenrasse, die ihren Namen nach einer Höhle in Frankreich hat. Hier wurden zum ersten Mal Knochen des Cromagnon-Menschen gefunden. Dieser frühe Mensch lebte vor etwa 40 000 Jahren in Mitteleuropa. Er gilt als Vorfahre des heutigen Europäers. ☞ *Mensch, Neandertaler*

Cuba Insel und Staat auf den Großen Antillen südlich von Florida, USA. ☞ *Kuba*

Cypern Insel und Staat im östlichen Mittelmeer. ☞ *Balkan (Karte), Zypern*

Dach der Welt Das Hochland von Pamir in Asien wird als das Dach der Welt bezeichnet. Es grenzt an die Länder Afghanistan, Pakistan, Indien und China. Hier stoßen hohe, mächtige Gebirge zusammen und bilden einen gewaltigen Gebirgsknoten. Das Hochland ist im Durchschnitt 4 000 m hoch und von über 7 000 m hohen Bergen umgeben.
☞ *Himalaja, Hindukusch, Karakorum, Pamir*

Damm Bezeichnung für einen Deich, also einen Erdwall, der das Land am Meer vor Überflutung schützt. Man versteht darunter aber auch eine Aufschüttung für einen Verkehrsweg, zum Beispiel einen Eisenbahndamm. Ein Staudamm staut das Wasser eines Flusses oder eines Sees auf. Es ist meist eine dicke Betonmauer, die dem Druck des aufgestauten Wassers standhalten kann.
☞ *Deich, Stausee*

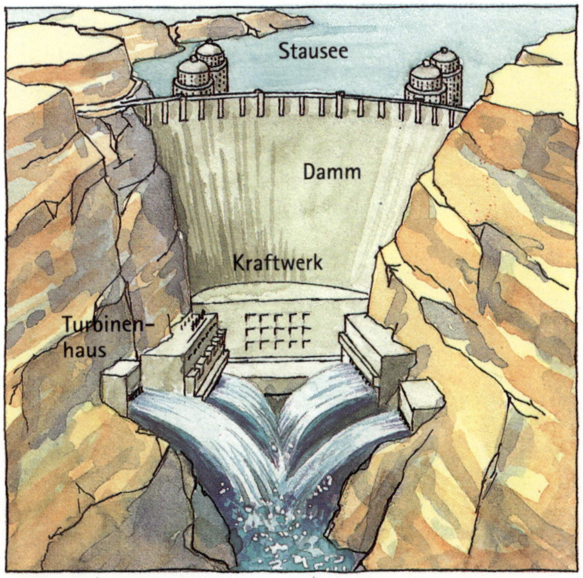

Dämmerung Wenn die Sonne knapp unter dem Horizont steht, herrscht Dämmerung. Das geschieht zweimal am Tag, am Morgen und am Abend. Das Sonnenlicht ist dann nicht mehr direkt sichtbar, sondern wird von den Luftschichten gebrochen. Am längsten ist dabei das rote Licht sichtbar. Sinkt die Sonne am Abend weiter unter den Horizont, tritt die Dunkelheit ein.

Dampf Wenn eine Flüssigkeit erhitzt wird, beginnt sie zu verdampfen. Die Flüssigkeitsteilchen gehen in den gasförmigen Zustand über und steigen in die Luft auf. Das ist bei Wasser bei 100 Grad Celsius der Fall. Wasser kann aber auch bei normaler Temperatur in den gasförmigen Zustand übergehen. Man nennt das Verdunstung. Das von der Erde aufsteigende gasförmige Wasser verdichtet sich in der Höhe zu Wolken. ☞ *Wasserkreislauf*

Dänemark ☞ *Seite 47*

Dardanellen Zwischen dem Mittelmeer und dem Marmarameer besteht eine bis 6 km breite und etwa 65 km lange Verbindung, die Meerenge der Dardanellen. Vom Marmarameer, das dem Schwarzen Meer vorgelagert ist, gelangt man erst durch eine zweite Meerenge, den Bosporus, ins eigentliche Schwarze Meer.
☞ *Balkan, Marmarameer, Schwarzes Meer*

Dattelpalme Wenn eine Karawane in der Wüste Dattelpalmen sah, wußte sie, daß es nicht mehr weit zu einer Oase war, wo es Wasser gab. Von der Dattelpalme, die in Nordafrika und Arabien verbreitet ist, sagt man, sie stehe mit den Wurzeln im Wasser und rage mit dem Haupt in die Sonne. Ein Baum bringt durchschnittlich 50 Kilogramm Datteln hervor, die bei uns als Trockenobst bekannt sind.
☞ *Fata Morgana, Oase, Palmen*

Datumsgrenze Wer mit dem Flugzeug etwa von Tokio nach San Francisco fliegt, überspringt einen Tag im Kalender. Er überschreitet nämlich die Datumsgrenze, die ungefähr auf dem 180. Längengrad liegt. Beim Überschreiten dieser Grenze von Osten nach Westen muß man zwei Tage dasselbe Datum schreiben. ☞ *Zeitzonen*

Dauerfrostboden Auf der Nordhalbkugel ist der Boden stellenweise bis zu einer Entfernung von 5 000 km zum Nordpol ständig gefroren. Er taut auch im Sommer nur oberflächlich auf. Je näher das Land am Nordpol liegt, desto tiefer ist der Boden gefroren. Jenseits des nördlichen Polarkreises in Alaska und Sibirien bleibt der Boden das ganze Jahr über bis zu 300 m tief gefroren.

Death Valley (👄 däswällie) Abflußloses Becken in Kalifornien. Hier, im Tal des Todes, herrscht ein trockenes und heißes Wüstenklima. Es ist die tiefste Senke Nordamerikas mit über 80 m unter dem Meeresspiegel. ☞ *Nordamerika*

Dänemark

Dänemark

Fläche: 43 092 km² (130. Land)
Einwohnerzahl: 5,1 Mio.
Hauptstadt: Kopenhagen (464 700 Einw.)
Bevölkerung: Dänen
Sprachen: Dänisch, Deutsch
Religion: Christen Geld: Dänische Krone

Das Königreich Dänemark besteht aus der Halbinsel Jütland sowie 474 Inseln. Jütland schließt an Schleswig-Holstein an. Vor der Eiszeit bildeten die Inseln eine Landbrücke nach Schweden. Heute bestehen drei Durchfahrten in die Ostsee. Über den Kleinen Belt zwischen Jütland und der Insel Fünen führen zwei Brücken. Um nach Seeland zu gelangen, der größten Insel Dänemarks, muß man das Fährschiff über den Großen Belt nehmen. Von Seeland geht eine Fähre über den Öresund nach Schweden. Auf Jütland leben etwa ein Drittel der Dänen, die meisten an der Ostseeseite, denn die Nordseeküste mit Dünen und Strandseen ist rauh. Zwischen den skandinavischen Ländern Dänemark, Norwegen und Schweden liegen das Skagerrak und das Kattegat. Diese stürmischen Meerengen gehören zu den gefürchtetsten Schiffahrtswegen.

Mit allen Inseln hat Dänemark rund 7 400 km Küste an der Ostsee. Das Meer hat tiefe Buchten in das Land gefressen. Diese Förden bilden natürliche Häfen, sind aber meist zu flach für große Schiffe. Die Inseln sind leicht hügelig, nur an einigen Stellen der Küste fallen Kreidefelsen steil zum Meer ab. Der Boden ist sehr fruchtbar, und überall wird Landwirtschaft und Viehzucht betrieben. Die Dänen verarbeiten ihre Produkte meist selbst, und so entstand eine bedeutende Nahrungsmittelindustrie. Auch die Möbelindustrie und die Glasfabrikation sind wichtige Erwerbszweige.

Nur vier Städte haben mehr als 100 000 Einwohner. Mittelpunkt des Landes ist Kopenhagen. Vier Schlösser in der Stadt erinnern daran, daß Dänemark ein Königreich ist. Die Königin residiert in Schloß Amalienburg, in Schloß Rosenborg kann man die Kronjuwelen der dänischen Herrscher bewundern. Ein Wahrzeichen Kopenhagens ist die kleine Meerjungfrau, eine Bronzefigur nach einem Märchen von Hans Christian Andersen.

Zum Staatsgebiet Dänemarks gehören auch die Faröer-Inseln auf halbem Weg nach Island sowie die größte Insel der Erde, Grönland.

Deich

Seit Jahrtausenden hat die Nordsee an den Küsten immer wieder Sand und Schlick angeschwemmt. Besonders in den Mündungsgebieten der Flüsse entstand so neues Land. Es wuchs Jahr für Jahr etwa um die Dicke eines Schulhefts. Doch die See holte sich das aufgebaute Land immer wieder zurück – und noch mehr dazu. Bei jeder Sturmflut rissen die Meereswellen große Teile der Küste mit sich, und die Küstenbewohner versuchten sich davor zu schützen.

Schon vor etwa 1 000 Jahren warfen die Menschen an der Küste Erdhügel auf, um ihre Häuser darauf zu stellen. Doch die Felder wurden mit der täglichen Flut der Gezeiten immer überschwemmt. Also errichtete man Erdwälle an der Küste, um das Wasser abzuhalten. Bei normalen Fluten boten diese genügend Schutz. Wenn aber eine Sturmflut kam, wurden oft ganze Dörfer von den Wellen verschlungen. Da im Lauf der Jahrhunderte das Meer anstieg, lagen bei Flut große Teile des Landes unter dem Meeresspiegel, daher mußten die Deiche höher werden. Sie boten aber nur Schutz, solange sie unter der Gewalt der Wassermassen nicht auseinanderbrachen. Im Jahr 1953 erlebten die Holländer die gewaltigste Flutkatastrophe seit 500 Jahren. Die Deiche an der Meerseite hielten. Doch die Fluten sprangen über die Deichkrone und unterhöhlten die Deiche an der Rückseite, bis sie brachen.

Heute errichtet man 8 bis 10 m hohe Deiche. Um die Wucht der Wellen abzubremsen, werden die Dämme zur Meerseite hin möglichst flach angelegt. Die Wellen laufen den flachen Damm hinauf und verlieren dabei viel von ihrer Gewalt. Der Deichfuß muß den stärksten Aufprall abfangen. Er ist deshalb mit aufgeschichteten Steinen abgesichert. Der Deich selbst besteht aus aufgespültem Sand, der mit einer meterdicken Lehmschicht befestigt ist. Außerdem wird der Deichbau mit Rasenstücken belegt. Das Gras wurzelt ein und gibt zusätzlichen Halt.

Das Land hinter dem Deich muß ständig entwässert werden. Hier hat man ein Netz von Gräben angelegt, die in einen Hauptkanal münden. Alles Wasser fließt in den Siel, das Deichtor. Bei Ebbe werden die Deichtore vom abströmenden Wasser aufgedrückt, bei Flut schließen sie sich durch das auflaufende Wasser. Trotz all dieser Vorsichtsmaßnahmen kann es bei einer gewaltigen Sturmflut immer wieder zu einer Katastrophe kommen.

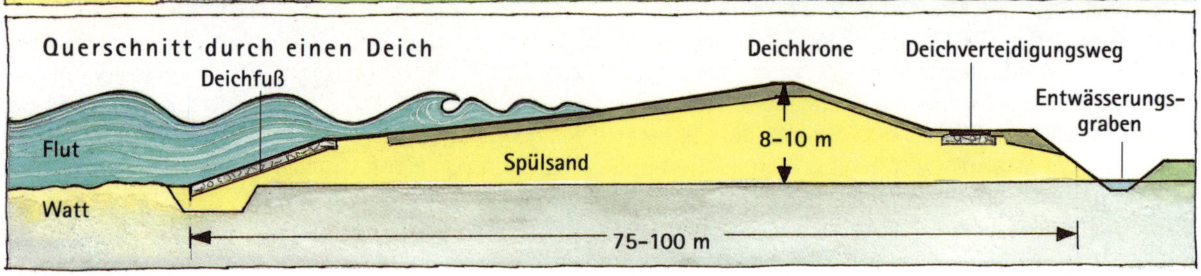

Delta Der griechische Buchstabe Delta sieht wie ein Dreieck aus. Genauso erscheint aus der Luft auch das Mündungsgebiet eines großen Stromes an der Meeresküste, zum Beispiel das Rhein-Delta. Der Strom schwemmt Sand und Geröll an und teilt sich in viele Arme auf, die sich ins Meer ergießen. Wenn die Meereswellen das Delta nicht ständig abtragen, wächst es immer weiter. ☞ *Strom*

Den Haag Regierungssitz und Residenz der Niederlande mit 450 000 Einwohnern. Hier befindet sich der Internationale Gerichtshof, der Streitigkeiten zwischen Völkern schlichtet.
☞ *Amsterdam, Niederlande*

Deponie Lagerstätte für Müll. Das Wichtigste bei einer Mülldeponie ist die Sicherung des Grundwassers. Wenn keine natürliche Ton- und Lehmschicht vorhanden ist, müssen Kunststoffolien ausgelegt werden, damit der Regen die im Müll vorhandenen Giftstoffe nicht ins Grundwasser schwemmt. Damit die Abfallberge nicht ins Uferlose wachsen, wird der Müll zerkleinert und mit Maschinen dicht zusammengepackt. Wird eine Mülldeponie geschlossen, dann muß sie mit Erde bedeckt und bepflanzt werden.
☞ *Umweltschutz*

Deutschland ☞ *Seite 50*

Devisen Ausländische Zahlungsmittel. Man kann das eigene Geld zu einem bestimmten Wechselkurs gegen Devisen eintauschen. ☞ *Währung*

Diamant Reinster Kohlenstoff. Der Diamant ist im Gegensatz zur Kohle glasklar und durchsichtig und der härteste Edelstein. Man kann damit alle anderen Steine ritzen. Diamanten kommen vor allem in Südafrika vor, wo man sie in Diamantbergwerken ausgräbt. Aus 2 Tonnen Gestein erhält man etwa 1 Gramm Diamanten. ☞ *Edelsteine, Kohlenstoff*

Dingo Verwilderter Haushund in Australien. Vermutlich brachten ihn die Ureinwohner Australiens, die aus Asien stammten, auf den Kontinent. Dingos sind etwa so groß wie Schäferhunde. ☞ *Australien*

Dinosaurier Riesenechsen, die im Erdmittelalter in der Jura- und Kreidezeit lebten. ☞ *Kreidezeit*

Dioxin Name für eine Gruppe von chemischen Giften, die bei der Herstellung von Pflanzenschutzmitteln und auch bei der Müllverbrennung entstehen. Manche Dioxine sind lebensgefährlich. Sie sind sehr lange haltbar und können im Boden nach Jahren noch giftig sein. ☞ *Umweltschutz*

Diplomat Länder, die miteinander in Beziehungen stehen, tauschen Diplomaten aus. Das sind Gesandte ihrer Regierung, die im Ausland mit fremden Regierungen verhandeln. Sie haben ihren Sitz in Botschaften, die exterritorial sind. Das bedeutet, daß diese Gebäude nicht ohne Zustimmung des Botschafters betreten werden dürfen. Weder die ausländische Polizei noch fremde Soldaten dürfen hier eindringen. Alle Staaten halten sich an diese diplomatischen Vereinbarungen.

Dnjepr Fluß in Rußland mit 2 200 km Länge. Der Dnjepr fließt durch die Ukraine und mündet ins Schwarze Meer. Nach der Wolga und der Donau ist er der drittlängste Strom Europas.

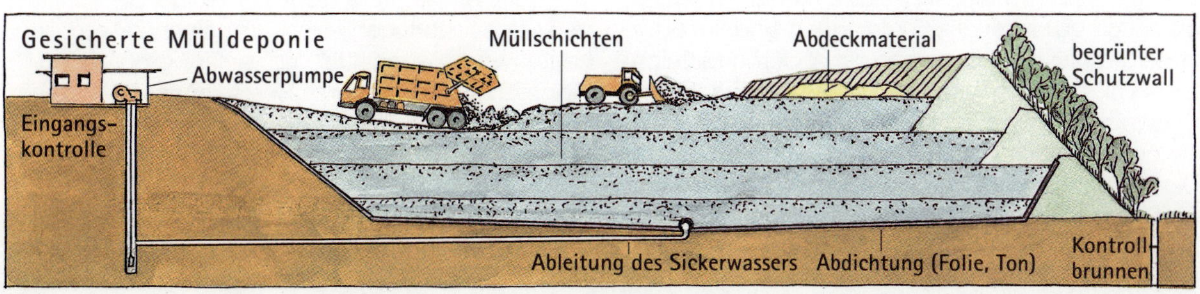

Deutschland

Bundesrepublik Deutschland
Fläche: 356 945 km^2 (61. Land)
Einwohnerzahl: 79,9 Mio.
Hauptstadt: Berlin (3,4 Mio. Einw.)
Bevölkerung: Deutsche
Sprache: Deutsch
Religion: Christen Geld: Deutsche Mark

Die Bundesrepublik Deutschland liegt im Herzen Mitteleuropas. Von Norden nach Süden, von Schleswig-Holstein bis an die Alpen, sind es rund 1 000 km, vom Rhein bis an die Oder 650 km. Insgesamt hat Deutschland neun Nachbarn: im Norden Dänemark, im Westen die Niederlande, Belgien, Luxemburg und Frankreich, im Süden die Schweiz und Österreich und im Osten die Tschechische Republik und Polen.

Drei Großlandschaften

Man kann in Deutschland drei große Landschaftsräume unterscheiden. Im Süden liegen die Alpen mit dem Alpenvorland. Dieses Gebiet wird von der Donau begrenzt. Daran schließt sich der Mittelgebirgsraum an. Von dort erstreckt sich das Norddeutsche Tiefland bis an die Küsten der Nord- und Ostsee. Die Nordalpen ziehen sich in Süddeutschland 250 km vom Bodensee bis zur Salzach. Hier ragen die höchsten Berge auf: die Hochfrottspitze mit 2 649 m in den Allgäuer Alpen, die Zugspitze mit 2 962 m im Wettersteingebirge und in den Berchtesgadener Alpen der Watzmann, der 2 714 m hoch ist.

Die Mittelgebirge sind viel früher entstanden als die Alpen und deshalb schon weit mehr abgetragen. Im Durchschnitt sind sie 800 bis 1 000 m hoch. Das größte Mittelgebirge, der Schwarzwald, hat im 1 493 m hohen Feldberg den höchsten Gipfel. Auch im Bayerischen Wald, im Fichtelgebirge und im Harz gibt es über 1 000 m hohe Berge. Ein vulkanisches Gebirge ist die Eifel zwischen der Mosel und dem Rhein. Daran erinnern viele kreisrunde Seen, die Maare. Es sind mit Wasser gefüllte Trichter im Boden, die durch Vulkantätigkeit entstanden sind. Im Harz, in der Fränkischen Schweiz und anderen Mittelgebirgen gibt es auch Tropfsteinhöhlen. Die Fränkische Schweiz ist wie das Elbsandsteingebirge in Sachsen ein beliebtes Klettergebiet.

Die Norddeutsche Tiefebene ist zwischen 200 und 250 km breit. Wie das Alpenvorland ist sie in der Eiszeit ausgeformt worden. Die Gletscher haben hier Moränenschutt abgelagert. Die Nord- und Ostseeküsten unterscheiden sich sehr stark. An der Nordsee haben Ebbe und Flut und die Flüsse Schlick angeschwemmt und so das flache Wattenmeer aufgebaut. Mit Deichen hat man Teile des Watts trockengelegt und so dem Meer fruchtbaren Boden abgerungen. An der Ostsee sind die Gezeiten dagegen kaum spürbar. Die Küste besitzt viele Buchten und Halbinseln und einen breiten Sandstrand. An einigen Stellen findet man aber auch Steilküsten mit Kreidefelsen. Eine solche Küste hat zum Beispiel die Insel Rügen. Sie ist mit 926 km^2 die größte deutsche Insel. Sylt, die größte Nordseeinsel, hat nicht einmal 100 km^2 Fläche. Im Wattenmeer der Nordsee liegen noch viele kleinere Inseln, die Halligen. Und auch die rote Felseninsel Helgoland kann man in einer halben Stunde umrunden. Sie ist nur 2,1 km^2 groß.

Flüsse, Seen und Wasserstraßen

Ganz Deutschland liegt in der gemäßigten Klimazone. Das bedeutet, daß die Winter nicht zu kalt und die Sommer nicht zu heiß sind. Im Norden wird Deutschland vom Seeklima und vom Golfstrom beeinflußt. Die Flüsse frieren hier nur selten zu. Es fällt ausgiebig Regen. So gibt es in Deutschland genügend Wasser und zahlreiche Flüsse. Dazu gehören auch drei große europäische Ströme, der Rhein, die Donau und die Elbe. Der 1 320 km lange Rhein fließt 867 km durch Deutschland und mündet in die Nordsee. Die 2 850 km lange Donau entspringt im Schwarzwald und mündet ins Schwarze Meer. Bis zur österreichischen Grenze ist sie 647 km lang. Die 1 165 km lange Elbe kommt aus der Tschechischen Republik und mündet nach 793 km in die Nordsee. Dann folgen der Main mit 524 km und die Weser mit 440 km. All diese Wasserstraßen sind durch Kanäle miteinander verbunden. Seit es den Main-Donau-Kanal gibt, kann man mit dem Schiff von der Nordsee bis ins Schwarze Meer fahren.

Aus der Eiszeit, die in Deutschland die Landschaft mitgestaltet hat, sind nicht nur einige Gletscher in den Alpen übriggeblieben. Im Alpenvorland liegt heute eine Seenplatte mit vielen größeren und kleineren Seen. Solche Reste abgeschmolzener Gletscher finden wir auch im Hinterland der Ostsee, in Mecklenburg-Vorpommern. Hier liegt der Müritzsee, der mit 115 km^2 genaugenommen der größte deutsche See ist. Der 538 km^2 große Bodensee ist zwar um ein vielfaches größer, aber ihn teilen sich Deutschland, die Schweiz und Österreich.

Deutschland

Deutschland

Deutschland gehört zu den bedeutendsten Industriestaaten der Welt. Die wichtigsten Industriezweige sind der Maschinenbau, der Automobilbau sowie die Chemie und die Elektrotechnik. Fast jeder dritte Deutsche arbeitet in der Industrie. Allerdings hat Deutschland kaum Rohstoffe. Diese müssen vorwiegend aus dem Ausland eingeführt werden. Lediglich Kohle und Braunkohle sind in ausreichender Menge vorhanden. Der Abbau der Kohle lohnt sich aber nicht mehr, da man diesen Rohstoff in anderen Ländern billiger kaufen kann. In Ostdeutschland lagern etwa ein Drittel der Weltvorräte an Braunkohle. Die Verwendung dieser Kohle in Chemiefabriken und für die Erzeugung von elektrischem Strom in Wärmekraftwerken bringt aber große Umweltprobleme mit sich. Als Industrieland ist Deutschland ohnehin stark umweltgeschädigt. Das fängt bei der Luftverschmutzung an und hört bei der Verschmutzung der Gewässer auf. Und etwa ein Viertel der Wälder sind durch den sauren Regen zerstört. Deshalb muß viel Geld für den Umweltschutz aufgewendet werden.

Hohe Erträge im Ackerbau

Rund ein Viertel der Landfläche werden landwirtschaftlich genutzt. Darauf werden vor allem Getreide, Kartoffeln und Zuckerrüben angebaut. In Bayern, Niedersachsen und Schleswig-Holstein wird auch viel Vieh gehalten. So produziert Deutschland einen Überschuß an Milchprodukten und Fleisch. Bei richtiger Verteilung des Anbaus könnte das Land die gesamte Bevölkerung ernähren. In den geschützten Lagen am Rhein, in der Pfalz und am Main gedeiht sogar Wein, und im Alten Land beiderseits der Elbemündung und am Bodensee wächst das meiste Obst Europas. Dennoch müssen heute Nahrungsmittel aus anderen Ländern eingeführt werden. So kommt zum Beispiel ein großer Teil des Gemüses aus Holland und Belgien nach Deutschland.

Die Bundesländer

Die Bundesrepublik Deutschland gehört mit 225 Bewohnern pro km^2 zu den dichtest besiedelten Ländern Europas. Sie hat 16 Bundesländer, von denen das kleinste fast 175mal in das größte paßt. Man sieht an dieser Rechnung, daß es gewaltige Größenunterschiede gibt. Das Bundesland mit den meisten Einwohnern ist Nordrhein-Westfalen. An Rhein und Ruhr liegt auch die größte deutsche Industrieregion, das Ruhrgebiet. Hier befinden sich Kohlenbergwerke, Eisenhütten und Stahlwerke sowie große Chemiefabriken. Doch nicht alle Bundesländer sind so stark besiedelt. Die meisten Menschen leben in den Städten, von denen rund 80 über 100 000 Einwohner haben. Es gibt aber nur drei Millionenstädte in Deutschland.

Aus zwei Staaten wird ein Land

Deutschland wurde nach dem Zweiten Weltkrieg 1945 in zwei Staaten geteilt. So entstanden im Westen die Bundesrepublik Deutschland und im Osten die Deutsche Demokratische Republik (DDR). Sie waren grundverschieden, da sie unterschiedliche Staatsformen hatten. Diese beiden deutschen Staaten wurden am 3. Oktober 1990 wieder vereint. Als Hauptstadt der Bundesrepublik Deutschland wurde Berlin bestimmt. Allerdings wird die Regierung noch einige Jahre in der alten Bundeshauptstadt Bonn bleiben.

Die Bundesländer nach der Größe

Bundesländer	*Fläche in km^2*	*Einwohner in Mio.*	*Hauptstadt*	*Einwohner*
Bayern	70 554	11,6	München	1 229 000
Niedersachsen	47 349	7,4	Hannover	513 000
Baden-Württemberg	35 751	9,9	Stuttgart	578 000
Nordrhein-Westfalen	34 068	17,4	Düsseldorf	575 800
Brandenburg	29 107	2,6	Potsdam	139 800
Mecklenburg-Vorpommern	23 369	1,9	Schwerin	127 450
Hessen	21 114	5,8	Wiesbaden	260 300
Sachsen-Anhalt	20 444	2,9	Magdeburg	278 800
Rheinland-Pfalz	19 849	3,8	Mainz	179 480
Sachsen	18 338	4,7	Dresden	490 570
Thüringen	16 251	2,6	Erfurt	209 000
Schleswig-Holstein	15 730	2,6	Kiel	245 570
Saarland	2 570	1,1	Saarbrücken	191 700
Berlin	889	3,4	Berlin	3 433 700
Hamburg	755	1,7	Hamburg	1 652 350
Bremen	404	0,7	Bremen	551 200

Deutschland

Doggerbank 300 km lange und bis zu 120 km breite Erhebung am Grund der Nordsee. Diese Untiefe liegt etwa zwischen England und Dänemark und ist an ihrer seichtesten Stelle nur 13 m tief.

Doline Dolinen sind trichterförmige Einsenkungen im Boden. Sie entstehen vor allem in Kalkgebirgen, wo das Wasser den Kalkstein auslaugt und schließlich auflöst. Die kreisförmigen Löcher können bis zu 300 m Durchmesser haben. Oft sammelt sich darin Wasser, und es entsteht ein Dolinensee. Solche Karsterscheinungen finden sich überall dort, wo es auch viele Höhlen gibt. ☞ *Höhle, Karst*

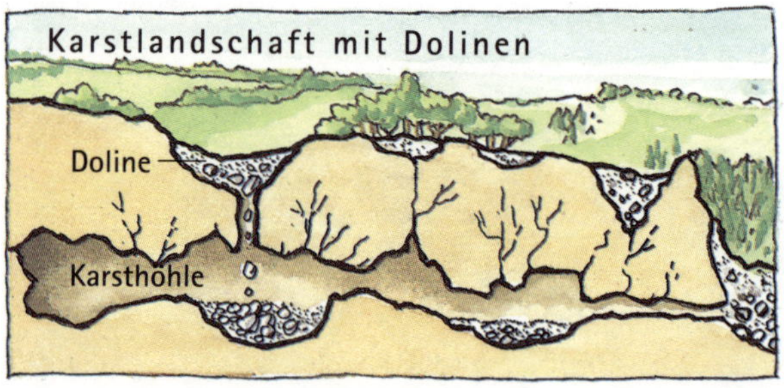

Karstlandschaft mit Dolinen

Dollart Eine runde Meeresbucht an der Mündung der Ems in die Nordsee. Diese Bucht entstand vor ungefähr 600 Jahren durch gewaltige Sturmfluten der Nordsee.

Dolomiten Die Dolomiten sind ein mächtiges Gebirgsmassiv in den Südalpen. Diese Kalkalpen fallen vor allem durch ihre spitzen und schlanken Gipfelformen auf. Vor etwa 250 Millionen Jahren lag dort, wo heute die Alpen sind, ein großes Meer. Korallen haben die Kalkberge aufgebaut. Als die Meere austrockneten und die Kalkschichten aufgefaltet wurden, entstanden hohe Gebirge. So ist auch das Gestein in den Südtiroler Dolomiten eigentlich ein von Korallen aufgebautes Kalkriff. ☞ *Alpen, Riff*

Die Drei Zinnen in den Dolomiten

Dominica Mittelamerika

Fläche: 751 km² (169. Land)
Einwohnerzahl: 82 000
Hauptstadt: Roseau (11 000 Einw.)
Bevölkerung: Schwarze, Mulatten, Kreolen
Sprachen: Englisch, kreolisches Französisch
Religion: Christen Geld: Ostkaribischer Dollar
Die Antilleninsel in der Karibischen See hat eine besonders üppige Vegetaton. Angebaut werden Bananen, Zuckerrohr, Kokospalmen und Vanille.

Dominikanische Republik

Mittelamerika
Fläche: 48 734 km² (127. Land)
Einwohnerzahl: 7,2 Mio.
Hauptstadt: Santo Domingo (1,4 Mio. Einw.)
Bevölkerung: Mulatten, Weiße, Schwarze
Sprache: Spanisch
Religion: Christen Geld: Dominikanischer Peso
Das Land nimmt den Ostteil der gebirgigen Insel Hispaniola ein. Das ist die zweitgrößte Antilleninsel.

Don 1 870 km langer russischer Strom, der in das Schwarze Meer mündet. Der Don ist eine der wichtigsten Wasserstraßen Rußlands und mit der Wolga durch einen Kanal verbunden. ☞ *Rußland*

Donau Die Donau ist mit 2 850 km der zweitlängste Strom Europas. Sie entsteht aus den beiden Flüssen Brigach und Breg und mündet in Rumänien ins Schwarze Meer. Auf ihrem Weg fließt sie durch Deutschland, Österreich, Ungarn, das ehemalige Jugoslawien, Bulgarien und Rumänien. Die Länge der Donau beträgt in Deutschland 647 km. Ab Regensburg können auf der Donau größere Schiffe bis ins Schwarze Meer fahren. Für den Naturschutz sind die Donauauen an der österreichisch-ungarischen Grenze und das 4 000 km² große Donaudelta in Rumänien wichtig, weil hier noch viele seltene Tierarten vorkommen. ☞ *Main-Donau-Kanal, Strom*

Donner Bei einem Gewitter hören wir nach dem Blitz den Donner. Tatsächlich entsteht er gleichzeitig. Die Luftteilchen um den Blitz werden stark erhitzt und dehnen sich schlagartig aus. Da sich Licht sehr viel schneller bewegt als Schall, sehen wir den Blitz zuerst. Der Schall braucht für 1 km etwa 3 Sekunden. Können wir zum Beispiel nach dem Blitz langsam bis 6 zählen, ehe wir den Donner hören, dann ist das Gewitter 2 km entfernt. ☞ *Blitz*

Dorf

Dörfer sind kleine Siedlungen, in denen sich die Menschen meist noch untereinander kennen. Die Dorfbewohner bilden eine Dorfgemeinschaft und helfen sich gegenseitig zum Beispiel bei der Ernte oder beim Hausbau. Das ist in abgelegenen Dörfern heute noch so. Nur die Dörfer im Umkreis großer Städte werden auch von Dorffremden bewohnt. Diese haben hier Grundstücke erworben und Häuser gebaut. So haben sich viele Dörfer vergrößert, und man kann nur noch am alten Ortskern erkennen, wie sie einst ausgesehen haben.

Die Germanen siedelten zuerst meist in Einzelhöfen, die weit auseinander lagen. Im Laufe der Zeit gesellten sich in der Nachbarschaft ein paar Bauernhöfe dazu, und es entstand ein Weiler. Weiler und Siedlungen, in denen die Höfe verstreut inmitten der Wiesen und Felder liegen, gibt es heute noch.

Die Menschen haben sich aber am liebsten dort niedergelassen, wo schon Höfe lagen und noch Platz zum Siedeln war. So entstanden unregelmäßige Haufendörfer, oft mit dem Kirchplatz in der Mitte. In einem Rundling stehen alle Häuser um den Dorfplatz herum, und die zugehörigen Felder liegen jeweils dahinter. Ein solches Runddorf konnte von Feinden nicht so leicht angegriffen werden wie eine offene Siedlung. Häufig sieht man bei uns auch Straßendörfer, in denen alle Häuser links und rechts von der Hauptstraße stehen.

In anderen Erdteilen gibt es andere Siedlungsformen. Den Rundling finden wir aber auch zum Beispiel in Afrika. Aus Furcht vor wilden Tieren haben die Bewohner in den Steppen ebenfalls kreisrunde Dörfer angelegt. Ihre Lehmhütten umgaben sie zusätzlich noch mit einem Zaun oder einer Mauer. So entstand ein Kral. Überall dort, wo Wasser die Häuser bedrohte, errichtete man Pfahldörfer. Im Urwald bieten Pfahlbauten auch noch Schutz vor Raubtieren. Die Pfahlhäuser sind nur über Leitern zu erreichen, die man nachts einzieht. Eine seltsame Dorfform ist das Langhaus. Man findet es bei vielen Naturvölkern, vor allem in der Südsee, aber auch die Irokesen, ein nordamerikanischer Indianerstamm, kannten Langhäuser. Manche sind so groß, daß eine ganze Sippe darin wohnen kann.

Die meisten Menschen wohnen heute aber in Städten. Hier finden sie Arbeit, und deshalb ziehen immer mehr Menschen vom Land in die Stadt. Wo sich Städte ausdehnen, verschwinden die Dörfer.

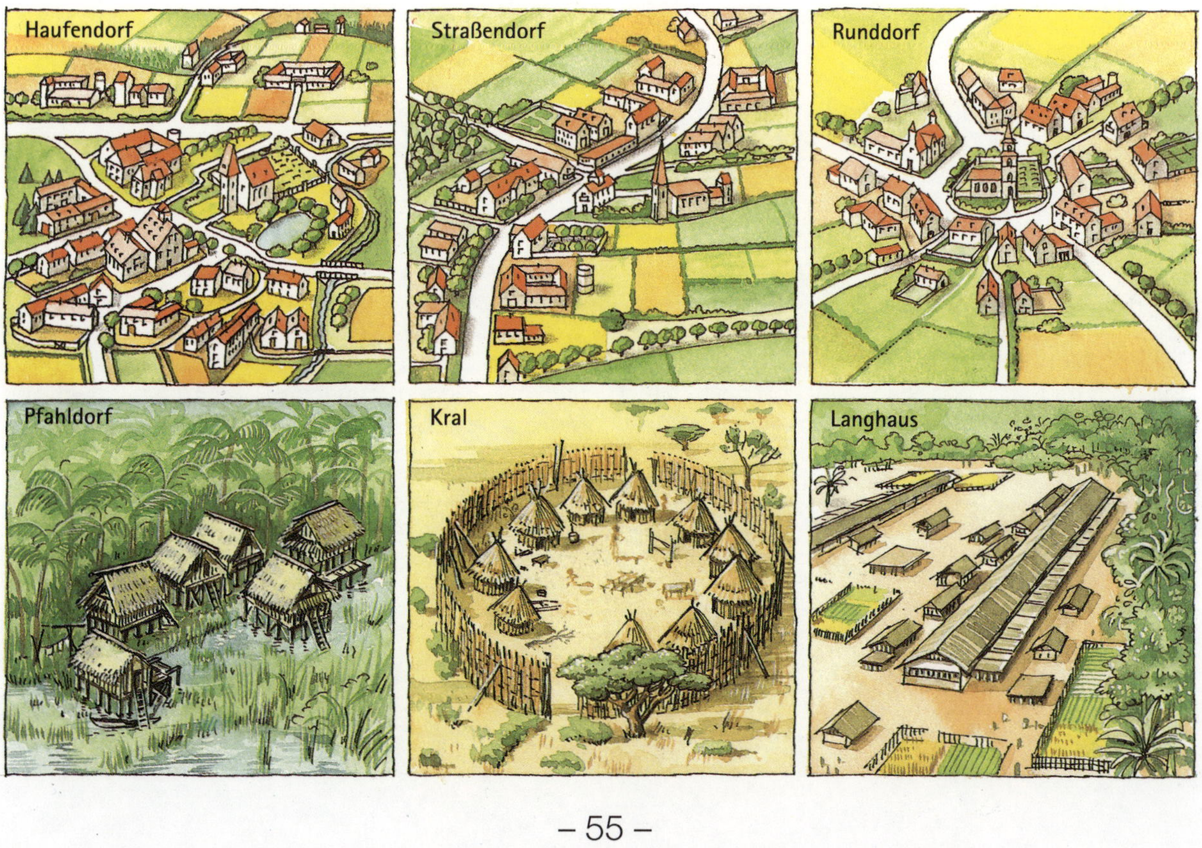

Dornwald In Trockengebieten bestehen Dornwälder aus niedrigen Bäumen und Sträuchern. In Amerika wachsen in Dornwäldern auch Kakteen, die lange Trockenheit aushalten. ☞ *Steppe*

Drift Meeresströmung, die durch gleichmäßig wehende Winde entsteht. Dazu zählen zum Beispiel die Passatwinde oder die Monsunwinde.
☞ *Monsun, Passat, Wind*

Dritte Welt Allgemeiner Begriff für die Entwicklungsländer. ☞ *Entwicklungsland*

Drogen Rauschgifte, die auf das Gehirn und das Nervensystem einwirken und süchtig machen. Dazu gehören Opium, Heroin, Kokain, Haschisch und Marihuana. Die Pflanzen, von denen diese Drogen stammen, werden in Asien oder in Mittel- und Südamerika angebaut. Von dort schmuggeln sie gewissenlose Verbrecher nach Nordamerika und Europa. Opium und Heroin werden aus dem Schlafmohn gewonnen, Kokain aus den Blättern des Kokastrauchs. Man hat versucht, den Bauern, die Rauschmittelpflanzen anbauen, Zuschüsse für den Anbau von Feldfrüchten zu gewähren. Doch die großen Gewinne, die sich mit Drogen erzielen lassen, verführen die armen Bauern in den Entwicklungsländern immer wieder zum Anbau von Rauschgiftpflanzen. ☞ *Entwicklungsland*

Dschibuti Afrika

Fläche: 23 200 km² (146. Land)
Einwohnerzahl: 427 000
Hauptstadt: Dschibuti (65 000 Einw.)
Bevölkerung: Issa, Afar
Sprachen: Arabisch, Französisch
Religion: Moslems Geld: Dschibuti-Franc
Das Land grenzt an das Rote Meer und besteht fast nur aus Wüste und Steppe. Da es kaum regnet, steigt die Temperatur oft bis auf 50 Grad Celsius.

Dschungel Undurchdringlicher tropischer Regenwald mit Dickicht aus Bambus oder Lianen. Am bekanntesten sind die Dschungel in Indien, woher auch das Wort stammt. ☞ *Regenwald*

Dublin Hauptstadt Irlands mit rund 500 000 Einwohnern. ☞ *Großbritannien*

Düne An den Meeresküsten weht der Wind den Sand zu großen Bergen auf. Diese Dünen können bis zu 200 m hoch werden. Um sie zu befestigen, bepflanzt man sie mit Strandhafer oder anderen Sandpflanzen. Dünen, die nicht rechtzeitig befestigt werden, beginnen zu wandern. Solche Wanderdünen legen bis zu 25 m im Jahr zurück. Sie können Wälder und Dörfer verschütten. ☞ *Oase, Wüste*

Düngung Pflanzen brauchen zum Gedeihen außer Licht, Sonne und Wasser auch Nährstoffe. Diese sind im Boden enthalten. Werden aber auf den Feldern immer dieselben Pflanzen angebaut, so wird der Boden ausgelaugt. Der Bauer hilft dann durch Düngung nach. Natürliche Dünger sind Stallmist, Jauche und Kompost. Heute verwendet man meistens Kunstdünger. Wird aber zuviel gedüngt, dann spült der Regen die überschüssigen Düngemittel in Bäche, Flüsse und Seen. Dort kommt es zu einem vermehrten Algenwachstum, und das Gewässer kippt um. ☞ *Ackerbau, Umweltschutz*

Dürre In den Trockengebieten der Erde regnet es oft jahrelang nicht. Dennoch können hier Pflanzen gedeihen. Sie speichern Wasser wie die Kakteen oder überleben als Samen. Wenn plötzlich ein großer Regen kommt, blüht für kurze Zeit sogar die Wüste. Dürrekatastrophen gibt es häufig in den Gebieten der Erde, die von einem jährlichen, regelmäßigen Regen abhängen. Bleibt in Indien der Monsunregen aus, kommt es zu einer Hungersnot.
☞ *Bewässerung, Klima, Sahelzone*

Ebbe und Flut Am Meer können wir beobachten, daß sich die Höhe des Wasserspiegels ständig verändert. Bei Niedrigwasser, der Ebbe, wird ein Teil des sonst überspülten Meeresbodens sichtbar. Unmittelbar nach diesem niedrigsten Wasserstand setzt die Flut ein. Das Wasser steigt jetzt 6 Stunden lang an, bis es schließlich mit dem Hochwasser seinen höchsten Wasserstand erreicht hat. Dann fällt der Wasserspiegel wieder 6 Stunden lang. Dieser Wechsel zwischen Ebbe und Flut tritt zweimal innerhalb von 24 Stunden auf. Man nennt das auch die Gezeiten. Sie kommen durch die Anziehungskraft des Mondes und der Sonne zustande. Bei Flut wird das Wasser auf der dem Mond zugekehrten Seite der Erde angezogen. Da sich die Erde dreht, steigt das Wasser auf der gegenüberliegenden Erdseite durch die Fliehkraft ebenfalls an. Dadurch wird das Wasser in den anderen Teilen der Erde aus den Meeren abgezogen, und dort herrscht Ebbe. Die Gezeiten an der französischen Kanalküste sind besonders stark. In Saint Malo beträgt der Unterschied im Wasserstand bis zu 13,5 m.
☞ *Gezeitenkraftwerk, Tidenhub*

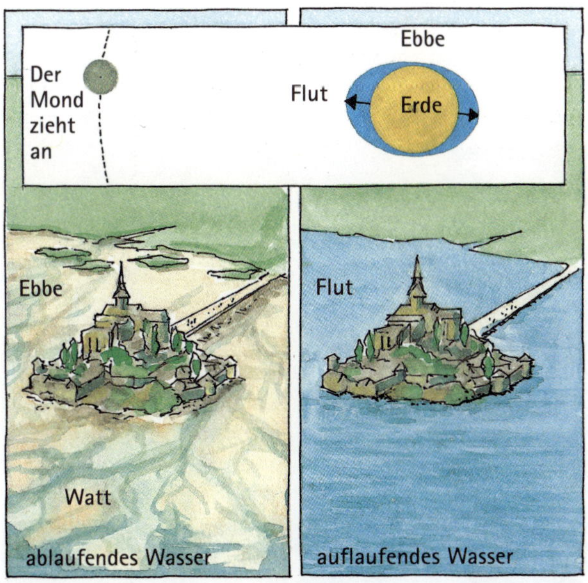

Ebene Land ohne Erhebungen, also mit nur geringen Höhenunterschieden. In einer Tiefebene liegt das Land bis etwa 200 m über dem Meeresspiegel. Höher gelegene Landflächen bezeichnet man als Hochebenen. Die Tiefländer der großen Ströme, wie des Nil in Ägypten, des Ganges in Indien oder des Hwangho in China, sind besonders fruchtbar.

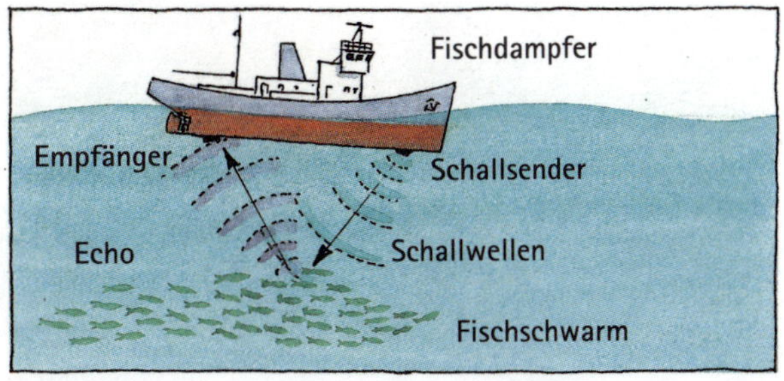

Echolot Instrument, das hauptsächlich in der Schiffahrt eingesetzt wird. Es sendet Schallwellen vom Schiffsboden zum Meeresgrund. Die zurückgeworfenen Wellen werden vom Empfänger aufgenommen. Aus der Zeit, die bis zum Echo vergeht, kann man die Wassertiefe berechnen. Mit dem Echolot lassen sich Fischschwärme aufspüren.

Ecu (👄 ekűh) Abkürzung für die zukünftige europäische Währung. ☞ *EG, Währung*

Ecuador Südamerika

Fläche: 283 561 km² (71. Land)
Einwohnerzahl: 9,6 Mio.
Hauptstadt: Quito (1,1 Mio. Einw.)
Bevölkerung: Mestizen, Indianer, Mulatten, Kreolen
Sprachen: Spanisch, Ketschua
Religion: Christen, Naturreligionen Geld: Sucre
Ecuador ist der kleinste Staat in den Anden. Er liegt genau auf dem Äquator und hat eine Küste am Pazifik. Zu Ecuador gehören die Galapagos-Inseln.

Edelgase Gase, die sich nicht mit anderen Stoffen und auch nicht miteinander verbinden. Dazu zählen Helium, Neon und Krypton. Edelgase kommen auch in der Atmosphäre vor, machen aber insgesamt etwa nur ein Hundertstel der Lufthülle aus.
☞ *Atmosphäre, Lufthülle*

Edelhölzer Holz von wertvollen Baumarten der Tropen. Bekannt sind Mahagony-, Teak- und Palisanderholz. Aus diesen Hölzern werden wertvolle Möbel aber auch Schiffseinbauten hergestellt. Die meisten der Bäume wachsen im Urwald. Da die Nachfrage nach tropischen Edelhölzern immer größer wurde, hat man riesige Waldflächen in Brasilien, Afrika und Südostasien kahlgeschlagen. Die abgeholzten Flächen sind Wind und Wetter preisgegeben und werden durch Erosion zerstört.
☞ *Erosion, Regenwald*

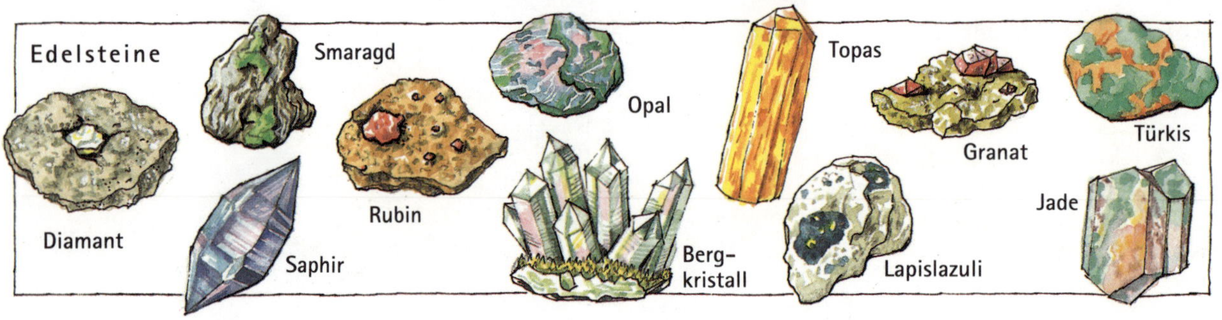

Edelmetall Gold, Silber und Platin rosten nicht und behalten immer ihren Glanz. Sie zählen deshalb zu den Edelmetallen. Das meiste Gold und Platin wird in Südafrika und Rußland abgebaut, Silber findet sich vor allem in Mexiko und den USA.
☞ *Bodenschätze, Gold*

Edelsteine Mineralien, die sich durch besondere Farbe, Härte und Schönheit auszeichnen. Zu ihnen zählen Schmucksteine wie Diamant, Rubin, Saphir und Smaragd. Der härteste aller Edelsteine ist der Diamant. Es ist reiner Kohlenstoff in Kristallform. Diamanten sind so hart, daß man mit ihnen alle anderen Stoffe ritzen kann. Sie werden deshalb zum Bohren verwendet, als Zahnbohrer genauso wie als Tiefenbohrer bei der Erdölförderung. Die ausgedehntesten Diamantminen der Erde liegen in Südafrika. Dort wird das diamanthaltige Gestein in Bergwerken aus großer Tiefe geholt. Als Schmucksteine mindestens genauso begehrt wie Diamanten und ebenso wertvoll sind die leuchtendroten Rubine und die grünen Smaragde. Rubine finden sich vor allem in Thailand und in Sri Lanka, Smaragde kommen in Indien und Brasilien vor. Der blaue Saphir ist eine weniger wertvolle Abart des Rubins. Häufiger sind Schmucksteine wie Opal, Granat, Topas oder Lapislazuli. Diese hat man früher auch als Halbedelsteine bezeichnet. ☞ *Diamant*

Edinburgh Hauptstadt von Schottland mit 450 000 Einwohnern. ☞ *Großbritannien*

EG Abkürzung für Europäische Gemeinschaft. Darin waren bisher 12 westeuropäische Staaten zusammengeschlossen. 1993 wurde diese Gemeinschaft in Europäische Union (EU) umbenannt. Hauptziel der EU ist ein vereintes Europa ohne Grenzen. Die wichtigsten Städte für die Verwaltung und Politik sind Brüssel, Luxemburg und Straßburg.
☞ *EU, Europa*

Eidgenossenschaft Alter Name für die Schweiz. Die Schweizerische Eidgenossenschaft entstand aus dem Bund der drei Kantone Uri, Schwyz und Unterwalden. ☞ *Kanton, Schweiz*

Eifel Etwa 660 m hohes deutsches Mittelgebirge links des Rheins. In der Eifel gibt es erloschene Vulkane und runde Kraterseen, die Maare heißen. Der höchste Berg ist die Hohe Acht mit 747 m. Weltbekannt wurde die Eifel durch den Nürburgring, auf dem Autorennen gefahren werden.
☞ *Maar, Vulkan*

Eiger 3 970 m hoher Berg in der Schweiz mit einer sehr steilen Nordseite. Die fast senkrechte Eiger-Nordwand wurde 1938 zum ersten Mal von Deutschen und Österreichern durchstiegen. Sie gilt als eine der schwierigsten Bergtouren auf der Welt.
☞ *Schweiz*

Einfuhr Ein Land, das Waren aus dem Ausland kauft, führt Waren ein. Man bezeichnet das mit einem lateinischen Wort als Import. ☞ *Export*

Einöde Das Wort kommt aus dem Althochdeutschen und bedeutet soviel wie Einsamkeit. Darunter versteht man eine einsame, menschenleere Landschaft. Ein Einödhof ist ein abgelegener Bauernhof. Solche Höfe gibt es heute noch im Gebirge. Manchmal kamen zu dem Einödhof ein paar Häuser hinzu, und so entstand ein Weiler. ☞ *Dorf*

Einwanderer Menschen, die in ein fremdes Land kommen, um für immer dort zu leben, gelten als Einwanderer. Sie werden nicht in jedem Land aufgenommen. Darüber entscheidet die Einwanderungsbehörde. Im letzten Jahrhundert sind viele Menschen aus europäischen Ländern vor allem in die noch wenig besiedelten Erdteile Amerika und Australien eingewandert. ☞ *Auswanderer*

Einzugsgebiet Ein Fluß entwässert mit seinen Nebenflüssen eine bestimmte Landfläche. Das ist sein Einzugsgebiet. Die Einzugsgebiete verschiedener Flüsse werden durch eine Wasserscheide voneinander getrennt. So ist zum Beispiel die Schwäbische Alb eine europäische Wasserscheide. Sie trennt die Einzugsgebiete von Donau und Rhein. Alle Bäche und Flüsse auf der Südseite der Alb münden in die Donau, und ihr Wasser fließt ins Schwarze Meer. Das Wasser von der Nordseite gelangt in Neckar und Rhein und damit in die Nordsee. Das Einzugsgebiet des Rheins beträgt rund 100 000 km^2. Er entwässert also rund ein Viertel von Deutschland. Das größte Einzugsgebiet hat der Amazonas in Brasilien mit rund 7 Millionen km^2.
☞ *Wasserscheide*

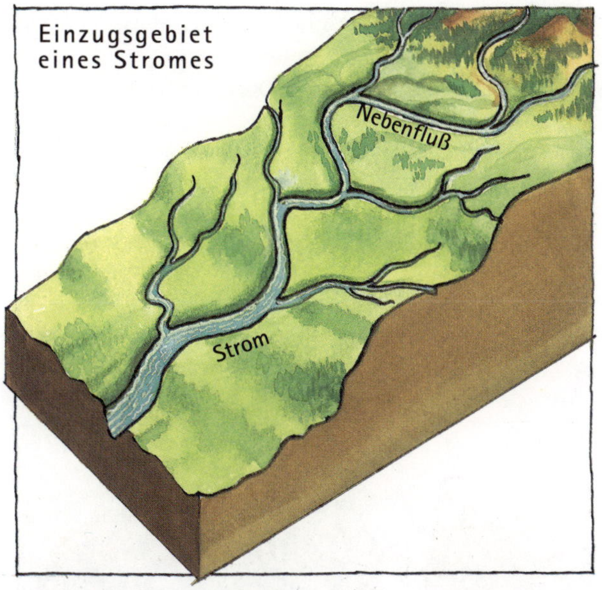

Eis Wasser gefriert bei 0 Grad zu Eis. Wo der Schnee nicht abtaut, wird er zu Eis zusammengepreßt. So entstehen Gletscher. Sie schmelzen zwar ständig ab, da aber immer wieder neuer Schnee fällt, werden sie nur langsam kleiner. Wenn die Temperatur auf der Erde aber weiterhin ansteigt, wird sich auch das Gletschereis in Wasser verwandeln. Die gewaltigsten Gletscher liegen in den Polargebieten und auf der Insel Grönland. In den Eismeeren nahe den Polen gefriert auch das Meer ständig zu. Dort bildet sich eine Eisschicht, die 3 bis 4 m dick ist. Wenn die Eisfelder zerreißen, werden im Nordpolarmeer die Eisschollen bis zu 15 m hoch zu Packeis aufgetürmt. ☞ *Gletscher, Polargebiete*

Eisbär Der Eisbär bewohnt nur den höchsten Norden der Erde, das Polargebiet. Er wird 3 m lang und bis 1,60 m hoch. Mit 700 Kilogramm Gewicht ist er das größte Landraubtier der Erde. Eisbären sind geschützte Tiere. ☞ *Bären*

Eisberg Eis ist leichter als Wasser und schwimmt deshalb im Meer. In den Polarmeeren schwimmen besonders viele Eisberge. Es sind gewaltige Eisbrocken, die von den Gletschern auf Grönland oder von den Eisfeldern am Südpol abbrechen. Die Eisberge im nördlichen Polarmeer ragen bis zu 100 m aus dem Wasser und sind bis zu 2 km lang. Aus der Antarktis kommen bis zu 50 m hohe Eistafeln, die oft 100 km Länge erreichen. Die Eisberge schmelzen auf ihrer Reise zwar langsam ab, es kann aber oft länger als ein Jahr dauern, bis sie sich ganz aufgelöst haben. Da Eis viel tiefer ins Wasser eintaucht als etwa Holz, ragt immer nur etwa ein Siebtel des Eisbergs aus dem Wasser. Im Nordatlantik schwimmen Tausende solcher Eisblöcke und bilden eine große Gefahr für die Schiffahrt. Häufig trifft man die Reste riesiger Eisberge noch in der Nähe viel weiter südlich liegender Schiffahrtsrouten an. Das war der Fall, als 1912 der englische Luxusdampfer „Titanic" mit einem Eisberg zusammenstieß und unterging. Etwa 1 500 Menschen ertranken. Heute überwacht ein Eisdienst die Wanderungen der Eisberge und funkt den Eisbericht täglich an die Schiffe, die im Nordatlantik unterwegs sind.

Eisbrecher Spezialschiff zum Aufbrechen einer Fahrrinne im Eis. Eisbrecher haben ein großes Gewicht und starke Motoren. Sie schieben sich mit dem flachen Bug auf die Eisdecke, die dann einbricht. Die stärksten Eisbrecher, die zum Teil mit Kernkraft angetrieben werden, besitzt Rußland.

Eisen Unser wichtigstes Metall, das seit über 3 000 Jahren bearbeitet wird. Ein ganzer Abschnitt der Geschichte, die Eisenzeit, hat danach ihren Namen. Vorher hatten die Menschen nur die Bronze gekannt. Bevor sie gelernt hatten, Eisen aus Eisenerz zu gewinnen, fanden sie wohl Meteoreisen. Diese Teile von Himmelskörpern, die gelegentlich als Meteoriten auf der Erde aufschlagen, bestehen aus nahezu reinem Eisen. Auch die Erde enthält viel Eisen, und man nimmt an, daß sich ihr Kern aus diesem Metall zusammensetzt. In reiner Form kommt Eisen allerdings kaum vor, sondern nur als Eisenerz. Es wird in Hochöfen verhüttet, und man gewinnt daraus Roheisen, das zu Stahl verarbeitet wird. Die Eisenhütten und Stahlwerke bilden die Schwerindustrie eines Landes. Den meisten Stahl erzeugen Rußland, Japan und die USA. ☞ *Eisenerz, Stahl*

Eisenbahn Bis zur Erfindung des Automobils und noch lange darüber hinaus war die Eisenbahn das wichtigste Verkehrsmittel auf dem Land. Die erste Dampfeisenbahn fuhr 1825 in England und hatte eine Streckenlänge von 39 km. 1835 verkehrte zwischen Nürnberg und Fürth die erste deutsche Eisenbahn auf einer 6,1 km langen Strecke. Heute umfaßt das deutsche Eisenbahnnetz rund 80 000 km Geleise. Das betriebene Schienennetz ist rund 40 000 km lang. Zum Teil mußten Strecken stillgelegt werden, weil die Kosten zu hoch waren und zu wenige Fahrgäste und Güter transportiert wurden. Die Bahn ist das umweltfreundlichste Verkehrsmittel, weil sie viele Menschen und Güter auf einmal befördern kann. Deshalb wird das deutsche Eisenbahnnetz vor allem auf längeren Strecken modernisiert und zu Schnellfahrstrecken für ICE-Züge ausgebaut. Das dichteste Eisenbahnnetz in Europa hat Belgien. Die Eisenbahnschienen der USA würden sogar achtmal um den Erdball reichen. Die längste Eisenbahnstrecke der Welt ist die Transsibirische Eisenbahn, die 9 300 km von Moskau bis an das Japanische Meer führt. ☞ *Verkehr*

Eisenerz Im Bergbau werden verschiedene Eisenerze für die Gewinnung von Eisen und Stahl abgebaut. Die größten Eisenerzvorkommen in Europa finden sich in Rußland, Schweden und Frankreich. Eisenerz ist eine Verbindung von Eisen und einem anderen chemischen Element, fast immer ist Sauerstoff und Schwefel dabei. Zu den wichtigsten Eisenerzen gehören der Magneteisenstein, der Schwefelkies und der Eisenglanz. Um das reine Eisen aus diesen Erzen herauszuholen, müssen sie verhüttet werden. Dazu werden die Erze geröstet und im Hochofen durch Koks vom Sauerstoff befreit. Das Ruhrgebiet und das Saarland mit ihren reichen Kohlevorkommen waren Schwerpunkte der deutschen Hütten- und Stahlindustrie. Das nötige Eisenerz mußte aber eingeführt werden. Heute wird Eisen und Stahl in vielen Ländern billiger hergestellt, so daß viele Bergwerke, Eisenhütten und Stahlwerke in Deutschland geschlossen wurden. ☞ *Bergbau, Eisen, Stahl*

Eisenzeit Etwa 900 vor Christus begann in Mitteleuropa die Eisenzeit. Sie folgte auf die Bronzezeit. Die Waffen und Geräte wurden jetzt aus Eisen hergestellt. Das härtere Eisen war ein viel besserer Werkstoff als Bronze, die aus Kupfer und Zinn bestand. ☞ *Eisen, Bronzezeit, Steinzeit*

Eisgang Wenn im Winter die Eisdecke der Flüsse aufbricht, schwimmen Eisschollen auf dem Wasser. Man nennt das Treibeis oder Eisgang.

Eishöhle Im Gebirge gibt es Höhlen, in denen die Temperatur fast immer unter 0 Grad Celsius liegt. Das eindringende Wasser gefriert, und es bilden sich Eissäulen, ähnlich wie die Kalksäulen in Tropfsteinhöhlen. Die größte Eishöhle der Welt ist die Eisriesenwelt im Tennengebirge bei Salzburg. Die bisher erforschten Gänge sind über 42 km lang. ☞ *Höhle, Tropfsteinhöhle*

Eismeer Das Meer um die Polargebiete wird als Polarmeer oder Eismeer bezeichnet. Das nördliche Eismeer wird von Asien, Europa und Amerika eingeschlossen. Es ist zu fast zwei Dritteln mit Eis bedeckt. Das südliche Eismeer schließt den Kontinent der Antarktis ein. ☞ *Eisberg, Polargebiete*

Eiswüste Als Eiswüste bezeichnet man auch die von Eis bedeckten Polargebiete, vor allem das südliche Polargebiet, die Antarktis. Im Gegensatz zur Sandwüste gibt es hier überhaupt keine Pflanzen, und nur wenige Tiere können in der Eiswüste überleben. Dazu zählen Robben, Pinguine und andere Seevögel. Eisbären gibt es nur in der Arktis. ☞ *Arktis, Antarktis, Polargebiete, Wüste*

Eiszeit ☞ *Seite 62*

Elba Italienische Insel zwischen Korsika und Italien. Die gebirgige Insel ist 225 km² groß und wird im Sommer von vielen Touristen besucht. Im Altertum bauten die Römer auf Elba Kupfer ab. ☞ *Italien*

Elbe Zweitgrößter deutscher Strom. Die Elbe ist 1 165 km lang und entspringt im Riesengebirge in der Tschechischen Republik. Bei Cuxhaven vor Hamburg mündet sie in einem 15 km breiten Trichter in die Nordsee. Die größten Seeschiffe können mit der Flut in der Elbemündung 110 km aufwärts bis in den Hamburger Hafen fahren. Insgesamt sind 940 km der Elbe schiffbar. Durch Kanäle ist der Strom mit der Ostsee, der Oder und dem Rhein verbunden und so eine der wichtigsten Binnenwasserstraßen Europas. ☞ *Binnengewässer, Strom*

Elbrus Höchster Gipfel des Kaukasus. Der Elbrus ist ein erloschener Vulkan mit zwei Gipfeln, von denen der eine 5 633 m, der andere 5 595 m hoch ist. ☞ *Kaukasus*

Elch Große Hirschart, die in den Moorwäldern Skandinaviens, Rußlands und Nordamerikas vorkommt. Elche werden 3 m lang, 2 m hoch und über 600 Kilogramm schwer.

El Dorado Sagenhaftes Goldland in Südamerika, das immer wieder Abenteurer anlockte. In Wirklichkeit hat es dieses Goldland nie gegeben. Es ist ein Phantasiegebilde wie Atlantis. ☞ *Atlantis*

Elefant Größtes Landsäugetier der Erde. Elefanten kommen nur in Afrika und Indien vor. Der Afrikanische Elefant wird etwa 3,5 m hoch und besitzt über 2 m lange Stoßzähne. Der Indische Elefant ist kleiner und an seinen kleineren Ohren zu erkennen. Die Stoßzähne werden nur 1,5 m lang. Im Gegensatz zum Afrikanischen Elefanten läßt er sich leicht zähmen und zur Arbeit abrichten. Den Afrikanischen Elefanten hat man wegen des Elfenbeins nahezu ausgerottet. Der Handel mit Elfenbein ist in den meisten Ländern verboten. Durch die anhaltende Trockenheit in Afrika sind 1992 Tausende von Elefanten qualvoll verdurstet. ☞ *Afrika, Mammut*

Eiszeit

Die Eiszeiten der Erde begannen vor zwei Millionen Jahren. Seitdem wechselten auf der nördlichen Halbkugel immer wieder Kaltzeiten und Warmzeiten ab. Erst vor rund 10 000 Jahren ging die letzte Eiszeit zu Ende. Reste der Gletscher, die einst Nordeuropa, Nordasien, Nordamerika und die Hochgebirge aller Erdteile bedeckten, sind noch vorhanden. In der letzten großen Eiszeit reichte die Eisdecke im Norden bis nach Brüssel und Berlin, und von den Alpen strömten die Eismassen bis an die Donau. Auch ganz Nordamerika war damals eisbedeckt. Heute liegt noch etwa ein Zehntel der Erdoberfläche unter Gletschereis. Würden die Gletscher alle auf einmal abschmelzen, so würde sich der Meeresspiegel um mehr als 100 m heben. Städte wie London, Paris und Köln würden im Meer versinken.

Es gab mehrere große Eiszeiten, die das Land abflachten und Flüsse und Seen entstehen ließen. Wir müssen uns die Landschaft in den wärmeren Zwischeneiszeiten etwa so vorstellen wie die russische Tundra. Wo die Gletscher ganz abgeschmolzen waren, gab es Steppen und Wald. In dieser eiszeitlichen Landschaft bildeten die Säugetiere vor etwa 100 000 Jahren Riesenformen aus.

Am gewaltigsten war das Mammut, ein Verwandter unseres heutigen Elefanten. Diese riesigen, über 4 m hohen Tiere besaßen ein dichtes Fell und gewaltige Stoßzähne. Sie lebten in großen Herden. Riesig war auch der Säbelzahntiger mit seinen 15 cm langen Dolchzähnen. Auch das Wollnashorn und der Höhlenbär waren Tiere der Eiszeit. Der Riesenbiber wurde so groß wie heute ein kleiner Bär, und der Eiszeitwolf war fast 2 m lang. Ein Vorfahre des Kondors war der Riesengeier mit einer Flügelspannweite von über 3,5 m. Auch den Moschusochsen und das Wildpferd gab es damals schon. Sie überlebten das Ende der Eiszeit, die Riesensäugetiere sind aber allesamt verschwunden. Dafür entstanden kleinere Arten, zum Beispiel in Asien und Afrika die Elefanten und die Nashörner, die heute zu den größten Tieren der Erde zählen.

Immer wieder werden wir heute an die Tierwelt der Eiszeit erinnert. So hat man mehrere vollständig erhaltene Mammuts aus dem tiefgefrorenen Boden Sibiriens ausgraben können. Und in der sibirischen Erde liegt wohl mehr Elfenbein von Mammutstoßzähnen, als alle überlebenden Elefanten in Afrika und Asien heute tragen.

Elektrizität Form der Energie, die wir nur an ihrer Wirkung erkennen: Wir können den elektrischen Strom in Wärme, Licht oder Bewegung umwandeln. Der Strom kommt aus einem Wasserkraftwerk, einem Wärmekraftwerk oder häufig aus einem Kernkraftwerk. In Industrieländern wie in Deutschland steht sehr viel elektrischer Strom zur Verfügung. Ohne Elektrizität würde bei uns alles zusammenbrechen: Die Maschinen in den Fabriken würden stillstehen, die Züge nicht mehr fahren, in den Wohnungen und Häusern gäbe es kein Licht, es wäre kalt und gäbe nichts Warmes zu essen. In Ländern mit wenig Industrie ist die Stromversorgung nicht so lückenlos wie bei uns, und es gibt auch weniger Kraftwerke. Ein Stromausfall würde dort nicht das ganze Leben lahmlegen. Es hat also auch Nachteile, von der Elektrizität völlig abhängig zu sein. ☞ *Alternative Energie, Gezeitenkraftwerk*

Elfenbeinküste (Côte d'Ivoire) Afrika

Fläche: 322 463 km² (67. Land)
Einwohnerzahl: 12,2 Mio.
Hauptstadt: Yamoussoukro (130 000 Einw.)
Bevölkerung: Schwarze des Sudan
Sprachen: Französisch, afrikanische Dialekte
Religion: Naturreligionen, Moslems, Christen
Geld: Afrikanischer Franc
Das Bergland am Golf von Guinea in Westafrika hat noch große Regenwälder. Von hier wurde früher viel Elfenbein ausgeführt, daher der Name.

El Salvador Mittelamerika

Fläche: 21 041 km² (148. Land)
Einwohnerzahl: 5,3 Mio.
Hauptstadt: San Salvador (471 500 Einw.)
Bevölkerung: Mestizen, Indianer, Weiße
Sprachen: Spanisch, indianische Dialekte
Religion: Christen Geld: El-Salvador-Colón
Das Hochland besitzt über 60 Vulkane und ist sehr erdbebengefährdet. Im Osten fällt es zum Pazifischen Ozean ab. Hier wird viel Kaffee angebaut.

Elsaß Landschaft zwischen Deutschland und Frankreich. Es liegt zwischen dem Oberrhein und dem Gebirge der Vogesen. Die Bewohner dieses Grenzlands sprechen teilweise deutsch oder elsässische Mundart. Sie sind jedoch Franzosen, und ihre Muttersprache ist Französisch. Die Hauptstadt des Elsaß ist Straßburg. Hier befindet sich das Europaparlament. ☞ *Frankreich*

Emission Ausstoß von giftigen, schädlichen Abgasen in die Umwelt. Dazu gehören vor allem Autoabgase. Sie belasten die Luft und zerstören auch teilweise die Ozonschicht. ☞ *Abgase, Ozon*

Emu Straußenartiger Laufvogel, der in Australien vorkommt. Er wird etwa 1,5 m hoch und 50 Kilogramm schwer. ☞ *Australien, Strauß*

Endlagerung Mit diesem Wort bezeichnet man das Einlagern verbrauchter Brennelemente aus Kernkraftwerken. Dieser gefährliche Atomabfall, der noch jahrtausendelang radioaktive Strahlen aussendet, muß so sicher verwahrt werden, daß er die Umwelt und die Menschen nicht schädigen kann. Bisher gibt es dafür aber noch keine absolut sichere Möglichkeit. Zur Zeit werden die ausgedienten Brennstäbe aus den Kernkraftwerken in Fässer gepackt und in alten Salzbergwerken zwischengelagert. ☞ *Kernenergie*

Endmoräne Ein Gletscher fließt Stück für Stück den Berg hinab und nimmt dabei Felsenschutt und Geröll mit. Dieses Geröll türmt sich am Fuß des Gletschers zu einem Haufen auf, einer Endmoräne. Aus solchen Endmoränen entstand in der Eiszeit die hügelige Landschaft des Voralpenlands.
☞ *Gletscher, Moräne*

Energie Die Fähigkeit, Arbeit zu leisten, nennt man Energie. Fließendes Wasser hat Energie und treibt ein Mühlrad oder die Turbine eines Kraftwerks an. Die Lageenergie eines hochgelegenen Stausees nutzt man aus, indem man das Wasser durch Fallrohre auf die Turbinen eines Wasserkraftwerks stürzen läßt. Dadurch wird die Lageenergie des ruhenden Wassers in Bewegungsenergie des fließenden Wassers und schließlich in elektrischen Strom umgewandelt. Wir nutzen außer der Wasserkraft aber noch andere Energieträger, vor allem die fossile Energie. Dazu zählen Erdöl und Erdgas, Steinkohle und Braunkohle. Diese Bodenschätze sind jedoch nicht unbegrenzt vorhanden. Da sie zugleich wichtige Rohstoffe für die chemische Industrie darstellen, müssen sie möglichst geschont werden. Man versucht sie durch Kernenergie zu ersetzen. Damit sind aber große Gefahren verbunden.
☞ *Elektrizität, Erdöl, Kernenergie, Kohle*

England ☞ *Großbritannien*

Im Mittelalter segelten die seefahrenden Völker vom Mittelmeer durch die Straße von Gibraltar hinaus in den Ozean. Noch 1 000 Jahre zuvor galten die „Säulen des Herakles“ an der 14 km breiten Durchfahrt zwischen Europa und Afrika als das Ende der Welt. Nur wenige Seefahrer wagten sich in den Atlantik. Die Phönizier umsegelten allerdings im 6. Jahrhundert vor Christus ganz Afrika, und die Griechen stießen schon bis in die Nordsee vor. Aber all diese kühnen Seefahrer hielten sich nahe an den Küsten. Nur die Wikinger unternahmen um das Jahr 1 000 eine Fahrt über den Nordatlantik und gelangten bis nach Grönland und Neufundland.
Die damals entdeckten fremden Länder und Erdteile gerieten weitgehend in Vergessenheit. Das große Zeitalter der Entdeckungen begann nämlich erst im 15. Jahrhundert. Nur der venezianische Kaufmann Marco Polo war schon 1275 auf dem Landweg durch das Innere Asiens bis ins unbekannte China vorgedrungen. Einen neuen Erdteil hat er dabei aber nicht entdeckt. Das gelang erst Kolumbus.

Amerika zum zweiten Mal entdeckt

Christoph Kolumbus erreichte fast 500 Jahre nach den Wikingern Amerika und entdeckte damit einen bisher unbekannten Kontinent. Am 3. August 1492 verließ er mit drei kleinen Segelschiffen, der Niña, der Pinta und der Santa Maria, den spanischen Hafen Palos nahe dem heutigen Cadiz. Er nahm geraden Kurs nach Westen, denn er war sicher, auf diese Weise um die Erde herum nach Indien zu gelangen, wo Gold, Edelsteine und Gewürze lockten. Nach 71 Tagen auf hoher See stieß Kolumbus tatsächlich auf Land und erreichte am 12. Oktober 1492 die Insel Guanahani, die zu den Bahamas gehört. Die Ureinwohner, die er dort antraf, nannte er Indianer, denn er war fest davon überzeugt, in Indien gelandet zu sein. Insgesamt unternahm Kolumbus vier Reisen in die Neue Welt, doch alle seine Fahrten endeten auf den Inseln der Karibik. Niemals hat er das amerikanische Festland betreten. Seinen Namen erhielt der neu entdeckte Erdteil nach einem Landsmann von Kolumbus, dem Italiener Amerigo Vespucci.

Die Welt wird umsegelt

Mit der Entdeckung Amerikas begann ein neues Zeitalter in der Geschichte. Über fünf Jahre nach der ersten Fahrt des Kolumbus fand der Portugiese Vasco da Gama den begehrten Seeweg nach Indien. Er segelte um die Südspitze Afrikas und erreichte am 20. Mai 1498 das sagenhafte Land des Pfeffers und der Gewürze. Die Weltumseglung in westlicher Richtung, von der Kolumbus geträumt hatte, schaffte dann der Portugiese Fernando de Magellan. Er durchfuhr als erster den Pazifik, den er Stillen Ozean nannte. Gleichsam durch die Hintertür gelangte er so nach Asien und erreichte die Philippinen. Dort wurde er bei einem Kampf mit Eingeborenen getötet. Nur ein einziges Schiff seiner Flotte kehrte nach drei Jahren nach Spanien zurück.
Das neu entdeckte Amerika und die Inseln in der Südsee wurden in den folgenden Jahrhunderten gründlich erforscht. Die Spanier und Portugiesen drangen auf der Suche nach Gold immer weiter in Südamerika vor, und schon bald kamen die ersten Siedler aus England und Frankreich nach Nordamerika. Noch aber fehlte auf den Landkarten bis zum 18. Jahrhundert der fünfte Kontinent, Australien. Diesen fand der Engländer James Cook am 24. April 1770. Der englische Kapitän unternahm von 1768 bis 1780 drei ausgedehnte Reisen nach Ozeanien. Kein Mensch vor ihm war je so weit nach Süden gesegelt. Cook war der erfolgreichste Entdecker, und er erforschte auf seinen Reisen fast ein Fünftel der Erde.
Auch Afrika, das schon seit dem Altertum bekannt war, blieb bis vor 150 Jahren weitgehend unerforscht. Erst 1849 bereiste der englische Arzt und Missionar David Livingstone den Schwarzen Erdteil. Er durchquerte auf drei Reisen mit Hilfe von Eingeborenen den Kontinent vom Indischen Ozean im Osten bis zum Atlantik im Westen. Die meiste Zeit seines Lebens verbrachte Livingstone in Afrika.

Der Süden und der Norden wird erforscht

Im 19. Jahrhundert zogen immer wieder Wissenschaftler mit gut ausgerüsteten Expeditionen aus, um die noch unbekannten Teile der Erde zu erforschen. So entdeckte der schwedische Polarforscher Nordenskjöld 1878 die Nordostpassage, als er durch das Eismeer von Sibirien nach Nordamerika fuhr. Dem Norweger Amundsen gelang es, die Nordwestpassage zu durchfahren, die vom nördlichen Atlantik in den Pazifik führt. Er war auch als erster am Südpol und hißte dort am 14. Dezember 1911 die norwegische Flagge. Bereits 1909 hatte der Amerikaner Peary mit einem Begleiter und vier Eskimos den Nordpol erreicht.

Entdecker

um 1000

Leif Eriksson segelte nach Grönland und Nordamerika.

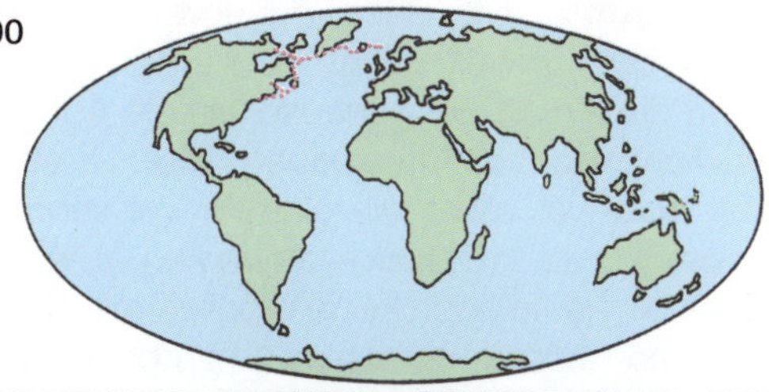

1271–1275

Marco Polo reiste durch Asien nach China.

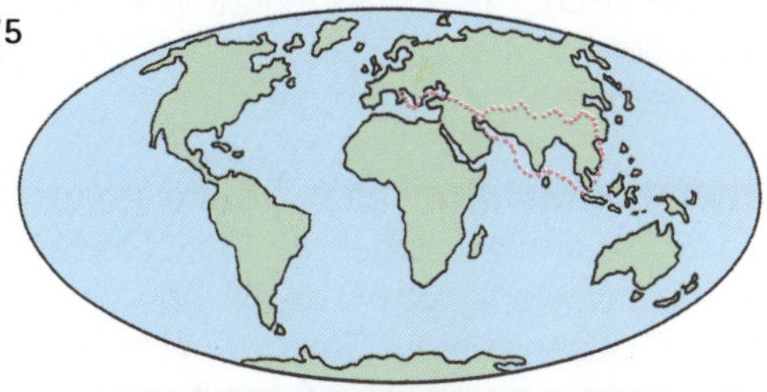

1492

Christoph Kolumbus entdeckte Amerika noch einmal.

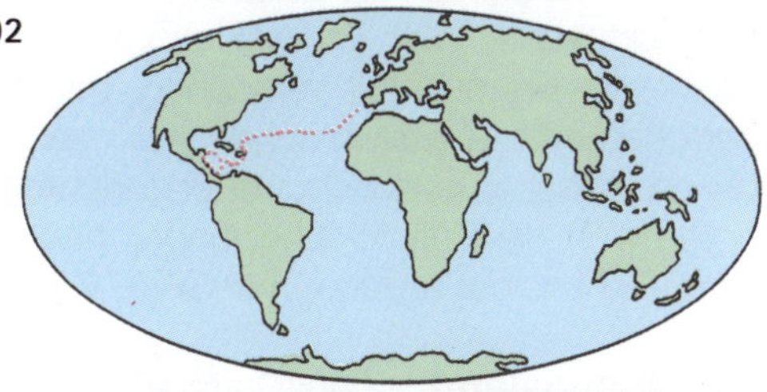

1497–1499

Vasco da Gama fand den Seeweg nach Indien.

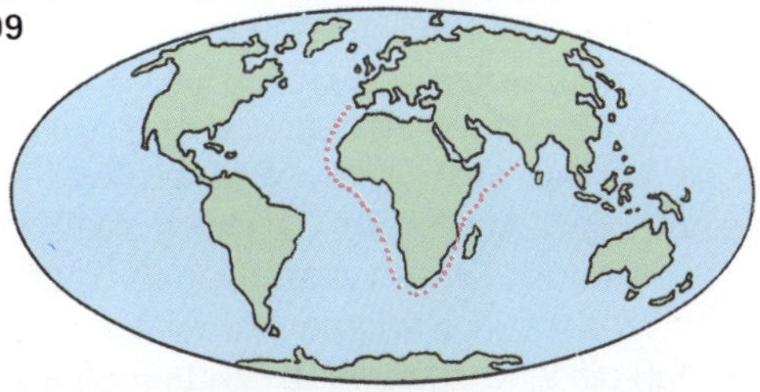

1768–1779

James Cook erforschte Australien und Ozeanien.

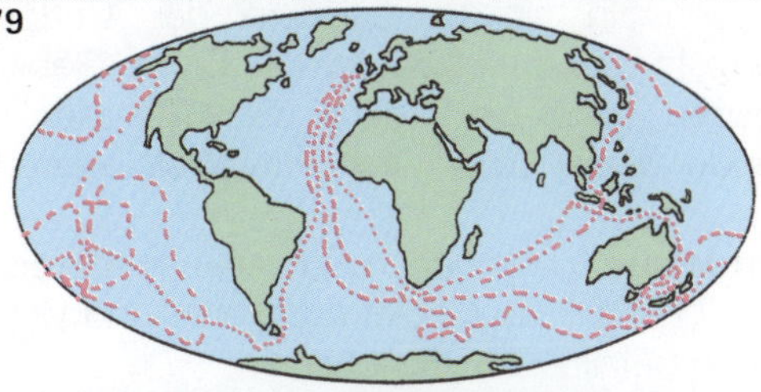

1849–1873

David Livingstone erforschte das Innere Afrikas.

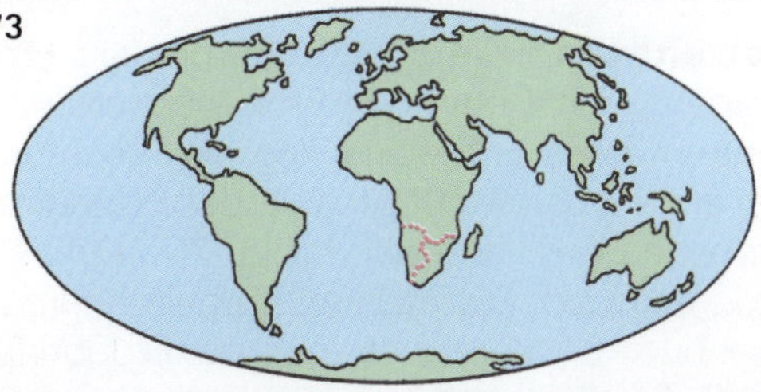

Entsorgung Die Beseitigung von Abfällen zum Schutz der Umwelt nennt man Entsorgung. Dazu gehört die Müllabfuhr genauso wie die Aufbereitung von Abwässern in Kläranlagen. Man versteht darunter aber vor allem die sichere Verwahrung von Atommüll, wie er in Kernkraftwerken anfällt. Leider gibt es bis heute noch keine Möglichkeit, diesen gefährlichen radioaktiven Abfall so zu beseitigen, daß er keinen Schaden mehr anrichten kann. Deshalb wird er zunächst in ein Zwischenlager gebracht.
☞ *Endlagerung, Kernenergie*

Entwicklungshilfe Viele reiche Länder leisten Hilfe für die armen Länder der Welt. Diese Entwicklungshilfe besteht zum Beispiel darin, den armen Völkern Lebensmittel, Saatgut, Maschinen oder Geld zu schicken. Für die Zukunft der Völker ist es jedoch sinnvoller, daß Entwicklungshelfer in den Ländern der Dritten Welt versuchen, mit den Einheimischen die Landwirtschaft zu verbessern, Fabriken zu bauen und Schulen einzurichten. Dann könnten sich die Entwicklungsländer nach einiger Zeit vielleicht selbst helfen. ☞ *Dritte Welt*

Entwicklungsland Zwei Drittel aller Länder der Erde haben einen viel geringeren Lebensstandard als die europäischen Länder oder Japan und die USA. Die Menschen haben dort wenig zu essen, und sie können kein Geld verdienen, weil es keine Industrie gibt. Auch ihre Landwirtschaft ist nicht hoch entwickelt. Diese Länder liegen überwiegend in den Tropen, in Südamerika, Afrika und Asien. Dort muß die Industrie und die Wirtschaft aufgebaut werden. In einigen Ländern der Dritten Welt herrscht sogar völlige Armut. Diese Gebiete benötigen ganz besonders die Hilfe der reichen Länder dieser Erde. ☞ *Dritte Welt, Vierte Welt*

Epidemie Ansteckende Krankheit, die sich in einem bestimmten Gebiet ausbreitet und viele Menschen befällt. ☞ *Seuchen*

Epizentrum Die Stelle, von der ein Erdbeben ausgeht, nennt man den Erdbebenherd. Das Epizentrum eines Erdbebens liegt senkrecht darüber. Der erste Erdstoß trifft genau in das Epizentrum. Der Erdbebenherd kann sich bis zu 700 km tief in der Erde befinden. Die meisten Erdbebenherde liegen aber nur 5 bis 50 km unterhalb der Erdoberfläche in der Erdkruste. ☞ *Erdbeben*

Erdachse Die Erde ist eine Kugel, die sich um sich selbst dreht. Verbindet man in Gedanken den Nordpol mit dem Südpol, so erhält man die Erdachse als Drehachse der Erdkugel. Diese Achse ist zur Erdumlaufbahn deutlich geneigt. Die Erde läuft also leicht schräg auf ihrer Umlaufbahn. ☞ *Globus*

Erdalter Nach neuesten Forschungen ist die Erde vor rund 5 Milliarden Jahren entstanden. Sie bildete sich aus einer flüssigen Gaskugel, die allmählich erkaltete und erstarrte. Erst vor etwa 3 Milliarden Jahren entstand Leben auf der Erde. ☞ *Erdgeschichte*

Erdanziehung Die Kraft, mit der ein Körper von der Erde angezogen wird, nennt man Schwerkraft. Wir können sie nicht spüren, sie bewirkt aber, daß Gegenstände zu Boden fallen und wir nicht von der sich drehenden Erde heruntergeschleudert werden. Die Erdanziehung ist an den Polen größer als am Äquator und wirkt immer zum Erdmittelpunkt. Jeder Himmelskörper besitzt eine Anziehungskraft. Die Anziehungskraft des Mondes beträgt ein Sechstel der Erdanziehung. ☞ *Erddrehung*

Erdbeben ☞ *Seite 67*

Erddrehung Die Erde dreht sich in 24 Stunden einmal um die eigene Achse. Gleichzeitig bewegt sie sich aber auch um die Sonne. Das geschieht mit einer Geschwindigkeit von 30 km in der Sekunde, rund 100 000 km pro Stunde. ☞ *Erdanziehung*

Erdbeben

Erdbeben zerstören mit ungeheurer Wucht. Wenn Gebäude von Erdbebenwellen getroffen werden, stürzen sie wie Kartenhäuser zusammen und begraben die Bewohner unter sich. Aus den zerborstenen Heizungsanlagen schlägt Feuer und setzt alles in Brand. Wasserleitungsrohre werden abgeknickt, und es ist kein Wasser zum Löschen da. Straßen brechen auseinander, und Erdspalten tun sich auf, in denen Häuser vollständig verschwinden. Das alles dauert nur wenige Sekunden. Ein solches Erdbeben forderte im Juli 1976 in Tangshan in Ostchina über 600 000 Todesopfer.

Wie kommt ein Erdbeben überhaupt zustande? Die dünne Erdkruste setzt sich aus Schichten verschiedener Gesteinsarten zusammen. Durch Druck aus dem Erdinnern und das Gewicht der darüber lastenden Gesteinsschichten stehen diese ständig unter Spannung. Wird der Druck zu stark, dann hält die Erdkruste die Spannung nicht mehr aus und zerbricht. Die Bruchstücke bewegen sich in der Erdkruste gegeneinander und bilden den eigentlichen Erdbebenherd. Die Erschütterungen laufen wellenförmig nach allen Richtungen durch die Erdkruste. Senkrecht über dem Erdbebenherd liegt das Epizentrum, von dem die besonders gefährlichen Oberflächenwellen ausgehen, die sich mit Geschwindigkeiten von mehreren 1 000 km in der Stunde ausbreiten.

Bei einem Seebeben liegt der Erdbebenherd unter dem Meeresgrund. Auch ein untermeerischer Vulkan kann ein solches Beben auslösen. Dabei wird das Meer aufgewühlt, und es laufen turmhohe Wellen auf die Küste zu. Das Meer bricht dann über die Küste herein und verwüstet alles. Diese Flutwellen heißen auf japanisch Tsunamis. Sie kommen an der Pazifikküste besonders häufig vor.

Schätzungsweise eine halbe Million Erdbeben werden jedes Jahr von Erdbebenwarten überall auf der Erde registriert. Nur etwa 100 davon richten Schaden an. Doch werden selbst kleinste Bewegungen der Erdkruste von Seismographen aufgezeichnet. Die Wissenschaftler können daraus Richtung, Geschwindigkeit und Stärke eines Erdbebens genau erkennen. Ähnlich wie Windstärken gibt man auch Erdbebenstärken auf einer Skala an. Man verwendet die nach oben offene Richterskala. Danach fallen bei Erdbebenstärke 6 die Bilder von den Wänden, bei Stärke 12 stürzen sogar Brücken und Hochhäuser ein.

Erde Die Erde ist der fünftgrößte Planet in unserem Planetensystem. Da er als einziger Himmelskörper genug Wasser besitzt, spricht man von der Erde auch als dem „Blauen Planeten“. Obwohl sie schon seit Jahrmillionen an der Oberfläche abgekühlt ist, herrschen in ihrem Innern noch Temperaturen von bis zu 5 000 Grad Celsius. Die Erdkugel ist aus verschiedenen Schalen aufgebaut. Der innerste Kern hat einen Durchmesser von ungefähr 2 500 km und besteht in der Mitte aus festem Nickeleisen, das zum Rand hin flüssig wird. Dieser innere Kern ist von einer etwa 2 200 km dicken Schicht umhüllt. Das ist der äußere Erdkern. Um den ganzen Erdkern herum liegt eine Zwischenschicht aus schwerem Gestein und Chrom, Nickel und Eisen. Darauf folgt eine Schale aus geschmolzenem Gestein. Beide Schichten zusammen bilden den etwa 2 900 km dicken Erdmantel. Die Erdkruste, die eigentliche Erdoberfläche, ist höchstens 50 km dick. Sie besteht aus festen Gesteinsplatten, die sich gegeneinander verschieben, auffalten und verhaken. Die gesamte Erdkugel hat einen Durchmesser von rund 12 700 km.

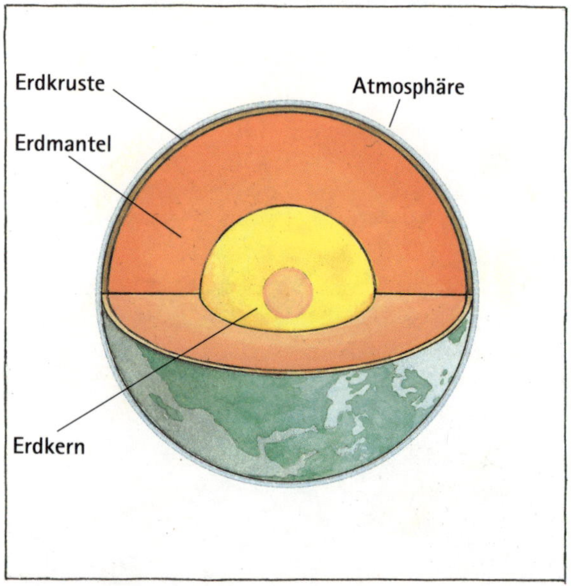

Erdfunkstelle Mit Hilfe von Erdfunkstellen können Nachrichten um die ganze Welt gesendet und überall empfangen werden. Dazu werden mit riesigen schüsselförmigen Antennen Funkwellen an einen Satelliten geschickt. Dieser strahlt die Wellen in einen anderen Teil der Erde ab, wo sie von einer Erdfunkstelle wieder empfangen werden. Drei Satelliten

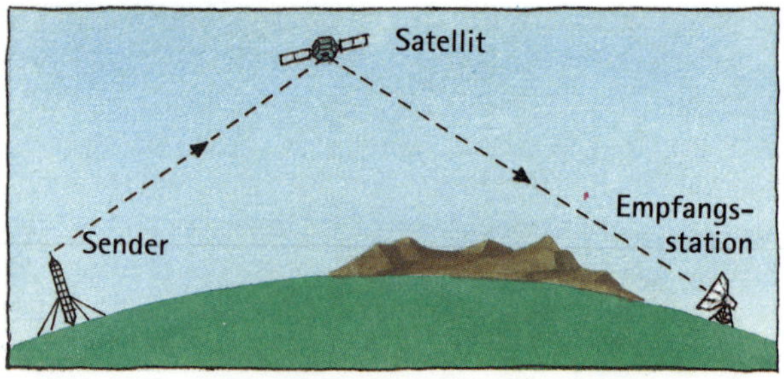

genügen, um auf diese Weise weltweit Richtfunkstrecken für das Fernsprechen und Fernsehen herzustellen und alle Erdteile zu erreichen. ☞ *Satellit*

Erdgas Vor Jahrmillionen entstand gleichzeitig mit dem Erdöl das Erdgas aus abgestorbenen Meerestieren. Diese verwandelten sich unter Luftabschluß in der Erdkruste in Methan. Wenn man eine solche Erdgasblase anbohrt, strömt das Methangas von selbst nach oben. Es ist ungiftig und hat einen hohen Heizwert. Große Vorkommen an Erdgas befinden sich in Rußland und den USA. Die Niederlande fördern Erdgas vor der Nordseeküste aus dem Meeresboden. In Deutschland gibt es nur unbedeutende Erdgaslager. ☞ *Erdöl, Pipeline*

Erdgeschichte ☞ *Seite 69*

Erdkern Das Innere der Erde besteht aus einem Nickelkern, der von flüssigen Metallen umgeben ist. Hier herrscht eine Temperatur zwischen 3 000 und 5 000 Grad Celsius. ☞ *Erde*

Erdkruste Im Vergleich zur gesamten Erdkugel ist die Erdkruste nur eine dünne Haut. Sie besteht aus festem Gestein und ist mitsamt den höchsten Gebirgen nur etwa 50 km dick, am Meeresboden stellenweise sogar nur 5 km. Die meisten Erdbeben entstehen in der Erdkruste. ☞ *Erde*

Erdkugel Die Erde ist eine an den Polen abgeplattete Kugel, also nicht ganz rund. Ihr größter Durchmesser beträgt 12 756 km, ihr größter Umfang am Äquator 40 075 km. ☞ *Wasserhalbkugel*

Erdmagnetismus Die Erde verhält sich wie ein großer Magnet und besitzt zwei Magnetpole, einen am Nordpol und einen am Südpol. Zwischen diesen beiden Polen besteht das erdmagnetische Feld, das die Kompaßnadel beeinflußt. ☞ *Kompaß*

Erdgeschichte

Vor ungefähr 15 Milliarden Jahren gab es noch keine Planeten im Weltall. Erde, Sonne, Mond und Sterne sind irgendwann aus einer riesigen glühenden Staubwolke entstanden. Und es vergingen noch einmal 10 Milliarden Jahre, bis sich die Erde abgekühlt hatte, und erste Lebewesen sich ansiedeln konnten. Sie waren noch winzig und glichen vermutlich den Bakterien. Aus diesen Urbakterien entwickelten sich einzellige Pflanzen und Tiere. Aus ihnen wiederum gingen mehrzellige Lebewesen wie Quallen, Weichtiere und Würmer hervor. All dies geschah in der Erdurzeit.

Vor ungefähr 590 Millionen Jahren begann dann das Erdaltertum. Das Klima auf der Erde war damals ziemlich kühl. In den Meeren lebten die Trilobiten oder Dreilapper. An diese krebsartigen Tiere, von denen sich immer wieder Versteinerungen finden, erinnern die noch heute lebenden Asseln. Vor ungefähr 500 Millionen Jahren entwickelten sich auch die ersten fischähnlichen Tiere. Das Festland war damals noch fast pflanzenleer. Wahrscheinlich wuchsen auf dem Gestein nur Algen.

Etwa 140 Millionen Jahre später gab es die ersten Farnpflanzen. Sie wurden bald hoch wie Bäume. Nun wurde auch das Festland zu einem Lebensraum für die Tiere. Aus den Fischen der Meere entstanden die ersten Amphibien, die teils im Wasser, teils auf dem Land lebten. Die Erde war jetzt von dichten Urwäldern und großen Sümpfen bedeckt. Die absterbenden Farne und Nadelbäume versanken im Sumpf, und daraus bildete sich die Steinkohle. Wir sprechen deshalb auch von der Karbonzeit, der Kohlezeit. Sie dauerte ungefähr 70 Millionen Jahre.

Vor etwa 250 Millionen Jahren begann das Erdmittelalter. Es war das Zeitalter der Dinosaurier. Die größten waren Pflanzenfresser. Auf sie machte der aufrecht gehende Tyrannosaurus Jagd, der so hoch wurde wie ein dreistöckiges Haus. Am Ende des Erdmittelalters starben alle Dinosaurier aus.

Noch im Erdmittelalter waren aus den Reptilien die ersten Vögel und Säuger entstanden. Sie waren zunächst klein und unscheinbar. In der Erdneuzeit, die vor 65 Millionen Jahren begann, entwickelten die Säugetiere Riesenformen. Vor 2 Millionen Jahren kühlte die Erde stark ab. Es gab mehrere Eiszeiten, und Gletscher bedeckten große Teile der Erde. Einige Tierarten konnten sich den veränderten Lebensbedingungen besonders gut anpassen, wie das Mammut und das Wollnashorn. Der Mensch erschien zuletzt auf der Erde – vor 2 Millionen Jahren.

Erdmantel Bis zu 2 900 km dicke Schicht zwischen der Erdkruste und Erdkern. ☞ *Erde*

Erdnuß Wichtige Ölpflanze warmer Länder. Ihre Samen ergeben ein wertvolles Öl. Die Hülsenfrucht ist mit der Erbse verwandt und wächst an einem niedrigen Strauch. ☞ *Ölpflanzen*

Erdoberfläche Fast drei Viertel der Erde bestehen aus Wasser, nur ein Viertel ist Land. Wegen dieser Verteilung heißt die Erde auch der „Blaue Planet". Bisher ist auf keinem anderen Planeten unseres Sonnensystems viel Wasser entdeckt worden. Die Oberfläche der Erde beträgt insgesamt mit allen Meeren rund 510 Millionen km^2. Von der Landfläche nimmt die Bundesrepublik Deutschland nur etwa ein Vierhundertstel ein. ☞ *Wasserhalbkugel*

Erdöl ☞ *Seite 71*

Erdpyramide Im Gebirge findet man an einigen Stellen über 30 m hohe kegelförmige Pfeiler aus lockerem Gestein. Sie sehen aus wie von Menschenhand aufgestellt. Manchmal liegt auch noch ein Deckstein darauf. Solche Erdpyramiden hat das Wasser ausgespült. ☞ *Erosion*

Erdrutsch Wenn es im Gebirge heftig regnet oder der Schnee rasch schmilzt, kann es zu einem Erdrutsch oder Bergsturz kommen. Das aufgeweichte Erdreich schiebt sich dann mitsamt den darin wachsenden Bäumen und Sträuchern zu Tal. Dörfer am Fuß des Berghangs können dadurch verschüttet werden. Solche Erdrutsche treten besonders dort auf, wo man die Berghänge abgeholzt hat, um Bergbahnen und Skipisten anzulegen. Dann fehlt der Wald, der mit seinen Wurzeln die Erde festgehalten hat. ☞ *Bannwald, Lawine*

Erdumfang Die Erde hat ihren größten Umfang auf dem längsten Breitenkreis, dem Äquator. Er beträgt dort 40 075 km. Auf dem Nullmeridian, also vom Nordpol zum Südpol gemessen, beträgt der Umfang 40 017 km, da die Erde an den Polen etwas abgeflacht ist. ☞ *Äquator, Erdkugel, Meridian*

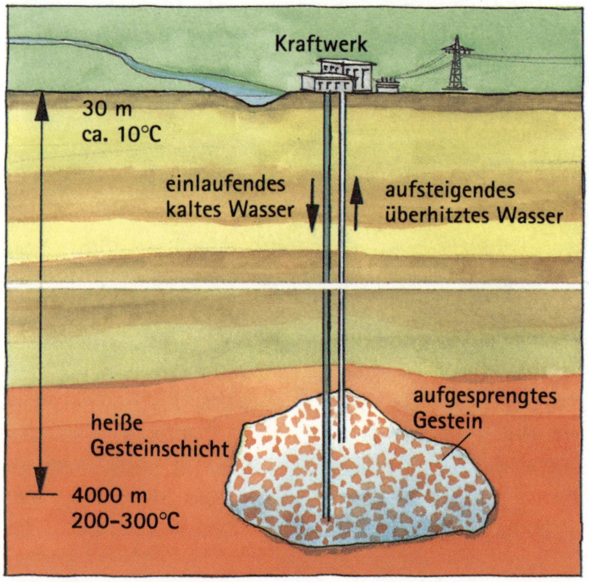

Erdwärme Die Wärme im Erdinnern beträgt zwischen 3 000 und 5 000 Grad Celsius. Je tiefer man also in die Erde bohrt, desto wärmer wird es. Nach jeweils rund 30 m steigt die Temperatur um 1 Grad Celsius an, sofern es sich nicht um ein vulkanisches Gebiet mit besonders heißen Erdschichten handelt. Ein Bergmann, der in etwa 600 m Tiefe arbeitet, trifft auf Temperaturen von rund 20 Grad Celsius. Diese Temperatur ist Sommer wie Winter gleich. Man nutzt die Tiefenwärme, indem man Wasser in besonders heiße Gesteinsschichten pumpt und dort erhitzen läßt. Mit dem aufsteigenden Dampf lassen sich Turbinen in einem Kraftwerk betreiben, oder man beheizt damit Wohnungen. Die Nutzung der Erdwärme lohnt sich bisher nur in vulkanischen Gebieten. ☞ *Alternative Energie, Erde*

Erdöl

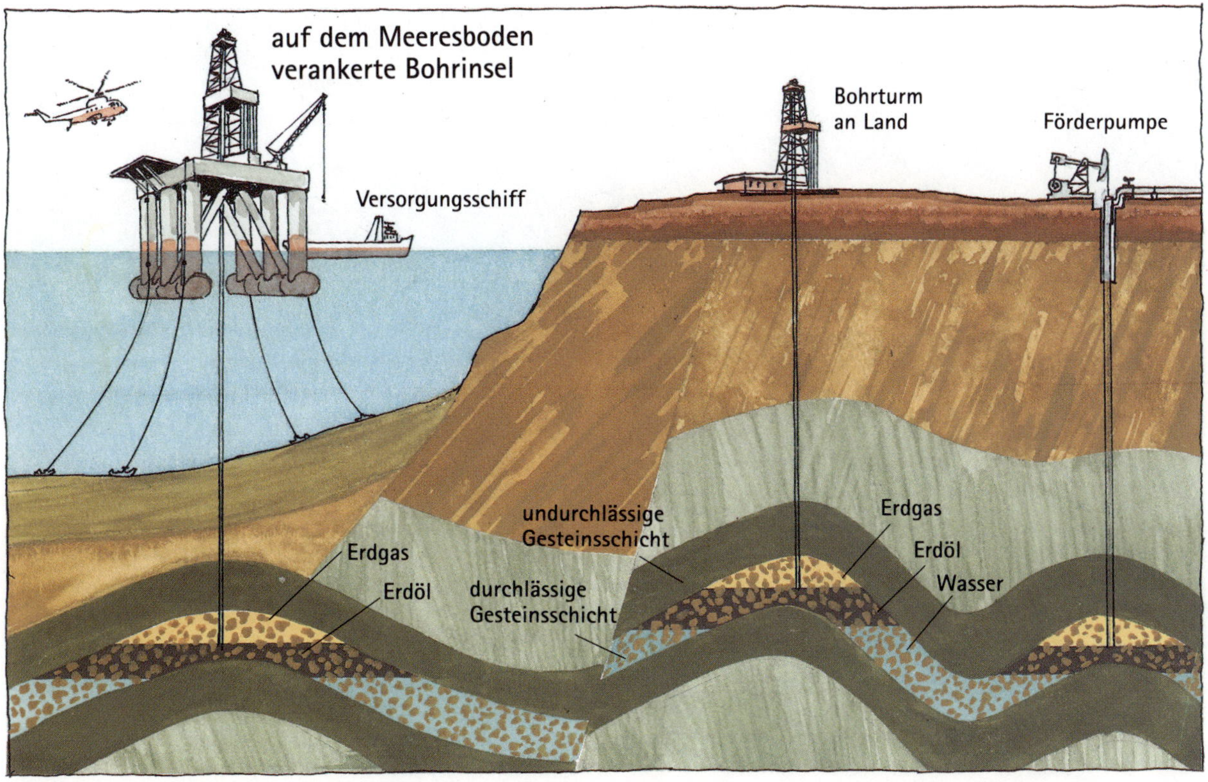

Die Welt verbraucht rund 3 Milliarden Tonnen Rohöl jährlich. Damit könnte man ganz Deutschland in einen See verwandeln, so tief wie ein Schwimmbecken. Vor über 150 Jahren war das „Schwarze Gold" aber gar nicht erwünscht. Damals bohrten die Siedler in Amerika in die Erde, um Wasser zu finden. Dabei stießen sie immer wieder auf einen zähen, übelriechenden Stoff, das Erdöl. Sie waren nicht glücklich darüber, denn das Petroleum, wie sie es nannten, verschmutzte ihre Brunnen. „Crazy Drake" war der erste, der den Wert des Rohöls erkannte. Drake, der Spinner, wie er auch hieß, kaufte sich eine Dampfmaschine und baute den ersten Bohrturm der Welt. Nach mehreren erfolglosen Bohrungen stieß er endlich auf eine ergiebige Ölquelle und wurde ein reicher Mann. Zehn Jahre später förderte man in den USA bereits eine Million Tonnen Rohöl im Jahr. Heute kommt das meiste Öl aus Rußland, aus den USA und Arabien. In Pipelines wird es in die Häfen geleitet und dort von großen Öltankern aufgenommen. Die größten dieser Schiffe fassen bis zu 500 000 Tonnen Rohöl. Immer wieder stoßen solche Riesentanker mit anderen Schiffen zusammen. Dann kommt es zu einer gewaltigen Ölpest.

Das Erdöl ist vor unvorstellbar langer Zeit aus winzigen Lebewesen der Meere entstanden. Vor Millionen Jahren waren weite Gebiete der Erde von Meeren bedeckt. Die absterbenden Tiere sanken auf den Meeresgrund und in den Schlamm. Zwischen undurchlässigen Gesteinsschichten wurden sie zusammengepreßt und zu Erdöl. In den Hohlräumen darüber bildete sich Erdgas. Heute werden die erdölführenden Gesteinsschichten und Erdgasblasen angebohrt, um die fossile Energie zu gewinnen. Wo Erdöl auf dem Meeresgrund lagert, wie an der Küste vor Schottland und Norwegen, verankert man Bohrinseln über der Fundstelle. Mit Drehbohrern bohrt man über 3 000 m tief in die Erdkruste, um an die Gasblasen oder Erdöllager zu kommen.

Erdölfelder nahe an der Oberfläche sind längst ausgebeutet. Geologen suchen deshalb nach immer neuen Ölquellen. Mit Schallmessungen lassen sich auch Erdöllager in tieferen Gesteinsschichten entdecken. Dann werden Versuchsbohrungen vorgenommen. Große Erdöllager fand man auch unter dem ewigen Eis der Arktis. Um diese Energiequellen zu erschließen, müßte aber wohl mehr Energie aufgewendet werden, als zu gewinnen wäre

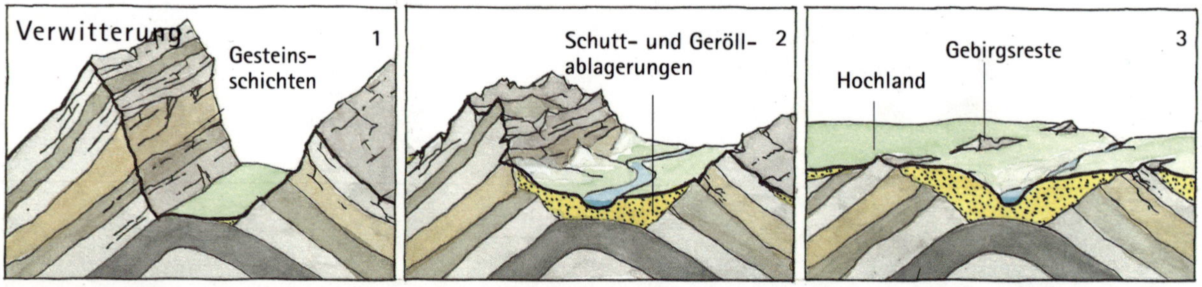

Eritrea Afrika
Fläche: 124 000 km² (97. Land)
Einwohner: 3,5 Mio.
Hauptstadt: Asmara (350 000 Einw.)
Bevölkerung: Schwarze (Eritreer)
Sprache: Tigrinya, Arabisch
Religion: Christen, Moslems Geld: Birr
Die Nordostprovinz Äthiopiens wurde als 52. Land Afrikas 1993 unabhängig. Es liegt am Roten Meer.

Erosion Veränderung der Landschaft durch fließendes Wasser und Eis. Dadurch wurden Täler und teilweise die Gebirge geformt. Die Erosionskräfte wirken sowohl in die Tiefe wie in die Breite. So sind im Gebirge tiefe Schluchten oder breite Flußtäler entstanden. Wo fruchtbare Erde abgespült wird, und der nackte Fels übrigbleibt, greifen die Kräfte der Verwitterung an. ☞ *Verwitterung*

Erstarrungsgestein Als die Erdkruste abkühlte und erstarrte, bildeten sich die Gesteine. Die Erstarrungsgesteine entstanden entweder in der Tiefe der Erde oder durch Erkalten der Magma, die von Vulkanen herausgeschleudert wurde. Zu den ältesten Tiefengesteinen gehört der helle gesprenkelte Granit. Der schwarze Basalt ist ein vulkanisches Ergußgestein. ☞ *Gestein, Magma*

Eruption Ausbruch eines Vukans, der dabei glutflüssige Gesteinsmassen aus dem Krater emporschleudert. Es gibt noch rund 500 tätige Vulkane auf der Erde. Die meisten davon liegen in Südostasien und Mittelamerika. ☞ *Vulkan*

Erz Metallhaltige Mineralien nennt man Erze. Sie enthalten das Metall in Form einer chemischen Verbindung, an der meist Sauerstoff und Schwefel beteiligt sind. Nur Edelmetalle wie Gold oder Silber kommen in der Natur rein vor. Die Erze müssen erst aufbereitet werden, damit man das reine Metall erhält. Man nennt das Verhütten. Je nach der Art ihrer Zusammensetzung haben die Erze verschiedene Namen. So spricht man zum Beispiel von Eisenkies, Zinkblende oder Kupferglanz. Der Abbau von Erzen lohnt sich nur, wenn sie mindestens ein Drittel an Metallen enthalten. ☞ *Bergbau, Eisenerz*

Erzgebirge Das Erzgebirge erstreckt sich zwischen Sachsen und der Tschechischen Republik. Das rund 850 m hohe Gebirge hat seine höchste Erhebung in Deutschland im Fichtelberg mit 1 214 m. Seinen Namen hat es daher, weil hier früher viele Erze abgebaut wurden – darunter Kupfer-, Zinn- und Nickelerze. Heute sind im Erzgebirge nur noch wenige Bergwerke in Betrieb.

Eskimo Die Eskimos nennen sich in ihrer eigenen Sprache „Inuit", was soviel wie „Mensch" bedeutet. Sie gehören zur indianischen Rasse und bewohnen das nördliche Polargebiet, vor allem Kanada, Alaska und Grönland. Früher waren sie Jäger, die umherzogen, um Fische zu fangen und Robben zu erlegen. Die meisten

haben ihr Nomadendasein aufgegeben und wohnen heute in festen Häusern. Von den Eskimos haben wir viele praktische Dinge übernommen, zum Beispiel das Kajak und den Anorak. Bekannt sind die Hundeschlitten der Eskimos und ihre Schneehäuser, die Iglus. ☞ *Völker*

Estland ☞ *Osteuropa*

EU Abkürzung für Europäische Union. Der seit 1993 bestehenden Gemeinschaft gehörten bisher 12 europäische Staaten an. 1995 kommen Österreich, Finnland, Norwegen und Schweden hinzu. ☞ *EG, Europa*

Eukalyptusbaum In Australien bilden Eukalyptusbäume große Wälder. Ihre Blätter enthalten das Eukalyptusöl, das zur Herstellung von Hustenbonbons und Heilmitteln verwendet wird. Eukalyptusbäume wachsen sehr rasch und können über 100 m hoch werden. Zur Holzgewinnung hat man sie auch in Mittelmeerländern, zum Beispiel in Portugal, angepflanzt. Die Bäume verbrauchen hier aber sehr viel kostbares Wasser, und der Grundwasserspiegel sinkt bedrohlich ab. ☞ *Australien*

Eurasien Mit dem Kunstwort „Eurasien" will man zum Ausdruck bringen, daß Europa und Asien eigentlich zusammenhängen. Die beiden Erdteile sind nicht wie andere Kontinente durch Meere voneinander getrennt. Die Grenze zwischen Europa und Asien bilden das Uralgebirge und der Uralfluß. ☞ *Asien, Rußland, Ural*

Euro-City-Netz Abkürzung für das europäische Fernschnellzugnetz, das die Großstädte in verschiedenen europäischen Ländern miteinander verbindet. Die Euro-City-Züge erreichen Höchstgeschwindigkeiten von 250 km pro Stunde und verkürzen die Fahrzeiten durch nur wenige Haltestationen. Auf der Strecke von Hamburg nach Rom werden etwa zwei Stunden gegenüber einem normalen Fernschnellzug eingespart. ☞ *Verkehr*

Europa ☞ *Seite 74*

Eurotunnel 50 km langer Tunnel zwischen Frankreich und Großbritannien. Er besteht aus drei Röhren und führt etwa 40 m unter dem Meeresgrund 37 km weit durch den Ärmelkanal. Die beiden Eisenbahntunnel sind in der Mitte durch einen 5 m breiten Sicherheitstunnel verbunden. Durch den Eurotunnel benötigt man von Paris nach London nur 4 Stunden. Autos werden in den Zug verladen.

Evolution In der Biologie versteht man unter Evolution die Entwicklung des Lebens. Danach sind aus einzelligen Lebewesen im Laufe von Jahrmillionen immer größere und komplizierter gebaute Pflanzen und Tiere entstanden. Der deutsche Begriff dafür ist Stammesgeschichte der Lebewesen.

Exil Wer sein Vaterland wegen seiner politischen Ansichten oder seiner Religion verlassen muß und in ein fremdes Land geht, lebt dort im Exil. Das Wort bedeutet soviel wie Verbannung. Bei den Römern wurden Personen der Öffentlichkeit zur Strafe aus der Hauptstadt Rom verbannt. Sie mußten dann eine Zeitlang in einer römischen Provinz im Exil leben. Im Dritten Reich, als Hitler in Deutschland an der Macht war, mußten viele Menschen ins Exil gehen, weil sie mit den politischen Verhältnissen nicht einverstanden waren und verfolgt wurden.

Expedition Sorgfältig geplante Forschungsreise mit wissenschaftlichem Ziel und Zweck. Die Expeditionsteilnehmer versuchen dabei, ein unbekanntes Gebiet der Erde näher zu erforschen. So gibt es zum Beispiel Expeditionen in den Urwald, in die Wüste oder die Polargebiete oder auch Tiefsee- und Höhlenexpeditionen.

Export Die Ausfuhr von Gütern in andere Länder. Die deutsche Industrie stellt Maschinen oder Autos her und verkauft sie ins Ausland. Wir sagen, die Waren werden exportiert. Umgekehrt gibt es auch einen Import, die Einfuhr. Dabei werden Waren aus dem Ausland eingeführt. Deutschland importiert vor allem Rohstoffe. ☞ *Import*

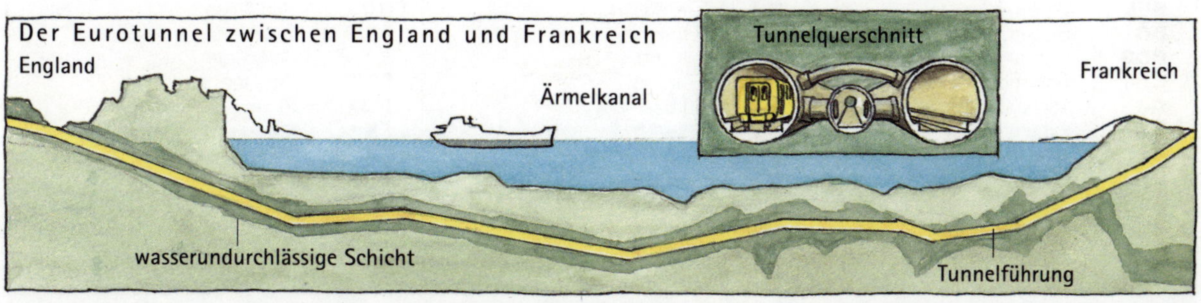

Europa

Von den heute gezählten sieben Erdteilen einschließlich der Antarktis ist Europa nur der sechstgrößte. Der Kontinent erstreckt sich vom Eismeer im Norden bis zum Mittelmeer im Süden. Im Westen wird Europa vom Atlantischen Ozean begrenzt, die Grenze gegen Asien bilden das Uralgebirge und der Uralfluß. Vom äußersten Norden in Norwegen bis nach Sizilien sind es rund 4 000 km. Von der Westspitze Portugals bis zum Ural 4 500 km. Insgesamt ist Europa 10,5 Millionen km² groß. Nur Australien ist kleiner, und selbst der gesamte Teil Rußlands, der hinter dem Ural liegt, ist noch größer als Europa. Mit 650 Millionen Menschen ist Europa der am dichtesten besiedelte Erdteil. Nur in Skandinavien und in Spanien und Portugal leben verhältnismäßig wenige Menschen, wenn es auch keine völlig menschenleeren Flächen wie in Afrika oder Asien gibt. Da der ganze Erdteil nördlich des Äquators liegt, hat Europa auch keine Wüsten oder Urwälder.

Die Halbinsel mit den Halbinseln

Europa kann man eigentlich als Halbinsel von Asien bezeichnen, mit dem es im Osten zusammenhängt. An den übrigen drei Seiten ist es vom Meer eingeschlossen. Diese Halbinsel hat wiederum vier Halbinseln, drei davon ragen ins Mittelmeer, nämlich die Iberische Halbinsel mit Spanien und Portugal, die Apenninenhalbinsel mit Italien und die Balkanhalbinsel. Im Norden wird die Skandinavische Halbinsel von der Ostsee, der Nordsee und dem Atlantik begrenzt. Obwohl Europa also nur an drei Seiten vom Meer umgeben ist, beträgt seine Küstenlänge insgesamt 37 400 km – und das ist ein Rekord. Selbst das dreimal größere Afrika hat nur eine Küste von 30 500 km Länge. Die Küstenlänge Europas kommt daher, daß der Erdteil durch zahlreiche Buchten und Halbinseln stark gegliedert ist. Kein Ort liegt weiter als 600 km vom Meer entfernt, und so hat Europa nicht nur ein sehr ausgeglichenes, sondern das für den Menschen angenehmste Klima der Erde. Die Sommer sind nicht zu heiß und die Winter mild. Nur im hohen Norden an der Eismeerküste herrscht fast 8 Monate lang Winter.

Europa ist die kleine Schwester Asiens, und da beide Kontinente zusammenhängen, bezeichnet man sie auch als Eurasien. Wie Asien im Himalaja hat auch Europa ein großes Faltengebirge, die Alpen. Nur sind die Berge im Himalaja viel höher, die Ströme in Asien länger, die Ebenen endlos und die Temperaturen viel unterschiedlicher.

Insgesamt 46 Staaten liegen auf dem europäischen Kontinent und den dazugehörenden Inseln. Die meisten zählen zu den wohlhabenden Ländern der Welt, vor allem die westeuropäischen Länder. 16 von ihnen sind ab 1995 zur Europäischen Union (EU) zusammengeschlossen. Sie bilden mit weiteren Ländern gemeinsam den Europäischen Wirtschaftsraum (EWR). In diesen Ländern gibt es zwar unterschiedlichen Wohlstand, aber zusammen stellen sie die größte Wirtschaftsmacht auf der Erde dar. Der Europäische Wirtschaftsraum umfaßt über ein Drittel des Erdteils und mehr als die Hälfte seiner Bewohner. Etwa ein Siebtel der Erdbevölkerung erbringt in Europa ein Drittel der Wirtschaftsleistung auf der Welt. Man sieht daran, daß Europa im Vergleich zu anderen Erdteilen reich ist. Deshalb hat es auch die Verpflichtung, den ärmeren Ländern in anderen Teilen der Erde zu helfen.

Liste der Kennzeichen europäischer Länder

A *	Österreich	**GB ***	Großbritannien	**NL ***	Niederlande
AL	Albanien	**GBZ**	Gibraltar	**P ***	Portugal
AND	Andorra	**GR ***	Griechenland	**PL**	Polen
B *	Belgien	**H**	Ungarn	**R**	Rußland
BEL	Weißrußland	**HR**	Kroatien	**RO**	Rumänien
BG	Bulgarien	**I ***	Italien	**RSM**	San Marino
BOS	Bosnien-Herzegowina	**IRL ***	Irland	**S ***	Schweden
CH	Schweiz	**IS**	Island	**SF ***	Finnland
CS	Tschechische Republik	**L ***	Luxemburg	**SLO**	Slowenien
CY	Zypern	**LR**	Lettland	**SK**	Slowakische Republik
D *	Deutschland	**LT**	Litauen	**TR**	Türkei
DK *	Dänemark	**M**	Malta	**UKR**	Ukraine
E *	Spanien	**MAK**	Makedonien	**V**	Vatikanstadt
EW	Estland	**MC**	Monaco	**YU**	(Rest-)Jugoslawien (Serbien)
F *	Frankreich	**MOL**	Moldau		
FL	Liechtenstein	**N ***	Norwegen		

* Mitgliedstaaten der EU

Europa

IS
ATLANTISCHER OZEAN
N
S
SF
R
EW
LR
NORDSEE
DK
LT
IRL
GB
NL
B
BEL
PL
D
L
CS
SK
UKR
MOL
FL
A
CH
F
H
RO
SLO
SCHWARZES MEER
AND
I
BOS
YU
BG
MC
HR
E
RSM
MAK
V
TR
AL
P
GR
CY
M
MITTELMEER

Fähre Fähren verbinden die Ufer von Flüssen und Seen, wo keine Brücken vorhanden sind. Heute bringen meist Motorschiffe Personen und Autos über das Wasser. Zwischen dem Festland und den Inseln oder auf schmalen Meeresarmen werden große Fähren eingesetzt, die manchmal ganze Eisenbahnzüge aufnehmen können. Unter Deck befinden sich dann Eisenbahnschienen, auf denen die einzelnen Waggons abgestellt werden. Fähren, auf die man von einer Seite auf- und von der anderen abfährt heißen Ro-ro-Schiffe.
☞ *Verkehr*

Fahrenheit-Skala Nach der Fahrenheitskala wird vor allem in angelsächsischen Ländern die Temperatur gemessen. Sie ist benannt nach dem deutschen Physiker Daniel Fahrenheit (1686 bis 1736), der in Holland das Quecksilberthermometer erfand. Er teilte den Abstand zwischen dem Gefrierpunkt und dem Siedepunkt des Wassers in 180 Grad ein. ☞ *Celsius-Skala, Temperatur*

Falklandinseln Die Falklandinseln oder Malwinen sind eine Inselgruppe an der Südspitze Südamerikas. Sie gehören zu Großbritannien, werden aber auch von Argentinien beansprucht. Deshalb gab es um diese Inseln 1982 einen Krieg zwischen beiden Ländern.

Fallout (faolaut) Nach Atombombenexplosionen und Atomtests ziehen radioaktive Teilchen in etwa 30 km Höhe um die Erde. Sie fallen als Staub oder mit den Niederschlägen herunter. Auch bei einer Katastrophe in einem Kernkraftwerk kann es zu einem Fallout kommen. ☞ *Radioaktivität*

Faltengebirge Durch Auffaltung der Erdkruste sind in jüngster Zeit der Erdgeschichte vor 60 Millionen Jahren die Faltengebirge entstanden. Sie bilden in der Regel parallel laufende Faltenketten, etwa so, wie wenn man einen Stoff zu Falten zusammenschiebt. Zwischen den Ketten liegen die Täler. Ein solches Faltengebirge ist zum Beispiel der Himalaja, aber auch die Alpen zählen dazu. Diese noch jungen Gebirge sind sehr hoch, da sie durch Erosion und Verwitterung noch nicht weit abgetragen wurden. ☞ *Alpen, Erosion, Gebirge*

Farm Das englische Wort bezeichnet einen Bauernhof. In Amerika versteht man darunter meist einen landwirtschaftlichen Großbetrieb, der etwa nur Getreide anbaut. Bei uns wird der Begriff „Farm" für Tierzuchtbetriebe verwendet, zum Beispiel Hühnerfarm oder Rinderfarm. In den USA heißt eine Rinderfarm Ranch. ☞ *Ranch*

Farn Die Farnpflanzen, zu denen auch die Bärlappe und Ackerschachtelhalme gehören, waren die ersten Landpflanzen auf der Erde. Viele wurden als Versteinerungen gefunden. Auch die heute noch vorkommenden echten Farne mit ihren oft feingefiederten Blättern ähneln diesen urtümlichen Pflanzen. In den Tropen erinnern riesige Baumfarne an die Zeiten der Erdgeschichte, als die Urfarne noch große Wälder bildeten.
☞ *Erdgeschichte, Kohle*

Färöer Eine Gruppe von 24 Inseln. Sie liegen zwischen Schottland und Island im Atlantischen Ozean und heißen auch Schafsinseln. Die Färöer gehören zu Dänemark. ☞ *Dänemark*

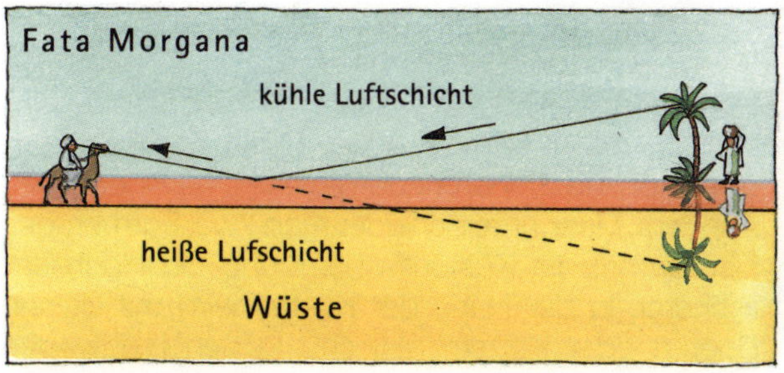

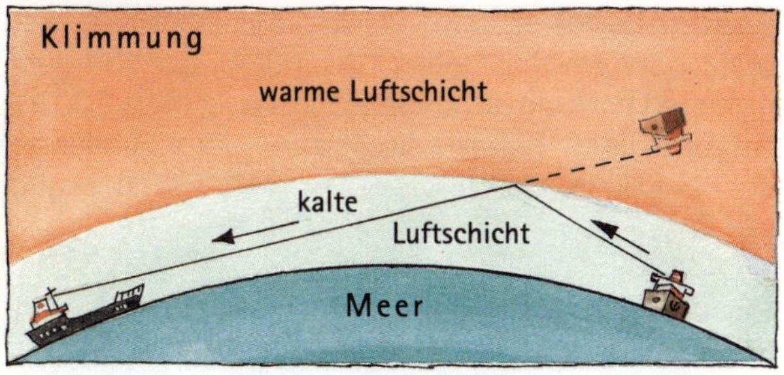

Fata Morgana Vor allem in der Wüste können die Luftschichten wie ein Spiegel wirken. Die von Gegenständen ausgehenden Lichtstrahlen werden an der Grenze zwischen heißen und kalten Luftschichten gebrochen und zurückgeworfen. Sie erzeugen dann ein Bild, das auf dem Kopf steht. Wanderer in der Wüste glauben, in einiger Entfernung eine Oase zu sehen, in der sich Palmen im Wasser spiegeln. Durch solche Trugbilder wurden Wüstenreisende schon oft genarrt. Auf dem Meer kommt es manchmal zu einer Kimmung. Das Licht wird dann an den unteren kalten Luftschichten gebrochen, und am Horizont erscheint ein auf dem Kopf stehendes Bild. So sieht man etwa ein Schiff, das längst hinter der Erdkrümmung verschwunden ist.

Faulschlamm Am Grund von sauerstoffarmen, stehenden Gewässern sammelt sich übelriechender Morast an. Der Geruch stammt von kleinen Tieren und Pflanzen, die in Fäulnis übergegangen sind. Dadurch entsteht Sumpfgas oder Methan. Es ist ungiftig und kann zum Heizen verwendet werden. Auch in Kläranlagen bildet sich dieses Gas, und es ist ein Bestandteil des Erdgases.
☞ *Erdgas, Kläranlage*

Faulwasser Wenn ein Gewässer trübe aussieht und faulig riecht, ist nicht mehr genügend Sauerstoff im Wasser gelöst. Kleinlebewesen und Algen sterben ab und verfaulen. Man sagt, das Gewässer kippt um. ☞ *Faulschlamm*

Fauna Gesamte Tierwelt einer Landschaft oder eines Gebiets. Man spricht zum Beispiel von der Fauna eines Teichs oder einer Wiese. ☞ *Flora*

FCKW Abkürzung für gefährliche chlorhaltige Gase, die Fluorchlorkohlenwasserstoffe. Sie schädigen die Ozonschicht.
☞ *Fluorchlorkohlenwasserstoff, Ozonloch*

Fehmarn Deutsche Ostseeinsel zwischen der Kieler und der Mecklenburger Bucht. Fehmarn ist mit 185 km^2 die drittgrößte deutsche Insel und stellt eine Verbindung zwischen Deutschland und Dänemark her. Über den Fehmarnsund führt eine große Brücke auf die Insel, wo von Puttgarden aus eine Fährverbindung auf die dänische Insel Lolland besteht. Diesen Verkehrsweg bezeichnet man als die Vogelfluglinie. ☞ *Vogelfluglinie*

Fellachen Die arabischen Bauern in Syrien, Palästina und Arabien. Insbesondere versteht man darunter die ägyptischen Nilbauern, die schon vor Jahrtausenden das Wasser aus dem Nil schöpften und damit die Felder bewässerten.

Felswüste Überall dort, wo sich keine geschlossene Pflanzendecke bilden kann, spricht man von einer Wüste. Dazu gehört auch der nackte Fels im Gebirge. In Felswüsten wird das Gestein im Laufe der Zeit durch die Verwitterung aufgebrochen. Man findet dann große Felsblöcke, Geröll und Kies. Auch in der Sahara sind weite Flächen mit Felsen oder Steinen bedeckt. ☞ *Sahara, Wüste*

Ferner Osten Unter den fernöstlichen Ländern versteht man die östlichen Randländer und Inseln Asiens. Dazu zählen China, Japan, Indonesien und Thailand. Indien, Afghanistan, Sri Lanka und andere gehören zum Mittleren Osten. ☞ *Naher Osten*

Fernwärme Um die Abwärme von Heizkraftwerken oder Müllverbrennungsanlagen auszunutzen, leitet man die heißen Gase durch gut isolierte Rohre in die Häuser, um diese zu heizen. Es gibt auch eigene Fernheizwerke. Hier wird wie in einer Zentralheizung Wasser erhitzt und in die angeschlossenen Häuser geleitet. Die Fernwärmeversorgung spart Energie und verringert die Abgase, die beim Hausbrand entstehen.

Festlandsockel Um die Erdteile zieht sich ein mehr oder weniger breiter Landgürtel, der von den Ozeanen bedeckt ist. Diese Flachsee ist etwa 200 m tief und heißt Schelfmeer. Hinter dem Festlandsockel fällt die Landmasse steil in die Tiefsee ab. ☞ *Schelf*

Feuchtgebiete Die Feuchtgebiete auf der Erde sind wichtig für den Naturhaushalt. Dazu gehören Auenwälder an Flußläufen sowie Moore und Sümpfe. Man hat Feuchtgebiete immer wieder trockengelegt, um sie landwirtschaftlich zu nutzen. Seit man weiß, wie wichtig die Feuchtgebiete auch für die Erhaltung des Grundwasserspiegels sind, hat man diese Biotope unter Naturschutz gestellt. ☞ *Biotop*

Feuerland Insel vor der Südspitze des südamerikanischen Kontinents. Hier ist es sehr kalt, und kein Tag ist frostfrei. Die Insel wurde 1520 von dem Seefahrer Magellan entdeckt. Sie hat ihren Namen daher, daß die dort lebenden Indianer Tag und Nacht das Feuer brennen ließen. Die Feuerlandindianer sind heute nahezu ausgestorben. Die Insel gehört je zur Hälfte zu Chile und zu Argentinien. Hier leben nur wenige Schafzüchter. ☞ *Magellan*

Fidschi Ozeanien

Fläche: 18 274 km² (151. Land)
Einwohnerzahl: 736 000
Hauptstadt: Suva (69 700)
Bevölkerung: Inder, Fidschi
Sprachen: Englisch, Fidschianisch
Religion: Christen, Hindus, Moslems
Geld: Fidschi-Dollar

Die 360 Fidschi-Inseln liegen östlich von Australien im Stillen Ozean. Nur rund 100 sind bewohnt. Die Inseln sind heute ein beliebtes Ferienziel.

Findling Große Teile Europas waren in der Eiszeit von Gletschern bedeckt. Als das Eis abschmolz, blieben nicht nur Schutt und Geröll, sondern auch riesige Felsbrocken zurück. Diese werden als Findlinge bezeichnet. Besonders im Voralpenland gibt es viele solcher Findlinge. ☞ *Eiszeit*

Finnland ☞ *Skandinavien*

Firn Grobkörniger Altschnee, der im Hochgebirge nicht abschmilzt und später zu Gletschereis zusammenbackt. ☞ *Gletscher*

Fischerei Fisch ist gesund und ein wichtiges Nahrungsmittel. Es gibt Völker, wie die Eskimos, die sich überwiegend von Fisch ernähren. Und für alle Länder, die am Meer liegen, bildet der Fischfang eine wichtige Einnahmequelle.

Auf dem Meer unterscheidet man zwei Formen des Fischfangs: die Küstenfischerei und die Hochseefischerei. In der Nähe der Küsten wird mit kleinen Booten oder Kuttern gefischt. In den Ringwaden fangen sich vor allem Krabben und andere Krebse, an der Nordsee auch Schollen und Heringe. Um große Fänge einzuholen, müssen die Hochseefischer heute aber weit auf den Ozean hinausfahren. Denn der Fischfang innerhalb von 200 Seemeilen vor der Küste eines fremden Landes ist verboten. So sind die Fischfangflotten oft wochenlang unterwegs, ehe sie ihre Netze auswerfen können. Da der Fang auf der langen Rückfahrt verderben würde, muß er bereits an Bord der Fangschiffe verarbeitet und eingefroren werden. Deshalb fahren große Fischfangflotten heute mit Fabrikschiffen auf Fang aus.

Neben den Seefischen gibt es auch noch die Süßwasserfische in Bächen, Flüssen und Seen. Da diese Binnengewässer aber oft noch stärker verschmutzt sind als die Meere, geht ihr Fischreichtum immer weiter zurück. Deshalb werden heute große Mengen an Fisch, vor allem Karpfen und Forellen, in Fischzuchtanstalten künstlich aufgezogen. ☞ *Walfang*

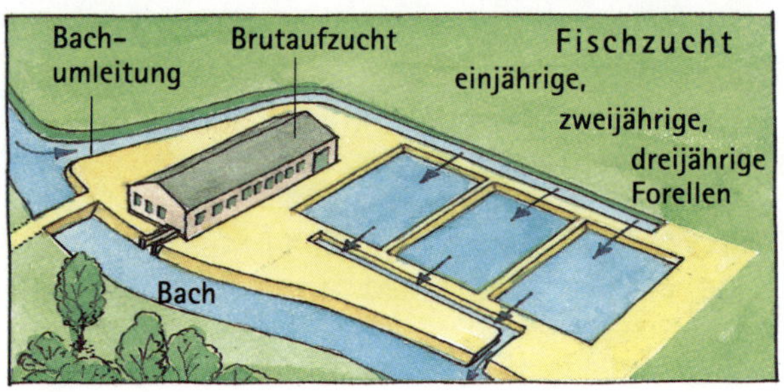

Fischsaurier Vor rund 200 Millionen Jahren gab es die ersten fischähnlichen Kriechtiere auf der Erde. Sie lebten im Wasser, atmeten aber mit Lungen. Die größten dieser Ichthyosaurier wurden 15 m lang. Sie starben vor etwa 60 Millionen Jahren aus.
☞ *Kreidezeit*

Fixstern Stern, der seinen Standort am Himmel scheinbar nicht verändert. In Wirklichkeit bewegen sich Fixsterne natürlich auch auf einer Umlaufbahn. Da sie jedoch so weit von uns entfernt sind, können wir ihre Bewegung nicht erkennen. Mit dem bloßen Auge sehen wir am Nachthimmel etwa 6 000 solcher Fixsterne. Es sind riesige Sonnen. Zu den hellsten Fixsternen gehört der Sirius oder Hundsstern, der ungefähr vierzehnmal so groß ist wie die Sonne. Mit dem Fernrohr kann man etwa 200 Millionen Fixsterne erkennen. ☞ *Planet, Sterne*

Fjord Tief ins Land reichende Meeresarme, die von steil abfallenden Felswänden eingeschlossen sind. Es sind die Gletschertäler der Eiszeit, die später vom Meer überflutet wurden. Besonders viele Fjorde gibt es an der norwegischen Küste.
☞ *Bucht, Skandinavien*

Flechten Man bezeichnet die Flechten als Pionierpflanzen, da sie sich als erste auch auf kahlem Fels, auf Sand oder auf Baumstämmen ansiedeln. Sie bilden eine Lebensgemeinschaft aus einem Pilz und einer Alge und bereiten den Boden für höhere Pflanzen vor, indem sie vom Wind angewehten Humus festhalten. Außerdem reagieren Flechten sehr empfindlich auf jede Art von Luft- und Bodenverschmutzung. Wo Flechten fehlen, ist die Umwelt gestört.

Fliehkraft Die Kraft, mit der jedes Teilchen eines sich drehenden Körpers nach außen getrieben wird, nennt man Fliehkraft oder Zentrifugalkraft. Wir würden von der Fliehkraft der sich drehenden Erde ins Weltall geschleudert, gäbe es nicht die Erdanziehungskraft, die uns auf der Erde festhält.
☞ *Erdanziehung*

Flora Alle Pflanzen in einem bestimmten Gebiet. Man spricht zum Beispiel von der Gebirgsflora oder von der europäischen Flora. ☞ *Fauna*

Florida Halbinsel und Staat im Südosten der USA. Florida hat subtropisches Klima. An der Atlantikküste liegen die weltberühmten Seebäder Miami und Palm Beach. ☞ *Nordamerika*

Flöz Abbauwürdige Gesteinsschicht in einem Bergwerk. Flöze enthalten Erze oder Kohle.
☞ *Bergbau*

Flüchtling Im Krieg verlassen oft Hunderttausende von Menschen ihre Heimat, um sich in einem anderen Land in Sicherheit zu bringen. Sie fliehen vor dem anrückenden Feind. Die größten Flüchtlingswellen gab es nach den beiden Weltkriegen in Europa. 1945 flohen Millionen Deutsche aus dem Osten Europas nach Westen. Heute fliehen viele Menschen auch aus ihrer Heimat, weil sie dort wegen ihrer Rasse, ihrer Religion oder ihrer politischen Überzeugung verfolgt werden. Die meisten Länder nehmen diese Flüchtlinge auf und gewähren ihnen Asyl. Die internationale Flüchtlingsorganisation der Vereinten Nationen versucht Flüchtlingen weltweit zu helfen. Überwiegend sind alte Menschen, Frauen und Kinder auf der Flucht, und jeder Krieg löst eine neue Flüchtlingswelle aus. ☞ *Asylant, UNO*

Flugsaurier Flugfähige Kriechtiere, die vor 200 Millionen Jahren auf der Erde lebten. Der größte Flugsaurier war der Pteranodon, der eine Flügelspannweite bis zu 8 m hatte.
☞ *Dinosaurier, Kreidezeit*

Flugverkehr Die Luftfahrt begann mit der Erfindung der Motorflugzeuge Anfang des 20. Jahrhunderts. Den ersten Langstreckenflug unternahm Charles Lindbergh. Er flog 1927 über den Atlantik von Amerika nach Europa. Ein Jahr später erfolgte der erste Flug in die umgekehrte Richtung. Zwischen den USA und Europa wurden auch die ersten Flugverbindungen im zivilen Luftverkehr aufgenommen. Heute bestehen regelmäßige Flugverbindungen zwischen allen großen Städten der Welt. Rund 100 000 Flugzeuge sind täglich unterwegs, und sie befördern jährlich über eine Milliarde Menschen. Der zunehmende Flugverkehr trägt erheblich zur Luftverschmutzung bei. ☞ *Luftverkehr, Verkehr*

Fluorchlorkohlenwasserstoff Vollständiger Name von FCKW. Man bezeichnet damit eine Reihe gefährlicher Gase, die als Kühlmittel für Kühlgeräte oder als Treibgas in Spraydosen eingesetzt wurden. Im gasförmigen Zustand sind sie für Veränderungen des Klimas auf der Erde und das Ozonloch verantwortlich. Deshalb sollen diese Stoffe bis zum Jahr 2000 verboten werden. ☞ *Klima, Ozonloch*

Flurbereinigung Bei der Flurbereinigung werden kleine Felder zu großen Ackerflächen zusammengelegt, damit sie besser bewirtschaftet werden können. Oft lagen die Äcker der einzelnen Bauern auch weit auseinander. Man hat dann das ganze Ackerland eines Dorfes zusammengefaßt und neu verteilt. Gleichzeitig wurden breite und betonierte Feldwege gebaut, auf denen man mit großen Traktoren und Landmaschinen fahren konnte. Dadurch wurde es notwendig, Bäche zu begradigen, Hecken und Gehölze zu beseitigen. So entstand häufig eine langweilige Landschaft, und viele Lebensräume für Tiere und Pflanzen gingen verloren. Da die Flurbereinigung viele Nachteile für die Natur und die Umwelt mit sich bringt, wird sie kaum noch durchgeführt. ☞ *Landwirtschaft*

Fluß ☞ *Seite 81*

Flußpferd Große, plumpe Paarhufer, die mit den Schweinen verwandt sind. Früher kamen sie an fast allen Flüssen und Seen Afrikas vor. Am größten ist das Nilpferd. Es wird über 4 m lang und 2,5 Tonnen schwer. Leider hat man die Flußpferde stark gejagt und nahezu ausgerottet. Das Elfenbein ihrer Zähne ist noch begehrter als das der Elefanten.

Flußregulierung In Deutschland hat man die meisten Flüsse umgeleitet, begradigt und in ein künstliches Bett gezwängt. Dies geschah häufig, um den Wasserstand zu regeln und Überschwemmungen zu vermeiden oder um die Flüsse schiffbar zu machen. Leider wurde dabei die natürliche Flußlandschaft zerstört. Dadurch gingen auch fast alle Auenwälder verloren, in denen zahlreiche Tierarten heimisch waren. ☞ *Staustufe*

Flut Täglich steigt das Meer bei Flut 6 Stunden lang an und fällt bei Ebbe wieder auf den niedrigsten Stand zurück. ☞ *Ebbe und Flut, Tidenhub*

Flutwelle Bei einem Seebeben oder dem Ausbruch eines untermeerischen Vulkans können plötzlich sehr hohe Wellen entstehen. Diese heißen Tsunamis und richten besonders an der Pazifikküste und in Japan verheerende Zerstörungen an.
☞ *Seebeben, Tsunami*

Fluß

Bäche und Flüsse führen das Wasser ab, das mit den Niederschlägen auf die Erde fällt. Dieses Regenwasser sickert in die Erde ein und bleibt auf einer wasserundurchlässigen Schicht stehen. Das ist das Grundwasser. Irgendwo tritt das Wasser als Quelle wieder an die Oberfläche und fließt als kleiner Bach den Berg hinab. Dieser Wildbach nimmt unterwegs immer mehr kleine Rinnsale auf und nagt sich immer tiefer in das Gestein. Wenn er auf besonders harten Fels trifft, rauscht er als Wasserfall darüber hinweg. Je tiefer der Bach ins Tal kommt, desto geringer wird sein Gefälle. Irgendwann mündet er in einen Fluß, der unterwegs schon viele Bäche aufgenommen hat.

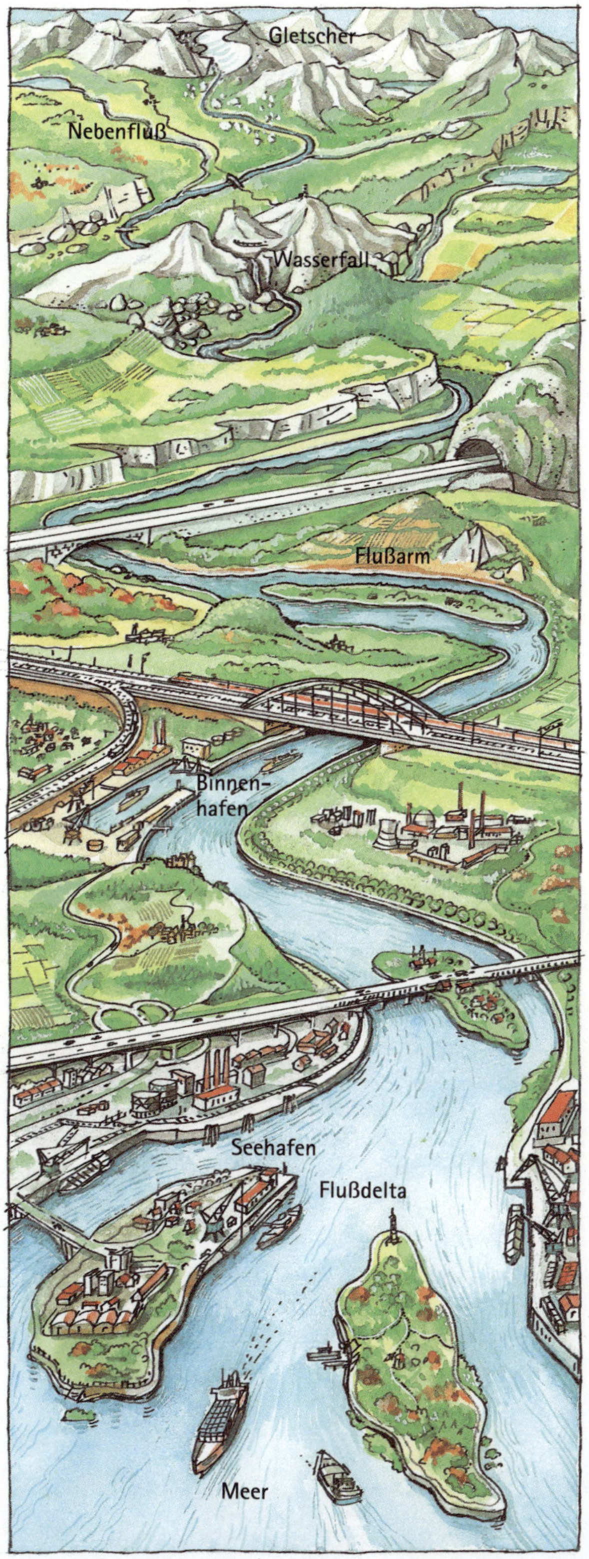

Ein Fluß ist in seinem Oberlauf noch jung und wild und fließt schnell dahin. Selbst größte Ströme sind in ihrem Oberlauf nicht schiffbar. Je weiter der Fluß ins Tal kommt, desto größer und breiter wird sein Einzugsgebiet. Immer mehr Bäche und Nebenflüsse führen ihm Wasser zu. Im Mittellauf läßt der Fluß größere Gesteinsbrocken zurück, die er mitgeschleppt hat. Er fließt jetzt schlangenförmig durch die Landschaft. Man sagt, er mäandert. Dadurch verringert sich sein Gefälle. Das Wasser prallt an das Ufer, das außen an der Flußschleife liegt. Dieses wird immer weiter ausgehöhlt und abgetragen. An der Innenseite, dem Gleithang, lagern sich dagegen Kies- und Sandbänke an. Wenn der Mensch nicht eingreift, kann ein Fluß ausufern.

Um einen Fluß bis weit in den Mittellauf schiffbar zu machen, muß er meist reguliert werden. Dazu wird er in ein steingedämmtes Bett gezwängt. Von Zeit zu Zeit muß die Fahrrinne ausgebaggert werden.

In seinem Unterlauf, kurz vor der Mündung ins Meer, fließt ein Fluß oft in einem breiten Flußbett träge dahin. Man bezeichnet ihn dann als Strom. Je flacher das Gelände ist, desto langsamer fließt der Fluß und desto mehr Sand und Schlamm lagert er an. So entstehen große Flußebenen, in denen sich der Strom durch das mitgebrachte Schwemmland selbst in mehrere Arme aufteilt. In einer solchen Deltamündung bildet sich aus dem abgelagerten Material Neuland, das sich immer weiter ins Meer hinausschiebt. So kommt es, daß frühere Seehäfen heute weit vom Meer landeinwärts liegen. Ein Beispiel ist der Po in Italien, der jährlich etwa 70 m Neuland in die Adria aufschüttet. Auch die Nordseeküste vor Rotterdam ist durch Aufschüttungen im Deltagebiet des Rheins geformt. Das fließende Wasser trägt also ständig dazu bei, die Erdoberfläche zu verändern.

Föhn Warmer, trockener Fallwind, der besonders im Alpenvorland auftritt. Bei Föhn steigt die Temperatur ungewöhnlich rasch an. Es kann dann zum Beispiel im Winter zu einer plötzlichen Schneeschmelze kommen. Viele Menschen reagieren gereizt auf Föhn, fühlen sich matt oder bekommen Kopfschmerzen. ☞ *Wind*

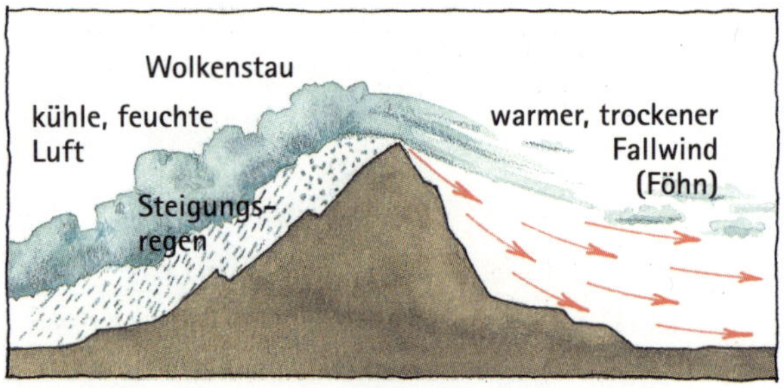

Förde Flache, zungenförmige Meeresbucht. Förden gibt es vor allem an der Ostseeküste Schleswig-Holsteins und Dänemarks, wie die Kieler Förde. ☞ *Bucht, Fjord*

Forst Künstlich angelegter Nutzwald. Hier wachsen überwiegend Nadelbäume, vor allem Fichten, die rasch groß werden. Der Forst wird planmäßig angepflanzt und gepflegt und dient hauptsächlich der Holzgewinnung. Es ist eine Monokultur. Fast drei Viertel der Waldflächen in Deutschland bestehen aus solchen künstlichen Forsten. Wenn Bäume geschlagen werden, pflanzt man wieder neue an. Diese Nutzwälder haben einen großen Nachteil: Schädlinge, die zum Beispiel besonders Fichten anfallen wie der Borkenkäfer, können sich viel rascher ausbreiten als in einem Mischwald. Auch fehlen oft ihre natürlichen Feinde, die vielleicht nur dort leben, wo es auch Laubbäume gibt. Deshalb und wegen des Waldsterbens, das vor allem Nadelbäume betrifft, pflanzt man heute wieder mehr Mischwälder an. ☞ *Monokultur, Waldsterben*

Fossile Energie Energie, die wir aus Erdöl oder Kohle gewinnen. Erdöl und Kohle enthalten brennbare Kohlenwasserstoffe. Der Kohlenwasserstoff ist ein chemischer Baustein, der am Aufbau des Lebens beteiligt ist. Auch die fossile Energie geht auf Lebewesen zurück, die vor Jahrmillionen abgestorben sind. ☞ *Energie, Erdöl, Erdgas, Kohle*

Fossilien Reste von Tieren und Pflanzen aus vergangenen Zeiten der Erde. Man findet sie als Versteinerungen oder als Einschlüsse in Bernstein. An Fossilien in Gesteinsschichten kann man das Alter des Gesteins ziemlich genau bestimmen. ☞ *Bernstein, Erdgeschichte, Versteinerung*

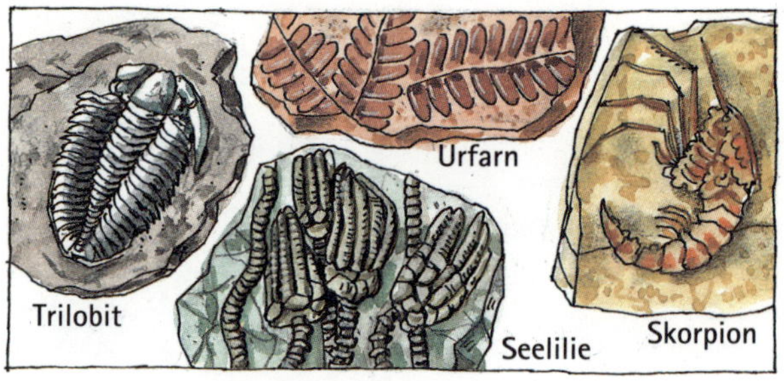

Fränkischer Jura Gebirgszug, der sich nördlich der Donau bis an den Main hinzieht, auch Fränkische Alb genannt. Der Jura besteht aus Kalkstein, der sich südlich in der Schwäbischen Alb bis in den Schweizer Jura hinein fortsetzt. Das Bergland ist durchschnittlich 500 m hoch. Im Jura hat das Wasser im Laufe von Millionen Jahren zahlreiche Höhlen in den Kalkstein gewaschen. In vielen dieser Höhlen fand man Knochen von Höhlenbären, Riesenhirschen und sogar Mammuten. Besonders berühmt ist die Fränkische Schweiz zwischen Pegnitz, Regnitz und Main wegen ihrer zahlreichen Tropfsteinhöhlen. ☞ *Höhle, Karst*

Frankreich ☞ *Seite 84*

Freiburg (Fribourg) Kanton in der Schweiz mit der gleichnamigen Hauptstadt. ☞ *Schweiz*

Freie Marktwirtschaft In den Ländern der EU herrscht freie Marktwirtschaft. Die Preise richten sich dabei nach Angebot und Nachfrage. Ist eine Ware knapp, so erhöht sich der Preis. Das Gegenteil von freier Marktwirtschaft ist die Planwirtschaft. ☞ *EU, Europa, Marktwirtschaft, Planwirtschaft*

Freihafen Zollfreies Gebiet in einem Hafen. Die Waren, die mit Schiffen aus fremden Ländern kommen, können hier gelagert werden, ohne daß dafür Zoll oder Steuern entrichtet werden müssen. Sobald die Waren vom Freihafen ins Land gebracht werden, muß Einfuhrzoll bezahlt werden. ☞ *Hafen*

Fremdenverkehr Deutsches Wort für Tourismus. Der Fremdenverkehr spielt in vielen Gegenden Deutschlands eine große Rolle. Wo es keine Fabriken und wenig Landwirtschaft gibt, ist er für die Einheimischen oft die einzige Einnahmequelle. Sie vermieten Zimmer und betreiben Gasthäuser und Hotels. Das bedeutendste Fremdenverkehrsgebiet in Deutschland ist Bayern mit den Alpen. Auch in der Schweiz und in Österreich machen die Einnahmen aus dem Fremdenverkehr einen wichtigen Teil des Staatshaushalts aus. Aus dem Fremdenverkehr ist heute in vielen Ländern eine Tourismusindustrie geworden mit Hotels, Appartementhäusern, Wintersport- und Strandeinrichtungen. Dort ist nur in den Saisonzeiten Betrieb. In den Alpen gibt es durch den Wintersport zwei Saisonen. ☞ *Tourismus*

Friesland Das Land an der Nordseeküste, das von dem germanischen Stamm der Friesen besiedelt wurde. Es erstreckt sich in Deutschland von der Mündung der Ems bis zur deutsch-dänischen Grenze in Schleswig-Holstein. Die vorgelagerten Inseln reichen von Holland bis Jütland. Die Ostfriesischen und Nordfriesischen Inseln gehören von Borkum bis Sylt zu Deutschland. Die westlich von Borkum liegenden Westfriesischen Inseln gehören zu den Niederlanden. ☞ *Nordsee*

Frost Wenn es draußen kalt wird und die Temperatur unter den Gefrierpunkt sinkt, herrscht Frost. Dann gefriert das Wasser im Boden. Bodenfrost kann in unseren Breiten von September bis Anfang Mai auftreten. Je weiter man sich dem Nordpol oder dem Südpol nähert, desto länger ist der Boden gefroren. Auch mit zunehmender Höhe, im Gebirge, dauert die Frostzeit länger als im Flachland und an den Meeresküsten. Nahe dem Polargebiet ist der Boden das ganze Jahr über gefroren. Hier herrscht Dauerfrost. ☞ *Dauerfrostboden, Eis*

Fruchtfolge Wenn ein Bauer auf einem Acker stets dieselbe Frucht anbaut, zum Beispiel immer Kartoffeln, so wird nach einer gewissen Zeit der Ertrag geringer. Die Pflanzen entziehen dem Boden beim Wachstum ständig Nährstoffe. Die fehlenden Nährstoffe ersetzt man heute meist durch künstliche Düngung. Viele Bauern nehmen aber auch einen Fruchtwechsel vor, um den Boden nicht mehr durch den ständigen Anbau derselben Pflanze zu ermüden. So wechseln sie den Anbau von Getreide mit Klee, Rüben oder Kartoffeln ab. Dieser Fruchtwechsel hat auch noch den Vorteil, daß sich Schädlinge nicht ungehemmt ausbreiten können, weil sie nicht jedes Jahr die gleichen von ihnen benötigten Pflanzen als Nahrung vorfinden.
☞ *Düngung, Landwirtschaft, Monokultur*

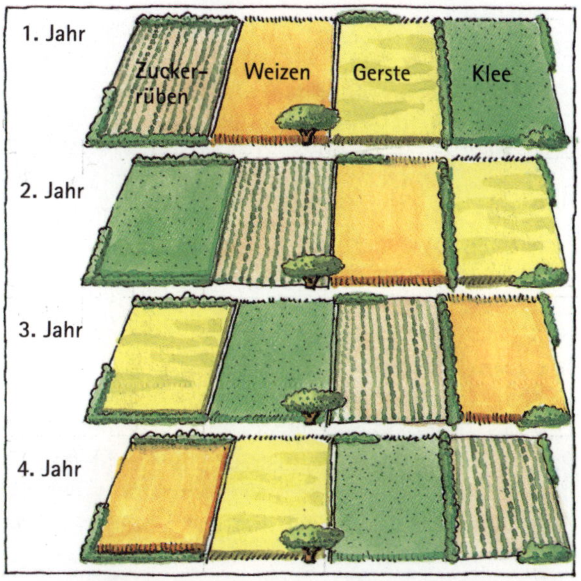

Fudschijama Höchster Berg Japans auf der Insel Hondo mit 3776 m. Der Vulkan, der auf japanisch Fujisan heißt, hat einen Krater von 600 m Durchmesser und 150 m Tiefe. Der Gipfel ist fast immer von Schnee bedeckt, und der Berg gilt den Japanern als Heiligtum. ☞ *Japan*

Fulbe Volk in Westafrika mit über 5 Millionen Angehörigen. Ihre Sprache ist Ful.

Furt Seichte Übergangsstelle in einem Fluß. Im Mittelalter, als es noch kaum Brücken gab, boten Furten oft die einzige Möglichkeit, einen Fluß zu überqueren. An diesen Stellen entstanden Siedlungen, denn hierher kamen Kaufleute mit ihren Waren. An solche Siedlungen erinnern heute noch Städtenamen wie Fürth, Erfurt oder Schweinfurt.

Frankreich

Frankreich

Fläche: 551 700 km^2 (47. Land)
Einwohnerzahl: 57,2 Mio.
Hauptstadt: Paris (2,2 Mio. Einw.)
Bevölkerung: Franzosen
Sprache: Französisch
Religion: Christen Geld: Franc

Frankreich liegt im Westen Europas und ist nach Rußland und der Ukraine das größte Land dieses Erdteils. Vom Ärmelkanal im Norden bis an die Pyrenäen im Süden sind es etwa 1 000 km. Genauso weit ist es vom Atlantik bis an den Rhein. An drei Seiten ist Frankreich vom Meer umgeben: im Norden und Westen vom Atlantik, im Süden vom Mittelmeer.

Etwa zwei Drittel des Landes sind flach und liegen nicht höher als 250 m über dem Meeresspiegel. Von der Mitte an wird das Land gegen Süden zu gebirgig und steigt bis zum etwa 1 800 m hohen Zentralmassiv an. Im Osten wird Frankreich von den Vogesen, im Südosten von den französischen Alpen begrenzt. Dort liegen die höchsten Gipfel mit dem 4 810 m hohen Mont Blanc, dem höchsten Berg Europas.

Die Landschaften Frankreichs

Im Nordwesten an der Atlantikküste liegt die Bretagne. Sie besteht hauptsächlich aus Weide- und Ackerland, und die Nordküste ist stark zerklüftet. An die Bretagne schließt sich die Normandie mit der Kanalküste an. Hier wird Viehzucht betrieben. An der Atlantikküste gibt es kilometerlange Sandstrände und weite Dünenlandschaften. Die französische Mittelmeerküste mit ihren zahlreichen Buchten und Halbinseln heißt Côte d'Azur und ist ein beliebtes Urlaubsgebiet. Nördlich davon liegt die Provence. Sie umfaßt das fruchtbare Rhônetal und die Camargue und reicht bis in die karge Hochgebirgslandschaft. Das Herz Frankreichs aber ist Burgund mit seinen Wäldern und Weinbergen.

Das Klima in Frankreich ist außer in den Gebirgen gemäßigt und eher mild. Im Süden herrschen Mittelmeertemperaturen, und in der Provence kann es im Sommer sehr heiß sein.

Der wichtigste Fluß ist die Rhône. Sie entspringt in der Schweiz und fließt 520 km durch Frankreich. In ihrer Mündung am Mittelmeer baut sie ein großes Delta auf. Der längste französische Fluß aber ist die Loire mit 1 012 km Länge. Wie die meisten Flüsse in Frankreich mündet sie in den Atlantik.

Weite Gebiete Frankreichs sind fast menschenleer. Die Hälfte des Landes wird für Ackerbau und Landwirtschaft genutzt. Von allen Ländern Europas liefert Frankreich die meisten landwirtschaftlichen Erzeugnisse. Das milde Klima begünstigt den Anbau von Obst und Wein. Es gibt aber auch viel Industrie. In Frankreich werden nach Deutschland die meisten Autos gebaut, und es hat nach Großbritannien die größte Flugzeugindustrie Europas. Bedeutend ist die Textilindustrie – nach der französischen Mode kleidet man sich auf der ganzen Welt. Besonders begehrt ist das französische Parfüm. Mittelpunkt der Parfümherstellung ist Grasse in der Provence, wo es große Lavendel- und Rosenfelder gibt.

Berühmte Sehenswürdigkeiten

Frankreich war schon in der Altsteinzeit vor Jahrtausenden besiedelt. Daran erinnern die stehenden Steine von Carnac an der bretonischen Atlantikküste. Die bis zu 20 m hohen Steinreihen gelten als bedeutendes Denkmal der Vorzeit. Erinnerungen an die Zeit, als die Römer die Gallier in Frankreich besiegten, finden sich vor allem in Südfrankreich. Dort stehen noch römische Amphitheater, zum Beispiel in Arles oder in Nîmes. Auch die römische Wasserleitung bei Nîmes ist noch erhalten. Weltberühmt sind die gotischen Kirchen Frankreichs wie das Straßburger Münster mit seinen Glasfenstern. Könige und Adlige haben überall im Land Schlösser errichtet. Am größten ist das Schloß von Versailles, der Herrschersitz der französischen Könige bei Paris. Auch an der Loire stehen zahlreiche prunkvolle Schlösser. Ein Anziehungspunkt für Touristen aus aller Welt ist die Hauptstadt Paris mit dem Eiffelturm als Wahrzeichen. Von Paris ging 1789 die Französische Revolution aus. Der König wurde abgesetzt, und das Volk übernahm die Herrschaft. Viele Länder Europas folgten später diesem Beispiel Auch Naturwunder sind in Frankreich zu bestaunen wie der Berg Mont Saint Michel an der Kanalküste. Es ist ein 78 m hoher Felsen, und das Kloster darauf kann bei Flut nur über einen Damm erreicht werden. Der Unterschied zwischen Ebbe und Flut beträgt hier bis zu 13,5 m. Bei Ebbe dagegen kann man den Felsen im Wattenmeer zu Fuß umrunden. Auch die Wallfahrtskirche von Le Puy bei Lyon liegt auf einem hohen Felsen. Es ist ein erloschener Vulkan, der mitten im Ort aufragt. An der Mittelmeerküste der Provence, in der Camargue, leben die halbwilden weißen Camarguepferde.

Frankreich

Nordsee
Mont-Saint-Michel an der Kanalküste
Kanalküste bei Le Havre
Die stehenden Steine von Carnac
0 100 200 km
Weinlese im Elsaß
Storch
Le Havre
Reims
Paris
Mt.-St.-Michel
Seine
Straß-burg
Vogesen
Carnac
Sacré-Cœur
Schloß Chambord
Loire
Kathedrale von Reims
Rosette im Münster
Wild-kaninchen
Jura
Rhein
Mont Blanc 4810 m
ATLANTISCHER OZEAN
Lyon
Westalpen
Vulkan in Le Puy
Bordeaux
Le Puy
Weinernte bei Bordeaux
Garonne
Rhône
Nîmes
Amphitheater
Arles
Murmeltier
Marseille
Toulouse
Carcassonne
Erdöl
Erdgas
Kohle
Eisen
Fischfang
Rinder
Schafe
Schweine
Getreide
Mais
Kartoffeln
Zuckerrüben
Gemüse
Obst
Wein
Zitrusfrüchte
Tabak
Äquadukt bei Nîmes
Korsika
Mittelmeer
Mittelalterliche Stadt Carcassonne
Weiße Pferde in der Camargue

Gabun Afrika

Fläche: 267 667 km² (74. Land)
Einwohnerzahl: 1,1 Mio.
Hauptstadt: Libreville (352 000 Einw.)
Bevölkerung: Bantu
Sprachen: Französisch, Bantu-Sprachen
Religion: Christen, Naturreligionen
Geld: Afrikanischer Franc
Die frühere französische Kolonie liegt am Atlantik. An der Küste gibt es Mangrovesümpfe. Das gebirgige Landesinnere ist von Regenwäldern bedeckt.

Galapagosinseln Inselgruppe im Stillen Ozean, etwa 900 km vor der Westküste Südamerikas. Die Inseln gehören zu Ecuador und sind wegen ihrer Tierwelt berühmt. Hier leben Meerechsen und Riesenschildkröten. Zum ersten Mal hat der englische Naturforscher Charles Darwin die Tierwelt auf den Inseln beschrieben. Galapagos ist heute ein Nationalpark, und die Tiere sind streng geschützt.

Galaxis Griechisches Wort für Milchstraße. Das ist ein Sternenband aus Milliarden von Sternen.
☞ *Milchstraße, Sterne*

Gama, Vasco da Der portugiesische Seefahrer Vasco da Gama fand 1498 den Seeweg nach Indien. Durch seine Entdeckung wurde Portugal zu einem der mächtigsten Länder Europas mit vielen Besitzungen in Ostasien. ☞ *Entdecker, Kolonie*

Gambia Afrika

Fläche: 11 295 km² (156. Land)
Einwohnerzahl: 875 000
Hauptstadt: Banjul (44 200 Einw.)
Sprachen: Englisch, Manding
Religion: Moslems Geld: Dalasi
Die ehemalige englische Kolonie umfaßt das Stromgebiet des Gambiaflusses in Westafrika. Es liegt an der Atlantikküste, und dort ist das Land fruchtbar.

Ganges 2 700 km langer Strom in Vorderindien. Zusammen mit dem Brahmaputra bildet er ein Mündungsdelta, das größer ist als Bayern. Für die Inder ist der Ganges ein heiliger Strom. In der heiligen Stadt Benares waschen sie sich in dem Fluß, um ihre Seele zu reinigen. ☞ *Asien*

Gardasee Mit 370 km² ist der Gardasee Italiens größter See. Er liegt am Fuß der Südalpen. An seinen Ufern wachsen Palmen, und auf dem 2 218 m hohen Monte Baldo kann man im Winter Ski laufen. Berühmt ist der Gardasee wegen seiner gleichmäßig wehenden Winde. Deshalb wird er von vielen Windsurfern geschätzt. ☞ *Italien*

Gebirge ☞ *Seite 87*

Geburtenkontrolle Die Bevölkerung auf der Erde nimmt ständig zu. Im Jahre 2 000 werden nach den Berechnungen über 6 Milliarden Menschen auf der Erde leben. Besonders in Ländern der Dritten Welt, in Afrika, Südamerika und Asien, werden immer mehr Kinder geboren. Die Regierungen der einzelnen Länder versuchen, die Geburtenzahl unter Kontrolle zu bekommen. So ist es zum Beispiel in China einem Ehepaar bei Strafe verboten, mehr als ein Kind zu haben. In den meisten Ländern ist es jedoch nicht möglich, die Geburtenzahl zu beschränken, und es kommt zu einer Übervölkerung.
☞ *Bevölkerungsdichte, Dritte Welt*

Gebirge

Wie Gebirge von oben aussehen, wissen wir von Aufnahmen der Erde aus Raumschiffen und Satelliten. Wir erkennen auf der Erdkugel schrumpelige Falten wie bei einem vertrockneten Apfel. Diese Falten sind in Wirklichkeit die höchsten Berge der Erde. Man kann einzelne Gebirgsketten unterscheiden, die zusammen ein Gebirgssystem bilden. Ein solches Gebirgssystem sind auch die Alpen. Sie sind ein noch junges Faltengebirge. Die Gesteinsfalten entstanden durch Bewegungen der Erdoberfläche. Diese Auffaltung begann vor rund 60 Millionen Jahren und war erst vor etwa 1 Million Jahren beendet. Man nimmt an, daß sich dabei riesige Erdplatten aufeinander zu bewegt und hochgedrückt haben. Manchmal kann man die Falten in Steinbrüchen noch gut erkennen.

Gebirge sind aber nicht nur durch Auffaltung entstanden. Manchmal wurden noch ungefaltete Tafeln der Erdoberfläche durch gewaltige Kräfte emporgedrückt. Dabei brachen sie auseinander, und die Schollen türmten sich zu Gebirgen auf. Solche Schollengebirge sind älter als die jungen Faltengebirge. Deswegen sind ihre Gipfel auch nicht so hoch und so schroff. Denn seit Hunderten von Jahrmillionen haben Wasser und Wind die Berge abgetragen. Regen und Flüsse, Eis und Schnee haben die Formen abgerundet. So entstanden viele der etwa 1 500 m hohen Mittelgebirge.

Die Hochgebirge der Erde, zu denen auch der Himalaja mit dem Mount Everest zählt, sind 3 000 bis 8 000 m hoch. Sie bestehen teilweise aus Ablagerungen, die sich vor Jahrmillionen auf dem Grund der Meere abgesetzt haben. Solche Absatzgesteine sind zum Beispiel Kalkstein oder Sandstein. Sie sind ziemlich weich und verwittern besonders rasch. Die Dolomiten in den Alpen bestehen hauptsächlich aus Kalkstein. Wind und Wasserkräfte haben aus dieser Gebirgskette einzelne, schroffe Gipfel geformt.

Die Landschaftsformen unserer Hochgebirge wurden aber hauptsächlich von Gletschern geschaffen. Während der verschiedenen Eiszeiten waren große Teile der Erde von Gletschern bedeckt. Sie schmolzen mehrmals ab, und die Eismassen rutschten talwärts. Das Eis folgte zunächst den Falten der Gebirge und verbreiterte diese. Dabei wurden U-förmige Trogtäler wie mit einem Hobel ausgehoben. Die Bäche und Flüsse nagten tiefe, V-förmige Kerbtäler in das Gestein.

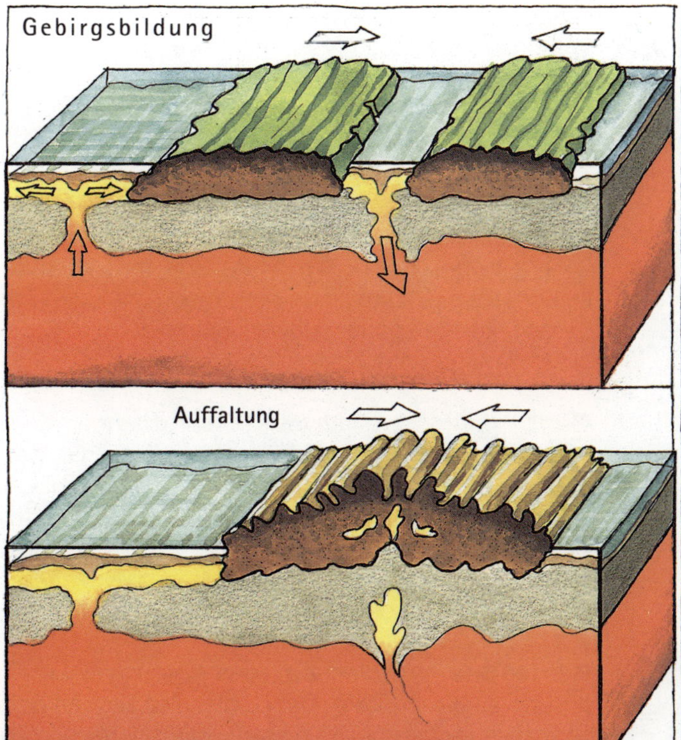

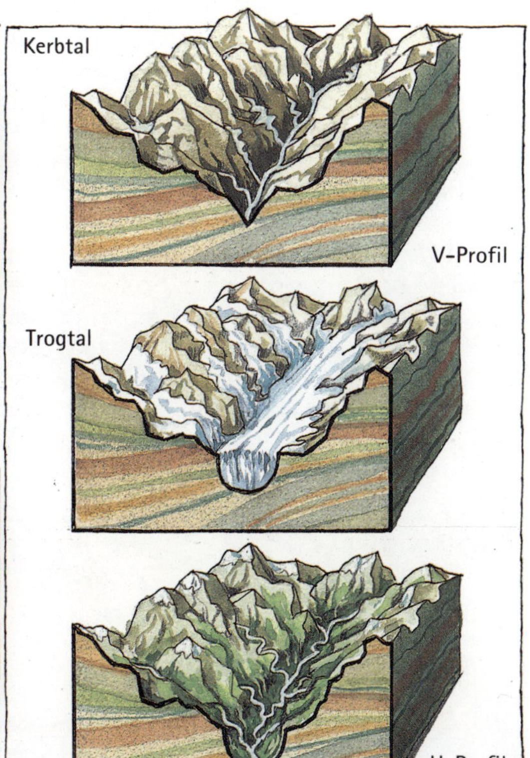

Geburtenüberschuß Werden in einem Land mehr Kinder geboren, als Leute sterben, so nimmt die Bevölkerung immer mehr zu. Das gilt vor allem für die Länder der Dritten Welt. Die Folgen des Bevölkerungswachstums sind Arbeitslosigkeit, fehlende Wohnungen und schließlich sogar Hungersnöte. Während die Zahl der Menschen in den unterentwickelten Ländern ständig steigt, geht die Geburtenzahl in den Industriestaaten zurück. Dort sterben mehr Menschen, als Kinder geboren werden.
☞ *Bevölkerungsdichte, Dritte Welt*

Geest Sandige Hügellandschaft, die allmählich zur Nordseeküste hin abfällt. Die Geest ist wenig fruchtbar. Das größte Geestgebiet in der norddeutschen Tiefebene ist die Lüneburger Heide. Hier lag in der Eiszeit die Küste. Als die Gletscher abschmolzen, blieben Sand und Schutt zurück. Vor der Geest haben die Nordsee und die Flüsse aus Schlick das fruchtbare Marschland aufgebaut.
☞ *Marsch, Moräne*

Gefälle Straßen oder Flüsse, die nicht eben dahinlaufen, besitzen ein Gefälle. So nennt man den Höhenunterschied zwischen Berg und Tal. Bei Straßen wird das Gefälle in Prozent angegeben. 15 Prozent Gefälle bedeuten, daß auf einer 1 km langen Straße der Höhenunterschied 150 m beträgt. Bergauf spricht man von Steigung. Gefälle und Steigungen erschweren den Straßenbau.

Gehöft Bezeichnung für einen großen Bauernhof mit getrenntem Wohnhaus, Stallungen und Wirtschaftsgebäuden. Solche Gehöfte finden sich oft in Einzellagen. ☞ *Einöde*

Gelbes Meer Flaches Nebenmeer des Pazifischen Ozeans zwischen China und Korea. Es ist nur durchschnittlich 40 m tief. Seine gelbliche Farbe erhält das Meer vom Lößboden, den der Hwangho anschwemmt. Außer dem Gelben Meer gibt es noch andere Nebenmeere, die mit einer Farbe benannt werden, zum Beispiel das Schwarze Meer und das Rote Meer. ☞ *Rotes Meer, Schwarzes Meer*

Gemäßigte Zone Klimazone zwischen den Polarkreisen und den Roßbreiten. Hier gibt es große Temperaturschwankungen und vier ausgeprägte Jahreszeiten. Mitteleuropa liegt in der kühlgemäßigten Zone mit milden Wintern und nicht zu heißen Sommern. Es gibt genügend Niederschläge.

Genezareth Der See Genezareth im Norden Israels ist aus dem Neuen Testament bekannt. Der 21 km lange und 12 km breite See liegt in einer tiefen Senke, 210 m unter dem Meeresspiegel. Es ist der tiefstgelegene Süßwassersee der Erde. Er wird vom Jordan durchflossen.

Genf Kanton im französisch sprechenden Teil der Schweiz. Die Hauptstadt ist Genf am Genfer See, die drittgrößte Stadt der Schweiz. Hier gibt es viele internationale Organisationen wie das Rote Kreuz, die Weltgesundheitsorganisation oder die Weltmetereologieorganisation, die weltweit die Wetterforschung betreut. ☞ *Schweiz*

Genfer See Größter See in den Alpen mit 581 km² und bis zu 300 m Tiefe. Der Genfer See liegt an der Grenze zwischen der Schweiz und Frankreich und wird von der Rhône durchflossen. ☞ *Schweiz*

Genußmittelpflanzen Genußmittel sind nicht lebenswichtig. Man versteht darunter Getränke und Bestandteile der Nahrung, die eine anregende Wirkung haben oder einen Genuß verschaffen. Dazu zählen Kakao, Kaffee und Tee, aber auch Tabak und alkoholische Getränke wie Wein, Bier oder Schnaps sowie Gewürze. ☞ *Gewürzpflanzen*

Geographie Die Geographie oder Erdkunde ist eine Wissenschaft. Sie beschreibt das Aussehen und die Entstehung der Erde, sie untersucht das Klima und das Wetter, den Pflanzenwuchs und die Tierwelt, die Bodenschätze, Bevölkerung und Umweltprobleme auf der Erde. Fast alles, was in diesem Buch behandelt wird, gehört zur Geographie.

Geographische Breite Der Abstand eines Ortes auf der Erde vom Äquator. Die Erdkugel wird in Breitenkreise und Längenkreise eingeteilt. Der längste Breitenkreis verläuft um die Mitte der Erdkugel. Es ist der Äquator, der die Erde in eine nördliche und eine südliche Halbkugel teilt. Vom Äquator aus zählt man 90 Breitenkreise bis zum Nordpol und 90 bis zum Südpol. Man spricht von nördlicher oder von südlicher Breite. Die Breitenkreise werden gegen die Pole zu immer kürzer. Wenn man weiß, auf welchem Breitengrad ein Ort liegt, fehlt zu seiner genauen Bestimmung nur noch die Angabe der geographischen Länge. Die Stadt Erfurt zum Beispiel liegt auf dem 51. nördlichen Breitengrad.
☞ *Äquator, Geographische Länge, Gradnetz*

Geographische Länge Der Abstand eines Ortes auf der Erde vom Nullmeridian. Die Erdkugel wird von Osten nach Westen in Längenkreise unterteilt. Diese gedachten Kreise laufen durch den Nordpol und den Südpol. Der Längenkreis Null geht durch die Sternwarte in Greenwich bei London und heißt Nullmeridian. Von ihm aus zählt man 180 Längengrade nach Westen und 180 nach Osten. Man spricht von westlicher und östlicher Länge. Wenn man weiß, auf welchem Längengrad ein Ort liegt, braucht man zu seiner genauen Bestimmung nur noch die geographische Breite. Die Stadt Erfurt zum Beispiel liegt auf dem 11. östlichen Längengrad.
☞ *Geographische Breite, Gradnetz, Meridian*

Geologie Wissenschaft vom Aufbau der Erde. Geologen untersuchen die Gesteine und erforschen die Erdgeschichte. Ihre Erkenntnisse sind bei der Suche nach Bodenschätzen sehr wichtig.
☞ *Erdgeschichte, Gestein*

Geophysik Wissenschaft von den physikalischen Erscheinungen auf der Erde. Geophysiker untersuchen die Anziehungskräfte der Himmelskörper, den Magnetismus auf der Erde, aber auch die Zusammenhänge bei der Entstehung des Wetters.

Georgien Asien

Fläche: 69 700 km² (118. Land)
Einwohnerzahl: 5,5 Mio.
Hauptstadt: Tiflis (1,3 Mio. Einw.)
Bevölkerung: Georgier, Armenier
Sprachen: Georgisch, Armenisch, Russisch
Religion: Christen, Moslems Geld: Rubel
Georgien war eine Republik der ehemaligen Sowjetunion. Es liegt am Kaukasus und grenzt an das Schwarze Meer und die Türkei. Hier wächst der berühmte russische Tee.

Geröll Zertrümmertes Gestein, das von fließendem Wasser weiter zerkleinert und abgerundet wird. Dazu gehören die Kieselsteine in einem Fluß genauso wie Schotter, den die Gletscher ausschwemmen. ☞ *Kies, Schotter*

Gerste Eine der vier bei uns heimischen Getreidearten. Gerste wird heute fast nur noch in Europa sowie in Kanada und USA angebaut. Sie dient hauptsächlich als Braugerste für das Bier. Daher kommt der Name „Gerstensaft". ☞ *Getreide*

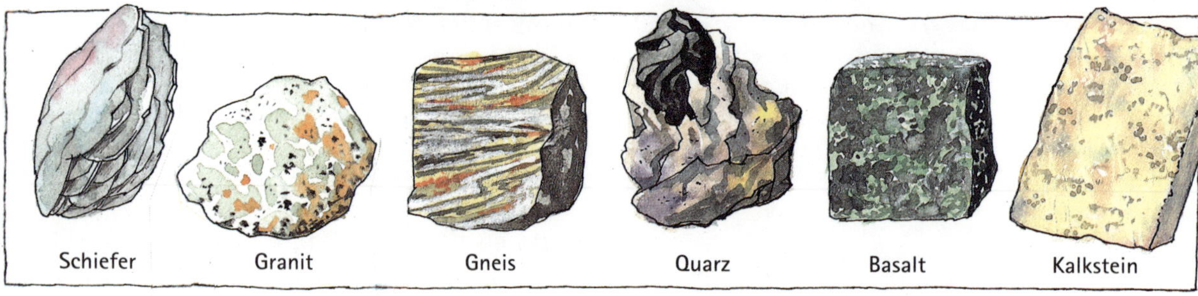

Gestein Die Erdkruste setzt sich aus Gesteinen zusammen, die wir überall finden können. Mit einem Fremdwort bezeichnen wir die Gesteine auch als Mineralien. Man unterscheidet die Gesteine nach ihrer Entstehung im Laufe der Erdgeschichte. Die im Erdinnern oder in Vulkanen geschmolzenen Massen bezeichnen wir als Erstarrungsgesteine oder Ergußgesteine. Sie gehören zu den Urgesteinen, denn es sind die ältesten auf der Erde, wie Granit und Gneis, Quarz und Basalt. Sedimentgesteine entstanden aus den Schichten, die sich auf dem Meeresgrund abgesetzt haben, oder sie wurden durch Wasser und Wind abgelagert. Dazu zählen der Kalkstein und der Sandstein. Manchmal sind Gesteine auch wieder in die Erdkruste zurückgelangt und wurden dort umgebaut. Solche umgewandelten Gesteine sind der Schiefer, der auf den Basalt zurückgeht, oder der Marmor aus Kalkstein. Mit einem Fremdwort nennt man sie metamorphe Gesteine.

Gesundheit Rund 500 Millionen Menschen auf der Erde haben ständig zu wenig zu essen. Sie sind unterernährt und schwach. Oft haben sie nicht einmal genügend Trinkwasser, oder ihr Wasser enthält Krankheitserreger. So ist es kein Wunder, daß sich Seuchen in armen Ländern am stärksten ausbreiten. Dazu gehören vor allem die Cholera und die Lungentuberkulose. Sogar die Pest, die schon ausgerottet schien, ist in einigen Ländern Südostasiens wieder aufgetreten. Die Weltgesundheitsbehörde (WHO) überwacht das Ausbreiten von Seuchen. Da heute viele Menschen in alle Teile der Erde reisen, werden ansteckende Krankheiten immer rascher über die ganze Welt verbreitet. ☞ *Seuchen*

Getreide Von allen Pflanzen ist das Getreide für die Ernährung der Menschen am wichtigsten. Es gibt verschiedene Getreidearten. Der Weizen wurde schon vor Jahrtausenden gezüchtet. Seine heutigen Zuchtformen sind besonders ertragreich oder widerstandsfähig gegen Kälte. Weizen wird in vielen Gegenden der Erde angebaut, vor allem in den Steppen- und Grasgebieten Rußlands, Chinas und der USA. Jeder Erdteil hat aber auch sein eigenes Getreide, das dort bevorzugt angepflanzt wird. In Asien ist es der Reis, in Afrika die Hirse, in Amerika der Mais, in Europa der Roggen. Hafer wird heute kaum noch angebaut. Er dient hauptsächlich als Pferdefutter.

Gewässer Viele Flüsse und Seen sind durch Abwässer und Giftstoffe belastet. Oft ist kaum noch Sauerstoff im Wasser. Das Gewässer wird dann faulig, und alles Leben darin ist bedroht. Eine besondere Gefahr besteht, wenn aus solchen Gewässern das Trinkwasser gewonnen wird. Deshalb gibt es Gesetze zum Schutz des Wassers. Es ist streng verboten, Altöl, giftige chemische Stoffe oder ungereinigte Abwässer in Flüsse oder Seen zu leiten.
☞ *Umweltschutz, Trinkwasser*

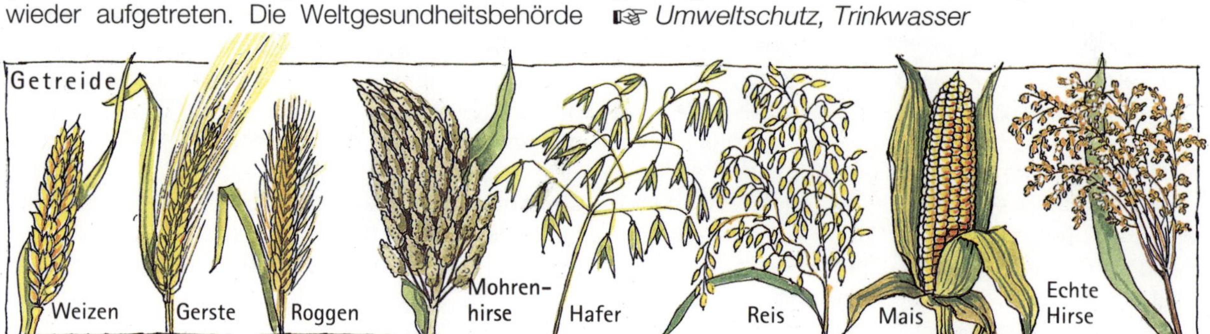

Gewitter Bei einem Gewitter entladen sich elektrisch aufgeladene Wolken. Dabei entstehen Blitz und Donner. Die Entladung kann zwischen den Gewitterwolken erfolgen, aber auch zwischen Wolken und der Erde. Im Sommer entstehen häufig Wärmegewitter. Warme Luftschichten steigen rasch auf, und in den sich bildenden Wolken entstehen hohe elektrische Spannungen. Die Spannungsunterschiede gleichen sich durch gewaltige Funken, die Blitze, aus. Dabei gibt es große Hitze, die Luft dehnt sich stark aus, und es donnert. Gewitter kommen zu allen Jahreszeiten vor. Wenn warme Luft in eine Kaltluftfront einfließt, kann es auch im Winter ein Gewitter geben. ☞ *Blitz, Donner*

Gewürzinseln Inselgruppe in Südostasien. Auf den Molukken, die zu Indonesien gehören, wachsen Pfeffer, Zimt und Gewürznelken. Diese Gewürze waren im Mittelalter außerordentlich selten und deshalb sehr begehrt. Immer wieder haben Entdecker versucht, in die asiatischen Gewürzländer vorzudringen. Die Molukken wurden im 17. Jahrhundert von den Holländern erobert und gehörten lange zu den Niederlanden, die durch den Gewürzhandel reich wurden. ☞ *Gewürzpflanzen*

Gewürzpflanzen Pflanzen, die als Würzmittel verwendet werden. Schon im Mittelalter kamen fremdländische Gewürze aus Asien nach Europa, vor allem Pfefferkörner, Zimtrinde und Gewürznelken. Den Gewürzhandel mit den Ländern am Indischen Ozean hatten die Araber in der Hand. Die Europäer wollten selbst in die Gewürzländer vordringen. Deshalb versuchten Entdecker immer wieder den Seeweg nach Indien zu finden. Auch Kolumbus, der den neuen Erdteil Amerika entdeckte, wollte eigentlich die Gewürzländer in Asien erreichen. Heute noch werden die begehrten Gewürze in Südostasien angebaut und sind ein wichtiges Handelsgut für den Export. ☞ *Entdecker, Gewürzinseln*

Geysir In allen vulkanischen Gebieten der Erde gibt es heiße Quellen. Das Wasser wird im Erdinnern erhitzt und sprudelt warm oder heiß an die Erdoberfläche. Man bezeichnet solche Quellen als Thermen. In manchen Teilen der Erde steht das erhitzte Wasser im Erdinnern unter so hohem Druck, daß es in kurzen Abständen immer wieder bis zu 100 m hoch emporgeschleudert wird. Solche Geysire oder Geiser gibt es auf Island, auf Neuseeland, im Yellowstone-Nationalpark in den USA und auf der Halbinsel Kamtschatka in Ostsibirien. Das Wasser mancher Geysire kocht, es ist also fast 100 Grad heiß. ☞ *Erdwärme, Vulkan*

Gezeiten Das regelmäßige Fallen und Steigen des Wasserstands am Meer. Man sagt dazu auch Ebbe und Flut oder Tide. Die höchsten Wasserstände bei Flut gibt es an der Halbinsel Neuschottland in Kanada mit 15 m. An der französischen Kanalküste betragen die Unterschiede zwischen Ebbe und Flut bis zu 13,5 m. ☞ *Ebbe und Flut, Tidenhub*

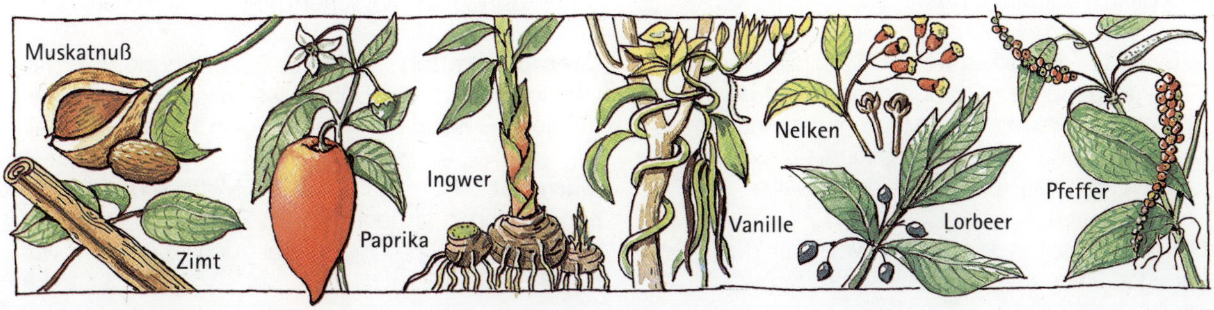

Gezeitenkraftwerk Die Höhenunterschiede im Wasserstand zwischen Ebbe und Flut können in einem Gezeitenkraftwerk genutzt werden. Das geschieht zum Beispiel an der nordfranzösischen Küste bei Saint Malo in der Bucht des Rance-Flusses. Hier steigt das Wasser bei Flut bis zu 13,5 m hoch an. Das hereinströmende Wasser treibt die Turbinen im Kraftwerk. Wenn bei Ebbe das Wasser abströmt, werden die Turbinen umgeschaltet.
☞ *Gezeiten, Wasserkraftwerk*

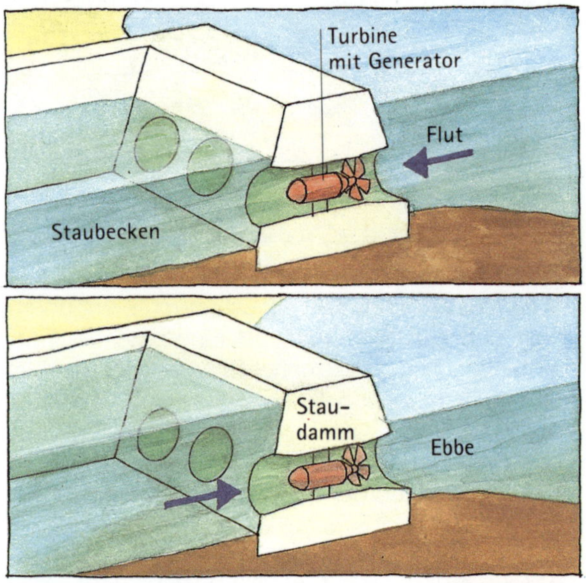

Ghana Afrika

Fläche: 238 537 km² (78. Land)
Einwohnerzahl: 14,9 Mio.
Hauptstadt: Accra (867 500 Einw.)
Bevölkerung: Aschanti, Fanti, Fulbe
Sprachen: Englisch, Kwa-Sprachen, Ful
Religion: Christen, Naturreligionen, Moslems
Geld: Cedi
Das Land am Golf von Guinea war eine ehemalige englische Kolonie. Ghana ist reich an Rohstoffen und pflanzt vor allem Kakao an.

Gibraltar Halbinsel an der Südspitze Spaniens. Gibraltar gehört zu Großbritannien und beherrscht die 14 bis 44 km breite Meerenge zwischen dem Mittelmeer und dem Atlantischen Ozean. Auf der felsigen Halbinsel leben die einzigen Affen Europas.

Glarus Kanton in der Schweiz mit der gleichnamigen Hauptstadt. ☞ *Kanton, Schweiz*

Gletscher In der Eiszeit waren Europa und Nordamerika von einer berghohen Eisschicht bedeckt. Die Gletscher im Gebirge sind Reste dieses Eises. Sie fließen täglich einige Handbreit talwärts, etwa 100 m im Jahr. Dabei schleppen sie Sand und Geröll mit sich, das sie als Moränen ablagern. Am Ende des zungenförmigen Gletschers fließt das Schmelzwasser als Gletscherbach aus einer Höhle, dem Gletschertor. Da aus dem gefrorenen Schnee am Berggipfel immer wieder Eis entsteht, schmilzt der Gletscher nie ganz ab. Allerdings werden die Gletscher seit 100 Jahren immer kleiner, da die Temperatur auf der Erde ansteigt. Die größten Gletscher der Erde liegen in der Antarktis, auf Island und auf Grönland. In den Alpen ist der Aletschgletscher in der Schweiz am größten.
☞ *Aletschgletscher, Moräne, Polargebiete*

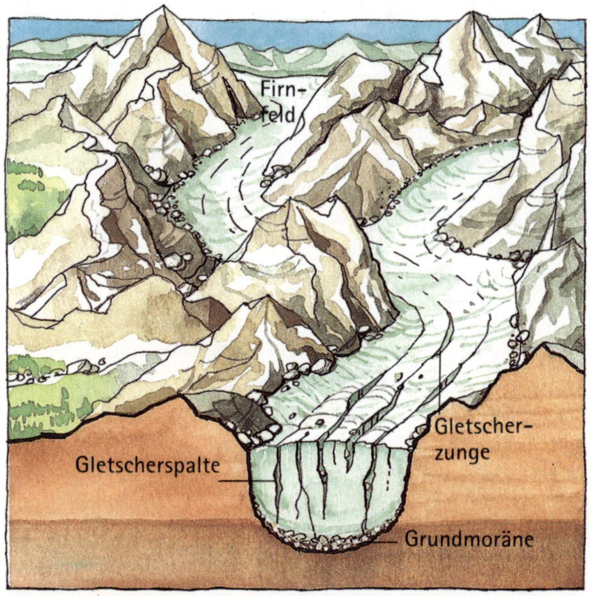

Gletscherbach Das Schmelzwasser des Gletschers sammelt sich und fließt als Bach unter der Gletscherzunge hervor. Das Wasser tritt am Ende der Eiszunge im Gletschertor aus. ☞ *Gletscher*

Gletschermilch Andere Bezeichnung für den Gletscherbach, der durch das mitgeführte, feingemahlene Gestein oft eine milchig trübe Färbung hat.

Glimmer Durchscheinendes Mineral, das in dünnen Plättchen angeordnet ist. Es kommt zum Beispiel im Granit und Gneis, aber auch im Schiefer vor.
☞ *Gestein*

Globus Verkleinerte Nachbildung der Erdkugel. Auf dem Globus können alle Teile der Erde und ihre Lage zueinander im richtigen Verhältnis dargestellt werden. Den ersten Globus hat Martin Behaim 1492 in Nürnberg hergestellt. Man kann ihn dort im Germanischen Nationalmuseum besichtigen.
☞ *Erdkugel, Gradnetz*

Gneis Schiefergestein, das viel Glimmer enthält. Es kommt in Deutschland zum Beispiel im Schwarzwald vor. ☞ *Gestein*

Gobi Wüstengebiet in Zentralasien. Das Hochland der Wüste Gobi umfaßt einen Teil Nordchinas und ein großes Gebiet der Mongolischen Volksrepublik. Es ist eine Sand- und Steppenwüste. Früher führte eine Karawanenstraße, die Seidenstraße, nach China durch die Wüste Gobi. ☞ *Asien*

Gold Edelmetall, das in reiner Form in der Erdkruste und in der Erdoberfläche vorkommt. Die größten Goldlager der Erde besitzen Südafrika, Rußland und Australien.

Golf Große, offene Meeresbucht, auch Meerbusen genannt. ☞ *Bucht*

Golfstrom Aus dem Golf von Mexiko zieht eine warme Meeresströmung durch den Atlantischen Ozean bis nach Europa. Das Wasser aus dem Golf ist etwa 27 Grad Celsius warm. Auf seinem Weg durch den Atlantik kühlt der bis zu 150 km breite Strom nur langsam ab. Er bringt noch so viel Wärme bis nach Skandinavien, daß dort auch im Winter die Häfen nicht zufrieren. Und an der englischen Kanalküste wachsen mit Hilfe des Golfstroms sogar Palmen. Nicht umsonst wird dieser warme Meeresstrom als die „Warmwasserheizung Europas" bezeichnet. ☞ *Meeresströmung*

Gorilla Größter und stärkster Menschenaffe. Er wird über 2 m groß und lebt in den afrikanischen Regenwäldern. Die Zahl der Gorillas ist in den letzten zehn Jahren allerdings stark zurückgegangen, und sie sind vom Aussterben bedroht. ☞ *Affen*

Gradnetz Um jeden Ort auf der Erde genau bestimmen zu können, hat man sich ein Netz von Kreislinien ausgedacht. Das sind die Längen- und Breitenkreise. Die Längenkreise oder Meridiane verlaufen vom Nordpol zum Südpol, die Breitenkreise verlaufen quer dazu. Der längste Breitenkreis ist der Äquator, der genau durch die Mitte der Erdkugel geht. Von diesem Breitenkreis Null aus wird die geographische Breite eines Ortes nach Norden oder Süden gezählt. Der Nullmeridian geht durch die Sternwarte Greenwich bei London. Von ihm aus wird die geographische Länge eines Ortes nach Osten oder Westen gezählt. Der Schnittpunkt eines Längengrades mit einem Breitengrad gibt die genaue Lage eines Ortes auf dem Gradnetz an. So liegt zum Beispiel Köln auf 7 Grad östlicher Länge und 51 Grad nördlicher Breite.
☞ *Geographische Breite, Geographische Länge*

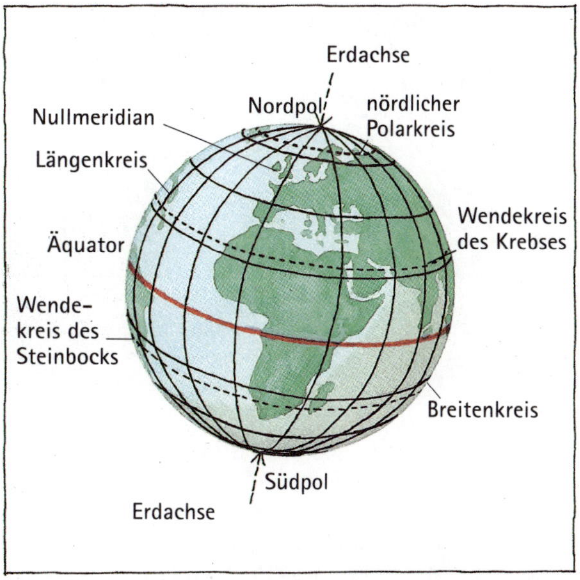

Grand Canyon (gränd känjen) Gewaltige Felsschlucht des Coloradoflusses in Nordamerika. Der Colorado hat sich durch die verschiedenen Gesteinsschichten des Plateaus eine bis 1 800 m tiefe und 350 km lange Schlucht gegraben.
☞ *Cañon, Nordamerika*

Granit Häufiges Gestein, das tief in der Erde durch Vulkantätigkeit entstanden ist. Aus Granit sind viele Gebirge aufgebaut. ☞ *Gestein*

Graphit Form des Kohlenstoffs. Er kommt in der Natur als glänzendes, graues Mineral vor. Wir verwenden ihn als Bleistiftmine oder als Schmiermittel in Motoren. Der weiche Graphit und der harte Diamant sind reiner Kohlenstoff. ☞ *Kohlenstoff*

Gras Gräser sind über die ganze Erde verbreitet. Sie besitzen lange hohle Stengel und lange dünne Blätter. Die Blüten der Gräser sind meist unscheinbar. Gräser bedecken riesige Flächen auf der Erde, zum Beispiel in den Steppen und Savannen, in der Prärie und in den Pampas. Sie sind als Viehfutter sehr wichtig. Die wertvollsten Gräser für den Menschen sind die Getreidearten. Zu den Gräsern zählen auch Schilf, Papyrus, Zuckerrohr und Bambus. ☞ *Getreide, Pampa, Prärie*

Graubünden Größter Kanton der Schweiz mit der Hauptstadt Chur. Mehr als die Hälfte der über 170 000 Einwohner sind deutschsprachig. ☞ *Schweiz*

Graupeln Eiskörner bis zu 5 Millimeter Durchmesser. Sie entstehen aus Regen, der gefriert, während er zur Erde fällt. Graupelschauer treten häufig bei einem Gewitter oder bei Temperaturen um null Grad auf. ☞ *Niederschlag*

Gravitation Die gegenseitige Anziehung zweier Körper bezeichnet man mit einem Fremdwort als Gravitation. Sie besteht zwischen Himmelskörpern, also auch zwischen Erde, Mond und Sonne. Die Anziehungskraft der Erde ist so stark, daß wir die Gravitation anderer Körper, von denen wir angezogen werden, nicht bemerken. ☞ *Erdanziehung*

Greenpeace (grienpies) Das englische Wort bedeutet „grüner Frieden". So nennt sich eine Vereinigung von Umweltschützern, die auf der ganzen Welt gegen die Ausbeutung der Natur durch den Menschen kämpft. Greenpeace-Leute wollen, daß der Mensch in Frieden mit der Natur lebt und sie nicht zerstört. Dafür riskieren sie sogar manchmal ihr Leben. Sie versuchen zu verhindern, daß Schiffe Giftstoffe ins Meer ablassen, demonstrieren gegen Atomwaffenversuche, die Verseuchung der Luft durch Fabriken oder die Ausrottung von Tieren. Auf diese Weise haben sie schon viel zum Umweltschutz beigetragen. ☞ *Umweltschutz*

Greenwich (grienitsch) Ein Vorort von London, der berühmt ist für seine Sternwarte. Mitten durch den Park dieser Sternwarte führt der Nullmeridian. Von ihm aus werden 180 Längengrade nach Westen und 180 nach Osten gezählt. Der Nullmeridian teilt die Erde in eine östliche und eine westliche Hälfte. ☞ *Äquator, Gradnetz, Meridian*

Grenada Mittelamerika

Fläche: 344 km² (182. Land)
Einwohnerzahl: 94 000
Hauptstadt: St. George's (10 000 Einw.)
Bevölkerung: Schwarze, Mulatten
Sprachen: Englisch, Kreolische Sprachen
Religion: Christen Geld: Ostkaribischer Dollar
Die Karibikinsel Grenada gehört zum Commonwealth. Die Insel wurde 1498 von Kolumbus entdeckt. Das Land liefert heute ein Drittel der Weltproduktion an Muskatnüssen.

Grenze Grenzen trennen Länder voneinander. Natürliche Grenzen sind tiefe Flüsse, hohe Gebirge oder das Meer. So bildet zum Beispiel der Rhein die Grenze zwischen Frankreich und Deutschland, und das Uralgebirge grenzt Europa gegen Asien ab. Auf der Landkarte haben die Länder oft merkwürdige Formen. Sie haben künstliche Grenzen, die von einem Geometer vermessen worden sind. Manchmal verlaufen diese mitten durch eine Stadt, einen Fluß oder einen See. Wenn wir von einem Land in ein anderes reisen wollen, müssen wir einen Grenzübergang aufsuchen und uns bei den Grenzbeamten ausweisen. Innerhalb der Europäischen Union ist das nicht erforderlich. ☞ *Zoll*

Griechenland ☞ *Balkan*

Grönland Größte Insel der Erde mit 2 175 600 km². Grönland ist sechsmal so groß wie Deutschland. Die Insel reicht weit in das nördliche Polargebiet und ist fast ganz von 2 000 m hohen Gletschern bedeckt. Nur der 150 km breite Küstensaum ist eisfrei und wird von etwa 60 000 Menschen bewohnt. Früher lebten in Grönland nur Eskimos. Sie haben sich im Lauf der Jahrhunderte mit Europäern vermischt, die dort auf Walfang gingen und nach Bodenschätzen suchten. Grönland gehört zu Dänemark.
☞ *Dänemark, Eskimo*

Großbritannien und **Nordirland** ☞ *Seite 96*

Große Seen Im Grenzgebiet zwischen Kanada und den USA liegen fünf große Seen, der Obere See, der Michigansee, der Huronsee, der Eriesee und der Ontariosee. Sie bilden zusammen die größte Süßwasserfläche der Erde. Ihre Wasserfläche ist mit 250 000 km² so groß wie ganz Westdeutschland. Aus dem Eriesee fließt der Niagarafluß in den Ontariosee und überwindet den Höhenunterschied in zwei großartigen Wasserfällen.
☞ *Niagarafälle, Nordamerika, See*

Großer Salzsee 110 km langer und 25 km breiter Salzsee im nordamerikanischen Staat Utah. Er ist rund fünfmal so groß wie der Bodensee, aber nur 2 m tief. Ein Drittel des Wassers besteht aus Salz. In den heißen Sommern bildet sich eine dicke Salzkruste auf dem See, auf der Weltrekorde mit Raketenautos gefahren werden. ☞ *Totes Meer*

Großes Barriereriff Etwa 2 000 km langes Korallenriff vor der nordaustralischen Küste. Es ist die längste Korallenkette der Welt. Die Schiffahrt in diesen Korallenbänken ist wegen der unterschiedlichen Tiefen gefährlich. Durch die starke Verschmutzung des Meeres sind die Korallen aber vom Absterben bedroht. ☞ *Australien, Koralleninsel*

Korallenriff vor Australien

Großglockner Höchster Gipfel der österreichischen Alpen mit 3 797 m. Der Großglockner liegt in den Hohen Tauern und wird von der Großglockner-Hochalpenstraße überquert. Bis hinunter auf 2 000 m erstreckt sich die Pasterze, der größte Gletscher Österreichs mit 10 km Länge.
☞ *Gletscher, Österreich*

Grotte Kleine Felsenhöhle. Grotten entstehen oft in Kalkstein, der durch Wasser aufgelöst wird. Berühmt ist die Blaue Grotte von Capri, die vom Meerwasser in die Inselküste gespült wurde. ☞ *Höhle*

Grundeis Obwohl ein Gewässer immer von oben her zufriert, entsteht in einem rasch fließenden, nicht zu tiefen Fluß auch Grundeis. Das an der Oberfläche stark abgekühlte Wasser strömt nach unten und wird dort zu Eis. Dieses Grundeis wird wieder nach oben getrieben und schwimmt dann als Treibeis auf dem Wasser. Erst bei sehr starker Kälte gefriert das Wasser auch von der Oberfläche her zu, aber nie bis auf den Grund. ☞ *Eis*

Grundmoräne Moränen sind Gesteinsschutt, der von Gletschern mitgeschleppt wird. Am Untergrund liegt das Gestein und Geröll, das vom Eis abgehobelt wurde. Diese Grundmoräne wird durch das Wandern des Gletschers seitlich immer weiter herausgeschoben und abgelagert.
☞ *Gletscher, Moräne*

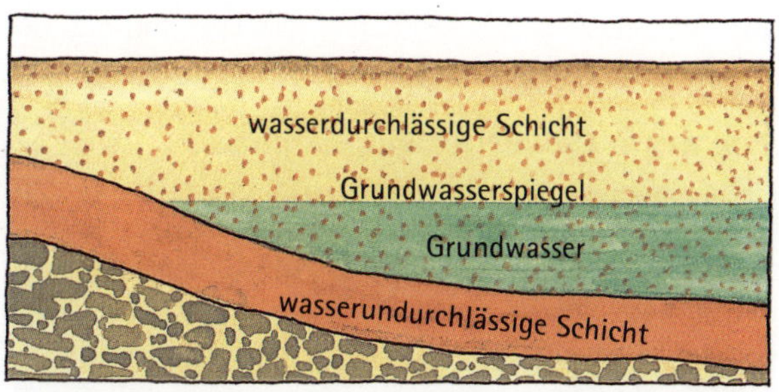

Grundwasser Auf den wasserundurchlässigen Schichten sammelt sich in der Erde das Grundwasser. Es ist Regenwasser, das in den Boden einsickert und in durchlässigem Gestein nach unten sinkt. Auf diesem Weg wird es wie in einem Filter gereinigt. Auf der wasserundurchlässigen Schicht bildet sich ein Grundwassersee, aus dem wir unser Trinkwasser beziehen. Die Höhe dieses Sees bestimmt den Grundwasserspiegel. ☞ *Wasserkreislauf*

Großbritannien

Großbritannien

Fläche: 242 432 km² (77. Land)
Einwohnerzahl: 57,5 Mio.
Hauptstadt: London (6,8 Mio. Einw.)
Bevölkerung: Engländer, Schotten, Waliser, Iren
Sprachen: Englisch, Gälisch, Kymrisch
Religion: Christen Geld: Britisches Pfund

Die Britischen Inseln liegen im Nordwesten Europas und sind vom Ärmelkanal, dem Atlantischen Ozean und der Nordsee eingeschlossen. Wir bezeichnen den Inselstaat als Großbritannien und sehen dabei oft nur die beiden Hauptinseln England und Irland. Dabei umfaßt das britische Königreich aber noch rund 6 000 kleinere Inseln, von denen die Hebriden, die Orkneyinseln und die Shetlandinseln Inselgruppen bilden. Zwischen Dover und Calais ist Großbritannien durch einen Tunnel unter dem Ärmelkanal mit dem Festland verbunden.

Zum Vereinigten Königreich von Großbritannien gehören Wales, England und Schottland sowie Nordirland. Großbritannien ist im Südosten zur Nordsee hin meist flach, der westliche Teil an der Atlantikseite ist bergig. Die höchsten Gipfel liegen in Wales und Schottland. Der höchste Berg ist der Ben Nevis in Mittelschottland mit 1 343 m. Die Eiszeit hat auf der Insel viele Seen hinterlassen, die meisten im schottischen Hochland und im Lake District, dem Seengebiet von Nordwestengland. Mit 350 km Länge ist die Themse der bedeutendste englische Fluß. Fast alle Flüsse münden in großen Buchten ins Meer und bilden so ausgezeichnete natürliche Häfen. An der schottischen Küste gibt es schmale, tief ins Land greifende Fjorde wie den Firth of Forth.

Das erste Industrieland Europas

Die Britischen Inseln waren einst stark bewaldet. Heute gibt es kaum noch Wälder, denn der größte Teil des Landes wurde in Acker- und Weideland verwandelt. Große Gebiete sind auch von Heide und Moor bedeckt. Im südlichen Flachland trifft man auf eine Parklandschaft mit Viehweiden, Feldern, freundlichen Dörfern und alten Städten. Im Landesinnern und in Wales liegen große Kohlenvorkommen. In den Midlands entstand schon vor Jahrhunderten eine Eisen- und Stahlindustrie. Und auch die Textilindustrie, die Wolle- und Baumwolle verarbeitet, hat hier ihren Standort. Leider spielt die Kohle heute keine bedeutende Rolle mehr, und Textilien werden in anderen Ländern billiger hergestellt. So herrscht in den alten Industriegebieten Englands große Arbeitslosigkeit. Im Süden sind jedoch neue Industriezweige entstanden, vor allem Maschinenbau, Flugzeugbau und Computertechnik. Der Süden ist auch das größte Landwirtschaftsgebiet. Durch den warmen Golfstrom ist das Klima hier sehr mild, und es gedeihen Obst und Gemüse.

Die Inseln der Kelten

Die Britischen Inseln wurden schon in der Altsteinzeit, also vor über 10 000 Jahren besiedelt. Daran erinnern noch viele Monumente wie die Steinkreise von Stonehenge. Diese riesigen Steine wurden als Heiligtum von den Menschen in der Vorzeit aufgestellt. Später war Britannien von den Kelten bewohnt, und um Christi Geburt eroberten die Römer die Hauptinsel. Der römische Kaiser Hadrian ließ im Norden eine Mauer gegen die wilden Scoten und Pikten errichten, den Hadrianswall. Nach den Römern kamen die Angeln und Sachsen auf die Insel, und im Jahr 1066 eroberten die Normannen Großbritannien und errichteten ein Königreich. Heute gibt es in Großbritannien noch viele Schlösser. Oxford und Cambridge mit ihren Colleges gehören zu den ältesten und berühmtesten Universitätsstädten der Welt. Eine Sehenswürdigkeit in Nordirland ist der Giant's Path, der Pfad des Riesen. So bezeichnet man einen 5 km langen Küstenabschnitt aus Basaltsäulen, die von einem Vulkanausbruch übriggeblieben sind. In Cornwall leben halbwilde Pferdeherden, die Exmoor- und die Dartmoor-Ponys.

Irland

Fläche: 70 284 km² (117. Land)
Einwohnerzahl: 3,5 Mio.
Hauptstadt: Dublin (502 300 Einw.)
Bevölkerung: Iren
Sprachen: Englisch, Irisch (Gälisch)
Religion: Christen Geld: Irisches Pfund

Die Irische Republik nimmt den Südteil der Insel Irland ein. Man bezeichnet Irland auch als die „Grüne Insel“, denn hier gibt es saftige Wiesen und Weiden. Da die Temperaturen auch im Winter nicht unter null Grad sinken, wächst das Gras das ganze Jahr über. Irland ist ein Bauernland mit ausgedehnter Viehzucht. Eine große Rolle spielt der Fischfang, vor allem der Lachsfang in den Flüssen und Seen. Die Iren stammen von den Kelten ab. Sie sind im Gegensatz zu den anglikanischen Briten katholisch. Deshalb gibt es im Norden der Insel, die zu England gehört, ständig blutige Auseinandersetzungen.

Großbritannien

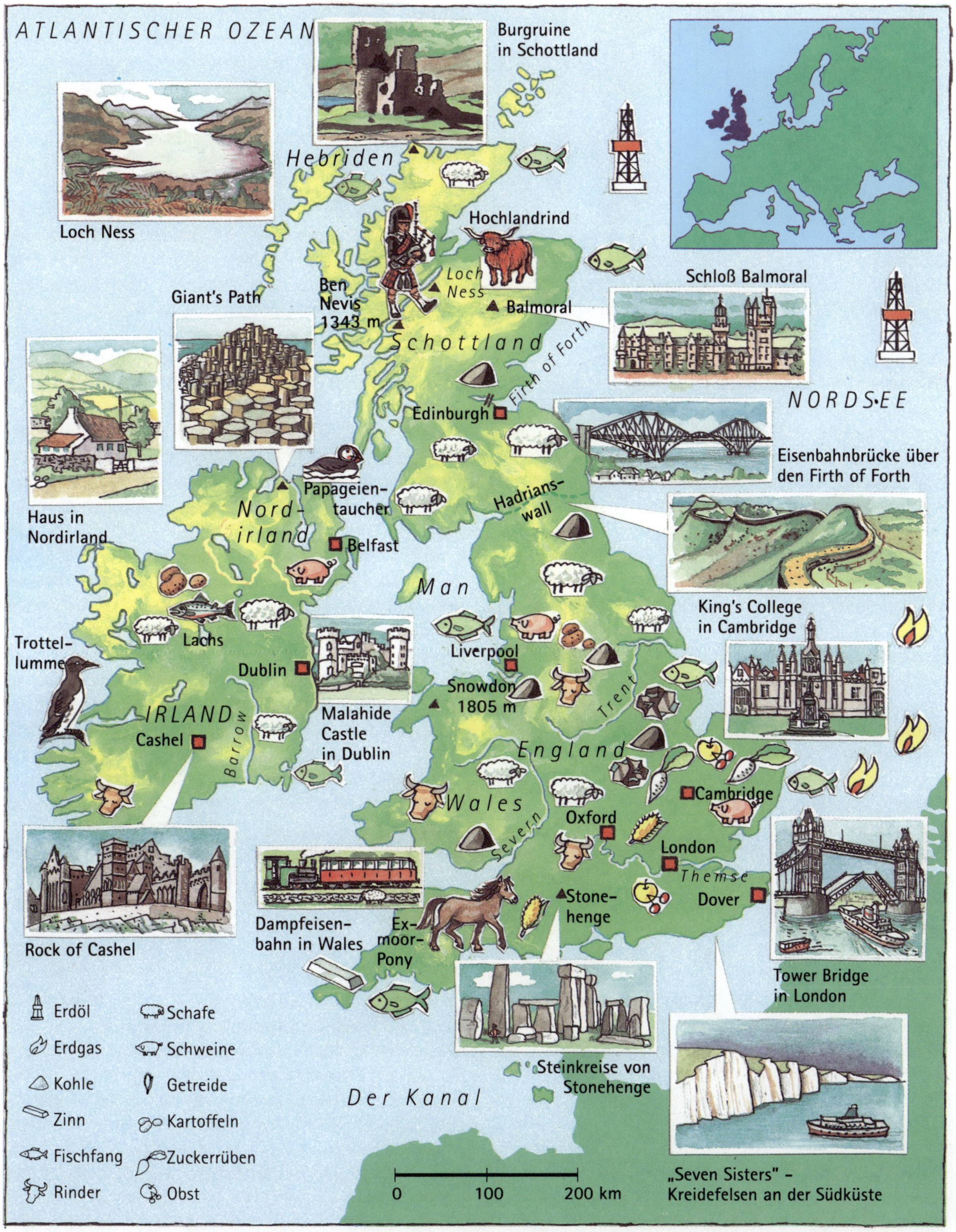

Guanako Kleinkamel in Südamerika, das dort wild vorkommt. Aus dem Guanako wurde das Lama gezüchtet, aus dem wilden, etwas kleineren Vikunja das Alpaka. ☞ *Kamel, Südamerika*

Guatemala Mittelamerika

Fläche: 108 889 km² (104. Land)
Einwohnerzahl: 9,5 Mio.
Hauptstadt: Guatemala-Stadt (1,1 Mio. Einw.)
Bevölkerung: Indianer, Mestizen
Sprachen: Spanisch, Mayadialekte
Religion: Christen Geld: Quetzal
In dem Land zwischen Pazifik und Karibischem Meer lag das Reich der Maya. Guatemala ist nach Mexiko der größte Kaffeeproduzent Mittelamerikas.

Guinea Afrika

Fläche: 245 857 km² (76. Land)
Einwohnerzahl: 5,7 Mio.
Hauptstadt: Conakry (800 000 Einw.)
Bevölkerung: Mandingo, Fulbe
Sprachen: Französisch, Mandingo, Ful
Religion: Moslems, Naturreligionen
Geld: Guinea-Franc
Guinea liegt in Westafrika am Atlantik. An der Küste gibt es große Regenwälder, im Bergland Baum- und Grassavannen. Die ehemals französische Kolonie besitzt viele Rohstoffe, vor allem Bauxit.

Guinea-Bissau Afrika

Fläche: 36 125 km² (134. Land)
Einwohnerzahl: 981 000
Hauptstadt: Bissau (125 000 Einw.)
Bevölkerung: Schwarze, Mulatten, Fulbe
Sprachen: Portugiesisch, Sudanesisch
Religion: Naturreligionen, Moslems
Geld: Guinea-Peso
Die frühere portugiesische Kolonie liegt am Atlantik und ist größtenteils sumpfiges Tieflandgebiet mit einem Netz aus verzweigten Flüssen.

Gülle Gülle oder Jauche besteht aus dem Urin und Kot der Stalltiere. Diese Ausscheidungen werden in einer Grube gesammelt und beginnen dort zu gären. Nach der Gärung ist Gülle ein wertvoller Naturdünger, der auf den Viehweiden verteilt wird. Bei zu starker Düngung besteht aber Gefahr für das Grundwasser. ☞ *Düngung*

GUS Abkürzung für **G**emeinschaft **U**nabhängiger **S**taaten. Dazu gehören 9 Länder der ehemaligen Sowjetunion, die heute selbständig sind. Das größte Land der GUS ist Rußland. ☞ *Rußland*

Güterverkehr Immer mehr Güter werden heute auf Schiene und Straße, zu Wasser und in der Luft befördert. Man hat die Menge der Waren und die Länge der Strecken berechnet, über die diese Waren transportiert werden. Für die Transportleistung gibt es eine Maßzahl, den Tonnenkilometer (t-km). Wenn 1 t Steinkohle 1 km weit gefahren wird, ist das 1 t-km. Das Straßennetz in Deutschland ist etwa 540 000 km lang. Es gibt rund 40 000 km Eisenbahnstrecke und rund 6 500 km Wasserstraßen auf Flüssen und Kanälen. Auf allen diesen Verkehrswegen werden Waren über 300 Milliarden t-km bewegt. Weitaus die meisten Güter befördern LKW auf Straßen. Selbst Eisenbahn und Binnenschiffahrt zusammen transportieren weniger Güter. Das Flugzeug spielt beim Warentransport innerhalb Deutschlands kaum eine Rolle, denn nur wichtige Güter wie Post, Arzneimittel oder verderbliche Nahrungsmittel werden per Luftfracht befördert.
Ungefähre Transportleistungen in Tonnenkilometer:

 70 Mrd. t-km  170 Mrd. t-km

 60 Mrd. t-km  385 Mio. t-km

Guyana Südamerika

Fläche: 215 083 km² (82. Land)
Einwohnerzahl: 798 000
Hauptstadt: Georgetown (170 000 Einw.)
Bevölkerung: Inder, Schwarze, Mulatten, Indianer
Sprachen: Englisch, Hindi, Indianersprachen
Religion: Hindus, Christen Geld: Guyana-Dollar
Das Land im Nordosten Südamerikas grenzt an den Atlantik. Die feuchttropische, sumpfige Küstenebene hat ein ungesundes Klima. Von der Küste steigt das Land bis in das über 2 800 m hohe Bergland an. Es werden Kaffee, Kakao und Zuckerrohr angebaut.

Hackbau Einfachste und älteste Art des Ackerbaus. Der Boden wird dabei nur mit der Hacke aufgelockert. Diese Art der Bodenbearbeitung ist noch in vielen Ländern der Dritten Welt üblich, weil Pflüge, Zugtiere und Maschinen fehlen. ☞ *Ackerbau*

Hafen In Seehäfen und Binnenhäfen legen Schiffe an, um Ladung zu verstauen oder zu löschen. So nennen Seeleute das Be- und Entladen. Frachtschiffe laufen dazu Frachthäfen an, Tanker besonders gesicherte Ölhäfen. Welcher Seehafen von einem Schiff angelaufen werden kann, hängt von der Tiefe des Hafenbeckens und dem Tiefgang des Schiffes ab. So können in Hamburg große Schiffe nur mit der Flut elbeaufwärts fahren. Die Bedeutung eines Hafens richtet sich nach der Menge der dort umgeschlagenen Güter. Danach ist Rotterdam einer der größten Häfen der Welt. Hier können über 300 Hochseeschiffe gleichzeitig festmachen. Der größte Flußhafen der Welt ist der Duisburger Rheinhafen. ☞ *Nordsee, Rhein*

Hafer Sommergetreide. Die Körner werden zu Haferflocken verarbeitet und dienen auch als Mast- und Pferdefutter. ☞ *Getreide*

Haff Flache Meeresbucht, besonders an der Ostsee. Ein Haff ist durch eine schmale Landzunge, die Nehrung, fast völlig vom Meer abgetrennt.
☞ *Insel, Küste, Lagune, Nehrung*

Hagel Niederschlag aus Eiskörnern. Hagel entsteht in Gewitterwolken. Die Hagelkörner können größer werden als Hühnereier. Je größer und schwerer sie sind, desto höher ist ihre Fallgeschwindigkeit. So können große Hagelkörner sogar Menschen stark verletzen. Ein Hagelsturm kann große Schäden auf den Feldern anrichten.
☞ *Niederschlag, Wetter*

Haiti (ha-iti) Mittelamerika

Fläche: 27 750 km² (143. Land)
Einwohnerzahl: 6,5 Mio.
Hauptstadt: Port-au-Prince (800 000 Einw.)
Bevölkerung: Schwarze, Mulatten, Weiße
Sprachen: Französisch, Kreolisch
Religion: Christen Geld: Gourde
Haiti umfaßt etwa ein Drittel der karibischen Insel Hispaniola, die zu den Großen Antillen zählt. Die Haitaner leben heute in völliger Armut.

Halbaffen Mit den Affen verwandte Nachttiere. Sie kommen vor allem auf der Insel Madagaskar, aber auch in Südasien vor und leben auf Bäumen. Halbaffen bauen Nester und ernähren sich hauptsächlich von Früchten, aber auch von kleineren Tieren und Insekten. ☞ *Afrika, Madagaskar*

Halbinsel Landvorsprünge, die ins Meer hinausragen. Im Gegensatz zu einer Insel sind sie nur an drei Seiten von Wasser umgeben und an einer Stelle mit dem Festland verbunden. Die größte Halbinsel der Erde ist Arabien mit 3 250 000 km² Fläche. Arabien wird vom Roten Meer, vom Indischen Ozean und dem Persischen Golf eingeschlossen. ☞ *Insel*

Halleyscher Komet (halescher) Riesiger Komet, der auf einer Umlaufbahn wandert und sich alle 76 Jahre der Erde nähert. Die Zeit für einen Umlauf hat der englische Astronom Edmond Halley im Jahre 1718 berechnet. Zuletzt war der Komet 1986 von der Erde aus sichtbar. Sein nächstes Erscheinen wird für das Jahr 2062 erwartet.
☞ *Komet, Sterne*

Hallig Kleine Insel in der Nordsee vor der nordfriesischen Küste. Die Halligen sind meist kreisrund. Es sind Reste des Marschlands im Wattenmeer. Bei Flut ragt nur die aufgeschüttete Spitze aus dem Wasser, bei Ebbe können die Halligen teilweise zu Fuß erreicht werden. Manche dieser Inseln sind nur so groß, daß gerade ein Bauernhof darauf Platz hat.
☞ *Insel, Nordsee*

Hallig bei Ebbe

Hamburg

Deutsches Bundesland
Fläche: 755 km² Einwohner: 1,7 Mio.
Es umfaßt nur die Freie Hansestadt mit dem größten deutschen Seehafen. Diese zweitgrößte deutsche Stadt besitzt 2 303 Brücken, mehr als jede andere Stadt in Europa. ☞ *Deutschland*

Hanf Faserpflanze, aus deren fasrigen Stengeln Seile und Taue gefertigt werden. Früher war Hanf ein wichtiges Rohmaterial und wurde vor allem in Italien, Rußland und Indien angebaut. Heute hat der Hanfanbau an Bedeutung verloren, denn Seile und Taue werden häufig aus Kunststoffen hergestellt.

Hanse Im Mittelalter ein Bund von Seestädten, auch Hansa genannt. Vor allem die Städte an der Ostsee und der Nordsee schlossen sich im 13. Jahrhundert zusammen, um sich beim Seehandel gegenseitig zu unterstützen und vor Seeräubern zu schützen. Die Hauptstadt der Hanse war Lübeck. Andere berühmte Hansestädte waren Danzig, Hamburg und Bremen.

Hartlaubgewächse Immergrüne Bäume und Sträucher mit kleinen, ledrigen Blättern. Die Blätter sind oft noch mit einer Schutzschicht aus Wachs versehen, um das Verdunsten zu verhindern. Hartlaubgewächse kommen vor allem in Gebieten mit trockenen warmen Sommern vor, wie im Mittelmeerraum. Zu diesen Pflanzen zählen der Lorbeerbaum, der Oleander und der Rosmarin.

Harz Gebirgszug in Mitteldeutschland mit dem 1 142 m hohen Brocken als höchstem Gipfel. Im waldreichen Harz wurde schon im Mittelalter Bergbau betrieben. ☞ *Deutschland*

Harze Von Pflanzen erzeugte, klebrige Stoffe. Wir kennen alle das Baumharz von Nadelbäumen, das angenehm riecht. Harze werden zur Herstellung von Lacken und Farben oder Holzschutzmitteln verwendet. In tropischen Ländern, aber auch im Mittelmeergebiet werden die Bäume angezapft, um das Harz zu gewinnen. Das Harz der Nadelbäume, die vor Jahrmillionen im Schlamm versanken, ist zu Bernstein versteinert. ☞ *Bernstein, Versteinerung*

Hausbau ☞ *Seite 101*

Havanna Hauptstadt der Insel Kuba mit über 2 Millionen Einwohnern. Die Stadt gab den dort hergestellten Zigarren den Namen. ☞ *Kuba*

Hawaii Größte Insel eines Archipels, der Sandwich-Inseln. Die Inseln liegen im Pazifik und bestehen aus einer Kette von acht Vulkanen, die sich auf dem Meeresboden erheben. Zwei dieser Vulkane sind noch tätig. Einige Berge sind über 9 000 m hoch, davon liegen 5 000 m unter dem Meeresspiegel. Die beiden höchsten Gipfel ragen bis zu 4 200 m aus dem Wasser und sind eigentlich höher als der Mount Everest. Die 26 kleineren Hawaii-Inseln sind Atolle, die aus Korallenbauten entstanden. Auf den Inseln werden Zuckerrohr und Ananas angebaut. Hawaii ist ein Traumziel für Südsee-Touristen und gehört als 50. Bundesstaat zu den USA. Die Hauptstadt Honolulu liegt auf der drittgrößten Insel, auf Oahu. ☞ *Archipel, Vulkan*

Hebriden Inselgruppe an der Westküste Schottlands mit 500 kleinen Felseninseln. Nur etwa 100 von ihnen sind bewohnt.

Heide In der Heide wachsen vorwiegend holzige Zwergsträucher auf nährstoffarmem Boden. Das größte zusammenhängende Heidegebiet Deutschlands ist die Lüneburger Heide. Im Mittelalter war diese Landschaft noch von Eichen- und Birkenwäldern bedeckt. Als in Lüneburg Salz gefunden wurde, schlug man die Wälder ab, weil man Holz benötigte, um das Salz zu sieden. Danach weideten hier Schafe, die Heidschnucken. Sie fraßen alles, was sie finden konnten und verschmähten nur das Heidekraut und den knorrigen Wacholder. So wurde durch die Schafe die Heidelandschaft gebildet. Heute weiden nur noch in einem kleinen Naturschutzgebiet Heidschnucken, und die Heide wird immer mehr zu Wald. ☞ *Moor, Tundra*

Hausbau

Die Form und Art der Häuser hat etwas mit der Landschaft zu tun. Sie richtet sich danach, welche Baustoffe die Menschen in ihrer Umgebung vorfinden. Ein Iglu kann man nicht in Afrika bauen, und auf Grönland kein Lehmhaus. Als die Menschen noch als Jäger und Sammler umherzogen, hausten sie in Höhlen, in denen sie Schutz vor Wind und Wetter fanden. Auch die ersten Behausungen waren Höhlen nachempfunden. Es waren etwa 1 m tiefe Gruben mit 4 m Durchmesser und einem Pfahl in der Mitte, der als Dachstütze diente. Darüber wurden Häute und Felle gelegt, um den Regen abzuhalten. Die Nomadenvölker, die mit ihren Viehherden von Weideplatz zu Weideplatz zogen, erfanden das Zelt. Der beste Zeltbau ist die Jurte, die heute noch in der Mongolei zu finden ist. Das runde Gestell wird mit Filzdecken belegt, und der Innenraum ist 2 bis 3 m hoch.

Die ersten Ackerbauer im heutigen Irak errichteten ihre Häuser über der Erde. Sie bauten ein Gerüst aus Holz und verschmierten die Zwischenräume mit Lehm. Schon bald kamen sie darauf, die Bausteine vorher anzufertigen. Sie durchmischten sandigen Ton mit Wasser, füllten Stroh oder andere Pflanzenfasern hinzu und preßten die feuchte Masse in rechteckige Formen. Diese ließen sie von der Sonne trocknen, und nach ungefähr zwei Wochen war der Ziegel hart wie Stein. In allen heißen Gegenden der Erde, in Asien, Afrika oder Mexiko, werden heute noch Häuser aus solchen Lehmziegeln errichtet.

Der wichtigste natürliche Baustoff, den der Mensch vorfand, war das Holz. Trotz moderner Baustoffe wie Beton, Stahl und Glas werden noch viele Holzhäuser gebaut. Im Gebirge ist es einfacher, Holz heranzuschaffen als eine Betonmischmaschine. Auch in Afrika, zum Beispiel im Sudan, baute man Holzhäuser, solange es noch Holz gab. Inzwischen sind die Wälder dort aber gerodet und verheizt.

Die Menschen in den Tropen, vor allem im Urwald, müssen sich vor dem Regen schützen. Gleichermaßen Schutz vor wilden Tieren wie vor dem Wasser bieten die Pfahlbauten. Die Häuser werden auf Stützen aus jungen Bäumen oder aus Bambus errichtet. Darauf steht das Haus, das mit Lianen oder Flechtwerk zusammengehalten wird. An den Ufern der großen Flüsse Südostasiens ziehen es viele vor, ihre Behausung auf ein Schiff zu verlegen. Sie sind in ihrem Hausboot sicher vor Hochwasser.

Helgoland Die 2,1 km² kleine Insel in der Nordsee besteht aus Sandstein und hat eine sehr steile Kliffküste. Die Insel ragt 56 m über den Meeresspiegel. Deutschland hat sie 1890 durch einen Tausch gegen die Insel Sansibar von Großbritannien erworben. Die rund 3 000 Inselbewohner leben hauptsächlich vom Fremdenverkehr. Auf Helgoland befindet sich eine Vogelwarte. ☞ *Kliff*

Herbizid Chemisches Mittel zur Unkrautvernichtung. ☞ *Pestizid, Pflanzenschutz*

Herbst Die dritte Jahreszeit. Sie beginnt auf der Nordhalbkugel mit der Tagundnachtgleiche am 23. September und dauert bis zur Wintersonnenwende am 21. Dezember. Auf der Südhalbkugel der Erde ist vom 21. März bis 21. Juni Herbst.
☞ *Jahreszeiten, Tagundnachtgleiche, Wendekreis*

Hessen

Deutsches Bundesland
Fläche: 21 114 km² Einwohner: 5,8 Mio.
Landeshauptstadt: Wiesbaden (260 300 Einwohner)
☞ *Deutschland*

Heuschreckenplage Die Heuschrecken bilden eine Insektengruppe mit zahlreichen Arten. Besonders in den warmen Ländern kommt die über 5 cm lange Wanderheuschrecke vor. Diese Heuschrecken fliegen oft in Schwärmen von Hunderten von Millionen Tieren auf der Suche nach Nahrung umher. Wo ein Heuschreckenschwarm einfällt, frißt er in kürzester Zeit Pflanzen mit Stumpf und Stiel auf. Gräser, Bäume, Sträucher und alles, was der Mensch angepflanzt hat, wird vernichtet. Die Verheerungen führen oft zu Hungersnöten. Ein großer Heuschreckenschwarm kann bis zu 50 km breit sein. Er nähert sich wie eine schwarze Wolke, die den Himmel verfinstert. Solche Heuschreckenplagen treten fast jedes Jahr in Afrika auf.

Wanderheuschrecke

Himalaja Dieses höchste Gebirge der Erde liegt in Asien. Es ist 2 500 km lang und im Mount Everest 8 848 m hoch. Insgesamt hat der Himalaja 10 Gipfel mit über 8 000 m Höhe. Bis in 4 000 m Höhe wächst hier noch dichter Wald. ☞ *Asien*

Himmelsrichtung Die Himmelsrichtung oder Himmelsgegend ist eine Einteilung des Horizonts. Sie wird mit dem Kompaß angegeben. Die Haupthimmelsrichtungen sind Norden und Süden, Osten und Westen. Die Sonne steht nie im Norden. Im Osten geht die Sonne auf, am Mittag steht sie im Süden, am Abend geht sie im Westen unter. Zwischen diesen vier Haupthimmelsrichtungen gibt es Halbe und Viertel wie auf dem Zifferblatt einer Uhr. Die Richtung zwischen Norden und Osten heißt Nordost. Auf Landkarten ist Norden immer oben, und die Himmelsrichtungen sind meist in Form eines Sterns, der Windrose, eingetragen. ☞ *Horizont, Kompaß, Landkarte, Windrose*

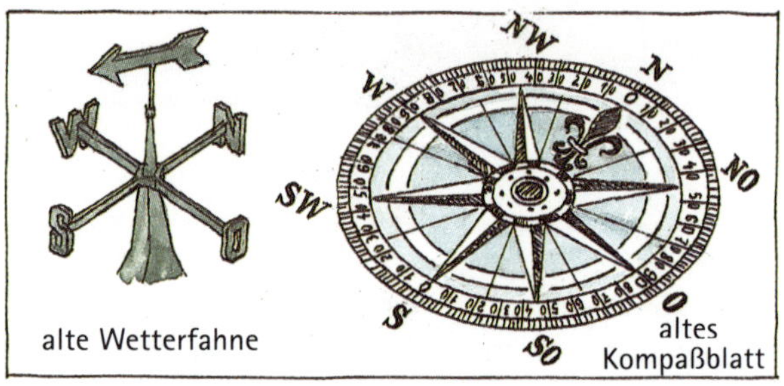

alte Wetterfahne

altes Kompaßblatt

Hindus Vor allem die Bewohner Indiens, deren Religion der Hinduismus ist. Zum Hinduismus bekennen sich über 700 Millionen Anhänger. Die Hindus verehren zahlreiche Gottheiten in prachtvollen Tempeln und betrachten die Kühe als heilig, die nicht angetastet werden dürfen. ☞ *Weltreligion*

Hindukusch 1 200 km langes und bis 250 km breites Hochgebirge, größtenteils in Afghanistan. Der Hindukusch ist sehr rauh und hat mehr als 20 Gipfel mit über 7 000 m Höhe.

Hinterindien Riesige Halbinsel, die sich ostwärts von Indien, also von uns aus gesehen hinter Indien anschließt. Im Norden wird es von China begrenzt, im Süden reicht es bis an den Äquator. In Hinterindien liegen die Länder Myanmar (Birma), Thailand, Laos, Kambodscha, Vietnam sowie ein Teil von Malaysia. ☞ *Asien*

Hiroschima Stadt auf der japanischen Insel Hondo. 1945 warfen die Amerikaner die erste Atombombe auf Hiroschima. Damals wurden über 200 000 Menschen sofort getötet, mehr als 100 000 wurden schwer verletzt. Bis auf das Rathaus waren alle Häuser zerstört. Als Folge der radioaktiven Strahlung kamen viele Kinder mit Mißbildungen und unheilbaren Krankheiten zur Welt.

Hirse Getreideart, die heute noch in vielen Ländern Afrikas angebaut wird. Die sogenannte Mohrenhirse ist in Afrika ein wichtiges Brotgetreide.
☞ *Getreide*

Hirtenvölker Nomaden, die mit ihren Herden auf der Suche nach Weideplätzen umherziehen.
☞ *Nomaden*

Hochdruckgebiet Bei ruhigem, heiterem Wetter herrscht Hochdruck. Der Luftdruck ist dann hoch, und die Wolken lösen sich auf. Im Sommer wird unser Wetter hauptsächlich vom Azorenhoch bestimmt. Das ist ein Hochdruckgebiet, das sich über den Azoreninseln im Atlantik bildet. ☞ *Azoren, Wetter*

Hochebene Flaches Hochland mit geringen Höhenunterschieden bis 200 m. Hochebenen liegen zwischen Gebirgsketten. Das gewaltige Hochland in Mexiko liegt größtenteils bis zu 2 500 m über dem Meeresspiegel. ☞ *Tiefebene*

Hochgebirge Gebirge mit großen Höhenunterschieden. Die Berge sind über 1 500 m hoch und haben zackige und spitze Gipfel. Die Alpen sind ein solches Hochgebirge. ☞ *Alpen, Bergformen*

Hochmoor Feuchtes Gebiet, in dem die Pflanzen nicht mehr mit dem Grundwasser in Verbindung stehen. Hier wachsen fast nur Torfmoose und einige Grasarten. Während sie unten absterben, wachsen sie oben ständig weiter und saugen das Wasser an. Dadurch wölbt sich das Moor auf wie ein Uhrglas. Ein Flachmoor oder Niedermoor dagegen entsteht in Flußniederungen oder Seen, die allmählich verlanden. ☞ *Moor*

Hochofen Hoher Schacht, in dem Eisenerz zusammen mit Koks verhüttet wird. Dem Eisenerz wird dabei der Sauerstoff entzogen, und es entsteht Roheisen. Übrig bleibt die Schlacke.

Hochwasser Nach der Schneeschmelze oder nach starken Regenfällen können Bäche und Flüsse über ihre Ufer treten. Sie führen dann Hochwasser und überschwemmen das Land. Der Wasserstand wird an Pegeln gemessen. Das sind am Ufer angebrachte Meßleisten mit einer Skala. Der mittlere Wasserstand eines Flusses ist der Nullpunkt des Pegels. Man nennt das den Normalstand. Eine Hochwassermeldung, zum Beispiel 6 m über Pegel normal oder Pegel 0, bedeutet, daß der Fluß 6 m Hochwasser führt. Solche Meldungen sind für die Schiffahrt sehr wichtig. Um Überschwemmungen zu vermeiden und die Schiffahrt nicht zu gefährden, hat man die meisten großen Flüsse begradigt und die Ufer befestigt. An der Küste wird der höchste Wasserstand bei Flut oder auflaufendem Wasser als Hochwasser bezeichnet.
☞ *Flußregulierung, Pegel*

Höhenmessung Auf Landkarten werden die Berge mit Höhenlinien angegeben, an denen Zahlen stehen. Die Zahlen drücken die Höhenmeter aus. Alle Orte auf einer Höhenlinie liegen gleich hoch. Der kleinste Kreis bezeichnet die Höhe des Gipfels. Zur Höhenmessung werden von einem Flugzeug aus eine Reihe von Luftbildern aufgenommen. Die Auswertung dieser Luftbilder mit Hilfe des Computers ergibt dann die Höhe der Landschaft. Man nennt dieses Verfahren auch Fotogrammetrie. Häufig bestimmt man die Höhe der Erdoberfläche heute auch mit Hilfe von Satelliten. ☞ *Landkarte*

Höhenstrahlung Als Höhenstrahlung oder kosmische Strahlung bezeichnet man die aus dem Weltraum auf die Erde treffenden Strahlen. Diese kosmische Strahlung läßt sich auf hohen Berggipfeln besonders gut nachweisen. Vor allem Piloten, aber auch Menschen, die häufig fliegen, bekommen viel von dieser energiereichen kosmischen Strahlung ab.
☞ *Atmosphäre*

Höhenstufen

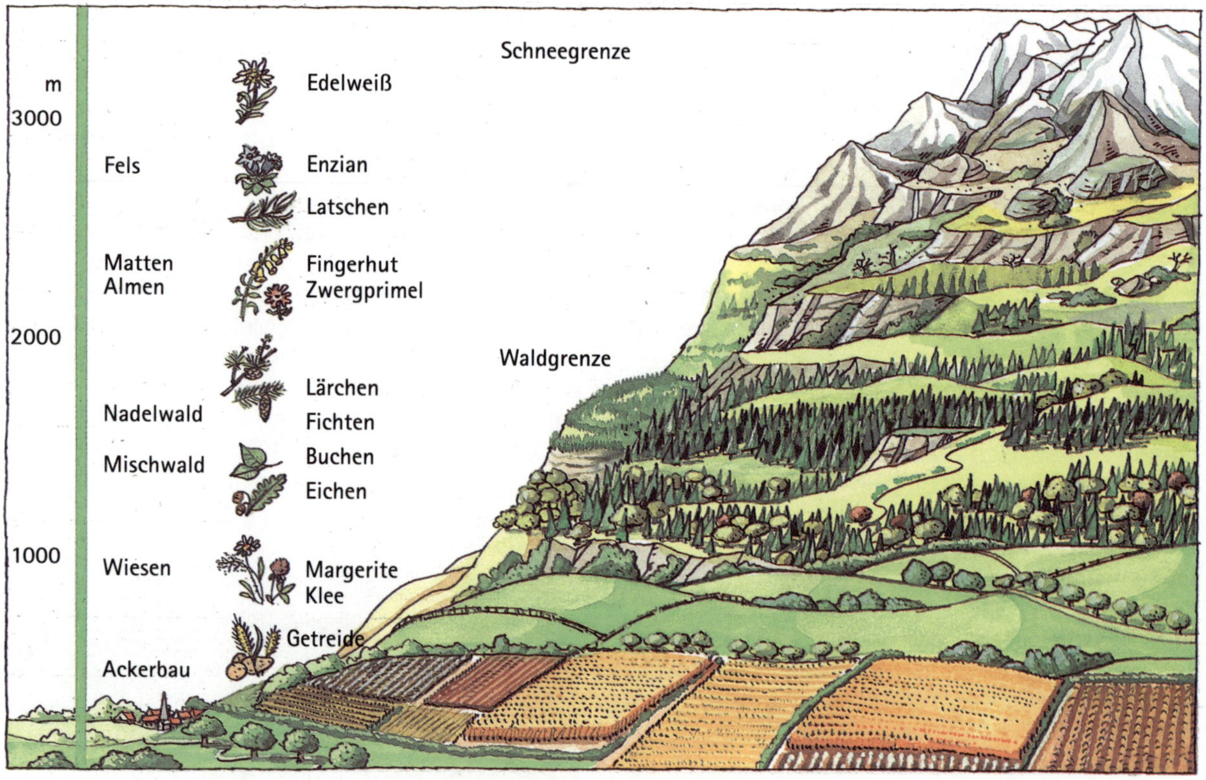

Wenn wir in den Alpen einen hohen Berg besteigen, geht es zunächst durch Wiesen und Felder dahin. Am Fuß des Bergs wächst in geschützten Lagen noch Obst, und bis zu 1 000 m Höhe gedeiht noch Getreide. Dieser Pflanzengürtel wird vom Wald abgelöst, der an der Alpennordseite hauptsächlich aus Buchen, Eichen und Ahornbäumen besteht. In etwa 1 400 m geht der Laubwald in den Nadelwald aus Fichten über. Im Waldgürtel leben die meisten jagdbaren Tiere wie Reh, Fuchs, Dachs und Marder. Hirsche trifft man eher oberhalb des Laubwalds an. Sie kommen aber manchmal auch bis ins Tal.

Zwischen 1 700 und 1 900 m erreichen wir die Waldgrenze. Darauf folgt die alpine Zone, in der nur noch vereinzelt Bäume wie Wetterfichten und Latschen oder Legföhren wachsen. Hier beginnen die Matten oder Almen, die sich weit über die Baumgrenze hinziehen. Wo die Fluren durch den Skilauf nicht zerstört sind, gedeihen saftige Gräser mit vielen Arten von Kräutern und Zwergsträuchern. Auf die hochgelegenen Almen wird im Sommer das Vieh auf die Weide getrieben. Es kehrt erst im Herbst ins Tal zurück. Von den Almen aus hat man einen ungehinderten Blick zum Gipfel, denn darüber beginnt die Felsenregion. Oberhalb der Mattengrenze leben die scheuen Murmeltiere und graben ihre Erdbauten, in denen sie fast acht Monate des Jahres verschlafen.

Einige hundert Meter höher hört der Pflanzenwuchs fast ganz auf. Zwischen den Felsen gedeihen nur noch spärlich besonders gut angepaßte Pflanzen wie der stengellose Enzian, die Alpenrose, verschiedene Polsterpflanzen und manchmal noch das Edelweiß. In dieser Region leben Gemsen und Steinböcke. Ab etwa 2 800 m Höhe beginnt in den Alpen die Zone des ewigen Schnees.

Wer in den Alpen auf einen Berg steigt, macht eigentlich eine Wanderung von der gemäßigten Zone bis in die Tundra. Denn die verschiedenen Lebensbereiche ähneln stark den Klimazonen, die wir von Süden nach Norden auf der Erde antreffen. Allerdings hängt es jeweils von geographischen Bedingungen ab, wo die einzelnen Landschaftsgürtel beginnen. Während in den Alpen die alpine Zone in etwa 2 000 m Höhe anfängt, liegt sie in den südamerikanischen Anden bei 4 000 m. Und in Höhen, in denen wir in den Alpen auf Gletscher stoßen, wachsen in den Anden noch Mais und Bohnen.

Höhle

Eine Höhle ist ein Loch in der Erdkruste. Könnten wir den Erdball wie einen Laib Brot aufschneiden, so würden wir viele solcher Löcher in der Rinde entdecken. Und ähnlich wie beim Brot sind auch viele Hohlräume im Gestein durch Gasblasen entstanden. Sie finden sich vor allem in der Lava. Auch überall, wo Wasser das Gestein auflöst, bilden sich Höhlen.

Niemand weiß genau, wie stark die Erdkruste unterhöhlt ist. In Deutschland gibt es über 4 000 Höhlen, allein in der Fränkischen Schweiz sind etwa 700 größere oder kleinere Höhlen bekannt. Viele davon sind Tropfsteinhöhlen, wie wir sie vor allem in Karstgebieten antreffen. Der fallende Regen nimmt aus der Luft Kohlendioxid auf und wird dadurch leicht sauer. Dieses angesäuerte Regenwasser dringt in den Boden ein und löst den Kalkstein auf. So entstehen die verschiedensten Hohlräume im Gestein, senkrechte Kamine, waagrechte Gänge, steinerne Vorhänge oder trichterförmige Dolinen. Die Dolinen erkennt man bereits als Loch an der Erdoberfläche. Manchmal fließen auch Flüsse durch das Erdinnere und waschen große Hohlräume aus. Und in vielen Höhlen liegt am Grunde ein See.

Die größte Höhle ist die Mammuthöhle in Kentucky in den USA. Sie ist 150 m tief und besteht aus fünf übereinanderliegenden Stockwerken. Die erforschten Gänge sind über 300 km lang, das entspricht der Entfernung von Hamburg nach Berlin. Auch die berühmten Adelsberger Grotten im slowenischen Karstgebiet sind viele Kilometer lang und teilweise über 30 m hoch.

Die märchenhaftesten Höhlenformen bilden die Tropfsteinhöhlen. Wasser löst nämlich nicht nur Gestein, sondern baut es auch auf. So bildet das von der Decke tropfende Wasser langsam einen Zapfen aus Kalkstein, einen Stalaktit. Und wo das Wasser auf den Boden tropft, wächst von unten her eine Kalksteinsäule nach oben, der Stalagmit. Irgendwann im Laufe der Zeit, wenn die Höhle nicht allzu hoch ist, verbinden sich Stalaktiten und Stalagmiten zu einer Säule. Gewöhnlich werden Stalaktiten nicht länger als 8 bis 10 m, weil sie vorher abbrechen. Die höchste Säule aus einem zusammengewachsenen Stalaktit und Stalagmit fand man in der Drachenhöhle in China. Sie ist fast 40 m hoch. Auch die Eishöhlen in den Bergen sind Tropfsteinhöhlen, wobei das tropfende Wasser gefriert.

Hohe Tatra Bis 2 663 m hohes Gebirge in den Karpaten. Die Hohe Tatra liegt an der Grenze zwischen Polen und der Slowakischen Republik.
☞ *Osteuropa*

Höhle ☞ *Seite 105*

Höhlenbär Großer Bär der Eiszeit, der etwa 4 m lang wurde. Er hatte ein sehr dichtes, zottiges Fell. Überreste von Höhlenbären hat man in eiszeitlichen Höhlen des Neandertalers gefunden.
☞ *Eiszeit, Neandertaler*

Höhlenmalerei In allen Erdteilen hat man in Höhlen Bilder entdeckt. Sie stammen aus der Steinzeit, und die ältesten davon sind etwa 25 000 Jahre alt. Die Menschen lebten damals vor allem von der Jagd. Um Jagdglück zu haben und ein Tier erlegen zu können, veranstalteten sie in den Höhlen einen Jagdzauber. Sie malten die Jagdtiere an die Felswände und versuchten sie mit ihren Pfeilen und

Steinzeitmalerei in der Höhle von Lascaux in Frankreich

Speeren zu treffen. Besonders schöne Bilder von Mammuten, Wisenten, Wildpferden und anderen Jagdtieren fand man in den Höhlen von Altamira in Nordspanien und Lascaux in Südfrankreich. 1990 wurde an der Küste von Marseille eine weitere Höhle mit Höhlenmalereien entdeckt. Ihr Eingang liegt unter dem Meeresspiegel. Das Mittelmeer kann also vor 25 000 Jahren noch nicht so hoch gewesen sein wie heute. ☞ *Altamira, Lascaux*

Holland Bezeichnung für den nordwestlichen Teil der Niederlande. Man verwendet diesen Namen oft auch für den ganzen Staat. ☞ *Beneluxländer*

Holz Wichtiges Naturprodukt. Holz wird zur Herstellung von Papier, Möbeln und zum Bauen verwendet. Zu den größten Holzlieferanten in Europa zählen Schweden und Finnland. Seit man begonnen hat, die Regenwälder abzuholzen, liefern die Länder am Äquator wie Brasilien, Indien, Kambodscha und Indonesien mit das meiste Holz der Welt. Das Abholzen der Regenwälder stört aber das gesamte Klima auf der Erde empfindlich.
☞ *Klima, Regenwald*

Holzkohle Wird Holz unter Luftabschluß erhitzt, entsteht Holzkohle. Wo es Wälder gab, schichteten Köhler Erdhaufen auf, um in diesen Meilern Holzkohle herzustellen. Heute noch werden in vielen Teilen der Erde Bäume gefällt, um Holzkohle zu machen.

Homo erectus Der lateinische Begriff bedeutet „aufgerichteter Mensch". Dieser Vorfahr des Homo sapiens lebte von vor 2 Millionen Jahren bis vor 300 000 Jahren. ☞ *Homo sapiens, Mensch*

Homo sapiens Der lateinische Begriff bedeutet „mit Verstand begabter Mensch". So heißen die Menschen seit den Neandertalern. ☞ *Mensch*

Honduras Mittelamerika

Fläche: 112 088 km^2 (100. Land)
Einwohnerzahl: 5,1 Mio.
Hauptstadt: Tegucigalpa (608 000 Einw.)
Bevölkerung: Mestizen, Indianer
Sprachen: Spanisch, Englisch, indianische Dialekte
Religion: Christen Geld: Lempira
Das drittgrößte Land Mittelamerikas ist sehr dünn besiedelt und gehört zu den ärmsten der Welt. Auf Plantagen wachsen vor allem Kaffee und Bananen.

Hongkong Englische Kronkolonie an der Südküste Chinas. Das rund 1 000 km^2 große Gebiet besteht aus einer Hauptinsel und etwa 200 kleinen Inseln. Hongkong ist mit dem Festland durch einen Tunnel verbunden. Es ist einer der wichtigsten Handelsplätze der Welt mit dem drittgrößten Gold- und Finanzmarkt der Erde und gilt als Drehscheibe zwischen den westlichen Ländern und den Ländern Ostasiens. Hier leben etwa 6 Millionen Menschen, vor allem Chinesen, aber auch Kaufleute aus allen Teilen der Welt. 1997 wird diese britische Kolonie an China zurückgegeben. ☞ *Kolonie*

Hopfen Etwa 5 m hohe Schlingpflanze, die an Hopfenstangen oder Gestellen in Hopfengärten gezogen wird. Die weiblichen Hopfenpflanzen, die ausschließlich angebaut werden, haben zapfenartige Blütenstände. Aus ihnen gewinnt man den Bitterstoff, der beim Bierbrauen verwendet wird. Große Hopfenanbaugebiete befinden sich in Bayern südlich der Donau in der Holledau sowie in der Tschechischen Republik.

Horizont Mit diesem griechischen Wort bezeichnet man die scheinbare Trennlinie zwischen Himmel und Erde. In Wirklichkeit ist es nur die Begrenzung unseres Blickfelds. ☞ *Himmelsrichtung*

Hottentotten Dieser aussterbende Volksstamm im Südwesten Afrikas hat seinen Namen nach der holländischen Bezeichnung für Stotterer. Das kommt daher, daß die Hottentotten eine merkwürdige Sprache mit vielen Schnalzlauten haben. Die Menschen sind nur etwa 1,60 m groß und haben eine gelbbraune Hautfarbe. Von dieser Rasse gibt es nur noch etwa 50 000 Menschen. ☞ *Völker*

Huckepack-Verkehr Transport von Lastkraftwagen auf Eisenbahnwaggons. Man versucht auf diese Weise, den Straßenverkehr von Lastkraftwagen zu entlasten. Noch einfacher ist die Beförderung von Containern, die von Sattelschleppern an die Güterbahnhöfe gebracht werden. Dort werden die Container mit großen Laufkränen auf die Eisenbahnwaggons gehoben und am Zielort wieder auf die Straße gesetzt. ☞ *Eisenbahn, Verkehr*

Hügel Ob eine Erhebung ein Berg oder ein Hügel ist, kommt auf die Landschaft an. In einem flachen Land bezeichnet man eine 500 m hohe Erhebung sicher als Berg. In den Alpen dagegen, wo manche Gipfel bis über 4 000 m aufragen, ist das nur ein kleiner Hügel. Die Kuppen der Hügel sind rund und ihre Abhänge nicht sehr steil. ☞ *Bergformen*

Humboldt, Alexander von Deutscher Naturforscher, der vor fast 200 Jahren Forschungsreisen nach Mittel- und Südamerika unternahm. Alexander von Humboldt hat vor allem die Pflanzenwelt im Regenwald erforscht. ☞ *Entdecker, Südamerika*

Humboldt-Strom Kalte Meeresströmung an der Küste Perus in Südamerika. Sie ist nach Alexander von Humboldt benannt, der die Temperaturen in diesem Meeresstrom gemessen hat.
☞ *Humboldt, Meeresströmung*

Humus Durch Verwesung abgestorbener Tiere und Pflanzen entsteht Humus. Es ist tiefbraune bis schwarze Erde, die viele Nährstoffe und Kleinlebewesen enthält. Darauf gedeihen Pflanzen gut.

Hunger ☞ *Seite 108*

Hurrikan (harikän) Wirbelsturm, der besonders von August bis Oktober in der Karibik auftritt. Ein Hurrikan erreicht oft Windstärken bis zu 12 und Geschwindigkeiten bis zu 200 km in der Stunde. Er richtet dann auf den Westindischen Inseln oder an der Küste Floridas verheerende Zerstörungen an. Um die Menschen vorzuwarnen, gibt es den Hurrikanwarndienst. Die Wirbelstürme erhalten Namen in der Reihenfolge des Alphabets. Der erste Hurrikan im Jahr kann zum Beispiel „Andrew“ heißen.
☞ *Wind, Wirbelsturm*

Hwangho Zweitgrößter Strom Chinas. Wegen seiner Schlammfracht aus gelbem Lößboden heißt er auch Gelber Fluß. Er ist 4 845 km lang und mündet in das Gelbe Meer. ☞ *Asien*

Hunger

Jeder sechste Mensch auf der Erde leidet Hunger. Rund 500 Millionen Menschen in über 25 Ländern haben nicht genug zu essen. Ein Drittel des gesamten Getreides auf der Erde bleibt in den reichen Industriestaaten Europas und Nordamerikas. Der Rest der Welt, und das sind über 2 Milliarden Menschen, muß mit weniger auskommen. Die Hungergebiete, in denen die Menschen unterernährt sind, ziehen sich rund um den Äquator. Man spricht auch vom Hungergürtel der Welt.

Am schlimmsten betroffen sind die Länder in Afrika, weil hier zu allen anderen Übeln auch immer wieder der Regen ausbleibt. Dann kommt es zu Dürrekatastrophen, und die gesamte erhoffte Ernte ist vernichtet. Da die Bevölkerung immer rascher zunimmt, können gar nicht mehr so viele Nahrungsmittel produziert werden, um alle zu ernähren. Auch Hilfslieferungen aus den reichen Ländern lindern die Not nur teilweise. Denn es fehlt an Verkehrswegen, an Straßen und Schienen, um die Nahrungsmittel dorthin zu bringen, wo sie benötigt werden. In sehr vielen afrikanischen Ländern herrscht außerdem Bürgerkrieg, und die Stämme bekämpfen sich untereinander. So bekommt oft nur der zu essen, der eine Waffe besitzt, und die Hilfslieferungen landen meist bei den Soldaten. Die wirklich Armen aber hungern weiter. Zwei von zehn Kindern sterben, bevor sie fünf Jahre alt sind, und die Menschen werden im Durchschnitt nicht älter als 45 Jahre.

Es gibt viele Ursachen für die große Not in den Entwicklungsländern. Die meisten Länder der Dritten Welt waren ehemalige Kolonien der Weißen und wurden erst in den letzten Jahrzehnten selbständig. Die Kolonialherren hatten den Urwald roden und große Plantagen anlegen lassen, auf denen Kaffee, Tee, Baumwolle und andere tropische Pflanzen angebaut wurden. Als sie die Länder verließen, pflanzten die Befreiten weiterhin diese Rohstoffe an und verkauften sie an die ehemaligen Kolonialstaaten. Diese konnten nun die Preise diktieren. Fiel der Preis für Kaffee, Baumwolle oder Bananen auf dem Weltmarkt, dann gingen auch die Einnahmen in den Entwicklungsländern zurück. Viele Länder, vor allem in Lateinamerika und Südostasien, begannen noch mehr Urwald zu roden, um Holz zu verkaufen und Viehzucht zu betreiben. Dadurch wurde aber immer mehr Boden zerstört, und besonders in Afrika breitete sich die Wüste immer weiter aus.

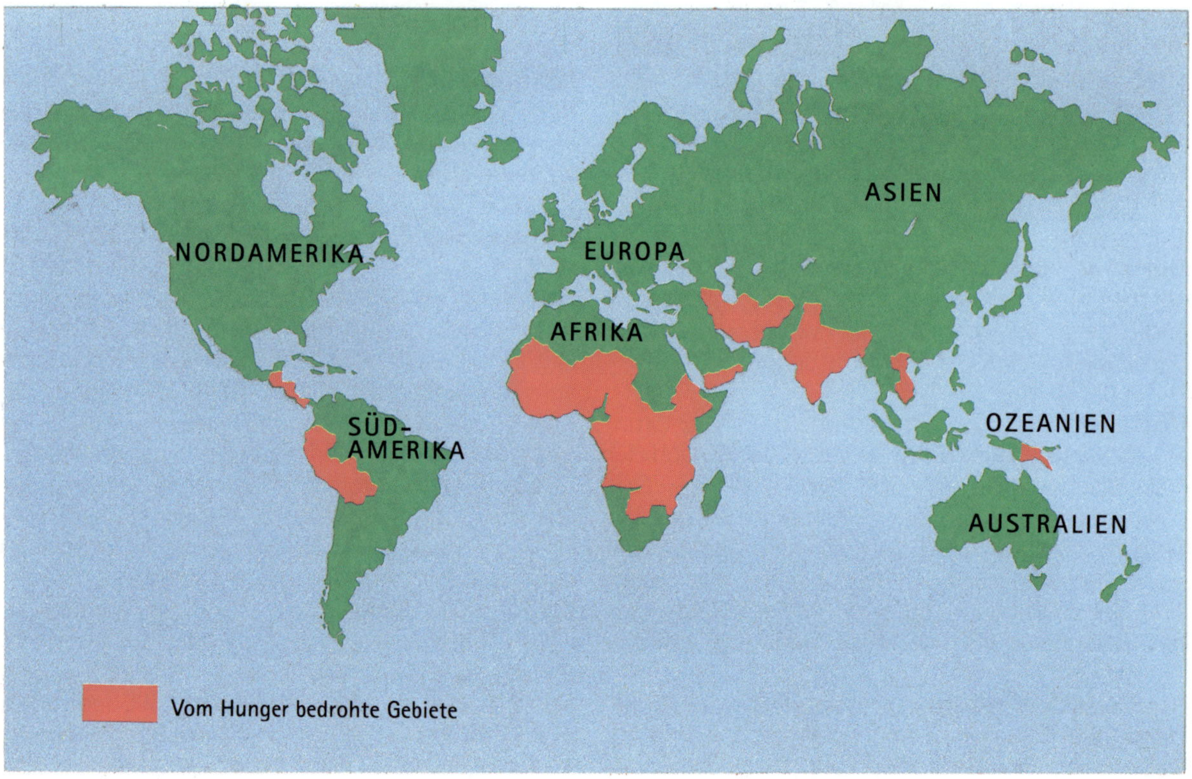

Iberische Halbinsel ☞ *Seite 110*

Ibiza 572 km^2 große spanische Insel im Mittelmeer. Ibiza ist als Ferieninsel beliebt. ☞ *Spanien*

Ichthyosaurus Fischsaurier, der in der Kreidezeit auf der Erde lebte. Die Ichthyosaurier waren Meeresreptilien. ☞ *Fischsaurier, Kreidezeit*

Iglu Kreisrundes Haus der Eskimos aus Schneeblöcken. Heute errichten die Eskimos nur noch selten Iglus. Sie wohnen in festen Häusern. Nur wenn sie einmal länger auf der Jagd sind, bauen sie sich unterwegs ein solches Schneehaus.
☞ *Eskimo, Hausbau*

Impfung Wer sich vor einer gefährlichen Krankheit schützen will, kann sich impfen lassen. Dann bildet der Körper Abwehrstoffe gegen die Krankheit. Man sagt auch, der Körper wird immun. Wenn man in Länder reist, in denen man sich mit gefährlichen Seuchenkrankheiten anstecken kann, sollte man sich besser vorher impfen lassen.
☞ *Epidemie, Gesundheit, Seuchen*

Import Das Einführen von Waren aus dem Ausland. ☞ *Einfuhr, Export, Zoll*

Indianer Als Kolumbus 1492 Amerika entdeckte, glaubte er, in Indien angekommen zu sein. Deshalb nannte er die Inselgruppe in der Karibik, auf der er gelandet war, Westindien. Den Ureinwohnern, die er dort antraf, gab er den Namen Indianer.
Zur Zeit des Kolumbus bestanden die Indianer aus sehr unterschiedlichen Völkern und Stämmen. Damals lebten in Nordamerika etwa 2 Millionen Indianer, zumeist in kleineren Stammesverbänden. Berühmte nordamerikanische Indianervölker waren die Sioux, die Irokesen oder die Puebloindianer. In Mittel- und Südamerika lebten etwa 30 bis 40 Millionen Indianer. Die größten Völker waren die Azteken in Mexiko und die Inka in Peru. Die weißen Eroberer aus Europa begannen die Indianer grausam zu verfolgen und auszurotten, um ihnen Land und Schätze zu rauben. Doch viele Indianervölker überlebten, und so gibt es heute in Amerika mehr Menschen indianischer Abstammung als vor 500 Jahren. In Nordamerika und Kanada leben etwa 1 Million Indianer in Reservationen. Diese Nachfahren der Ureinwohner bilden heute eine nur wenig geachtete Minderheit,

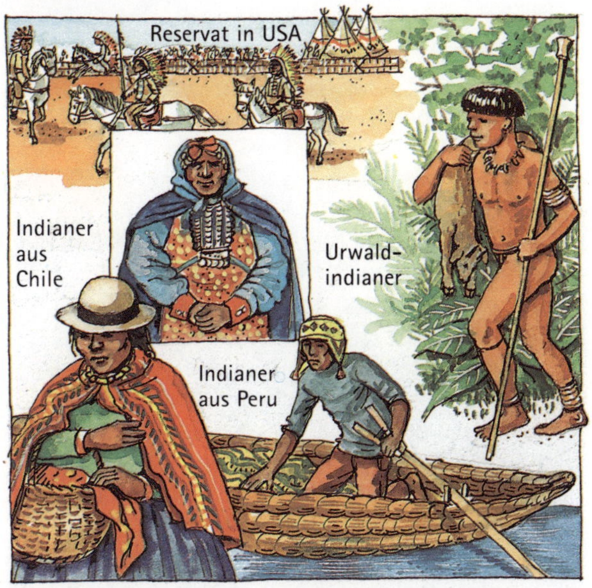

die um ihre Rechte kämpfen muß. In Mittel- und Südamerika leben etwa 12 Millionen reinrassige Indianer. Weit mehr haben sich aber mit den eingewanderten Europäern und Schwarzen vermischt.
☞ *Entdecker, Reservat, Völker*

Indien Asien

Fläche: 3 287 263 km^2 (7. Land)
Einwohnerzahl: 844 Mio.
Hauptstadt: Neu-Delhi (6,3 Mio. Einw.)
Bevölkerung: Inder
Sprachen: Hindi, Englisch und über 700 andere
Religion: Hindus, Moslems Geld: Rupie
Indien ist so groß, daß man es als einen Subkontinent bezeichnet. Nach China leben hier die meisten Menschen. Es ist ein Land voller Gegensätze, in dem es zwar moderne Technik gibt, aber große Teile der Bevölkerung an der Armutsgrenze leben oder verhungern. Indien ist ein Entwicklungsland.
☞ *Asien, Subkontinent*

Indio Die Indianer in Südamerika werden nach einem spanischen Wort im Unterschied zu den nordamerikanischen Indianern als Indios bezeichnet.

Indischer Ozean Kleinstes der drei Weltmeere zwischen Afrika, Indien und Australien. Der Indische Ozean oder Indik hat eine Fläche von rund 75 Millionen km^2 und ist bis zu 7 450 m tief. Er nimmt etwa ein Fünftel der gesamten Wasserfläche der Erde ein.
☞ *Ozean, Wasserhalbkugel, Weltmeer*

Iberische Halbinsel

Die Iberische Halbinsel ist der westlichste Teil Europas und die größte europäische Halbinsel nach Skandinavien. Die bis zu 3 400 m hohen Pyrenäen grenzen die Halbinsel gegen Mitteleuropa ab.

Spanien

Fläche: 504 750 km² (50. Land)
Einwohnerzahl: 39,4 Mio.
Hauptstadt: Madrid (3,1 Mio. Einw.)
Bevölkerung: Spanier, Katalanen, Basken
Sprachen: Spanisch, Katalanisch, Baskisch
Religion: Christen   Geld: Peseta

Über vier Fünftel der Iberischen Halbinsel nimmt das Königreich Spanien ein. Es ist größtenteils gebirgiges Hochland. In der Sierra Nevada, dem Schneegebirge, liegt der Mulhacén mit 3 482 m. Hier kann man im Winter Ski laufen. Obwohl Spanien über 3 000 km Küste hat und von zwei Meeren begrenzt wird, ist das Klima nicht sehr ausgeglichen. An der Atlantikküste ist es feucht, und fast das ganze Jahr über fällt hier Regen. Im Hochland dagegen ist es im Winter kalt, im Sommer sehr heiß und trocken. Südländisch mit milden Wintern ist es nur an der Mittelmeerküste. Hier leben auch die meisten Spanier. Nur wenige Flüsse sind schiffbar. Der Ebro in Nordspanien ist mit 928 km der längste spanische Fluß. Der längste Fluß der Iberischen Halbinsel ist jedoch der Tajo (tacho) mit 1 008 km Länge. Er fließt aber nur 717 km durch Spanien und mündet in Lissabon in Portugal in den Atlantik.
Fast die Hälfte des spanischen Hochlands taugt nur als Weide für Schafe und Ziegen. Manchmal sieht man noch altertümliche Windmühlen, mit deren Hilfe das Grundwasser hochgepumpt wird. Ertragreich ist die Landwirtschaft nur im feuchten Nordwesten und auf den Huertas, den regelmäßig bewässerten Feldern. Dort gedeihen Orangen und Zitronen, Gemüse sowie Wein und Olivenbäume. Im Nordwesten, an der Atlantikküste, wird viel Fisch gefangen, und hier stehen auch große Fischfabriken. Spanien ist reich an Bodenschätzen, und der Bergbau ist seit Jahrhunderten ein wichtiger Erwerbszweig. Die bedeutendsten Industriegebiete liegen im Norden und um Madrid. An der Mittelmeerküste befinden sich Erdölraffinerien und Chemiefabriken.
Rund 40 Millionen Touristen reisen jährlich nach Spanien. Die meisten besuchen die Badestrände am Mittelmeer und die Inseln Mallorca und Ibiza. In Spanien kommen europäische und arabische Einflüsse zusammen und verbinden sich. Denn von 711 bis 1492 hatten sich die islamischen Mauren aus Nordafrika in Südspanien ausgebreitet. Man sieht das noch an vielen Bauwerken wie der Alhambra in Granada.
Die Königsstadt Madrid ist mit 650 m Meereshöhe nach Andorra la Vella die höchstgelegene Hauptstadt Europas. Mit ihr konkurriert Barcelona, die Hauptstadt der Katalanen. Im Hafen Barcelonas liegt eine Nachbildung vom Schiff des Kolumbus. Eine weitere Volksgruppe Spaniens sind die Basken am Golf von Biskaya. Nahe der Küste liegt die Höhle von Altamira. Sevilla in Südspanien ist berühmt für den Stierkampf.

Portugal

Fläche: 92 389 km² (110. Land)
Einwohnerzahl: 10,4 Mio.
Hauptstadt: Lissabon (808 000 Einw.)
Bevölkerung: Portugiesen
Sprache: Portugiesisch
Religion: Christen   Geld: Escudo

Portugal ist das westlichste Land Europas. Es ist ein Hochland, das zum Atlantik hin allmählich abflacht. Im Norden ist es sehr fruchtbar, und es gedeihen Wein, Olivenbäume und Obst. Die Stadt Porto ist berühmt für ihren Portwein. Lissabon an der Mündung des Tejo (teschu) gehört zu den schönsten Städten Europas. Wie Rom ist es auf mehreren Hügeln erbaut. Südlich vom Tejo, der in Spanien Tajo heißt, gibt es riesige Felder mit Getreide, Obst und Melonen und Korkeichenwälder.
Die südliche Atlantikküste, die Algarve, gilt als eine der schönsten Küsten Europas und wird von vielen Badegästen besucht. Die Portugiesen sind ein altes Seefahrervolk, das schon früh Afrika erforschte und bis nach Ostasien segelte. Das kleine Land hat mehr berühmte Seefahrer und Entdecker hervorgebracht als jede andere Nation. Es besaß Kolonien in allen Erdteilen. Heute gehören nur noch die Inseln der Azoren und Madeira im Atlantik zu Portugal.

Andorra

Fläche: 453 km² (178. Land)
Einwohnerzahl: 51 000
Hauptstadt: Andorra la Vella (19 500 Einw.)
Bevölkerung: Katalanen, Spanier, Franzosen
Sprachen: Spanisch, Katalanisch, Französisch
Religion: Christen   Geld: F.Franc und Peseta

Das Fürstentum Andorra in den Pyrenäen ist einer der kleinsten Staaten Europas. Hier gibt es weder einen Flughafen noch eine Eisenbahn. Das Gebirgsland lebt hauptsächlich vom Fremdenverkehr.

Iberische Halbinsel

Indonesien Asien

Fläche: 1 904 569 km² (15. Land)
Einwohnerzahl: 179 Mio.
Hauptstadt: Jakarta (7,8 Mio. Einw.)
Bevölkerung: Malaien, Javaner, Chinesen
Sprachen: Bahasa (Indonesisch), Englisch
Religion: Moslems, Hindus Geld: Rupiah
Indonesien ist ein Vielvölkerstaat und nach der Einwohnerzahl das fünftgrößte Land der Erde. Hier werden etwa 250 Sprachen gesprochen. Der Staat besteht aus über 13 000 Inseln, von denen nur ungefähr die Hälfte bewohnt ist.

Indus Größter Strom Indiens mit 3 180 km. Sein Einzugsgebiet hat über 1 Million km² und ist für die Bewässerung der Felder wichtig. ☞ *Asien*

Industrie Fabriken, die Waren in Massenfertigung herstellen, nennt man Industrien. Man unterscheidet etwa die Nahrungsmittelindustrie, die Bekleidungsindustrie oder die Autoindustrie. Deutschland ist ein wichtiges Industrieland. Hier werden viele Waren erzeugt und in andere Länder exportiert. Industrieländer benötigen eine gute Infrastruktur. Damit bezeichnet man Einrichtungen wie Verkehrswege, günstige Standorte von Bergwerken, Kraftwerken und Fabriken sowie ausgebildete Arbeitskräfte und eine ausreichende Versorgung an Nahrungsmitteln und Rohstoffen. Im Gegensatz zu den Industrieländern leben Agrarländer überwiegend von der Landwirtschaft. ☞ *Dritte Welt*

Inka Großes Indianervolk in Peru. Bei der Entdeckung Amerikas vor 500 Jahren bildeten die Inka ein großes Kaiserreich mit der Hauptstadt Cuzco. Der oberste Inka, der Sapa Inka, wurde wie ein Gott verehrt. Das riesige Inkareich war einmal so groß wie ganz Europa. Es wurde von den Spaniern völlig zerstört. Von den Bauwerken der Inka blieb fast nichts erhalten. Erst 1911 wurden die Ruinen der Bergfestung Machu Picchu entdeckt. Auch von einer anderen Inkafestung, Pisac in der Nähe von Cuzco, sind nur noch Reste vorhanden.
☞ *Entdecker, Indianer, Völker*

Inkafestung Pisac

Inlandeis Riesige Gletscher, die nach vielen Seiten hin abfließen. Solche Eismassen finden sich in der Antarktis und auf Grönland.

Insel ☞ *Seite 113*

Irak Asien

Fläche: 438 317 km² (57. Land)
Einwohnerzahl: 18,9 Mio.
Hauptstadt: Bagdad (3,8 Mio. Einw.)
Bevölkerung: Iraker, ein Fünftel Kurden
Sprachen: Arabisch, Kurdisch, Türkisch
Religion: Moslems, Christen Geld: Dinar
Der Irak wird von den Strömen Euphrat und Tigris durchflossen. Hier lag Mesopotamien, das schon vor 5 000 Jahren besiedelt war. Ein großer Teil des Irak besteht aus Steppe und Wüste. Das Land besitzt ergiebige Erdölquellen.

Iran Asien

Fläche: 1 648 000 km² (17. Land)
Einwohnerzahl: 56,9 Mio.
Hauptstadt: Teheran (6 Mio. Einw.)
Bevölkerung: Perser, Aseri
Religion: Moslems Geld: Rial
Iran grenzt im Norden an das Kaspische Meer, im Süden an den Persischen Golf. Es ist ein Hochland, das von über 5 000 m hohen Gebirgszügen eingerahmt ist. Im Norden liegt die größte Salzwüste der Erde. Der Iran verfügt über große Erdölvorkommen.

Irland ☞ *Großbritannien*

Islam Der Islam gehört zu den großen Weltreligionen und hat fast eine Milliarde Anhänger auf der Welt. Die Religion der Araber wurde von dem Propheten Mohammed im Jahr 622 nach Christus begründet und hat sich in Afrika und Asien verbreitet. Das Glaubensbuch der Moslems oder Muslime ist der Koran. Sie glauben nur an einen Gott in einer Gestalt, den sie Allah nennen. Christus gilt ihnen als Prophet. Jeder gläubige Moslem muß die täglichen Gebete sprechen und sollte einmal in seinem Leben als Pilger die heilige Stadt Mekka besuchen.
☞ *Kaaba, Weltreligion*

Insel

Eine Insel ist ein Stück Land mit Wasser darum herum. Das ist eine einfache Erklärung. Danach wären auch die großen Erdteile nur Inseln im riesigen Weltmeer.

Viele Inseln sind aber nur Teile des Festlands, von denen sie auf verschiedene Weise abgetrennt wurden. Betrachten wir zum Beispiel Großbritannien: Die Britischen Inseln waren einst mit dem europäischen Kontinent verbunden. Erst vor ungefähr 10 000 Jahren, nach der letzten Eiszeit, senkte sich diese Landverbindung ab, und der Atlantik drang durch den Ärmelkanal in die Nordsee. Großbritannien war damit zu einer Insel geworden. Auch die vielen kleinen Felseninseln vor der Küste Norwegens sind erst in der Eiszeit entstanden. Es sind ertrunkene Flußtäler, deren höchste Erhebungen heute als Inseln aus dem Wasser ragen.

Mehr als ein Zehntel der gesamten Landfläche der Erde besteht aus Inseln. Könnte man die Inseln aller Meere wie ein Puzzlespiel zusammensetzen, dann wäre ihre Fläche größer als Europa. Die größte Insel, Grönland, ist mit 2 175 600 km^2 fast sechsmal so groß wie Deutschland. Zu den kleinsten Inseln gehören die Halligen im Wattenmeer der Nordsee.

Manchmal sind Inseln noch durch einen schmalen Landstreifen mit dem Festland verbunden. Wir bezeichnen sie als Halbinseln. Wird diese Landbrücke eines Tages vom Meer durchbrochen und überspült, so entsteht aus der Halbinsel eine Insel.

Das Meer baut auch Inseln auf, indem es zum Beispiel Schlamm und Schlick anschwemmt wie bei einer Hallig oder Sand aufhäuft wie bei einer Nehrung. Wenn die Nehrung durch den Wind immer weiter wächst, trennt der schmale Sandstreifen schließlich einen Teil des Meeres ab, und es entsteht ein Haff. Irgendwann ist die Verbindung zum offenen Meer abgeschnitten. Dann hat sich ein Strandsee oder eine Lagune gebildet.

Als Lagune bezeichnet man auch einen Meeresteil, der von einem Korallenriff ringförmig eingeschlossen ist. Das ist eine Koralleninsel oder ein Atoll. Solche Koralleninseln gibt es vor allem in der Südsee. Viele Inseln weit draußen im Pazifischen Ozean sind nur die Gipfel untermeerischer Vulkane, die über das Wasser aufragen. Sie bilden oft viele hundert Kilometer lange Ketten, die man als Archipel bezeichnet. Manchmal entsteht sogar eine neue Insel, wenn sich ein Vulkan vom Meeresboden emporhebt.

Italien

Italien

Fläche: 301 268 km² (69. Land)
Einwohnerzahl: 56,4 Mio.
Hauptstadt: Rom (2,8 Mio. Einw.)
Bevölkerung: Italiener, Sarden, Rätoromanen
Sprachen: Italienisch, Sardisch, Deutsch, Ladinisch
Religion: Christen   Geld: Lira

Italien liegt in Südeuropa und sieht wie ein Stiefel aus. Es wird im Norden von den Alpen begrenzt, an der Spitze des Stiefels im Süden liegt die Insel Sizilien. Von den Alpen bis hierhin sind es fast 1 100 km. Die Berge des über 2 000 m hohen Apennin bilden das Rückgrat Italiens. Man spricht deshalb auch von der Apenninenhalbinsel.

Den größten Teil des italienischen Nordens nimmt die fruchtbare Ebene des Flusses Po ein. Er entspringt in den Westalpen und fließt fast waagrecht durch Norditalien, bis er nach 652 km in einem großen Delta in die Adria mündet. Die Inseln, zu denen außer Sizilien auch Sardinien, Elba, Capri, Ischia und noch viele kleinere im Mittelmeer und in der Adria gehören, machen etwa ein Fünftel der Gesamtfläche Italiens aus. Der Mittelteil des Landes ist hügelig bis gebirgig. An der Schweizer und der französischen Grenze liegen hohe Berge. Italien hat Anteil am höchsten Schweizer Gipfel, der 4 634 m hohen Dufourspitze im Gebirgsmassiv des Monte Rosa. In den italienischen Nordalpen liegen die Dolomiten mit ihren aufragenden Felsentürmen.

Das Ferienland

Die Küste am Mittelmeer ist über 8 500 km lang. Millionen Fremde besuchen jedes Jahr die Riviera an der italienisch-französischen Grenze, die Adriaküste von Venedig bis Ancona oder die Ligurische Küste im Westen Mittelitaliens. Einer der schönsten Küstenabschnitte ist die Steilküste südlich von Neapel am Golf von Sorrent und am Golf von Salerno.

Der größte See Italiens ist der Gardasee mit 370 km² und fast 350 m Tiefe. Der Lago Trasimeno ist der größte See in Mittelitalien. Dieser Kratersee ist nur 5 m tief. Im Süden Italiens gibt es noch tätige Vulkane. Dazu gehören der Vesuv bei Neapel, die Vulkaninsel Stromboli und der Ätna auf Sizilien, der erst im Jahr 1991 wieder ausbrach.

Reicher Norden – armer Süden

Italien hat große Wasservorräte in den Alpen, die in Kraftwerken genutzt werden. Sie liefern viel elektrische Energie, durch die um die Städte Verona, Mailand und Turin große Industriezentren entstanden. Hier leben die meisten Menschen. In Turin befindet sich eine der größten Autofabriken Europas. Je weiter man aber nach Süden kommt, desto weniger Industrie und Fabriken gibt es. So fehlen in Mittel- und Süditalien Arbeitsplätze, und die Arbeitslosigkeit ist dort groß. Man spricht deshalb auch vom reichen Norden und vom armen Süden. Die Landwirtschaft Italiens ist in der Poebene am bedeutendsten. Da es hier genügend Wasser gibt, können die Felder künstlich bewässert werden. Man baut Getreide und Reis, Obst und Gemüse an, und es gibt teilweise sogar zwei Ernten im Jahr. Viel Obst gedeiht auch im Tal der Etsch, das durch die Berge eine geschützte Lage hat. Und in Italien wachsen Orangen und Zitronen, Oliven und Wein. Italien erzeugt den meisten Wein der Erde.

Wo die alten Römer lebten

In Italien gibt es so viel zu sehen, daß man gar nicht weiß, wo man anfangen soll. Da sind einmal die vielen berühmten Städte, von denen manche behaupten, sie seien die schönsten der Welt, vor allem Venedig. Die Stadt ist in eine Lagune gebaut, und die Häuser stehen dort auf Eichenpfählen im Wasser. Statt Straßen gibt es in Venedig Kanäle, und statt Autos verkehren Schiffe. Insgesamt hat Venedig mehr als 400 Brücken. Zu den Hauptsehenswürdigkeiten Italiens gehören der Dom in Mailand und der schiefe Turm in Pisa, der inzwischen so schräg steht, daß man fürchtet, er könne jeden Tag einstürzen. Eine Autostunde von Pisa entfernt liegt der Marmorbruch von Carrara, von wo aus italienischer Marmor in die ganze Welt verschickt wird.

Rom, die Hauptstadt Italiens, heißt auch die „Ewige Stadt". Hier erinnern noch viele Überreste 2 000 Jahre alter Bauwerke an das römische Weltreich. Dazu gehört das Kolosseum, ein riesiges Amphitheater, in dem Gladiatorenkämpfe und Spiele mit wilden Tieren stattfanden. Es ist eines der bedeutendsten Bauwerke der Erde, von dem aber nur noch ein Drittel vorhanden ist. Wie die Römer gelebt haben, sieht man in Pompeji bei Neapel. Diese Stadt wurde bei dem Ausbruch des Vesuvs im Jahr 79 nach Christus von Asche zugedeckt. In unserem Jahrhundert hat man sie wieder ausgegraben. Sehr alte Hausformen findet man in Apulien, die Trullihäuser, und noch älter sind die Reste von Nuragen auf der Insel Sardinien. Diese kegelartigen Häuser wurden bereits in der Steinzeit errichtet.

Italien

Monta Rosa
4634 m
Alpen
Gardasee
Etsch
Murmeltier
Mailand
Verona
Venedig
Rialto-Brücke in Venedig
Mailänder Dom
Genua
Po
Po
0
100 km
Carrara
Rimini
Adria
Apennin
Pisa
Florenz
Ancona
Lago Trasimeno
Toskana
Assisi
Elba
Tiber
Carrara-Marmor
Kolosseum
Bär
Wolf
Gran-Sasso-Nationalpark
Rom
Abruzzen
Äskulapnatter
Olbia
Sassari
Sardinien
Neapel
Vesuv
Bari
Ischia
Capri
Apulien
Halbwildes Schwein
Stachel-schwein
Mufflon
Cagliari
Nuragen
MITTELMEER
Trulli-Häuser in Apulien
Pompeji
Sizilien
Palermo
Ätna
Agrigent
Griechischer Tempel
Ausbruch des Ätna
Erdöl
Erdgas
Fischfang
Rinder
Schafe
Schweine
Getreide
Reis
Wein
Zuckerrüben
Obst
Oliven
Zitrusfrüchte

Island Europa
Fläche: 103 000 km² (105. Land)
Einwohnerzahl: 256 000 Einw.
Hauptstadt: Reykjavik (97 500 Einw.)
Bevölkerung: Isländer
Sprache: Isländisch
Religion: Christen Geld: Isländische Krone
Island, das nördlichste Land Europas, ist 950 km von Norwegen, 900 km von Schottland und 320 km von Grönland entfernt. Es ist das am dünnsten besiedelte Land Europas, und das ist kein Wunder: Der Name Island bedeutet „Eisland“. Rund ein Achtel der Insel ist von Gletschern bedeckt, die auf Isländisch „Jökull“ heißen. Island hat über 2 000 m hohe Berge. Es sind Vulkane, und vulkanisch ist die ganze Insel. Dazu gehören dampfende Quellen und heiße Geysire. Daß auf Island überhaupt Menschen wohnen können, verdankt die Insel dem warmen Golfstrom. Er hält die Küsten auch im Winter eisfrei. Die meisten Isländer wohnen an der Südküste. Sie betreiben Fischfang und Viehzucht. Bekannt sind die kleinen zähen Islandponys. In Treibhäusern, die mit dem Wasser der heißen Quellen beheizt werden, bauen die Isländer Obst und Gemüse an.

Israel Asien
Fläche: 20 770 km² (149. Land)
Einwohnerzahl: 4,8 Mio.
Hauptstadt: Jerusalem (542 500 Einw.)
Bevölkerung: Juden, Palästinenser
Sprachen: Neuhebräisch, Arabisch
Religion: Juden, Moslems Geld: Schekel
Israel ist der jüngste Staat in Vorderasien, der erst 1948 in Palästina gegründet wurde. Die jüdische Bevölkerung wanderte aus vielen Ländern der Welt in Israel ein. Zwischen den Palästinensern, den Juden und den arabischen Nachbarvölkern bestehen dauernde Spannungen. Dennoch haben die Israelis, vor allem durch künstliche Bewässerung des Wüstenlandes, einen modernen Staat aufgebaut. Neben der chemischen und Elektroindustrie spielen landwirtschaftliche Produkte bei der Ausfuhr eine Rolle. Die modernste Stadt ist Tel Aviv am Mittelmeer. Die Hauptstadt Jerusalem ist für Juden, Christen und Moslems gleichermaßen heilig. Hier befinden sich die jüdische Klagemauer, die christliche Grabeskirche und der islamische Felsendom.

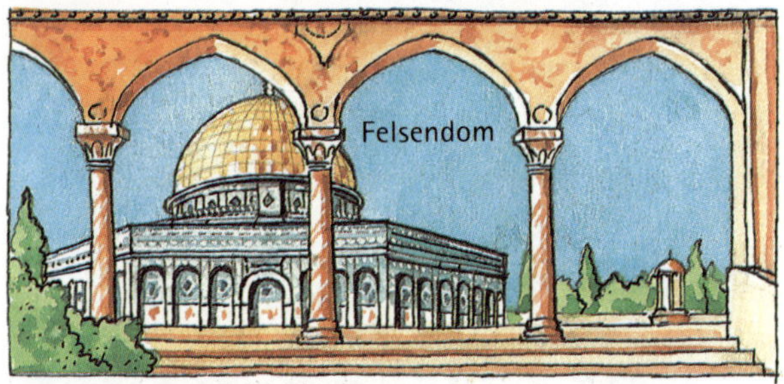

Istanbul Größte Stadt der Türkei mit fast 5 Millionen Einwohnern. Sie liegt am Bosporus, der schmalen Meeresstraße zwischen dem Schwarzen Meer und dem Mittelmeer, und gehört zum Teil noch zum europäischen Kontinent. ☞ *Balkan, Türkei*

Isthmus Griechisches Wort für Landenge. Man versteht darunter einen schmalen Landstreifen im Meer, der zwei Land- oder Erdteile miteinander verbindet. Die Landenge von Suez trennt zwar das Rote Meer vom Mittelmeer, verbindet aber Afrika und Asien. ☞ *Suezkanal*

Istrien Halbinsel im Norden der Adria, die heute zu Kroatien gehört.

Italien ☞ *Seite 114*

Jade Grünlicher Schmuckstein, der vor allem in China und Japan sowie bei den Indianern Mittelamerikas hochgeschätzt war. Die Jade ist ein sehr hartes Mineral, aus dem die Indianer kunstvolle Figuren schnitzten. ☞ *Mineralien, Edelsteine*

Jagd Die ersten Menschen jagten die Tiere, weil sie sich von deren Fleisch ernährten. Mit der Entwicklung der Waffen wurde der Mensch als Jäger immer erfolgreicher. Schon in der Steinzeit richtete er den Hund als Jagdhelfer ab, der ihm das Wild zutreiben mußte. Nachdem die Menschen seßhaft geworden waren und sich überwiegend vom Ackerbau ernährten, war die Jagd für sie nicht mehr lebenswichtig. Nur Völker, die noch als Jäger und Sammler umherzogen wie die nordamerikanischen Indianer, die Eskimos oder die Buschmänner in Afrika, deckten ihren Nahrungsbedarf weiterhin durch die Jagd. Die Jagd ist heute meist nur ein Freizeitvergnügen für wenige Leute. Es ist aber wichtig, daß die Tiere weiterhin gejagt werden. Denn da der Mensch fast alle Raubtiere ausgerottet hat, fehlen deren natürliche Feinde. Hirsche und Rehe können sich ungehindert vermehren. Sie richten in den Wäldern großen Schaden an, weil sie die Triebe junger Bäume verbeißen. ☞ *Wald*

Jaguar Größte amerikanische Raubkatze. Der gefleckte Jaguar ist von Mittelamerika bis an die Spitze Südamerikas verbreitet. Er wird 1,50 bis 2 m lang und wurde von den Indianern als Gott verehrt.

Jahreszeiten ☞ *Seite 118*

Jamaika Mittelamerika

Fläche: 10 990 km² (158. Land)
Einwohnerzahl: 2,4 Mio.
Hauptstadt: Kingston (104 000 Einw.)
Bevölkerung: Schwarze, Mulatten
Sprachen: Englisch, Kreolisch
Religion: Christen Geld: Jamaika-Dollar

Jamaika ist als einstige englische Kolonie heute Mitglied im Commonwealth. Die Bewohner der Karibikinsel sind Nachfahren schwarzer Sklaven, die vor Jahrhunderten aus Afrika hierher gebracht wurden.

Jangtsekiang Größter Strom Asiens mit 5 800 km Länge. Er fließt durch China und mündet bei Schanghai ins Ostchinesische Meer. An seinen Ufern liegen die fruchtbarsten Gebiete Chinas.

Japan Asien

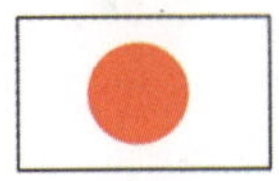

Fläche: 377 815 km² (60. Land)
Einwohnerzahl: 123 Mio.
Hauptstadt: Tokio (11,9 Mio. Einw.)
Bevölkerung: Japaner
Sprachen: Japanisch, Englisch
Religion: Buddhisten, Schintoisten Geld: Yen

Das Land umfaßt fast 4 000 Inseln, von denen nur die vier größten bewohnt sind. Hier herrscht eine große Bevölkerungsdichte. Japan ist ein Industriestaat und die zweitgrößte Wirtschaftsmacht der Erde.

Java Wichtigste und dichtest besiedelte Insel Indonesiens. Mit 126 650 km² ist sie die kleinste der Großen Sundainseln. Früher war Java noch fast ganz von Urwald bedeckt, doch sind die Regenwälder stark gerodet worden. Auf der Insel Java wurden 1891 Überreste des Java-Menschen gefunden. Er gilt als einer der frühesten Menschen. ☞ *Sundainseln*

Jahreszeiten

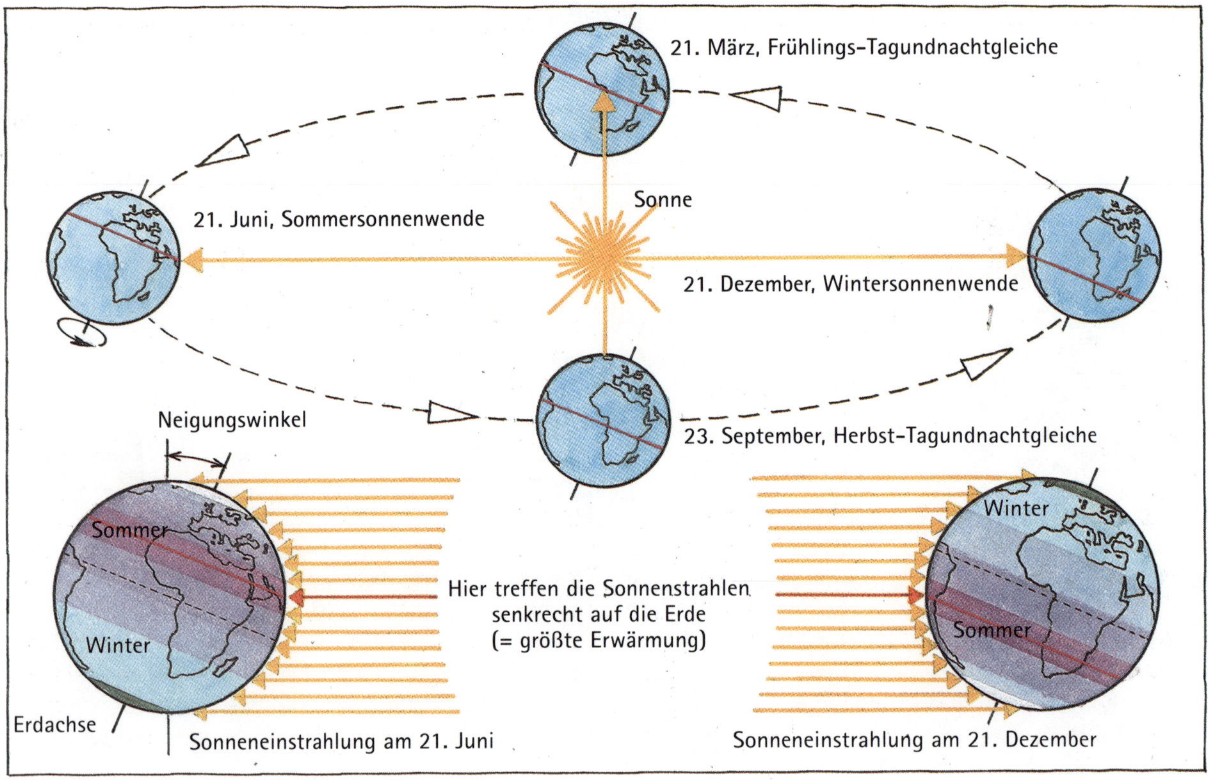

Ein geheimnisvolles Uhrwerk scheint zu bestimmen, wann bei uns Frühling, Sommer, Herbst und Winter beginnen. Auch wenn es am 21. Dezember vielleicht warm ist wie im Frühling und nicht schneit, hält der Winter auf der Nordhalbkugel pünktlich seinen Einzug. Dann ist der Tag am kürzesten, und die Sonne scheint an dieser Wintersonnenwende nur acht Stunden lang. Sie geht morgens um 8.00 Uhr im Osten auf und um 16.00 Uhr abends im Westen wieder unter. Wie lange ein Tag dauert, hängt ausschließlich davon ab, wie lange und wie steil die Sonnenstrahlen auf der Erdoberfläche auftreffen.

Die Erde bewegt sich auf einer eiförmigen Bahn entgegen dem Uhrzeigersinn von Westen nach Osten um die Sonne und benötigt für einen vollständigen Umlauf ungefähr 365 Tage und 6 Stunden. Da die Erdachse leicht schief auf der Umlaufbahn steht, ist die Erdkugel ein bißchen geneigt. Die Sonnenstrahlen fallen also nicht genau senkrecht auf die Erde. Nur am Äquator fällt das Sonnenlicht steiler ein, und deshalb ist es dort fast ständig gleichmäßig warm. Es gibt hier weder Sommer noch Winter, dafür regnet es am Äquator fast täglich. Alle anderen Teile der Erdkugel werden dagegen von der Sonne je nach Neigung der Erde unterschiedlich stark beschienen. Während auf der nördlichen Erdhälfte im Sommer die Sonnenstrahlen steiler und länger einfallen als sonst, erhält die Erdhälfte unterhalb des Äquators weniger Sonnenlicht. Auf der Südhalbkugel der Erde herrscht dann Winter. Nur an den Tagundnachtgleichen am 21. März und am 23. September wird jeweils eine Erdhälfte von der Sonne gleichmäßig bestrahlt. Dann sind überall auf der Erde Tag und Nacht genau 12 Stunden lang.

Eine Kugel ist bekanntlich rund. Und wenn wir sie ins Licht halten, liegt immer eine Hälfte im Schatten. Wie wir jedoch wissen, dreht sich die Erde in 24 Stunden einmal um sich selbst. Würde sie das bei ihrem Umlauf nicht tun, dann wäre sie nur auf der Seite bewohnbar, die der Sonne zugekehrt ist. Dann gäbe es auch keine Nacht. Am Äquator sind Tag und Nacht übrigens immer ungefähr gleich lang. Und an den Polen geht die Sonne im Polarsommer sechs Monate lang überhaupt nicht unter. Im Polarwinter hingegen geht die Sonne überhaupt nicht auf. Selbst an den Polarkreisen ist es lange Zeit dunkel, und die Menschen im hohen Norden leiden unter dieser Naturerscheinung.

Jemen Asien

Fläche: 527 968 km² (48. Land)
Einwohnerzahl: 11,6 Mio.
Hauptstadt: Sanaa (427 000 Einw.)
Bevölkerung: Araber
Sprache: Arabisch
Religion: Moslems Geld: Jemen-Dinar
Der Jemen liegt an der Südspitze der Arabischen Halbinsel am Roten Meer und am Indischen Ozean. Obwohl er nur dünn besiedelt ist, ist der Jemen das bevölkerungsreichste Land auf der Arabischen Halbinsel. Bis 1990 war das Land in zwei Staaten geteilt, die seitdem wieder vereinigt sind.

Jerusalem Hauptstadt Israels mit 542 500 Einwohnern. Jerusalem ist die heilige Stadt sowohl für die Juden als auch für Christen und Moslems.
☞ *Israel, Palästina*

Jordan Hauptfluß in Palästina, dem heutigen Israel. Der 330 km lange Jordan wird schon in der Bibel erwähnt. Er durchfließt den See Genezareth und zieht in vielen Windungen ins Tote Meer.
☞ *Genezareth, Totes* Meer

Jordanien Asien

Fläche: 97 740 km² (108. Land)
Einwohnerzahl: 3,2 Mio.
Hauptstadt: Amman (972 000 Einw.)
Bevölkerung: Araber
Sprache: Arabisch
Religion: Moslems Geld: Jordan-Dinar
Das Königreich Jordanien liegt im Nahen Osten und wird im Westen vom Jordangraben begrenzt. Es ist zum größten Teil ein Wüsten- und Steppenland, das von Beduinen und Palästinensern bewohnt wird. Die Palästinenser sind in Jordanien Flüchtlinge mit besonderen Rechten, die das von Israel besiedelte Land verlassen haben. Erst seit 1994 verwalten die Palästinenser ein eigenes Gebiet in Israel. ☞ *Palästina*

Juden Etwa 4 Millionen Juden leben im Staat Israel in Palästina. 13 Millionen leben in allen Teilen der Welt. Sie sind durch ihre jüdische Religion als Volk verbunden. Das Judentum ist die älteste Religion, bei der es nur einen Gott gibt. Das ist Jahve, von dem Moses die Zehn Gebote erhielt, die auch für die Christen gelten. Die Juden sehen das Alte Testament als Wort Gottes an. Sie befolgen die Vorschriften ihres religiösen Gesetzbuchs, des Talmuds. Die Juden feiern ihren Gottesdienst in Synagogen. Ihr wichtigstes Heiligtum ist die Klagemauer in Jerusalem, der Rest ihres zerstörten Tempels. Seit Jahrhunderten hat man die Juden verfolgt. Besonders grausam war die Verfolgung der Juden während der Nazizeit in Deutschland, wo man Millionen von ihnen ermordete. ☞ *Israel, Weltreligion*

Fromme Juden an der Klagemauer in Jerusalem

Jugoslawien Balkanstaat, der von der Donau bis zur Adria reichte. Jugoslawien war ein Bundesstaat aus verschiedenen Ländern und Völkern, der nach dem Zweiten Weltkrieg 1945 neu gegründet wurde. Er hat sich 1991 aufgelöst. Dabei kam es zwischen den ehemaligen Bundesländern zu einem grausamen Bürgerkrieg. ☞ *Balkan*

Jura Zeitalter der Erdgeschichte, das vor etwa 200 Millionen Jahren begann und vor 140 Millionen Jahren von der Kreidezeit abgelöst wurde. In der Jurazeit war fast ganz Europa von einem warmen Meer bedeckt. Damals lebten in der Luft der Urvogel Archäopteryx, im Meer die Fischsaurier und auf dem Land verschiedene andere Reptilien. In der Jurazeit entstanden aus den Ablagerungen der Meere die europäischen Kalkgebirge. Namen wie Schweizer Jura, Schwäbischer Jura oder Fränkischer Jura erinnern an ihre Entstehungszeit.
☞ *Erdgeschichte, Gebirge, Kreidezeit*

Jura Französischsprachiger Kanton der Schweiz mit der Hauptstadt Delémont. ☞ *Schweiz*

Die Kaaba in Mekka: Heiligtum der Moslems

Kaaba Heiligtum der Moslems in der Stadt Mekka. Die Kaaba ist ein großes würfelförmiges Gebäude. Darin ist der schwarze Stein eingemauert, den islamische Pilger verehren. Er ist ein vom Himmel gefallener Meteorit. Die Kaaba ist mit einem schwarzen Tuch bedeckt. ☞ *Islam, Meteorit*

Kaffee Der Name stammt daher, daß man den Kaffeebaum im ostafrikanischen Bergland Kaffa entdeckt hat. Seine kirschähnlichen Früchte enthalten zwei harte Samen, die Kaffeebohnen. Der Kaffee gelangte im 15. Jahrhundert aus Arabien nach Europa. Heute wird Kaffee in vielen tropischen Ländern auf Plantagen angebaut. ☞ *Plantage*

Kairo Hauptstadt Ägyptens und größte Stadt Afrikas. Kairo hat mit allen Vorstädten 13 Millionen Einwohner. ☞ *Afrika*

Kakao Der Kakaobaum wird in den Tropen angebaut, vor allem an der Elfenbeinküste in Afrika, aber auch in Brasilien. Kakaopulver gewinnt man aus den Samen der gurkenähnlichen Kakaofrüchte. Das Wort Kakao ist aztekisch. ☞ *Plantage*

Kakerlaken Bezeichnung für die im Haus lebenden Schaben. Die ovalen, abgeflachten Insekten sind überall verbreitet. Man sieht die Tiere aber kaum, da sie sich tagsüber verstecken. Sie sind Allesfresser und für den Menschen ungefährlich.

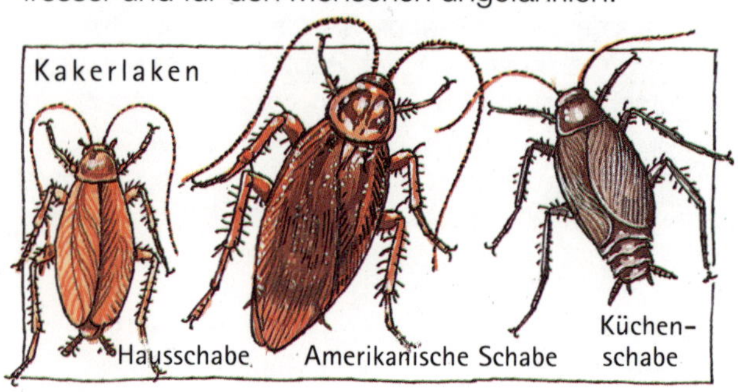

Kakteen Die seltsamen Pflanzen kommen fast nur in Amerika vor. Ihr Stamm ist zu einem Wasserspeicher umgebildet, und statt Blätter tragen sie Dornen. Manche Säulenkakteen in den amerikanischen Wüsten und Steppen werden bis zu 20 m hoch. Sie können lange Zeit ohne Wasser auskommen. Wenn es dann regnet, entfalten sie herrliche Blüten, die stark duften. Manche blühen sogar nur eine einzige Nacht. Kleine Kakteenarten sind bei uns als Zimmerpflanzen beliebt. Im Mittelmeergebiet wurde eine Kakteenart eingeführt, der sogenannte Feigenkaktus. Seine Früchte schmecken ähnlich wie echte Feigen. ☞ *Nordamerika*

Kalahari Sehr wasserarme Wüstensteppe im Innern Südafrikas. Hier leben heute noch die letzten Buschmänner. ☞ *Afrika, Buschmänner, Steppe*

Kalender Die Zeit wird bei uns nach dem Sonnenjahr gerechnet. Wenn die Erde ihre Umlaufbahn einmal vollständig zurückgelegt hat und wieder am Ausgangspunkt angekommen ist, sind genau 365 Tage, 6 Stunden, 9 Minuten und 39 Sekunden vergangen. Wir zählen das Jahr mit 365 Tagen. Um den Unterschied gegenüber der wahren Umlaufzeit zu korrigieren, wird alle 4 Jahre ein Schalttag dazwischengeschaltet. Das ist der 29. Februar, und das Jahr hat dann 366 Tage. Manche Völker rechnen ihr Jahr nicht nach der Sonne, sondern nach dem Mond. Das Mondjahr bei den Moslems hat nur 354 Tage. Dadurch verschiebt sich der Jahresanfang gegenüber dem Sonnenjahr immer weiter nach hinten. ☞ *Jahreszeiten*

Kalifornien Drittgrößter Bundesstaat der USA an der Westküste des Pazifischen Ozeans. Das Land hat ein sehr mildes Klima, und es gedeihen dort Wein, Orangen und andere Früchte. Die berühmteste Stadt ist San Francisco mit der Golden Gate Bridge. ☞ *Nordamerika*

Kalisalz Chemische Verbindungen, die Kalium enthalten. Man baut Kalisalze in Bergwerken ab. Sie werden dann zu Düngemitteln verarbeitet.
☞ *Düngung, Salz*

Kalkstein Kalkstein kommt in verschiedenen Formen und Farben überall auf der Erde vor. Er entstand vor Jahrmillionen aus den Kalkskeletten abgestorbener Meerestiere. Heute bildet er mächtige Gebirge auf der Erde wie die Dolomiten oder die Kalkalpen. Auch die Kreidefelsen auf der Insel Rügen und an der Küste Englands bestehen aus Kalk. Die wertvollste Kalkverbindung ist der Marmor, der zum Bauen und für die Bildhauerei verwendet wird. Der Muschelkalk hat seinen Namen daher, daß man in diesem Gestein Muschelfossilien findet. Kalkstein ist ein wertvoller Baustoff und wird in Steinbrüchen abgebaut. ☞ *Gestein, Koralleninsel, Muschelkalk*

Kalksteinbruch

Kalmen Um den Äquator zieht sich ein Gebiet, in dem nur schwache oder überhaupt keine Winde wehen. Dieser Kalmengürtel war früher für die Seefahrt sehr unangenehm. Segelschiffe, die in die Kalmenzone gerieten, kamen oft tagelang nicht voran. ☞ *Roßbreiten, Wind*

Kältepole Die kältesten Orte auf der Erde bezeichnet man als ihre Kältepole. Auf der Nordhalbkugel liegt er in Nordostsibirien bei Oimjakon. Hier wurden Temperaturen von minus 71,1 Grad Celsius gemessen. Auf der Südhalbkugel hat man in der Antarktis minus 89,2 Grad Celsius gemessen.

Kaltfront Vom Nordpol fließen kalte Luftströme in Richtung des Äquators. Diese kalten Nordostwinde stoßen auf die warme Äquatorluft, die nach Norden strömt. Wo eine Warmfront mit einer Polar- oder Kaltfront zusammentrifft, wird die Warmluft nach oben gedrängt. Dadurch treten starke Winde auf, und es kommt zu Niederschlägen. ☞ *Wetter*

Kambodscha Asien

Fläche: 181 035 km² (88. Land)
Einwohnerzahl: 8,5 Mio.
Hauptstadt: Phnom Penh (900 000 Einw.)
Bevölkerung: Khmer
Sprachen: Khmer, Französisch, Chinesisch
Religion: Buddhisten Geld: Riel
Kambodscha liegt am Golf von Siam in Südostasien. Es gibt hier noch große Regenwälder. Um das Jahr 800 bestand hier ein mächtiges Reich, an das die Tempel von Angkor erinnern. Heute gehört Kambodscha zu den ärmsten Ländern der Welt.

Kamel Kamele kommen längere Zeit ohne Nahrung und Wasser aus. Sie können ihre Nasenlöcher gegen die Austrocknung verschließen und ihre Höcker bestehen aus Fett, von dem sie sich lange Zeit ernähren. Kamele sind daher dem Leben in der Wüste besonders gut angepaßt. Der Mensch hat sie deshalb schon früh als Reit- und Lasttiere abgerichtet und gezüchtet. Das einhöckrige Kamel oder Dromedar in Afrika ist das wichtigste Haustier der Beduinen. In Asien lebt das zweihöckrige Kamel oder Trampeltier. Kleinkamele wie das Guanako und das Vikunja leben in Südamerika noch wild.
☞ *Guanako, Karawane*

Kamerun Afrika

Fläche: 475 442 km² (52. Land)
Einwohnerzahl: 11,9 Mio.
Hauptstadt: Yaoundé (653 700 Einw.)
Bevölkerung: Bantu, Fulbe, Haussa, Pygmäen
Sprachen: Französisch, Bantu, Englisch
Religion: Christen, Moslems, Naturreligionen
Geld: Afrikanischer Franc
Kamerun erstreckt sich vom Tschadsee bis zum Golf von Guinea. Es war einst eine deutsche, später eine teils englische, teils französische Kolonie.

Kanada Nordamerika

Fläche: 9 976 139 km² (2. Land)
Einwohnerzahl: 27 Mio.
Hauptstadt: Ottawa (301 000 Einw.)
Bevölkerung: Kanadier, Indianer, Eskimos
Sprachen: Englisch, Französisch
Religion: Christen Geld: Kanadischer Dollar
Kanada ist ein Einwanderungsland in Nordamerika, in dem Nachkommen vieler europäischer Völker leben. Über drei Viertel des Landes sind von Wäldern bedeckt. Kanada besitzt reiche Bodenschätze.

Kanal

Kanäle sind künstliche Wasserläufe, die für die unterschiedlichsten Zwecke angelegt werden. In Trockengebieten dienen sie zur Bewässerung der Felder. Das Wasser wird dort in Entwässerungskanälen aus Mooren und Sümpfen abgeleitet. In der Schiffahrt verbinden Kanäle schiffbare Flüsse oder voneinander getrennte Meeresteile.

Nun darf man sich einen Kanal nicht nur als einen Wassergraben vorstellen, der tief genug ist, daß Schiffe darauf fahren können. Die Schwierigkeit bei Schiffahrtskanälen besteht darin, die unterschiedlichen Höhen in der Landschaft auszugleichen. Führt ein Kanal zum Beispiel durch hügelige Landschaft, müßte man das Kanalbett vielleicht 20 oder 50 m tief legen. Man hebt oder senkt statt dessen den Wasserspiegel in Schleusen.

Bei einer Schleusung zu Berg, also von einem niedriger in ein höher gelegenes Kanalstück, wird das obere Schleusentor geschlossen. Der Wasserspiegel in der Schleusenkammer und im Kanal reguliert sich dadurch auf die gleiche Höhe. Das Schiff kann jetzt in die Schleusenkammer einfahren. Nun wird auch das untere Schleusentor geschlossen und die Schleusenkammer geflutet, das heißt, das Ventil zum oberen Kanalstück wird geöffnet. Aus dem oberen Kanal fließt Wasser in die Schleusenkammer, bis sich die unterschiedlichen Wasserstände ausgeglichen haben. Jetzt wird das obere Schleusentor wieder geöffnet, und das Schiff kann einige Meter höher weiterfahren. Betragen die Höhenunterschiede mehr als 15 m, wird ein Schiffshebewerk gebaut. Das ist eine Art Fahrstuhl für ein Schiff.

Je weniger Schleusen ein Kanal zur Überwindung des Gefälles braucht, desto kostengünstiger ist er. Auch die Fahrzeit der Schiffe wird dadurch kürzer, denn jede Schleusung nimmt Zeit in Anspruch. Der Mittellandkanal zwischen dem Rhein, der Weser und der Elbe benötigt auf 465 km Länge nur vier Schleusen. Er ist die wichtigste Binnenschiffahrtsstraße Deutschlands zwischen Westen und Osten. Der 189 km lange Rhein-Neckar-Kanal benötigt dagegen 23 Schleusen, da er durch sehr bergiges Gelände führt.

Der größte Kanal für Hochseeschiffe ist der Suezkanal. Er verbindet das Rote Meer mit dem Mittelmeer, ist 162 km lang, 60 m breit und 13 m tief und kommt ganz ohne Schleusen aus. Die meistbefahrene Wasserstraße der Welt ist der 80,6 km lange Panamakanal in Mittelamerika zwischen dem Atlantischen und dem Pazifischen Ozean.

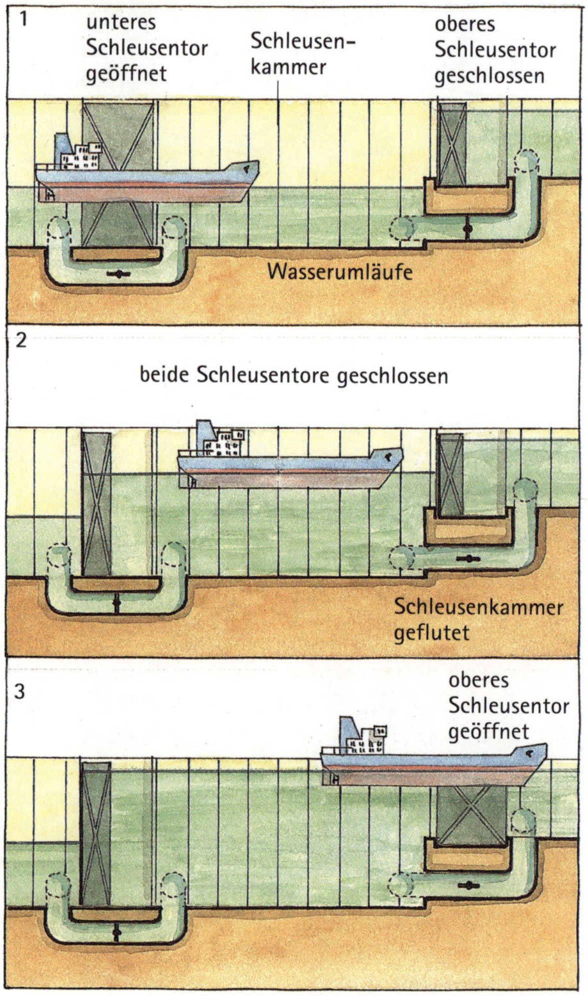

Kanarische Inseln Die Kanarischen Inseln heißen kurz auch Kanaren. Es ist eine Inselgruppe vor der Nordwestküste Afrikas im Atlantik, die zu Spanien gehört. Am bekanntesten ist Gran Canaria mit der Hauptstadt Las Palmas. Die Inseln werden von vielen Touristen besucht. Die Kanarienvögel haben ihren Namen nach diesen Inseln und kommen dort noch wild vor. → *Spanien, Teneriffa*

Känguruh Die Känguruhs kommen in vielen Arten nur in Australien und teilweise auf den Nachbarinseln vor. Es sind Beuteltiere, die ihre Jungen nach der Geburt in einer Bruttasche außerhalb des Körpers aufziehen. Känguruhs besitzen starke Hinterbeine und einen kräftigen Schwanz und hüpfen auf zwei Beinen. Dabei können sie Sprünge bis zu 8 m vollführen. Die kleinsten Känguruhs werden nicht größer als ein Kaninchen. → *Australien*

Kanton Bezeichnung für Gliedstaaten der Schweiz. 23 Kantone bilden die Schweizerische Eidgenossenschaft. → *Schweiz*

Kap Ins Meer vorspringender Teil einer Küste, meist gebirgig und sehr steil. So liegt an der Südspitze Afrikas das „Kap der guten Hoffnung". Der Name stammt daher, daß die Entdecker früher glaubten, nach der Umsegelung dieser Südspitze den schwierigsten Teil des Weges nach Indien hinter sich gebracht zu haben. → *Küste*

Kap Verde Afrika

Fläche: 4 033 km² (163. Land)
Einwohner: 371 000 Einw.
Hauptstadt: Praia (60 500 Einw.)
Bevölkerung: Mulatten, Schwarze
Sprachen: Portugiesisch, Crioulo
Religion: Christen Geld: Escudo
Die 15 Inseln liegen im Atlantik vor der Küste Westafrikas und gehörten bis 1975 zu Portugal.

Kar In der Eiszeit haben Gletscher in die Gebirge Kare geschliffen. Das sind Mulden im Fels. Oft liegt in diesen Mulden ein See als Rest eines Gletschers aus der Eiszeit. Durch das abbröckelnde Gestein der umgebenden Felswände verlanden solche Karseen immer mehr. → *Eiszeit, Gletscher, Karsee*

Karakorum Gebirge in Innerasien, das sich an den Himalaja anschließt. Es hat vier Gipfel über 8 000 m, der höchste ist der Godwin Austin mit 8 611 m. Der Karakorum ist zu einem Drittel von Gletschern bedeckt. → *Asien, Himalaja*

Karawane Reisegesellschaft in der Wüste. Früher zogen die Reisenden auf Kamelen und immer gleichen Wegen von Oase zu Oase. Die Karawanen transportierten Waren, in den arabischen und nordafrikanischen Ländern vor allem Salz oder Elfenbein. → *Afrika, Kamel, Oase*

Karawanken Grenzgebirge zwischen Österreich und Slowenien. Die Karawanken gehören zu den südlichen Kalkalpen und sind 2 200 m hoch. Die wichtigsten Gebirgsübergänge sind der Loiblpaß und der Wurzenpaß. → *Österreich*

Karbon Zeitalter der Erdgeschichte, die Steinkohlenzeit. Vor rund 350 Millionen Jahren entstanden in den Sümpfen aus den abgestorbenen Pflanzen die großen Steinkohlenlager der Erde.
→ *Erdgeschichte, Kohle*

Karibik Das Meer und die Inseln zwischen Süd- und Mittelamerika. Das Karibische Meer wird von den Großen und Kleinen Antillen begrenzt und ist ein Nebenmeer des Atlantiks. → *Mittelamerika*

Kärnten Österreichisches Bundesland mit 9 533 km² Fläche und 553 800 Einwohnern. Die Hauptstadt Kärntens ist Klagenfurt. → *Österreich*

Karpaten 1 300 km langer, über 2 000 m hoher Gebirgszug, der sich bis an das Schwarze Meer erstreckt. Hier gibt es noch Bären und Wölfe. Das Faltengebirge gilt als östliche Fortsetzung der Alpen. Die höchsten Erhebungen liegen in der Hohen Tatra. Die Slowakische Republik, Polen und auch Rumänien haben Anteil an den Karpaten.
☞ *Hohe Tatra, Osteuropa*

Karsee In Vertiefungen, die durch Gletscher geschaffen wurden, sammelte sich das Schmelzwasser an. So entstanden Karseen. Sie liegen meist in großer Höhe. ☞ *Kar*

Karst In Kalksteingebirgen löst das Wasser im Lauf der Zeit den Kalk auf. Der Stein wird dadurch stark zerklüftet. Es bilden sich unterirdische Gänge und Höhlen, durch die das Regenwasser abfließt. In manchen Gegenden sind die Karstflächen mit trichterförmigen Mulden überzogen. Durch diese Dolinen fließt das Wasser nach innen ab und gräbt weitere Höhlen aus. Das größte Karstgebiet Europas liegt in Slowenien. ☞ *Doline, Höhle*

Kartenmaßstab Das Verhältnis einer gezeichneten Landkarte zur Wirklichkeit gibt der Kartenmaßstab wieder. Bei einem Maßstab 1 : 100 000 entspricht 1 cm auf der Karte 100 000 cm oder 1 km in Wirklichkeit. ☞ *Landkarte*

Kartenzeichen Auf den meisten Landkarten gibt es Zeichen, deren Bedeutung in einer Legende erklärt wird. Mit Hilfe der Legende kann man auf der Karte Gebirge und Ebenen, Flüsse und Seen, Wiesen, Moore und Wälder, Städte, Eisenbahnlinien und Straßen unterscheiden. ☞ *Landkarte*

Kartoffel Indianische Pflanze, die urprünglich nur in Südamerika gedieh. Die Kartoffel brachte mehr Reichtum nach Europa als alles Gold zusammen, das die Europäer den Indianern geraubt hatten. Ihre Wurzelknollen enthalten sehr viel Stärke und auch wertvolle Vitamine. Die oberirdisch wachsenden Teile der Kartoffel und ihre Beeren sind sehr giftig. Da viele Menschen in Europa am Anfang nicht wußten, welche Teile der Kartoffel eßbar waren, kam es immer wieder zu Todesfällen. Heute sind die Erdäpfel, wie die Kartoffeln auch heißen, ein Hauptnahrungsmittel für die Europäer. Die meisten Kartoffeln werden in Rußland und Polen angebaut.

Kasachstan Asien

Fläche: 2 717 300 km^2 (9. Land)
Einwohnerzahl: 16,7 Mio.
Hauptstadt: Alma-Ata (1,2 Mio. Einw.)
Bevölkerung: Kasachen, Russen
Sprachen: Kasachisch, Russisch
Religion: Moslems, Christen Geld: Rubel
Das Land liegt im Süden der ehemaligen Sowjetunion und erstreckt sich vom Kaspischen Meer bis an die Chinesische Grenze. Die Kasachen waren ein Nomadenvolk. Heute wird in dem Land vor allem Korn angebaut und Bergbau betrieben.

Kasba Bezeichnung für die Burg arabischer Städte. In Nordafrika heißen auch die Altstädte so.

Kaschmir Gebirgsland, das etwa so groß ist wie Westdeutschland. Es liegt im nordwestlichen Himalaja und wird vom Indus durchflossen. China, Indien und Pakistan haben Anteil am Kaschmir.

Kaskade Stufenförmiger Wasserfall. Durch das fließende Wasser werden die Stufen im Gestein immer mehr nach hinten verbreitert. ☞ *Katarakt*

Kaspisches Meer Das Kaspische Meer in Rußland ist der größte See der Erde mit 371 000 km^2. Es ist fast 700mal so groß wie der Bodensee und hat keinen Abfluß. ☞ *Asien, See*

Katar Asien

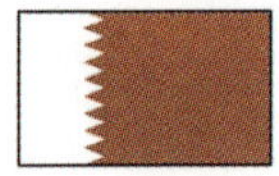

Fläche: 11 000 km^2 (157. Land)
Einwohnerzahl: 439 000
Hauptstadt: Ad Doha (217 000 Einw.)
Bevölkerung: Araber, Südasiaten, Perser
Sprachen: Arabisch, Farsi, Englisch
Religion: Moslems Geld: Katar-Rial
Das Scheichtum Katar liegt im Südosten der Arabischen Halbinsel am Persischen Golf. Sein Reichtum beruht auf den großen Ölvorkommen.

Katarakt Stromschnelle in Flüssen, vor allem im Gebirge. Das Wasser braust hier mit starkem Gefälle zwischen den aufragenden Felsen hindurch. ☞ *Kaskade, Wasserfall*

Katasterkarte Alle Grundstücke und Ackerfluren einer Gemeinde sind in einer besonderen Karte verzeichnet. Diese Katasterkarte enthält die genauen Abmessungen der Grundstücke. Man kann sie auf dem Katasteramt einsehen. Nach der Katasterkarte wird auch die Grundsteuer berechnet.

Katholiken Menschen, die sich zum katholischen Glauben bekennen. Sie gehören der römisch-katholischen Kirche an, deren Oberhaupt der Papst in Rom ist. Mit etwa 1 Milliarde Gläubigen sind die Katholiken die größte Religionsgemeinschaft der Welt. ☞ *Weltreligion*

Kattegat Meeresteil zwischen Dänemark und Schweden. Das Kattegat bildet den Übergang von der Nordsee zur Ostsee und ist mit durchschnittlich 20 m Tiefe sehr seicht. Da hier oft Stürme herrschen, gilt es als gefährliches Gewässer für die Schiffahrt. ☞ *Dänemark, Skagerrak*

Kaukasus 1 200 km langer Gebirgszug zwischen dem Schwarzen Meer und dem Kaspischen Meer. Der höchste Berg dieses Faltengebirges ist der Elbrus mit zwei Gipfeln, die 5 633 und 5 595 m hoch sind. In abgelegenen Gegenden leben noch Bären, Wölfe und Wildziegen. Der Kaukasus bildet die südliche Grenze zwischen Europa und Asien.

Kautschuk Vor der Erfindung des künstlichen Gummis gab es nur den Naturgummi. Er wird aus dem Milchsaft tropischer Bäume gewonnen. An der Luft wird dieser Latex genannte Saft hart und elastisch. Bereits die Indianer kannten diesen Naturgummi, denn ursprünglich kam der Kautschukbaum nur in den Urwäldern Südamerikas vor. Von dort hat man ihn in die tropischen Urwaldzonen Asiens und Afrikas verpflanzt und auf Plantagen angebaut. Noch in den ersten Jahrzehnten unseres Jahrhunderts war Kautschuk ein wichtiger Rohstoff und so bedeutend wie heute das Erdöl, denn Gummi kann erst seit rund 60 Jahren künstlich hergestellt werden.

Naturgummi

Kelten Das Volk der Kelten lebte bis vor 2 000 Jahren in Europa, vor allem in Frankreich und Großbritannien. Auch in Deutschland gab es keltische Siedlungen. Das keltische Volk, das wegen seiner Handwerkskunst berühmt war, ist von den Römern und Germanen verdrängt worden und völlig untergegangen. Heute erinnern nur Funde an die Zeit der Kelten. Ihre Sprache lebt im Gälischen fort, das teilweise noch in Schottland und Irland gesprochen wird. ☞ *Großbritannien*

Kenia Afrika

Fläche: 582 646 km² (45. Land)
Einwohnerzahl: 24,4 Mio.
Hauptstadt: Nairobi (827 800 Einw.)
Bevölkerung: Bantu, Niloten
Sprachen: Suaheli, Englisch, Bantusprachen
Religion: Christen, Naturreligionen Geld: Schilling
Kenia gehört zu den am weitesten entwickelten Staaten Afrikas. Das ostafrikanische Land am Indischen Ozean wird von vielen Touristen besucht. Hier gibt es große Wildreservate.

Kerbtal Talform, bei der sich ein Fluß ein V-förmiges Tal in das Gestein gräbt. ☞ *Gebirge*

Kernenergie Die kleinsten Teilchen aller Stoffe sind die Atome mit einem Atomkern in der Mitte. Diese Kerne lassen sich spalten. Dabei werden unvorstellbar große Energiemengen freigesetzt, und es kommt zu einer gewaltigen Explosion. In Kernkraftwerken kann diese Explosion so sehr verlangsamt werden, daß man die dabei entstehende Wärme nutzen kann, um Dampfturbinen anzutreiben. Dadurch wird in den Industriestaaten viel elektrischer Strom erzeugt. Das ist aber nicht ungefährlich. Wenn nämlich ein Kernkraftwerk außer Kontrolle gerät, entstehen ähnlich verheerende Wirkungen wie bei der Explosion einer Atombombe. Die Strahlen energiereicher radioaktiver Teilchen können tödliche Krankheiten und Mißbildungen bei Kindern im Mutterleib hervorrufen. Ein solcher GAU, ein **G**rößter **A**nzunehmender (Atom-)**U**nfall, hat sich 1986 in Tschernobyl in der Ukraine ereignet. Radioaktive Teilchen zogen damals mit den Wolken über große Teile Europas. Aus Angst vor diesen Gefahren sind viele Menschen gegen die Nutzung der Kernenergie. ☞ *Fallout*

Kies Durch Wasser zerkleinertes Gestein. In Bächen und Flüssen finden wir Kieselsteine, die durch das Wasser abgeschliffen wurden. Im Voralpengebiet ist durch die Tätigkeit der Gletscher viel Geröll mitgeschleppt worden, das heute im Boden lagert. Wo es lohnende Kiesvorkommen gibt, legt man Kiesgruben an und baut den Kies als Baustoff ab. ☞ *Baggersee, Geröll*

Kieselalgen Im Süßwasser wie im Salzwasser kommen winzige, einzellige Kieselalgen vor. Sie besitzen zwei kieselharte Schalen. Seit Jahrmillionen sinken diese Schalen auf den Grund der Meere und bilden dort oft 100 m dicke Schichten.

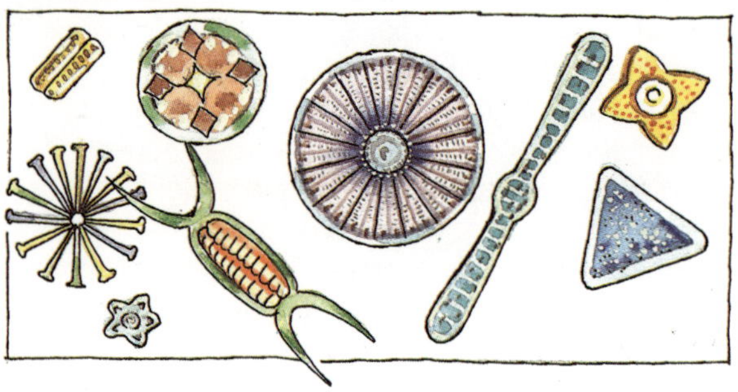

Kilimandscharo Höchstes Gebirge Afrikas an der Grenze zwischen Tansania und Kenia. Der Gebirgsstock des Kilimandscharo ist etwa so groß wie der Harz, jedoch fünfmal so hoch. Der höchste Gipfel ist der Kibo mit 5 895 m. Er ist selbst im heißen Afrika von ewigem Schnee bedeckt. ☞ *Afrika*

Kilometer Längenmaß. 1 Kilometer (1 km) = 1 000 Meter (m). ☞ *Meile, Meter*

Kimmung Was in der Wüste eine Fata Morgana, ist auf See eine Kimmung: eine Luftspiegelung. Dabei erscheint dem Betrachter am Horizont ein weit entferntes Schiff, das aber auf dem Kopf steht. Diese Spiegelung kommt durch verschieden warme Luftschichten über dem Wasser zustande.
☞ *Fata Morgana*

Kirgistan Asien

Fläche: 198 500 km² (85. Land)
Einwohnerzahl: 4,4 Mio.
Hauptstadt: Biskek (627 000 Einw.)
Bevölkerung: Kirgisen, Russen, Usbeken
Sprachen: Kirgisisch, Russisch, Usbekisch
Religion: Moslems, Christen Geld: Rubel
Kirgistan ist ein Steppengebiet in Mittelasien und gehörte zur früheren Sowjetunion. Die Kirgisen sind ein Hirtenvolk und leben teilweise noch als Nomaden. Das riesige Land ist sehr gebirgig, und nur ein Zehntel davon ist besiedelt.

Kiribati Ozeanien

Fläche: 728 km² (171. Land)
Einwohnerzahl: 70 000
Hauptstadt: Bairiki (22 100 Einw.)
Bevölkerung: Mikronesier, Polynesier
Sprachen: Gilbertesisch, Englisch
Religion: Christen Geld: Australischer Dollar
Der Staat besteht aus 33 Koralleninseln im Pazifischen Ozean. Die Palmeninseln wurden 1777 von dem Engländer James Cook entdeckt. Sie ragen nur wenige Meter über den Meeresspiegel auf.

Klamm In weiches Gestein kann sich ein Bach oder Fluß rasch und tief eingraben. Dabei bleiben fast senkrechte Wände stehen, und es bildet sich eine Schlucht oder Klamm. Manchmal hängen die Felswände sogar über. Das Wort Klamm bedeutet „Enge". Solche eingesägten engen Täler finden wir oft in den Alpen. ☞ *Cañon, Gebirge*

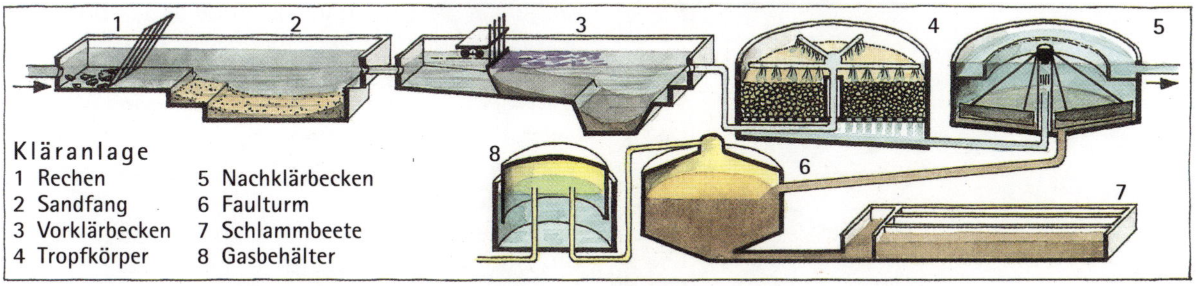

Kläranlage In den Industrieländern benutzen und verbrauchen die Menschen immer mehr Wasser und verwandeln es größtenteils in verschmutztes, oft vergiftetes Abwasser. Früher hat man verbrauchtes Wasser einfach in Bäche, Flüsse und Seen geleitet, oder es versickerte im Boden. Heute sind die Abwässer aber oft so verschmutzt oder mit chemischen Stoffen belastet, daß sie zuvor in Kläranlagen gereinigt werden müssen. Zuerst wird der grobe Schmutz durch Rechen, Siebe, Filter oder in Absetzbecken zurückgehalten. Das mechanisch grob gereinigte, vorgeklärte Wasser wird dann in einem Belebtbecken von Bakterien biologisch gereinigt. Diese Lebewesen bauen die organischen Schmutzstoffe ab. Zurückbleibende Giftstoffe müssen oft noch chemisch herausgelöst werden. Erst dann kann man das Abwasser wieder in den natürlichen Wasserkreislauf einleiten.
☞ *Abwässer, Umweltschutz, Wasserkreislauf*

Kleinasien Halbinsel zwischen dem Schwarzen Meer und dem Mittelmeer. Der größte Teil Kleinasiens wird von der Türkei eingenommen. ☞ *Türkei*

Kliff Steilküste am Meer, die von der Brandung umspült wird. Die Brandungswellen waschen die Küste mit der Zeit von unten her aus. Es entsteht eine Brandungskehle. Irgendwann bricht ein Stück der unterhöhlten Küste ab. Auf diese Weise wird die Küste immer weiter zurückversetzt. ☞ *Brandung*

Klima ☞ *Seite 128*

Klippe Einzelner, steilaufragender Fels im Meer. Es ist der Rest, den die Brandung von einer abgebrochenen Steilküste übriggelassen hat. ☞ *Kliff*

Koala Beuteltier, das auf Eukalyptusbäume klettert und sich von deren Blättern ernährt. Der Koala ist das Wappentier Australiens. ☞ *Australien*

Kohle ☞ *Seite 130*

Kohlendioxid Geruchloses Gas mit der chemischen Formel CO_2. Es entsteht bei der Verbrennung von Kohlenstoff, also auch von Öl oder Benzin, und belastet die Atmosphäre. Auf der ganzen Welt werden jährlich über 20 Milliarden Tonnen Kohlendioxid ausgestoßen. Dieses Gas bewirkt hauptsächlich die Veränderung des Klimas auf der Erde.
☞ *Klima, Kohlenstoff, Treibhauseffekt*

Kohlenstoff Kohlenstoff kommt nicht nur in Kohle und Erdöl vor, es ist auch Bestandteil aller organischen Verbindungen. Dazu zählt das Eiweiß, aus dem alle Lebewesen aufgebaut sind. Kohlenstoff hat die chemische Formel C. Wenn er verbrennt, verbindet er sich mit dem Sauerstoff der Luft zu Kohlendioxid, zu CO_2. ☞ *Kohlendioxid*

Koka In Südamerika wächst der Kokastrauch, dessen Blätter ein Rauschgift enthalten. Seit jeher bauen die Indios diese Pflanze an. Sie kauen die getrockneten Blätter und versuchen, durch das darin enthaltene Rauschmittel Hunger und anstrengende Arbeiten zu überdecken. Aus den Kokablättern gewinnt man das gefährliche Rauschgift Kokain. ☞ *Drogen*

Kokospalme Wichtige Nutzpflanze, vor allem in den Ländern der Südsee. Sie wird bis 30 m hoch, und alle ihre Teile sind verwertbar. ☞ *Palmen*

Klima

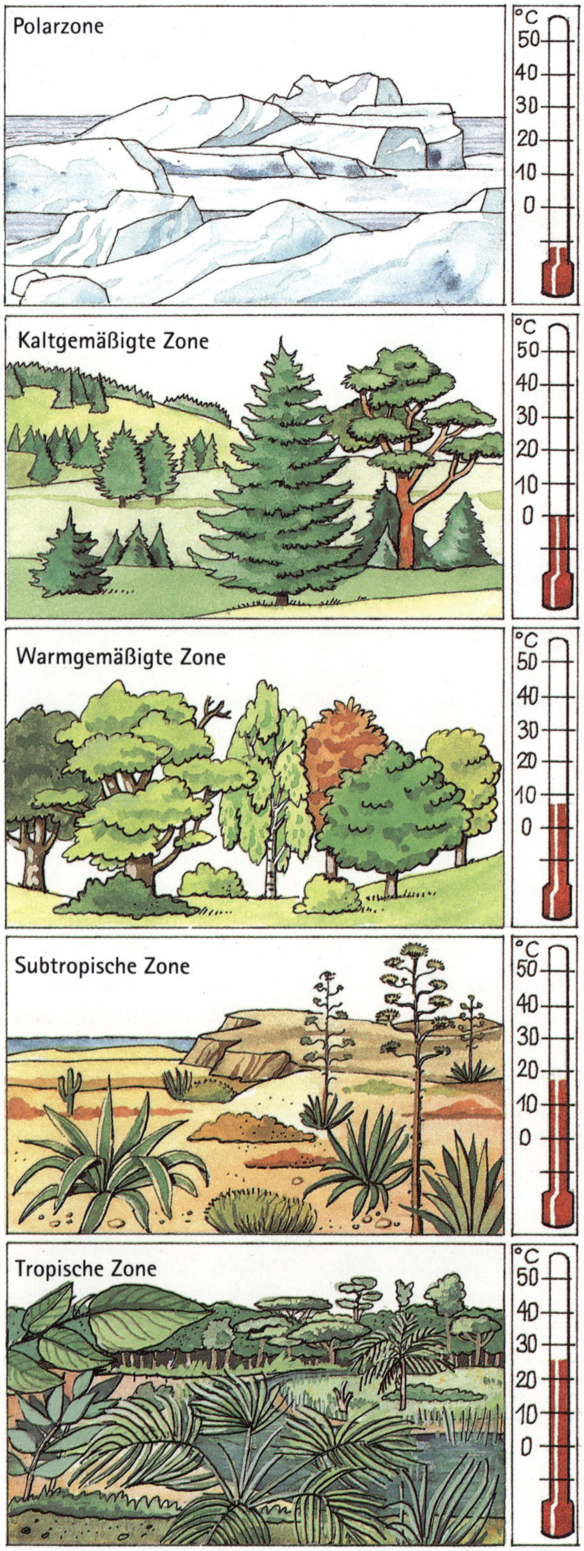

Nichts auf der Erde beeinflußt das Leben des Menschen so sehr wie das Klima. Es ist das durchschnittliche Wetter in einem bestimmten Gebiet. Vom Klima hängt es ab, welche Pflanzen gedeihen, welche Tiere vorkommen und wieviel Nahrung der Mensch in seinem Lebensraum vorfindet. Nach einer groben Einteilung unterscheidet man fünf Hauptklimazonen auf jeder Erdhalbkugel.

Um die Mitte der Erde, den Äquator, zieht sich der Tropengürtel mit den feuchtheißen Regenwäldern. Das Tropenklima umfaßt beinahe die Hälfte der gesamten Erdoberfläche. Hier gibt es keine großen Temperaturschwankungen, und das Jahr läßt sich nur nach Regen- und Trockenzeiten unterscheiden. Das Leben in den Tropen ist wie in einem Treibhaus – feucht und heiß und für den Menschen nicht sehr gesund. Die meisten Seuchen sind in der tropischen Zone verbreitet. Dennoch leben hier etwa zwei Drittel der gesamten Menschheit.

An die Tropen schließt sich die subtropische Zone mit trockenen Sommern und ausgedehnten Winterregen an. In den Subtropen liegen die großen Wüsten und Trockensteppen der Erde. Aber auch die klimatisch angenehmen Länder am Mittelmeer sind vom subtropischen Klima beeinflußt.

Der größte Teil Mitteleuropas liegt in der warmen gemäßigten Zone. Das Wetter zeigt hier das ganze Jahr über große Schwankungen, und es gibt vier deutlich ausgeprägte Jahreszeiten. Durch den warmen Golfstrom ist es auch im Winter mild, so daß hier das für den Menschen günstigste Klima herrscht. Man sieht das daran, daß die Länder in der gemäßigten Zone am dichtesten besiedelt sind. Zu den Polen hin schließt sich die kalte gemäßtigte Zone an. In diesem Klimabereich liegen der Norden Amerikas mit Kanada, aber auch Skandinavien, Sibirien und der Norden Chinas.

Die letzte Klimazone umfaßt das Polarklima, wo der Boden ständig gefroren ist.

Diese Klimazonen werden noch weiter unterschieden. So gibt es zum Beispiel in der gemäßigten Zone das ausgeglichene Seeklima oder das Kontinentalklima mit heißen Sommern und kalten Wintern. Die Unterschiede zeigen sich auch an den Blühzeiten in Europa. Während in Spanien und Portugal die Apfelbäume um den 10. März herum blühen, ist es in Schweden erst Ende April soweit. Eine Änderung dieser Klimazonen droht heute durch zu viele Abgase auf der ganzen Welt. Dadurch kommt es zu einem Treibhauseffekt, und die Atmosphäre erwärmt sich immer mehr.

Klima

ATLANTISCHER OZEAN
Island
Golfstrom
Nordsee
Ostsee
Schwarzes Meer
Mittelmeer
9.–20. Juni
St. Petersburg
Oslo
Stockholm
20.–30. Mai
Moskau
20.–30. April
30. April – 10. Mai
London
10.–20. Mai
Warschau
Kiew
Elbe
30. April – 10. Mai
Berlin
Weichsel
Dnjepr
Rhein
30. April – 10. Mai
Paris
Wien
Seine
20.–30. April
Bern
Donau
10.–20. April
Belgrad
Rhône
Ebro
31. März – 10. April
31. März – 10. April
Donau
Istanbul
Madrid
Tajo
Rom
31. März – 10. April
10.–21. März
Athen
Polarklima
Kaltgemäßigtes Klima
Kontinentalklima
Übergangsklima
Seeklima
Subtropisches Klima
Steppenklima
Frühlingsanfang

Kohle

Die Steinkohle entstand im Zeitalter des Karbon vor rund 350 Millionen Jahren. Damals waren große Flächen der Erde mit Sümpfen bedeckt. Es war feuchtheiß wie heute in den Tropen, und es wuchsen dichte Urwälder aus baumhohen Farnen, Schachtelhalmen sowie Schuppen- und Siegelbäumen. Wenn die Bäume abstarben und umfielen, versanken sie im Schlamm der Sumpfwälder. Hier lagen sie unter Luftabschluß und verfaulten nicht. Schicht auf Schicht legte sich übereinander. Die abgestorbenen Pflanzen wurden zu Torf, und je mehr der Druck zunahm, desto rascher trocknete der Torf ab und wurde zu Kohle gepreßt. So entstand im Laufe von Jahrmillionen zunächst Braunkohle. Diese junge Kohle sank tiefer und tiefer in die Erde und verwandelte sich allmählich in festen, harten Anthrazit. Das ist Steinkohle, fast reiner Kohlenstoff. Es ist unser wertvollster fester Brennstoff, der am längsten in der Erde ruhte.

Die Art und Dauer der Umwandlung von Torf über Braunkohle in Steinkohle bezeichnet man als Inkohlung. Diese Inkohlung bestimmt die Eigenschaft der geförderten Kohle und ihre Verwendungsmöglichkeiten als Rohstoff oder Brennstoff.

Die größten Kohlenlager der Erde finden sich in Mitteleuropa, Nordamerika, Sibirien und in China. Die Kohlenschichten oder Flöze sind manchmal mehrere Meter dick und und liegen bis zu 3 000 m tief in der Erde. Wie riesig die Wälder in der Karbonzeit gewesen sein müssen, sieht man daran, daß aus einem Urwald im Laufe von Jahrmillionen nur eine Kohlenschicht von etwa einem Zentimeter Dicke übrigblieb. Durch Bewegungen in der Erdkruste wurden die Kohlenflöze auch immer wieder verschoben und wanderten noch tiefer ins Erdinnere. Heute holt man die Kohle aus einer Tiefe bis zu 2 000 m in den Bergwerken wieder aus der Erde. Viele Flöze können aber auch im Tagebau abgebaut werden.

Die Kohle ist eine fossile Energie wie das Erdöl und das Erdgas und nicht mehr ersetzbar. Heute lagern noch rund 800 Milliarden Tonnen Steinkohle-Einheiten in der Erde. Das ist sechsmal mehr als es Erdölvorräte auf der Welt gibt. Trotzdem wird das bequemere Öl der Kohle vorgezogen. So steigt zwar der Verbrauch an Energie ständig an, die Kohleförderung aber geht zurück. Dies führt dazu, daß in 50 Jahren kaum noch Erdöl vorhanden sein wird.

Kolonie Lateinisches Wort für Siedlung in einem fremden Gebiet. Heute versteht man darunter die früheren Besitzungen europäischer Länder in fremden Erdteilen, die oft das Vielfache des eigenen Staatsgebiets umfaßten. Das Mutterland wurde durch seine Kolonien reich, denn die Europäer raubten deren Bodenschätze, holzten deren Wälder ab, legten Plantagen an und zwangen die einheimischen Bewohner zur Arbeit. Die gewonnenen Rohstoffe kamen nach Europa. Die meisten ehemals von Europäern beherrschten Länder sind heute selbständig, gehören aber zum großen Teil zu den unterentwickelten Ländern. ☞ *Dritte Welt*

Kolumbien Südamerika

Fläche: 1 138 914 km² (26. Land)
Einwohnerzahl: 32,8 Mio.
Hauptstadt: Bogotá (4,8 Mio. Einw.)
Bevölkerung: Mestizen, Weiße, Indianer, Mulatten
Sprachen: Spanisch, Indianersprachen
Religion: Christen Geld: Peso
Kolumbien liegt im Nordwesten Südamerikas am Pazifischen Ozean. Seine Landschaft reicht vom tropischen Regenwald im Amazonastiefland bis zur Wüste und zu schneebedeckten Bergen.

Kolumbus, Christopher (1451 bis 1506) Entdecker Amerikas. Er segelte 1492 mit drei Schiffen nach Westen, um einen neuen Seeweg nach Indien zu finden. Dabei gelangte er in die Karibik.
☞ *Entdecker, Indianer*

Komet Am Himmel erscheinen manchmal Sterne mit einem leuchtenden Schweif. Es sind Kometen. Der Kopf des Kometen besteht aus glühenden Gasen und Gesteinstrümmern. Sobald er in die Nähe der Sonne gelangt, lodert eine Gasfackel, die wir als Kometenschweif von der Erde aus sehen können. Am bekanntesten ist der Halleysche Komet.
☞ *Halleyscher Komet, Sterne*

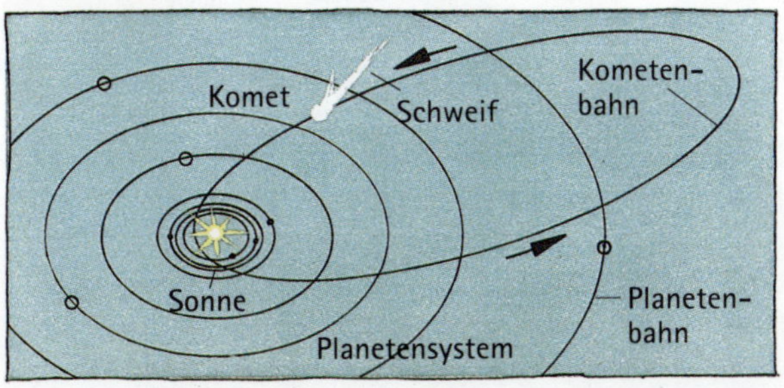

Komoren Afrika

Fläche: 1 862 km² (167. Land)
Einwohnerzahl: 475 000 Einw.
Hauptstadt: Moroni (17 300 Einw.)
Bevölkerung: Araber, Bantu, Madagassen
Sprachen: Französisch, Komorisch, Arabisch
Religion: Moslems Geld: Komoren-Franc
Inselgruppe vor Ostafrika. Auf den Komoren herrscht tropisches Klima, und es werden vor allem Vanille und Gewürznelken angebaut.

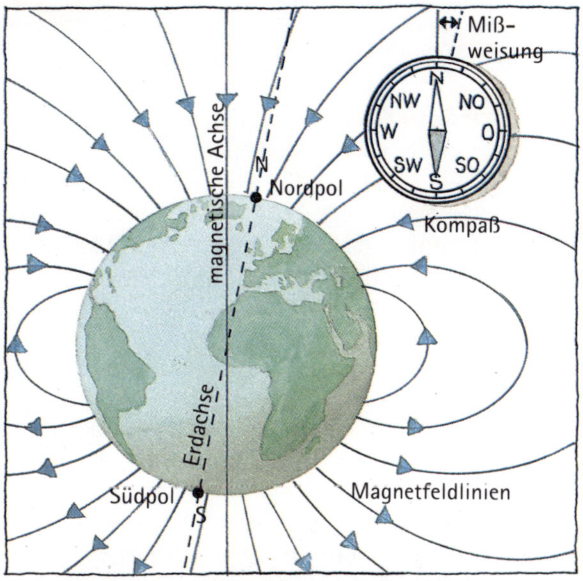

Kompaß Um die Himmelsrichtungen zu bestimmen, benutzt man einen Kompaß. Der Magnetkompaß enthält eine Eisennadel, die sich im Magnetfeld der Erde in Nord-Süd-Richtung einstellt. Die Eisennadel ist selbst ein Magnet mit einem Nordpol und einem Südpol. Ihr Nordpol wird vom magnetischen Südpol der Erde angezogen, der nahe am geographischen Nordpol liegt. Deshalb zeigt die Nadel die Nordrichtung an. Da der geographische Nordpol mit dem magnetischen Südpol der Erde nicht genau übereinstimmt, kommt es zu einer geringen Abweichung der Kompaßnadel aus der Nord-Süd-Richtung. Trotzdem findet man sich mit dem Kompaß zurecht. ☞ *Erdmagnetismus*

Kondensation Wenn gasförmige Stoffe in den flüssigen Zustand übergehen, etwa Wasserdampf zu Wasser wird, nennt man das Kondensation. In der Natur kondensieren feinstverteilte gasförmige Wasserteilchen zu Nebel. ☞ *Niederschlag*

Kondor Größter Geier mit einer Flügelspannweite von über 3 m. Dieser Aasvogel ist in den südamerikanischen Anden zu Hause. ☞ *Südamerika*

Kongo 4 320 km langer Fluß in Westafrika. Er entspringt in Ostafrika in der Nähe des Tanganjikasees und hat zahlreiche Nebenflüsse. Nach dem Amazonas ist der Kongo der wasserreichste Strom.

Kongo Afrika

Fläche: 342 000 km² (62. Land)
Einwohnerzahl: 2,3 Mio.
Hauptstadt: Brazzaville (800 000 Einw.)
Bevölkerung: Bantu, Pygmäen
Sprachen: Französisch, Lingala, andere Dialekte
Religion: Christen, Naturreligionen
Geld: Afrikanischer Franc
Das Land umfaßt das sumpfige Becken des Kongo. Hier liegen tropische Regenwälder, das Hochland wird von Savannen eingenommen.

Kontinent Die großen Festlandsmassen, die von den Ozeanen umgeben sind, bezeichnet man als Kontinente oder Erdteile. Heute zählt man 7 Kontinente. Es sind dies der Größe nach: Asien 44,3 Millionen km², Afrika 30,3 Millionen km², Nordamerika 21,3 Millionen km², Südamerika 17,8 Millionen km², die Antarktis mit dem Schelfeis 14 Millionen km², Europa 10,5 Millionen km² und Australien mit 7,7 Millionen km². Die Landmasse der Erde mit allen Inseln nimmt nur knapp ein Drittel der Erdoberfläche ein. ☞ *Wasserhalbkugel*

Kontinentalverschiebung Die gesamte Landmasse der Erde hing einmal zusammen. Dann brach sie in die einzelnen Erdteile auseinander, die sich immer wieder verschoben haben. Daß es so gewesen ist, dafür spricht auch die Tatsache, daß auf den getrennten Erdteilen heute bestimmte gleiche Tierarten vorkommen. ☞ *Erdgeschichte*

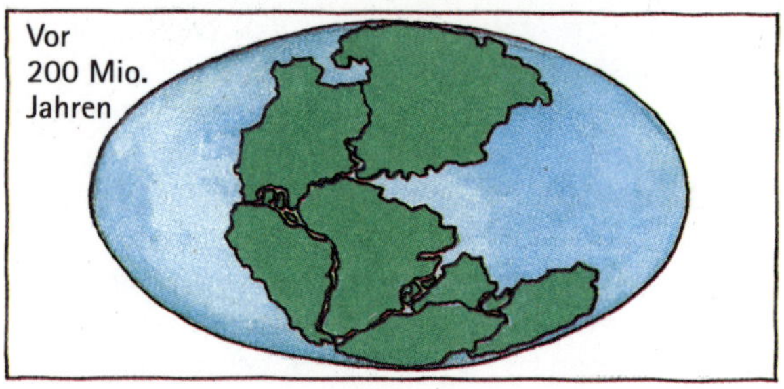

Kopenhagen Hauptstadt von Dänemark mit 464 700 Einwohnern. ☞ *Dänemark*

Koralleninsel Korallen leben in warmen Meeren. Es sind kleine Hohltiere, deren Körperskelette aus Kalk bestehen. Sie schließen sich zusammen und bilden riesige Korallenbauten wie das Große Barriereriff vor der Nordostküste Australiens. In der Südsee bauen die Korallen Atolle auf, indem sie sich an den Hängen eines Meeresvulkans ansiedeln. Sie wachsen dann immer weiter nach oben, während der Vulkan abgetragen wird und absinkt. Schließlich bleibt das Korallenriff übrig, auf dem sich Pflanzen ansiedeln. Es ist ein ringförmiges Atoll mit einer Lagune. ☞ *Großes Barriereriff, Insel, Lagune*

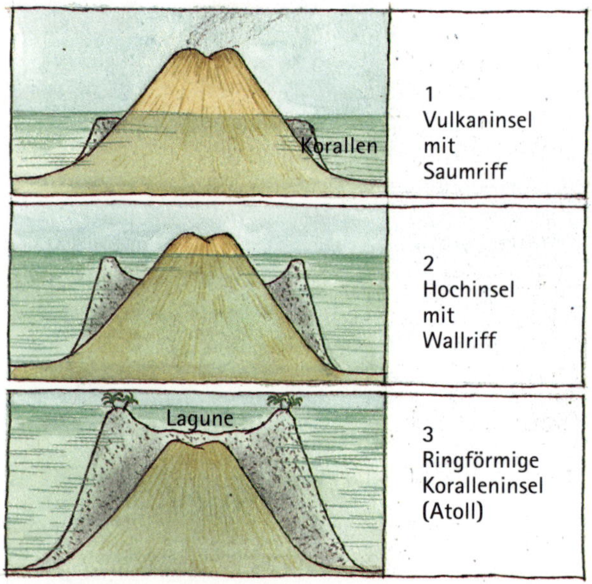

Kordilleren Spanischer Name für die Gebirgskette, die sich von Alaska bis nach Feuerland an der Südspitze Südamerikas zieht. ☞ *Anden*

Korea-Nord Asien

Fläche: 120 538 km² (97. Land)
Einwohnerzahl: 21,6 Mio.
Hauptstadt: P'yongyang (1,7 Mio. Einw.)
Bevölkerung: Koreaner
Sprachen: Koreanisch, Russisch, Chinesisch
Religion: Buddhisten, Christen Geld: Won
Die gebirgige Halbinsel liegt zwischen dem Gelben und dem Japanischen Meer. Im Norden grenzt Korea an China. Nord- und Südkorea sind seit 1948 zwei voneinander getrennte Staaten.

Korea-Süd Asien

Fläche: 99 263 km² (107. Land)
Einwohnerzahl: 43,2 Mio.
Hauptstadt: Seoul (10,9 Mio. Einw.)
Bevölkerung: Koreaner
Sprachen: Koreanisch, Englisch, Japanisch
Religion: Buddhisten, Christen Geld: Won
Südkorea umfaßt die koreanische Halbinsel südlich des 38. Breitengrads. Es ist nach Japan das größte Industrieland Ostasiens. In Seoul fanden 1988 die Olympischen Sommerspiele statt.

Korinth Der Golf von Korinth ist ein 120 km langer Meeresarm zwischen Mittelgriechenland und dem Peloponnes. Vom Ägäischen Meer trennt ihn eine 6,3 km schmale Landenge, der Isthmus von Korinth. Durch einen Kanal wurde die Landenge geöffnet, so daß Schiffe direkt vom Ionischen Meer in das Ägäische Meer fahren können. ☞ *Balkan*

Korkeiche In den westlichen Mittelmeerländern, besonders in Portugal, gedeiht die Korkeiche. Alle 10 Jahre wird die äußere Rinde vom Stamm abgeschält. Daraus gewinnt man Korkplatten und Flaschenkorken. Eine Korkeiche liefert etwa 100 Jahre lang brauchbaren Kork. ☞ *Portugal*

Korona Leuchtende Gasschicht, von der die Sonne umgeben ist. Man kann die Gasfackeln, die von der Sonnenoberfläche ausgehen, bei einer Sonnenfinsternis gut beobachten. ☞ *Sonne*

Korsika Französische Insel im Mittelmeer. Korsika ist sehr gebirgig und stark bewaldet. Die Hauptstadt der 8 700 km² großen Insel ist Ajaccio, der Geburtsort des französischen Kaisers Napoleon. Die Korsen waren jahrhundertelang als Seeräuber im Mittelmeer gefürchtet.

Korund Das nach dem Diamant härteste Mineral. Zu den Korunden zählen auch der rote Rubin und der blaue Saphir. ☞ *Edelsteine, Mineralien*

Kosmische Strahlung Strahlen aus winzigen, elektrisch geladenen Teilchen, die aus dem Weltall, dem Kosmos, kommen. ☞ *Höhenstrahlung*

Krakatau Vulkaninsel in Indonesien zwischen den Inseln Sumatra und Java. Dort brach 1883 der Vulkan Krakatau aus. Bei der gewaltigen Explosion wurden zwei Drittel der Insel weggesprengt. Der Ausbruch war noch in Australien und Südafrika zu spüren. ☞ *Vulkan*

Krater Trichter eines Vulkans, aus dem die Lava herausgeschleudert wird. In den Kratern erloschener Vulkane haben sich oft Kraterseen gebildet.
☞ *Maar, Vulkan*

Kreidezeit ☞ *Seite 134*

Kreolen Vor allem die Nachfahren von spanischen Siedlern in Südamerika. Als Kreolen bezeichnet man heute auch die Mischlinge auf den Westindischen Inseln. ☞ *Völker*

Kreta Größte griechische Insel im Mittelmeer. Kreta ist 260 km lang, bis zu 60 km breit und war schon im Jahr 3 000 vor Christus besiedelt. Heute ist Kreta eine beliebte Ferieninsel. ☞ *Griechenland*

Krim Halbinsel im Schwarzen Meer mit sehr mildem Klima. Hier gedeihen Wein, Zitronen und Orangen. Die Krim gehört zur Ukraine. ☞ *Rußland*

Kristall Kristalle sind Körper mit regelmäßigen Formen wie Würfel oder Achtflächner. Solche Formen haben die Mineralien. Salzkristalle haben eine Würfelform, Diamanten einen achtflächigen Kristallkörper. Es gibt sechs verschiedene Kristallsysteme, nach denen sich alle Mineralien einordnen lassen.
☞ *Gestein, Mineralien*

Kreidezeit

Schon in der Jurazeit vor rund 200 Millionen Jahren hatten sich die Meere auf der Erde ausgedehnt. Es waren warme Meere, und auf der Erde herrschte ein feuchtwarmes Klima. In dieser Warmzeit war Mitteleuropa weitgehend überflutet. Das europäische Jurameer bewohnten große, bis zu 15 m lange Fischsaurier. Und die Luft war von ersten fliegenden Reptilien bevölkert.

Vor etwa 140 Millionen Jahren begann dann die Kreidezeit. Das Wetter wurde kühler, wenn es in Europa auch nicht so kalt war wie heute. In allen Erdteilen kamen pflanzenfressende Dinosaurier vor, die mit 2 bis 4 m Länge aber noch nicht allzu groß waren. Sie lebten in den Flußlandschaften und an den Küsten der nun wieder zurückweichenden, flachen Meere. Doch schon zu Beginn der Kreidezeit tauchten die ersten Giganten auf. Zu ihnen gehörte der über 21 m lange Brontosaurus in Nordamerika. Auch in Asien lebten ähnlich große pflanzenfressende Saurier. Sie wurden über 25 m lang und bis zu 80 Tonnen schwer. Ein solcher Saurier wog also soviel wie zehn Elefanten. Im Verhältnis zu ihrer Körpergröße hatten die Tiere sehr kleine Köpfe und folglich ein kleines Gehirn.

Neben den pflanzenfressenden kamen auch riesige fleischfressende Dinosaurier vor. Der gefährlichste Räuber der Kreidezeit war der Tyrannosaurus Rex. Er lief auf zwei Beinen und war aufgerichtet 15 m hoch. Sein Gebiß war mit dolchartigen bleistiftlangen Zähnen besetzt. Zu den auffälligsten Sauriern gehörte neben dem riesigen Brontosaurus der Stegosaurus. Dieser etwa 6 m lange und 10 Tonnen schwere gepanzerte Pflanzenfresser starb schon zu Beginn der Kreidezeit aus. Als Nachfolger des Stegosaurus kann der Ankylosaurus betrachtet werden. Der 10 m lange und 3,5 Tonnen schwere Panzersaurier hatte einen Körperumfang bis zu 5 m. Wurde der Pflanzenfresser angegriffen, so teilte er mit seinem Keulenschwanz furchtbare Schläge aus.

In der Kreidezeit lebten auch die furchterregenden Horndinosaurier, zum Beispiel der etwa 2 m lange Protoceratops. Viel gewaltiger war sein nordamerikanischer Verwandter, der Triceratops, mit einem Gewicht von 10 Tonnen und 9 m Länge. Dieses Dreihorngesicht hatte ein kurzes dickes Nasenhorn und zwei meterlange Hörner oberhalb der Augen. Er war schwerer als ein Elefantenbulle. Alle Dinosaurier starben vor 65 Millionen Jahren plötzlich aus.

Kroatien Staat im ehemaligen Jugoslawien.
☞ *Balkan*

Krokodile Riesenechsen, die bis zu 10 m lang werden können. Es gibt über 20 Arten. Zu den größten zählt das Nilkrokodil, das aber fast ausgestorben ist. Außer in Europa kommen Krokodile in allen Erdteilen vor. Das nordamerikanische Krokodil heißt Alligator, das südamerikanische Kaiman. In Asien leben das Sumpfkrokodil und der Gavial, in Australien das Leistenkrokodil. Krokodile sind Reptilien und gehören zu den ältesten Tierarten der Erde.

Kuba Mittelamerika

Fläche: 110 860 km² (103. Land)
Einwohnerzahl: 10,6 Mio.
Hauptstadt: Havanna (2,1 Mio. Einw.)
Bevölkerung: Weiße, Mestizen, Mulatten, Schwarze
Sprache: Spanisch
Religion: Christen Geld: Peso
Die tropische westindische Insel besteht aus sumpfigem Flachland mit Gebirgsketten. Es war durch den Anbau von Zuckerrohr, Kaffee und Tabak einst ein reiches Land. Heute zählt Kuba durch seine Politik zu den ärmsten Staaten der Welt.

Kulturlandschaft Überall dort, wo der Mensch in die Natur eingegriffen hat, entstand eine Kulturlandschaft. Dazu gehören die Wiesen und die Felder, aber auch die künstlich angelegten Wälder. Der Gegensatz dazu ist die Naturlandschaft, die ohne Einfluß durch den Menschen entstanden ist wie zum Beispiel der Urwald, der Sumpf oder die Bergwiese. Solche Naturlandschaften gibt es in Europa kaum noch. Selbst die Naturparks, in denen nichts verändert werden darf, sind keine echten Naturlandschaften mehr. Die Kulturlandschaft Mitteleuropas besteht hauptsächlich aus Ackerland und Viehweide.

Kupfer Neben Gold das einzige farbige Metall und ein guter Wärmeleiter. Im Altertum wurde es zusammen mit Zinn zu Bronze geschmolzen. Kupfererz wurde damals auf der Insel Zypern abgebaut. Große Kupfererzvorkommen haben die USA, Chile, Kanada und der Kongo. ☞ *Erz*

Kurden Das Volk der Kurden bewohnt das Hochland von Kurdistan, in das sich die Türkei und der Nordirak teilen. Die etwa 20 Millionen Kurden versuchen seit Jahrzehnten, einen eigenen Staat zu erhalten. Keines der Länder, in denen die Kurden wohnen, will ihnen Land abtreten. So bleiben die Kurden in ihren Wohngebieten Minderheiten und werden unterdrückt und verfolgt.

Kurilen Inselkette nördlich von Japan mit 30 großen und vielen kleineren Inseln. Die ehemals japanischen Kurilen gehören heute zu Rußland.

Kurort In Kurorte kommen Menschen, um sich zu erholen und wieder gesund zu werden. Die meisten Kurorte besitzen Mineralquellen mit heilkräftigem Wasser, oder es sind Thermalbäder mit warmen oder heißen Quellen. Je nach Art der Mineralstoffe, die im Wasser gelöst sind, können bestimmte Krankheiten besonders wirksam behandelt werden.
☞ *Mineralquelle, Thermalquelle*

Küste ☞ *Seite 136*

Kuwait Asien

Fläche: 17 818 km² (152. Land)
Einwohnerzahl: 2,1 Mio.
Hauptstadt: Kuwait-City (44 300 Einw.)
Bevölkerung: Araber, Asiaten, Inder
Sprachen: Arabisch, Englisch
Religion: Moslems Geld: Kuwait-Dinar
Das arabische Scheichtum am Persischen Golf besitzt große Erdölquellen und ist dadurch eines der reichsten Länder der Welt.

Küste

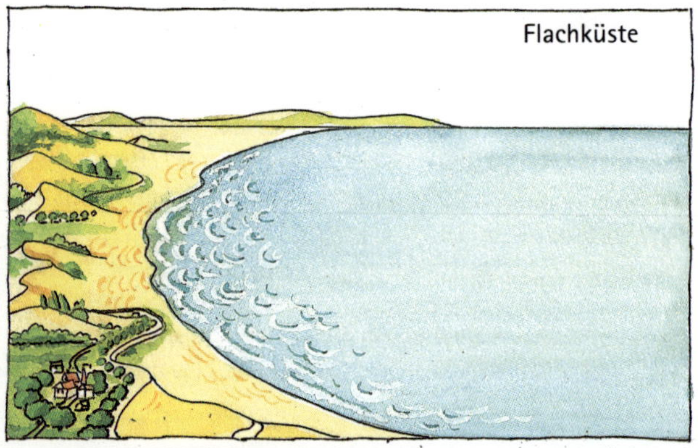

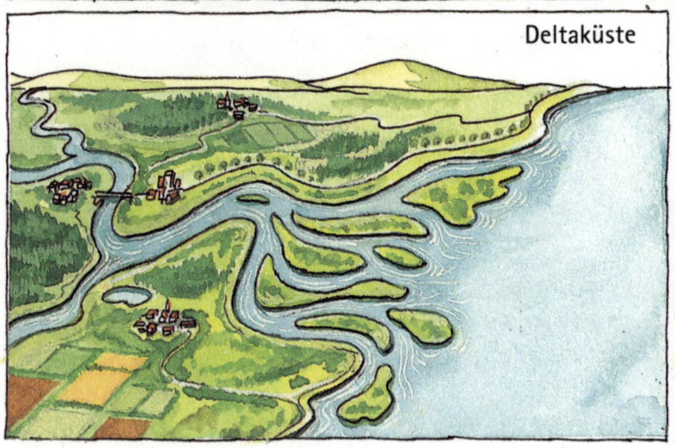

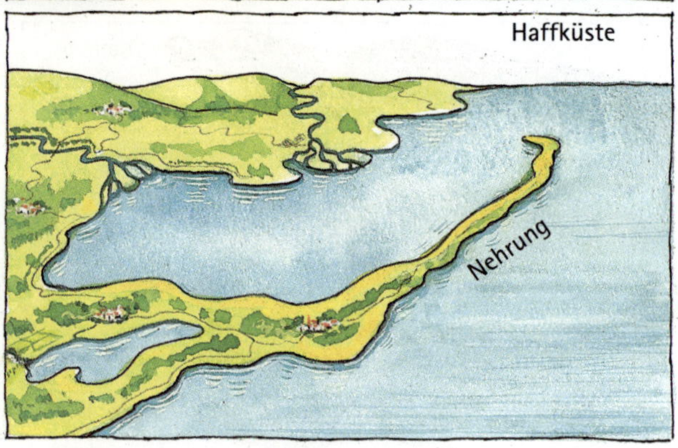

Die Meeresküste verändert sich ständig, denn überall, wo sich Meer und Land berühren, laufen Wellen auf und bearbeiten das Land. An manchen Stellen der Erde ist die Brandung so stark, daß sie einen vollbeladenen Güterwaggon spielend hin und her bewegen könnte. Das Wasser prallt dauernd gegen die Küste, einige hundert Mal in der Stunde, Tag und Nacht. So entsteht an einer Felsenküste allmählich ein Kliff. Das ist eine senkrecht abfallende Felswand, die durch die Brandung immer weiter unterhöhlt wird. Schließlich ragen nur noch einzelne steile Felsen, die Klippen, aus dem Wasser.

Auch eine Flachküste wird durch Ebbe und Flut ständig verändert. Jede Flut reißt Teile von der Küste los, die Ebbe trägt diese hinaus ins Meer. Neben dieser Abtragung wird aber auch Sand und Schlamm an der Küste abgelagert. So entstehen an Flachküsten breite Strände. Auch ein Fluß baut in seiner Mündung an Flachküsten Land auf. Er bringt Sand und Schlamm aus dem Landesinneren heran, das in der Mündung bei geringer Strömung und nicht zu starker Flut abgelagert wird. Auf diese Weise entsteht ein Delta, das sich immer weiter ins Meer hinausschiebt. Wird das Delta vom Meer nicht mehr überflutet, so siedeln sich auf den Sand- und Schlickbänken Pflanzen an, und es bilden sich Flußinseln. Im Laufe der Zeit entsteht so an der Meeresküste neues Land.

An Flachküsten häuft der Wind manchmal den Sand zu großen Wällen auf. Treffen die Meereswellen an der Küste schräg auf, so wandert der Sand an der Küstenlinie entlang und baut sich an einem Vorsprung ins Meer hinaus auf. Auf diese Weise wächst eine Nehrung als schmaler Streifen immer weiter und kann dann eine ganze Meeresbucht einschließen. Der abgeschlossene Meeresteil wird zu einem Strandsee. Solche Küstenformen finden sich an der Ostsee. Die von einer Nehrung abgeschlossene Bucht ist ein Haff.

Mündet ein Fluß in das Haff, so wird das Wasser allmählich süßer. Irgendwann verlandet aber der Strandsee, und es ist neues Land entstanden. Das Abtragen und Aufbauen von Land formt die Küste. Sie verliert dadurch im Laufe der Zeit ihre reiche Gliederung und wird flach und glatt. Angewehter Sand und angeschwemmter Schlick füllen die Buchten aus, und es entsteht eine Ausgleichsküste mit einer geraden Küstenlinie.

Labrador Größte Halbinsel Nordamerikas. Sie gehört zu Kanada und ist mit rund 1,6 Millionen km² etwa viermal so groß wie Deutschland. In der wald- und seenreichen Landschaft leben vor allem Eskimos und Indianer. Wegen der kalten Meeresströmung herrscht dort Polarklima, und der Boden ist in großen Teilen der Halbinsel fast dauernd gefroren. ☞ *Nordamerika*

Labradorstrom Kalte Meeresströmung an der Ostküste der Halbinsel Labrador. Der Labradorstrom bringt Eiswasser aus den arktischen Regionen in den Atlantik und trifft an der Ostküste Nordamerikas auf den Golfstrom. ☞ *Golfstrom*

Ladogasee 17 660 km² großer See an der finnisch-russischen Grenze. Der Ladogasee ist der größte See Europas und vier Monate im Jahr zugefroren. ☞ *See, Rußland*

Lagerstätte Vorkommen von Erzen, Kohle, Salz, Erdöl, Erdgas und anderen Bodenschätzen nennt man Lagerstätten.

Lago Maggiore (👄 madschohre) See in den italienischen Alpen an der Schweizer Grenze. Der Lago Maggiore ist 212 km² groß und über 350 m tief. Vor allem an seinem Schweizer Ufer im Tessin herrscht mildes Klima, und es wachsen hier Pflanzen wie am Mittelmeer. ☞ *Gardasee, Schweiz*

Lagune Strandsee, der vom Meer durch Dünen oder lange schmale Inseln abgetrennt ist. Die Lagune von Venedig ist zum Beispiel durch den vorgelagerten Sandstrand des Lido von der Adria abgeschnitten. Auch die Haffs an der Ostsee sind Lagunen, ebenso die Wasserflächen innerhalb eines Atolls. ☞ *Atoll, Haff, Koralleninsel*

Lama Südamerikanisches Kleinkamel, das von den Andenbewohnern als Tragtier gezüchtet wird. ☞ *Guanako, Kamel, Südamerika*

Landenge Schmale Landbrücke, die größere Landteile miteinander verbindet. Eine Landenge besteht zwischen Ägypten und Arabien. Durch den Suezkanal wurde sie zwischen dem Mittelmeer und dem Roten Meer durchstochen, so daß den Schiffen auf der Reise nach Asien der lange Weg um Afrika erspart bleibt. ☞ *Isthmus*

Landgewinnung An der Nordseeküste gewinnt man Land, indem man das Wattenmeer immer weiter eindeicht. Dazu baut man vom Deich aus Buhnen in das Watt hinaus. Zwischen Pfählen werden Weidengeflechte eingezogen, in denen sich der Meeresschlick absetzt. Jahr für Jahr wird die Bodenschicht etwas höher. Schließlich wird dieses Vorland nicht mehr von der Flut überspült, und erste Landpflanzen wie Queller und Strandhafer können sich ansiedeln. Nun setzt man einen neuen Deich vor das hinzugewonnene Land, das als Polder oder Koog bezeichnet wird. Auf diese Weise sind in Holland große Landflächen dem Meer abgerungen worden. Sie liegen tiefer als der Meeresspiegel. ☞ *Polder, Marsch, Watt*

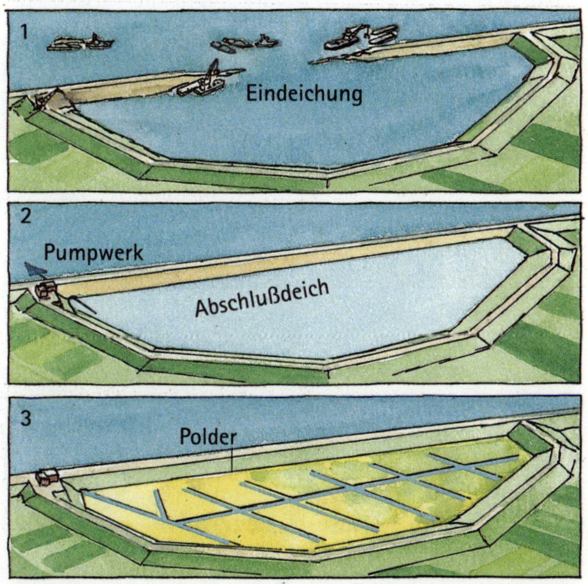

Landhalbkugel Man kann einen Globus so drehen, daß auf einer Hälfte fast nur Land, auf der anderen fast nur Wasser zu sehen ist. Auf der Landhalbkugel liegen die Erdteile Europa, Asien, Afrika und Amerika. ☞ *Wasserhalbkugel*

Landkarte ☞ *Seite 138*

Landklima Das Land erwärmt sich rascher und kühlt auch rascher ab als das Meer. Deshalb herrscht im Landesinnern im Sommer ein heißes, trockenes Klima, im Winter ist es kalt. Dieses Kontinentalklima ist um so ausgeprägter, je weiter wir uns vom Meer entfernen. Das Seeklima ist ausgeglichen, mild und feucht. ☞ *Klima, Seeklima*

Landkarte

Eine Landkarte ist eine Abbildung der Erdoberfläche. Sie zeigt uns die Umrisse der Erdteile und Länder, wie wir sie von einem Flugzeug aus sehen können. Eine wirklichkeitsgetreue Darstellung ist die Landkarte nicht. Wie wir alle wissen, ist die Erde ja eine Kugel. Wirklichkeitsgetreu kann die Erdoberfläche deshalb nur auf einem Globus dargestellt werden. Den ersten Globus fertigte der Nürnberger Martin Behaim an. Er nannte ihn Erdapfel.

Bevor es den Globus gab, kannte man schon Erdkarten, und auch die Entdecker hatten bei ihren Reisen Karten dabei. Diese Landkarten wurden früher von Seeleuten hergestellt. Wenn sie an einer fremden Küste vorbeisegelten, zeichneten sie den ungefähren Küstenverlauf auf. Sie schrieben auch genau dazu, wie lange sie von einem Hafen zum anderen unterwegs waren. Die Kartographen liehen sich die Zeichnungen von den Seefahrern aus, um damit ihre eigenen Weltkarten zu ergänzen. So entstanden im Laufe der Zeit immer genauere und bessere Karten von der Erde.

Auf die Projektion kommt es an

Die Schwierigkeit bei der Herstellung einer Landkarte bestand darin, daß die Oberfläche einer Kugel nicht genau auf ein Blatt Papier übertragen werden kann. Je größer die darzustellende Oberfläche der Erde ist, desto stärker fällt die Erdkrümmung ins Gewicht, und desto mehr wird die Karte verzerrt. Man muß also einen Weg finden, um die Erdteile und Meere im richtigen Verhältnis zueinander auf einem Blatt Papier möglichst naturgetreu abzubilden. Dazu bedient man sich verschiedener Arten der Projektion. Man kann sich das so vorstellen, daß man einen durchsichtigen Globus von hinten mit einer Lampe bestrahlt und davor ein gebogenes Papier hält. Wie in einem Kino werden dann die Umrisse der Länder auf dem Globus von den Lichtstrahlen auf das Papier projiziert.

Eine solche Zylinderprojektion verwendete der niederländische Kartograph Gerhard Kremer, die auch seinen Namen trägt. Er wanderte nach Duisburg aus, nannte sich dann Gerhardus Mercator und schuf im Auftrag Kaiser Karls V. ein Kartenwerk. Auf der Mercatorprojektion schneiden sich die Breitenkreise mit den Längenkreisen in einem rechten Winkel. Da bei dieser Projektion alle Breitenkreise gleich lang sind, erscheinen die Länder in der Nähe der Pole stark verzerrt. Die Karte ist nicht flächentreu, aber die Richtungen stimmen. Man verwendet diese Mercatorprojektion heute noch für Seekarten. Bei einer anderen Projektion geht man so vor: Man reißt die Kugelfläche der Erde an bestimmten Linien auf wie eine Orange und preßt die Schale flach. Die Erdteile sind dann nahezu flächentreu. Allerdings stimmt diese unterbrochene Projektion auch nicht mit der Wirklichkeit überein.

Es gibt viele verschiedene Kartenprojektionen, und alle haben ihre Vorteile und Nachteile. Eine flächen-, längen- und winkeltreue Darstellung der Erde gibt aber nur der Globus.

Landkarten aus der Luft

Ein kleines Gebiet mit etwa einem Kilometer Durchmesser kann man leicht als Karte zeichnen. Es genügt, die Merkmale in der Landschaft genau zu vermessen und auf ein Gitternetz zu übertragen. Solche Messungen nehmen Geometer mit Hilfe von Entfernungsmessern, Winkelmessern und anderen Instrumenten an Land vor. Will man größere Gebiete kartieren, dann verwendet man heute die Luftbildvermessung. Vom Flugzeug oder von Satelliten aus werden sich überschneidende Aufnahmen eines Gebiets gemacht. Diese Bilder kann man an der Schnittstelle aneinanderlegen und erhält so eine grobe Übersicht des gesamten Gebiets. Ein Auswertegerät und eine Zeichenmaschine können die Bilder gleich in Landkarten umsetzen. Heute geschieht dies durch Computer.

Was die Legende erzählt

Auch die genaueste Karte nutzt aber nichts, wenn man sie nicht lesen und verstehen kann. Zunächst einmal ist der Maßstab wichtig, in dem die Karte gezeichnet ist. Maßstäbe geben an, in welchem Verhältnis die Wirklichkeit verkleinert wurde. Der Maßstab 1:100 000 bedeutet, daß 1 cm auf der Karte 100 000 cm oder 1 km in der Wirklichkeit entspricht. Der Kartenmaßstab ist um so kleiner, je mehr Nullen die Zahl hinter dem Doppelpunkt hat. Auch Berge und Täler müssen auf die Karte übertragen werden. Gebirge werden braun, Tiefländer grün dargestellt. Flüsse, Wälder, Straßen, Eisenbahnlinien und vieles andere erhalten bestimmte Symbole. Was diese Kartenzeichen bedeuten, erklärt uns die Legende, die zu jeder Karte gehört. Damit wir einen Ort im Atlas schnell finden, wird das Gitternetz der Karte meist noch mit Buchstaben und Zahlen versehen. Das oben abgebildete Dorf liegt im fünften Quadrat zwischen E und F. Man schreibt: E-F 5.

Landkarte

Darstellungsarten

Landschaft

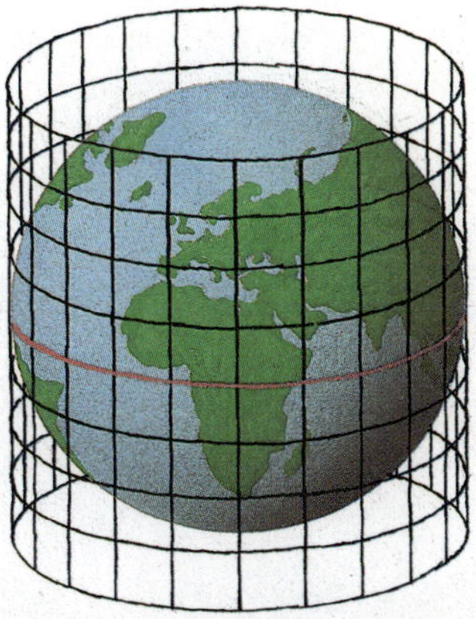

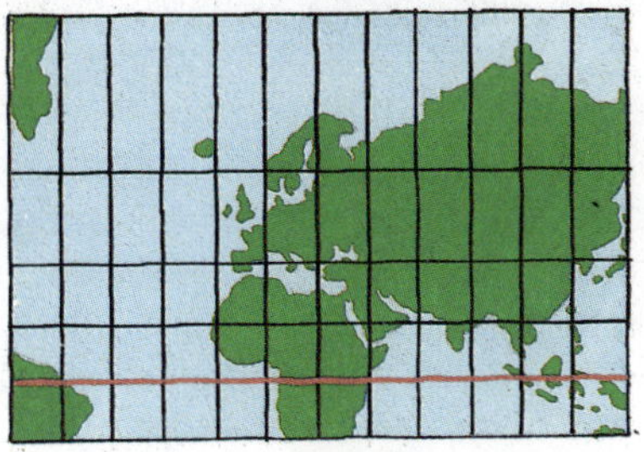

Zylinderprojektion

Karte

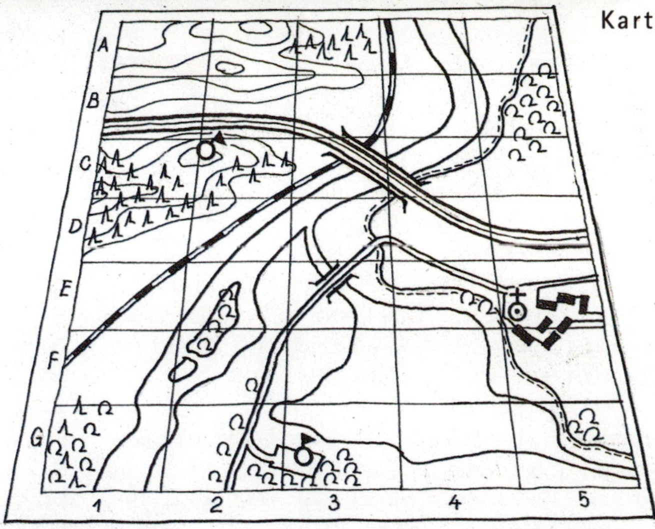

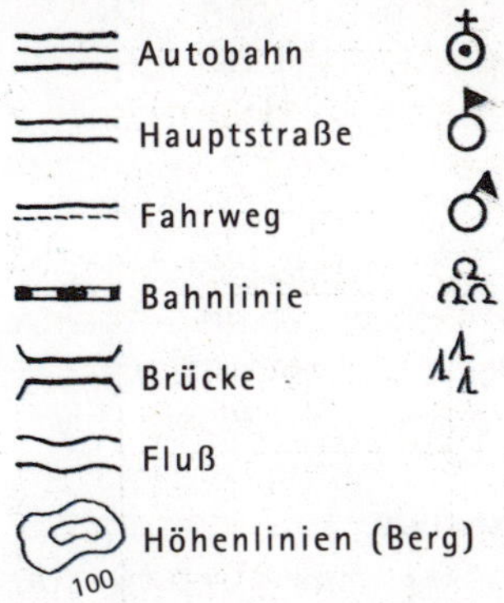

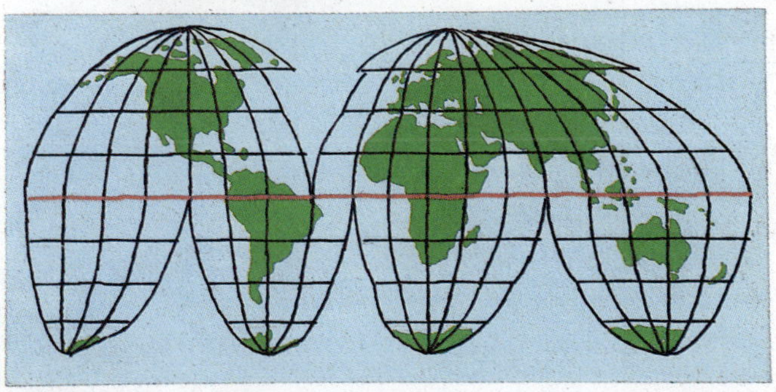

Flächentreue Projektion

Landschaftsschutzgebiet Gebiete, in denen nicht ohne weiteres gebaut werden darf, stehen unter Landschaftsschutz. Die Bauern können dort aber Landwirtschaft betreiben. Man will so landschaftlich schöne Gebiete als Erholungsraum bewahren. ☞ *Naturschutz*

Landwirtschaft Alles, was die Menschen unternehmen, um den Boden zu nutzen, zählt zur Landwirtschaft. Dazu gehören Ackerbau, Viehzucht, Forstwirtschaft und Gartenbau.

Längengrad Man kann um die Erdkugel in Gedanken Kreise ziehen, die durch den Nordpol und den Südpol gehen. Alle Orte auf einem solchen Kreis oder Meridian liegen auf dem gleichen Längengrad. Der Abstand zwischen zwei Längengraden ist auf dem Äquator am größten und nimmt zu den Polen hin ab. ☞ *Gradnetz, Meridian*

Laos Asien

Fläche: 236 800 km² (80. Land)
Einwohnerzahl: 4,2 Mio.
Hauptstadt: Vientiane (377 500 Einw.)
Bevölkerung: Laoten, Thai
Sprachen: Lao, Französisch
Religion: Buddhisten Geld: Kip
Laos ist ein gebirgiges, waldreiches Land mit drei großen Hochflächen. Das Land kann nicht einmal den Eigenbedarf an Nahrungsmitteln decken und gehört zu den ärmsten der Welt.

Lappland Landesteil im Norden Skandinaviens, der sich über Finnland, Schweden und Norwegen erstreckt. Es ist das Wohngebiet der Lappen, die sich selbst Samen nennen. Die Lappen sind teilweise noch Nomaden, die mit ihren Rentierherden durch die Tundra ziehen. An den Flüssen und Seen betreiben sie Fischfang. ☞ *Skandinavien*

Lascaux Ort in Südwestfrankreich, der berühmt ist für seine Höhlen aus der Altsteinzeit. Sie wurden 1940 entdeckt und enthalten fast 20 000 Jahre alte Höhlenmalereien. ☞ *Höhlenmalerei*

Lateinamerika Bezeichnung für die Länder Mittel- und Südamerikas. Hier werden „lateinamerikanische" Sprachen gesprochen. Darunter versteht man Portugiesisch und Spanisch. In Nord- oder „Anglo"-amerika spricht man vorwiegend Englisch.

Laubwald Laubwälder finden sich in der gemäßigten Klimazone, wie in Mitteleuropa. Sie gedeihen auf humusreichen Böden, die Mineralsalze und Wasser zurückhalten. Die größten Laubwälder der Erde, die immergrünen Regenwälder, liegen in den Tropen. Besonders die Laubwälder regeln den Wasserhaushalt in der Natur. ☞ *Klima, Wald*

Lava Die glühenden, geschmolzenen Gesteinsmassen, die aus einem Vulkankrater fließen, bezeichnet man als Lava. Wenn die Lava erstarrt und verwittert, gibt sie einen besonders fruchtbaren Boden ab. ☞ *Magma, Vulkan*

Lawine An steilen Berghängen können gewaltige Schneemassen abrutschen und als Lawinen mit großer Geschwindigkeit zu Tal donnern. Oft verschütten sie ganze Ortschaften. Es gibt Staublawinen aus leichtem Pulverschnee und Grundlawinen aus schwerem, feuchtem Schnee. Staublawinen können schon durch Windbewegungen ausgelöst werden, oder ein überhängendes Schneebrett bricht ab und löst eine Lawine aus. Solche Lawinen erzeugen einen gewaltigen Luftdruck und wirken wie ein Orkan. Grundlawinen gehen besonders bei Tauwetter ab. Wenn die nassen Schneemassen ins Rutschen kommen, reißen sie Bäume und Felsen mit. Zum Schutz gegen Lawinen errichtet man an gefährdeten Berghängen Lawinenverbauungen. Auch der Bannwald dient als Lawinenschutz.
☞ *Bannwald, Gebirge, Schnee*

Lee Die dem Wind abgekehrte Seite eines Schiffs oder eines Bergs. Man spricht auch vom Windschatten. Hier fallen im Gebirge weniger Niederschläge. ☞ *Luv*

Lehm Schwerer, wasserundurchlässiger Boden, der hauptsächlich aus kalkarmer Tonerde besteht und mit Sand vermischt ist. Lehmböden sind oft sehr fruchtbar, aber schwer zu bearbeiten.
☞ *Bodenarten*

Lemminge Kleine Nagetiere in nördlichen Ländern. Sie gehören zu den Wühlmäusen. Wenn sie sich sehr stark vermehren, wandern sie in großen Scharen auf die Küsten der nördlichen Meere zu. Die nachfolgenden Tiere drängen die vorderen ins Meer, und diese ertrinken in großer Zahl. Die Ursache der Wanderung ist noch nicht erforscht. Von der Anzahl der Lemminge in der Tundra hängt es ab, wie viele Polarfüchse und Raubvögel dort Nahrung finden.

Lepra Medizinische Bezeichnung für den Aussatz. Diese ansteckende Krankheit, die schon in der Bibel erwähnt wird, kommt vor allem in tropischen Ländern vor. Dabei werden einzelne Körperteile nicht mehr durchblutet und gefühllos. Nach einiger Zeit sterben sie ab. Dank der modernen Medizin ist Lepra heute heilbar.

Lesotho Afrika

Fläche: 30 355 km^2 (137. Land)
Einwohnerzahl: 1,8 Mio.
Hauptstadt: Maseru (109 000 Einw.)
Bevölkerung: Sotho (Bantu)
Sprachen: Sotho, Englisch
Religion: Christen Geld: Loti
Der Staat liegt mitten in Südafrika und umfaßt einen Teil der über 3 000 m hohen Drakensberge. Die Bewohner leben von der Viehzucht.

Lettland ☞ *Osteuropa*

Libanon Asien

Fläche: 10 400 km^2 (159. Land)
Einwohnerzahl: 2,9 Mio.
Hauptstadt: Beirut (702 000 Einw.)
Bevölkerung: Araber, Palästinenser, Armenier
Sprachen: Arabisch, Armenisch, Französisch
Religion: Moslems, Christen Geld: Pfund
Das Land am Mittelmeer galt einst als schönstes und wohlhabendstes Land im Nahen Osten. Durch andauernden Bürgerkrieg ist es völlig zerstört. Das Land hat nur eine schmale Küste, von der aus das Libanongebirge bis auf über 3 000 m Höhe ansteigt.

Liberia Afrika

Fläche: 111 369 km^2 (101. Land)
Einwohnerzahl: 2,6 Mio.
Hauptstadt: Monrovia (465 000 Einw.)
Bevölkerung: Bassa, Kru, Manding u. a.
Sprachen: Englisch, viele Stammessprachen
Religion: Naturreligionen, Christen Geld: Dollar
In das Land an der Pfefferküste am Atlantik wanderten vor über 150 Jahren freigelassene amerikanische Negersklaven ein. Daher kommt der Name Liberia, der Freiheit bedeutet. Liberia verfügt über große Eisenerzvorkommen und führt Kautschuk und Edelhölzer aus den Regenwäldern aus.

Libyen Afrika

Fläche: 1 759 540 km^2 (16. Land)
Einwohnerzahl: 4,5 Mio.
Hauptstadt: Tripolis (989 000 Einw.)
Bevölkerung: Araber, Berber, Tuareg, Schwarze
Sprachen: Arabisch, Berberdialekte
Religion: Moslems Geld: Dinar
Libyen wurde im 8. Jahrhundert vor Christus von den Phöniziern besiedelt. Ein großer Teil dieses nordafrikanischen Landes ist Wüste. Es besitzt reiche Erdölvorkommen. Früher lebten die Menschen von den Handelskarawanen.

Lichtjahr Die Lichtgeschwindigkeit beträgt 300 000 km in der Sekunde. In einem Jahr legt das Licht also rund 9,46 Billionen km zurück, über 9 460 000 000 000 km. In den Größenordnungen eines Lichtjahrs rechnen Astronomen, die weit entfernte Sterne im Weltall beobachten.
☞ *Sterne*

Liechtenstein Europa

Fläche: 160 km^2 (188. Land)
Einwohnerzahl: 29 400
Hauptstadt: Vaduz (5000 Einw.)
Bevölkerung: Liechtensteiner, zur Hälfte Ausländer
Sprache: Deutsch
Religion: Christen Geld: Schweizer Franken
Das kleine Fürstentum liegt in der Rheinebene zwischen der Schweiz und Österreich.

Lissabon Hauptstadt von Portugal mit über 808 000 Einwohnern. Es ist zugleich die westlichste Hafenstadt Europas. ☞ *Iberische Halbinsel*

Litauen ☞ *Osteuropa*

Llanos (👄 ljanos) Spanische Bezeichnung für Ebene. Man versteht darunter die fast baum- und strauchlosen Hochländer in Mexiko und Südamerika. Dazu zählen die Llanos des Orinoco, ein großes Stromtiefland in Südamerika. ☞ *Orinoco*

Loch Ness Langer, schmaler See in Schottland. In dem Gewässer soll ein Seeungeheuer leben, das schon verschiedene Leute gesehen haben wollen. Das Wort „Loch" bedeutet im Schottischen „See".

Lofoten Inselkette 80 km vor der Nordwestküste Norwegens. Die Inseln haben schroffe Berge und viele Fjorde und sind völlig kahl. Vor den Lofotinseln wird Dorsch und Kabeljau gefangen. Auf den Inseln leben etwa 30 000 Menschen, vor allem Fischer und Schafzüchter. ☞ *Fischerei, Skandinavien*

Loire Längster Fluß Frankreichs mit 1 012 km. Die Loire mündet in den Atlantischen Ozean und ist berühmt für die vielen Schlösser an ihren Ufern. Im Tal der Loire gedeiht Wein. ☞ *Frankreich*

London Hauptstadt Großbritanniens mit 6,8 Millionen Einwohnern. Greater London, der Großraum London, hat über 10 Millionen Einwohner. Die eigentliche City of London hat nur 5 000 Einwohner. ☞ *Großbritannien*

Los Angeles Zweitgrößte Stadt der USA mit etwa 3,5 Millionen Einwohnern. Flächenmäßig ist Los Angeles eine der größten Städte der Welt. Bekannt ist es durch seinen Vorort Hollywood, in dem die Filmindustrie zu Hause ist. ☞ *Nordamerika*

Löß Gelber, feiner Sand, der am Ende der letzten Eiszeit vom Wind angetragen wurde. Besonders in China hat sich der fruchtbare Löß aus den Steppen Asiens zu mehreren hundert Meter hohen Schichten aufgetürmt. Im Lauf von Jahrtausenden wurde der Lößboden an den oberen Schichten zu festem Lehm. Fruchtbare Lößböden finden sich auch in Deutschland, zum Beispiel in der Magdeburger Börde, in Rheinhessen zwischen Rhein und Mosel und am Main. ☞ *Bodenarten*

Lot An einem Faden hängendes Gewichtsstück, mit dem man die Tiefe ausmessen kann. Dieses Senkblei wurde früher in der Schiffahrt zum Ausloten der Meerestiefe verwendet. Heute benutzt man dafür ein Echolot. ☞ *Echolot, Navigation*

Lothringen Landschaft im Osten Frankreichs zwischen den Vogesen und den Flüssen Mosel und Maas. Zu den bekanntesten Städten Lothringens gehören Nancy und Metz. Lothringen hat viele Bodenschätze, vor allem Eisenerz und Kohle. Deshalb entstand hier eine bedeutende Schwerindustrie mit vielen Eisenhütten und Stahlwerken. ☞ *Frankreich*

Löwe Größtes afrikanisches Raubtier, das bis 1,80 m lang wird. Löwen sind die einzigen Katzen, die im Rudel jagen wie die Wölfe. Früher waren die Löwen über Nordafrika, Griechenland, Kleinasien bis nach Indien verbreitet. Heute kommen sie nur noch in der afrikanischen Savanne vor. ☞ *Afrika*

Luft Gasgemisch, das die Erde als Lufthülle umgibt. Die Luft besteht zu etwa drei Vierteln aus Stickstoff, einem Viertel aus Sauerstoff sowie kleinen Mengen an Kohlendioxid und verschiedenen Edelgasen. Man gewinnt den Stickstoff aus der Luft und erzeugt daraus Kunstdünger. ☞ *Kohlendioxid, Lufthülle, Stickstoff*

Luftbild Zur Erkundung der Erde werden von Flugzeugen oder von Satelliten aus fotografische Aufnahmen gemacht. Automatische Kameras nehmen dabei in kurzen Zeitabständen viele Bilder des überflogenen Gebiets auf. Die Aufnahmen werden in Computern ausgewertet und können in Landkarten umgesetzt werden. Die Abweichung gegenüber der Wirklichkeit beträgt dabei heute nur noch etwa 1 cm auf 1 km. Mit besonderen, wärmeempfindlichen Infrarotfilmen läßt sich auch der Grad der Luftverschmutzung auf einem Foto festhalten. Sogar die Lage von Bodenschätzen in der Erdkruste kann man mit Infrarotaufnahmen erkunden, da die Fotos nach dem Entwickeln je nach Gesteinsart verschiedene Färbungen zeigen. Wissenschaftler können diese Bilder entschlüsseln und daraus ablesen, ob etwa Kohle oder Öl in dem fotografierten Gebiet vorhanden ist. Durch Infrarotaufnahmen können auch Waldschäden durch sauren Regen sichtbar werden. Die Farben erscheinen umgekehrt: Gesunde Bäume sind rot, kranke grün. ☞ *Landkarte*

Luftdruck Die Lufthülle der Erde drückt durch ihr Gewicht auf alle Körper. Wir bezeichnen das als Luftdruck. Er beträgt auf Meereshöhe 1 000 Hektopascal (hP). Der Luftdruck ändert sich je nach Wetterlage und mit zunehmender Höhe. Er ist auf einem Berg niedriger als an der Meeresküste, und die Luft enthält dort weniger Gasteilchen, also auch weniger Sauerstoff. Deshalb fällt uns in großer Höhe das Atmen schwerer. ☞ *Barometer, Lufthülle*

Luftfeuchtigkeit Je wärmer die Luft ist, desto mehr Wasserdampf nimmt sie auf. Die warme feuchte Luft steigt nach oben und kühlt sich dabei ab. Die gasförmigen Wasserteilchen kondensieren zu Wassertröpfchen, und es bilden sich Wolken. Immer mehr Wasserteilchen lagern sich zusammen. Schließlich werden die Tröpfchen zu schwer, und es beginnt zu regnen. ☞ *Wetter*

Lufthülle ☞ *Seite 144*

Luftverkehr In Europa fliegen täglich Millionen Menschen mit dem Flugzeug – über eine Milliarde Menschen pro Jahr fliegen auf der ganzen Welt. Alle Flugzeuge zusammen legen dabei eine Strecke zurück, die 150 000mal um den Erdball reichen würde. Im Luftraum bis zu 3 km Höhe geht es sehr eng zu. Damit keine Flugzeuge zusammenstoßen, müssen sie genau vorgeschriebene Flugrouten einhalten. ☞ *Flugverkehr, Verkehr*

Luftverschmutzung Die Luft wird heute durch immer mehr Abgase verschmutzt. Dazu zählen die Stickoxide sowie Schwefeldioxid und Kohlendioxid. Diese Gase entstehen bei jeder Verbrennung. Durch die Luftverschmutzung nimmt das Waldsterben zu, das Klima auf der Erde ändert sich, und es kommt zum Treibhauseffekt. Die größten Luftverschmutzer sind neben den Industrieländern mit ihrem starken Autoverkehr, ihren Fabriken und Kraftwerken die Länder, in denen Brandrodung betrieben wird. Und auch Vulkanausbrüche verschmutzen die Luft stark. Der Wind treibt die aufsteigenden Abgase umher, so daß auch weniger industrialisierte Länder von der Luftverschmutzung belastet sind. Durch Gesetze und Verordnungen versucht man den Ausstoß an Abgasen in den Industrieländern zu verringern. So müssen in Schornsteine Filter eingebaut werden, und die Auspuffanlagen von Autos erhalten Katalysatoren, die einen Teil der giftigen Abgase zurückhalten. ☞ *Abgase, Umweltschutz*

Lüneburger Heide Einst ausgedehnte Heidelandschaft zwischen Elbe und Aller. Nur ein kleiner Rest am Wilseder Berg blieb als Naturpark bestehen. ☞ *Deutschland, Heide*

Luv Die dem Wind zugekehrte Seite eines Schiffs. Der Ausdruck stammt aus der Seemannssprache. Man spricht auch von der Luvseite eines Gebirges. Diese Seite ist die Wetterseite und erhält die meisten Niederschläge. ☞ *Lee*

Luxemburg ☞ *Beneluxländer*

Luzern Kanton in der Schweiz. Die gleichnamige Hauptstadt hat 60 000 Einwohner und liegt am 114 km^2 großen Vierwaldstätter See. ☞ *Schweiz*

Lufthülle

Die Lufthülle umgibt die Erde wie ein schützender Mantel. Ohne diese Atmosphäre würde die Sonnenwärme die Meere tagsüber zum Kochen bringen, in der Nacht hingegen wäre die Erde so kalt, daß der Boden metertief gefrieren würde. Die etwa 1 000 km hohe Lufthülle hat natürlich ein Gewicht. Sie drückt mit ungefähr 1 Kilogramm auf jeden Quadratzentimeter der Erdoberfläche. Der Luftdruck ändert sich ständig, da er von der Menge der Luftteilchen abhängt. Je dichter die Luft ist, desto höher ist der Luftdruck und um so höher steigt das Barometer. Wenn man auf einen Berg klettert, wird die Luft mit zunehmender Höhe immer dünner, der Luftdruck also immer niedriger. Auch durch Wärme und Feuchtigkeit ändert sich der Luftdruck.

Die Lufthülle besteht aus mehreren Schichten oder Stockwerken. Das ganze Leben auf der Erde und auch das Wetter spielt sich in der untersten Schicht, der Troposphäre, ab. Sie ist etwa 17 km hoch. Daran schließt sich die Stratosphäre an, die bis in 50 km Höhe reicht. In diesem völlig wetterfreien Raum beträgt die Temperatur zwischen minus 50 und minus 70 Grad Celsius.

In ungefähr 20 bis 30 km Höhe liegt eine Sperrschicht aus besonderem Sauerstoff, aus Ozon. In dieser Ozonschicht wird ein Teil der ultravioletten Sonnenstrahlen in Wärmestrahlen umgewandelt. Die Ionosphäre erstreckt sich zwischen 80 und 400 km Höhe. Sie ermöglicht den Funkverkehr um die Erde, da sie verhindert, daß Funkwellen ins endlose Weltall abgestrahlt werden. In der Ionosphäre werden auch die Polarlichter sichtbar. Sie können ganz bunt sein und sehen oft aus wie Vorhänge, die der Wind bewegt. Die Polarlichter entstehen durch elektrisch geladene Teilchen, die von der Sonne auf die Erde geschleudert werden und in der Lufthülle verglühen.

Obwohl die Gashülle der Erde insgesamt rund 1 000 km dick ist, befinden sich drei Viertel der Luftteilchen in der untersten Schicht, der Troposphäre. Nur für diesen Bereich trifft es zu, daß die Luft mit zunehmender Höhe immer kälter wird. In der Stratosphäre liegt die Temperatur unter minus 50 Grad. Dann steigt sie auf etwa 50 Grad an, um in höheren Schichten wieder bis auf nahezu minus 100 Grad abzusinken. In der Ionosphäre beträgt die Temperatur 400 bis 1 000 Grad. Und am äußersten Rand der Atmosphäre, wo die Lufthülle in den luftleeren Weltraum übergeht, herrschen ungefähr 1 200 Grad Celsius.

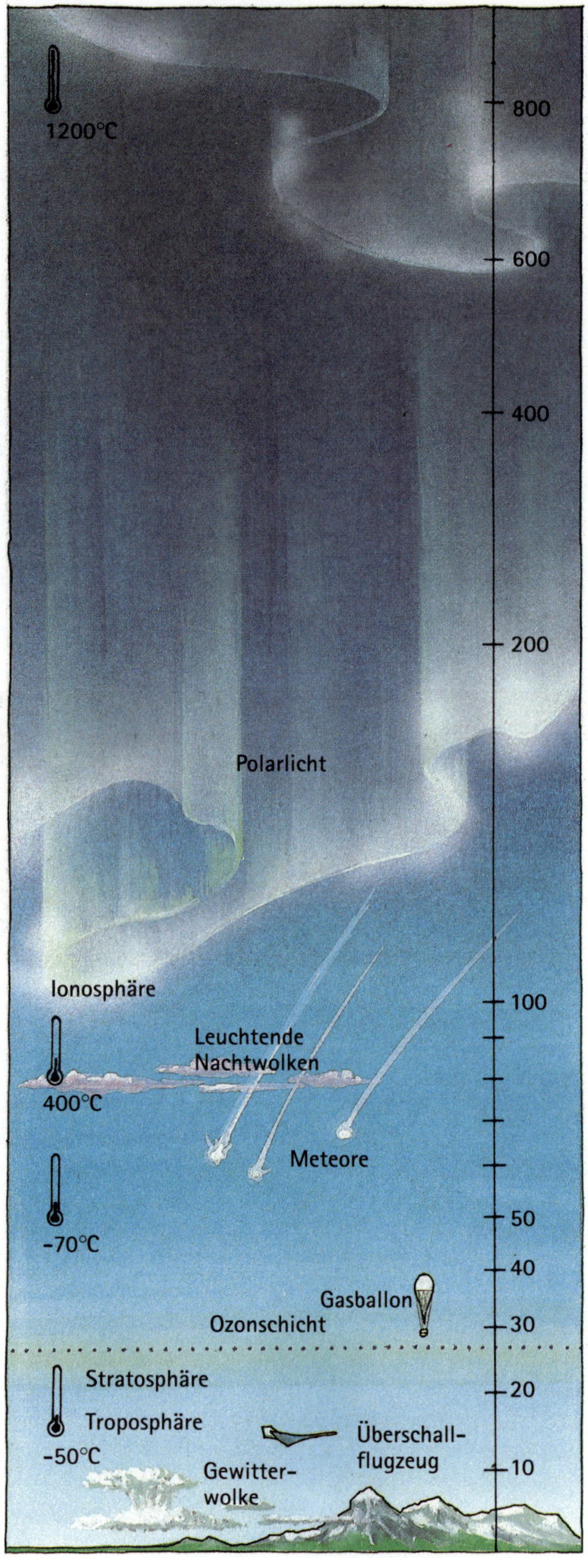

Mäander Der Mäander ist ein Fluß im Westen der Türkei und heißt heute Menderes. Er ist berühmt, weil er in vielen Schlangenwindungen dahinfließt. Nach ihm ist das Mäander-Muster benannt. Ein Fluß mäandert, wenn er viele Windungen hat.

Maar Kreisrunde Vertiefungen in der Erde, die mit Wasser gefüllt sind. Diese Maare entstanden durch vulkanische Gasexplosionen. Sie finden sich in Deutschland besonders in der Eifel, die einst eine Vulkanlandschaft war. ☞ *Eifel, Vulkan*

Macchia (makja) Niedriger Buschwald aus immergrünen Gehölzen. Die einst bewaldeten Hänge im Mittelmeergebiet sind heute teilweise von Macchia bedeckt.

Madagaskar Afrika

Fläche: 587 041 km² (44. Land)
Einwohnerzahl: 11,6 Mio.
Hauptstadt: Antananarivo (1 Mio. Einw.)
Bevölkerung: Schwarze, Malaien
Sprachen: Französisch, Malagasy, Howa
Religion: Naturreligionen, Christen, Moslems
Geld: Madagaskar-Franc
Die viertgrößte Insel der Erde liegt im Indischen Ozean vor der ostafrikanischen Küste. Die gebirgige Ostseite ist von tropischem Regenwald bedeckt, der aber zunehmend zerstört wird. Madagaskar hat eine eigene Pflanzen- und Tierwelt.

Madeira Insel im Atlantischen Ozean vor der Nordwestküste Afrikas. Madeira gehört zu Portugal und ist wegen des sehr milden Klimas auch im Winter ein beliebtes Reiseziel. Auf der Insel wachsen Bananen, Ananas und Zuckerrohr.

Madrid Hauptstadt Spaniens mit 3,1 Millionen Einwohnern. In Madrid befindet sich der Prado, ein bedeutendes Kunstmuseum. Der Nationalpalast in Madrid ist eines der eindrucksvollsten Königsschlösser Europas. ☞ *Iberische Halbinsel*

Magellan, Fernando (1480 bis 1521) Portugiesischer Seefahrer und Entdecker. Auf Portugiesisch heißt er Magalhaes (mägeljasch). ☞ *Entdecker*

Magma Die heiße, flüssige Gesteinsschmelze im Erdinnern. Bei einem Vulkanausbruch tritt sie an die Oberfläche und fließt als Lava über die Hänge des Vulkans. ☞ *Gestein, Vulkan*

Magnetismus Es gibt Metalle, die Eisen anziehen oder abstoßen. Man bezeichnet diese Eigenschaft als Magnetismus. Dabei besteht zwischen dem magnetischen Nordpol und dem magnetischen Südpol ein Magnetfeld. Auch die Erde ist ein Magnet, dessen Pole ungefähr mit dem geographischen Nord- und Südpol zusammenfallen. Das Magnetfeld der Erde beeinflußt die Nadel in einem Kompaß. ☞ *Kompaß*

Main Der Main entspringt im Fichtelgebirge und mündet nach 524 km bei Mainz in den Rhein. Ab Bamberg ist er schiffbar. Hier beginnt der Main-Donau-Kanal. ☞ *Main-Donau-Kanal*

Main-Donau-Kanal Durch den 171 km langen Main-Donau-Kanal können Schiffe von Bamberg bis Regensburg fahren. Er hat 16 Schleusen und ist 36 m breit. Mit dem Rhein besteht so eine 3 500 km lange Verbindung von der Nordsee bis zum Schwarzen Meer. ☞ *Donau, Kanal, Rhein*

Mais Das Getreide der Indianer kam erst nach der Entdeckung Amerikas in andere Erdteile. Nach Weizen und Reis ist Mais heute das am meisten angebaute Getreide. Neben Sorten für die menschliche Ernährung gibt es den Futtermais. ☞ *Getreide*

Makedonien ☞ *Balkan*

Malaria Tropenkrankheit, die von der Stechmücke Anopheles übertragen wird. Malariakranke plagen lebensgefährliche Fieberanfälle. Die Malaria heißt auch „Sumpffieber“. Die Schlafkrankheit dagegen überträgt die Tsetsefliege ☞ *Tropenkrankheit*

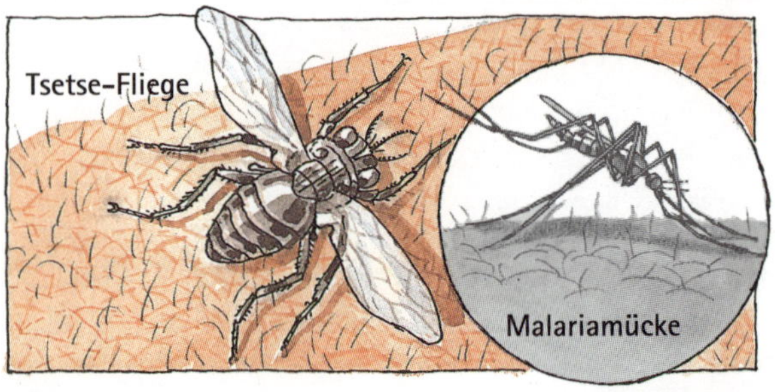

Malawi Afrika
Fläche: 118 484 km² (98. Land)
Einwohnerzahl: 8,5 Mio.
Hauptstadt: Lilongwe (234 000 Einw.)
Bevölkerung: Bantu
Sprachen: Englisch, Chichewa
Religion: Christen, Naturreligionen, Moslems
Geld: Malawi-Kwacha
Malawi liegt im Südosten Afrikas. Große Teile sind von Trockenwald und Grasland bedeckt. Vor allem Tee, Tabak und Zuckerrohr werden angebaut.

Malaysia Asien
Fläche: 329 758 km² (65. Land)
Einwohnerzahl: 17,8 Mio.
Hauptstadt: Kuala Lumpur (938 000 Einw.)
Bevölkerung: Malaien, Chinesen, Inder, Pakistani
Sprachen: Malaiisch, Englisch
Religion: Moslems, Buddhisten, Hindus, Christen
Geld: Malaysischer Ringgit
Malaysia besteht aus dem Südteil der Halbinsel Malakka und dem Nordwesten der Insel Borneo. Die beiden Landesteile sind 600 km voneinander entfernt und mit tropischem Regenwald bedeckt.

Malediven Asien
Fläche: 298 km² (184. Land)
Einwohnerzahl: 214 150 Einw.
Hauptstadt: Malé (56 000 Einw.)
Bevölkerung: Malediver
Sprachen: Divehi, Elu, Englisch
Religion: Moslems Geld: 1 Rufiyaa
Die Malediven liegen im Indischen Ozean und bestehen aus etwa 2 000 Koralleninseln.

Mali Afrika
Fläche: 1 240 192 km² (23. Land)
Einwohnerzahl: 8,5 Mio.
Hauptstadt: Bamako (740 000 Einw.)
Bevölkerung: Bambara, Fulbe, Tuareg u.a.
Sprachen: Französisch, Arabisch u.a.
Religion: Moslems, Naturreligionen
Geld: Afrikanischer Franc
Ein Drittel des Landes im Norden gehört zur Sahara. Die Bevölkerung lebt fast ausschließlich im fruchtbaren Süden.

Mallorca (👁 majorca) Diese größte Insel Spaniens gehört zu den Balearen, einer Inselgruppe im Mittelmeer. Mallorca ist ein beliebtes Reiseziel für Touristen. ☞ *Balearen, Iberische Halbinsel*

Malta Europa
Fläche: 316 km² (183. Land)
Einwohnerzahl: 358 000
Hauptstadt: Valletta (9 200 Einw.)
Bevölkerung: Malteser
Sprachen: Maltesisch, Englisch
Religion: Christen Geld: Maltesische Lira
Die Inseln Malta, Gozo und Comino bilden die Republik Malta, eines der kleinsten Länder Europas. Malta liegt südlich von Sizilien im Mittelmeer.

Mammut Über 4 m hoher, wollhaariger Elefant mit 5 m langen, nach oben gebogenen Stoßzähnen. Er lebte während der Eiszeit in Nordeuropa und Asien und sogar in Deutschland. ☞ *Eiszeit*

Mangrovensumpf An den Küsten tropischer Meere, vor allem in Asien, wächst die Mangrove. Sie bildet oft dichte Wälder. Die Mangroven besitzen Stelzwurzeln, mit denen sie teilweise im Salzwasser stehen. Zwischen den Wurzeln verfängt sich der Schlick, und die Mangrovensümpfe schieben sich so immer weiter ins Meer hinaus.

Manilahanf Fasern einer bestimmten Bananenart, die auf den Philippinen beheimatet ist. Aus den Pflanzenstengeln werden Schiffstaue, Netze und Hängematten geknüpft. Mit dem echten Hanf, der früher bei uns auf Feldern angebaut wurde, hat der Manilahanf nichts zu tun. ☞ *Hanf*

Maniok Der bis 3 m hohe Maniokstrauch ist ein Wolfsmilchgewächs, aus dem ähnlich wie bei unserem Löwenzahn eine dickliche weiße Milch quillt. Die meisten Wolfsmilchgewächse sind giftig, aber die Knollen des Maniokstrauches waren für die Indianer Südamerikas schon immer ein wichtiges Nahrungsmittel. Maniok ist heute in allen tropischen Ländern Afrikas und Asiens eingeführt. Die Knollen werden ausgewaschen, gekocht oder getrocknet und sind dann eßbar. Sie liefern auch ein stärkehaltiges Mehl.

Maori Ureinwohner Neuseelands. Die Maori sind dafür berühmt, daß sie sich ihre Haut kunstvoll tätowieren lassen. Etwa 300 000 Angehörige dieses dunkelhäutigen Volkes leben heute noch auf Neuseeland. ☞ *Neuseeland, Völker*

Tätowierter Maori

Marco Polo (1254 bis 1324) Kaufmann aus Venedig. Seine Reisen führten ihn über die Türkei durch Persien bis nach Peking. Damals herrschten dort die Mongolen. ☞ *Entdecker, Mongolen*

Marianen Ozeanien

Fläche: 475 km² (177. Land)
Einwohnerzahl: 21 800
Hauptstadt: Susupe (19 200 Einw.)
Bevölkerung: Polynesier
Sprachen: Polynesisch, Englisch
Religion: Christen Geld: US-Dollar
Der Staat besteht aus 16 Inseln, von denen nur sechs bewohnt sind. Sie liegen im Pazifischen Ozean und gehörten bis 1990 zu den USA.

Marianengraben Vor den Philippinen im Stillen Ozean liegt der Marianengraben. Hier wurde die größte Meerestiefe gemessen, das Witjas-Tief mit 11 022 m. Das Tauchboot „Trieste" hatte im Marianengraben 1960 eine Tiefe von 10 917 m erreicht. ☞ *Meer, Piccard, Tiefsee*

Marktwirtschaft Die Preise auf dem Markt regeln sich nach Angebot und Nachfrage. Ist viel Ware vorhanden und die Nachfrage gering, dann fallen die Preise. Sie steigen, wenn die Nachfrage groß ist und nur wenig Waren angeboten werden. Man nennt das freie Marktwirtschaft. In das Wechselspiel von Angebot und Nachfrage kann der Staat eingreifen, indem er die Preise für bestimmte Waren festsetzt. ☞ *Planwirtschaft*

Marmarameer Das Marmarameer trennt die europäische von der asiatischen Türkei. Das kleine, bis 250 km breite Binnenmeer liegt zwischen dem Schwarzen Meer und dem Mittelmeer. ☞ *Balkan*

Marmor Edler Kalkstein. Er ist entweder reinweiß oder durch Metalloxide schwarz, rot oder grün gefärbt. Meist hat er alle Farben zusammen, daher kommt auch das Wort marmoriert. Besonders schön ist reinweißer Marmor, der in der Bildhauerkunst verwendet wird. Von alters her kommt weißer Marmor aus Carrara in Italien, er findet sich aber auch auf der griechischen Insel Paros. ☞ *Gestein*

Marokko Afrika

Fläche: 446 550 km² (56. Land)
Einwohnerzahl: 25 Mio.
Hauptstadt: Rabat (1,3 Mio. Einw.)
Bevölkerung: Berber, Araber
Sprachen: Arabisch, Berbersprachen, Französisch, Spanisch
Religion: Moslems Geld: Dirham
Das Königreich in Nordafrika wird hauptsächlich von Berbern bewohnt. Diese sind an der Mittelmeerküste und im Gebirge seßhaft und leben von Getreide- und Obstanbau. In den Wüsten und Oasen im Landesinnern leben noch Nomaden.

Marsch Schwemmland, das man dem Meer abgewonnen und durch Deiche gegen die Flut geschützt hat. Die Marschen liegen vor allem an der Nordseeküste und sind fruchtbares Ackerland. ☞ *Deich, Geest, Polder*

Marshall-Inseln Ozeanien

Fläche: 181 km^2 (187. Land)
Einwohnerzahl: 43 400
Hauptstadt: Uliga (7 600 Einw.)
Bevölkerung: Mikronesier
Sprachen: Englisch, mikronesische Sprachen
Religion: Christen Geld: US-Dollar
Die 34 Korallenatolle bilden zwei Ketten im Pazifischen Ozean. Sie gehörten bis 1990 zu den USA. Die Amerikaner haben auf dem Bikini- und Eniwetok-Atoll Atomwaffenversuche unternommen.

Massai Ureinwohner der Steppen Ostafrikas im heutigen Kenia und Tansania. Die Massai sind ein Hirtenvolk. Sie sind auffallend groß gewachsen und waren als Krieger bei den anderen Stämmen gefürchtet. Es gibt nur noch etwa 130 000 Massai. ☞ *Afrika, Völker*

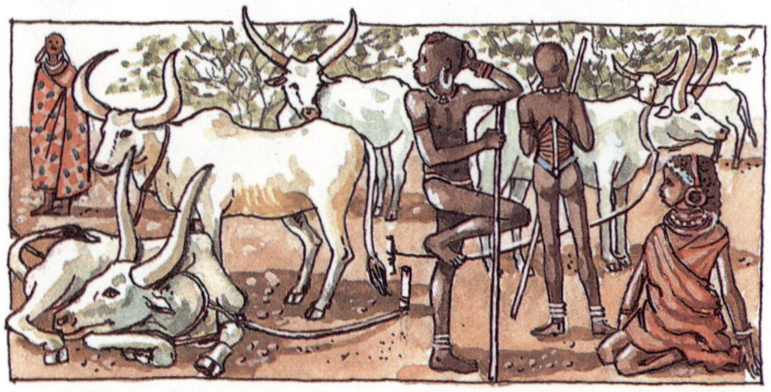

Massentierhaltung In vielen Ländern der Erde werden heute immer mehr Haustiere zum Schlachten gehalten. Hühner werden in Massenkäfigen bis zur Schlachtreife gefüttert. Mastschweine und Mastkälber bleiben in den Ställen, damit sie schneller Fleisch ansetzen. Das Tränken und Füttern geschieht automatisch, der Mist läuft über Förderbänder aus den Stallungen. Große Probleme bereitet die Beseitigung von Kot und Mist. 3 Millionen Hühner belasten das Wasser etwa so stark wie 100 000 Menschen in einer Großstadt. Da man immer mehr Futtermittel benötigt, wird auch wertvolles Getreide als Tierfutter verwendet und in Fleisch verwandelt. Viele Entwicklungsländer bauen Tierfutter an, um es zu exportieren, anstatt Feldfrüchte für den eigenen Bedarf anzupflanzen.

Maßstab Wenn man Dinge verkleinert oder vergrößert darstellt, kann man durch einen Maßstab ihre wahre Größe angeben. Ein solcher Maßstab ist bei Landkarten erforderlich. ☞ *Landkarte*

Matten Grasflächen oberhalb der Baumgrenze im Hochgebirge. ☞ *Höhenstufen*

Matterhorn Berg an der Grenze zwischen der Schweiz und Italien. Das 4 478 m hohe Matterhorn wurde 1865 zum ersten Mal bestiegen. ☞ *Alpen*

Mauretanien Afrika

Fläche: 1 025 520 km^2 (28. Land)
Einwohnerzahl: 2 Mio.
Hauptstadt: Nouakchott (450 000 Einw.)
Bevölkerung: Mauren, Schwarze
Sprachen: Arabisch, Französisch
Religion: Moslems Geld: Ouguiya
Mauretanien grenzt im Nordosten an die Wüste Sahara, im Südwesten an den Atlantik. Nur ein Fünftel des Landes ist an der Küste bewohnt.

Mauritius Afrika

Fläche: 2 040 km^2 (166. Land)
Einwohnerzahl: 1,1 Mio.
Hauptstadt: Port Louis (138 300 Einw.)
Bevölkerung: Inder, Kreolen
Sprachen: Englisch, Kreolisch, Indische Sprachen
Religion: Hindus, Christen, Moslems Geld: Rupie
Die tropische Insel liegt fast 2 000 km vor Ostafrika im Indischen Ozean und ist ein beliebtes Reiseziel.

Maya Indianervolk, das in Guatemala und Mexiko verbreitet war. Ursprünglich lebten die Maya im Urwald, den sie etwa im 10. Jahrhundert verließen, um große Städte anzulegen. Reste dieser Städte finden sich noch auf der Halbinsel Yucatan in Mexiko. Berühmt waren die Maya wegen ihrer Rechenkünste und ihrer Schrift, den Maya-Hieroglyphen, die bisher kaum entziffert sind. Hauptsächlich sind es Zeichen für Zahlen, Tage, Monate und Jahre, denn die Maya hatten einen sehr genauen Kalender. Heute leben noch etwa zwei Millionen ihrer Nachkommen in Mittelamerika. ☞ *Indianer, Mittelamerika*

Mayapyramide
von Chichén Itzá
Mexiko

Meer

Wäre das Meer durchsichtig wie Glas, dann könnten wir auf dem Meeresgrund gewaltige Gebirgszüge erkennen. Selbst das höchste Gebirge der Erde, der Himalaja, hätte in den tiefsten Meeresgräben spielend Platz. Seine größte Tiefe hat das Weltmeer im Marianengraben im Pazifischen Ozean, man hat hier 11 022 m gemessen. Das Meer ist aber nicht überall so tief. Die Erdteile sind von einem Sockel umgeben, dem sogenannten Schelf, und darüber liegen die flachen, bis zu 200 m tiefen Küstenmeere. Hinter dem Sockel fällt das Meer steil zur Tiefsee ab. Das größte untermeerische Gebirge ist der Mittelatlantische Rücken, der sich vom Südpol bis zum Nordpol zieht. Über weite Strecken ist der Meeresboden allerdings flach. Kleinere Meerestäler sind eingeebnet durch dicke weiche Schlammschichten. Sand findet sich nur in den seichten Küstengewässern. Er stammt von den Steinen, die Meereswellen an der Küste losgelöst und im Lauf der Zeit zerkleinert haben. Zu dem Sand kommen noch Ablagerungen aus den Kalkschalen winziger Lebewesen, die seit Jahrmillionen auf den Meeresboden rieseln. In die Tiefsee unter 1 000 m gelangen nur Tonteilchen. Der Tiefseeton wird durch das Gewicht des Wassers zu festem Stein zusammengedrückt. Die Schichten sind manchmal mehrere hundert Meter dick.

Forschungsschiffe entnehmen mit dem Kolbenlotbohrer oder einem Greifer Proben aus dem Meeresboden. Aus verschiedenen Tiefen wird Meerwasser geschöpft und auf darin gelöste Stoffe untersucht. In flachen Schelfmeeren wie der Nordsee fördert man Erdöl. Auf dem Grund der tiefsten Meere lagert Mangan, das man für die Stahlherstellung benötigt. Allerdings ist es viel zu kostspielig und aufwendig, diese Manganknollen zu bergen. Einfacher ist es schon, gelöste Metalle, darunter auch Gold, aus dem Meerwasser zu gewinnen.

Die drei Ozeane – der Pazifische, der Atlantische und der Indische Ozean – bilden zusammen das Weltmeer. Die Lage eines Ozeans auf der Erdkugel ist entscheidend für seine Tierwelt. So gedeihen riffbildende Korallen und die buntesten Fische nur in warmen Meeren wie dem Indischen Ozean oder Teilen des Pazifiks. In den kalten Gewässern des Nordatlantiks und der Antarktis gibt es mehr Kleinlebewesen. Deshalb halten sich dort auch viel größere Fischschwärme auf.

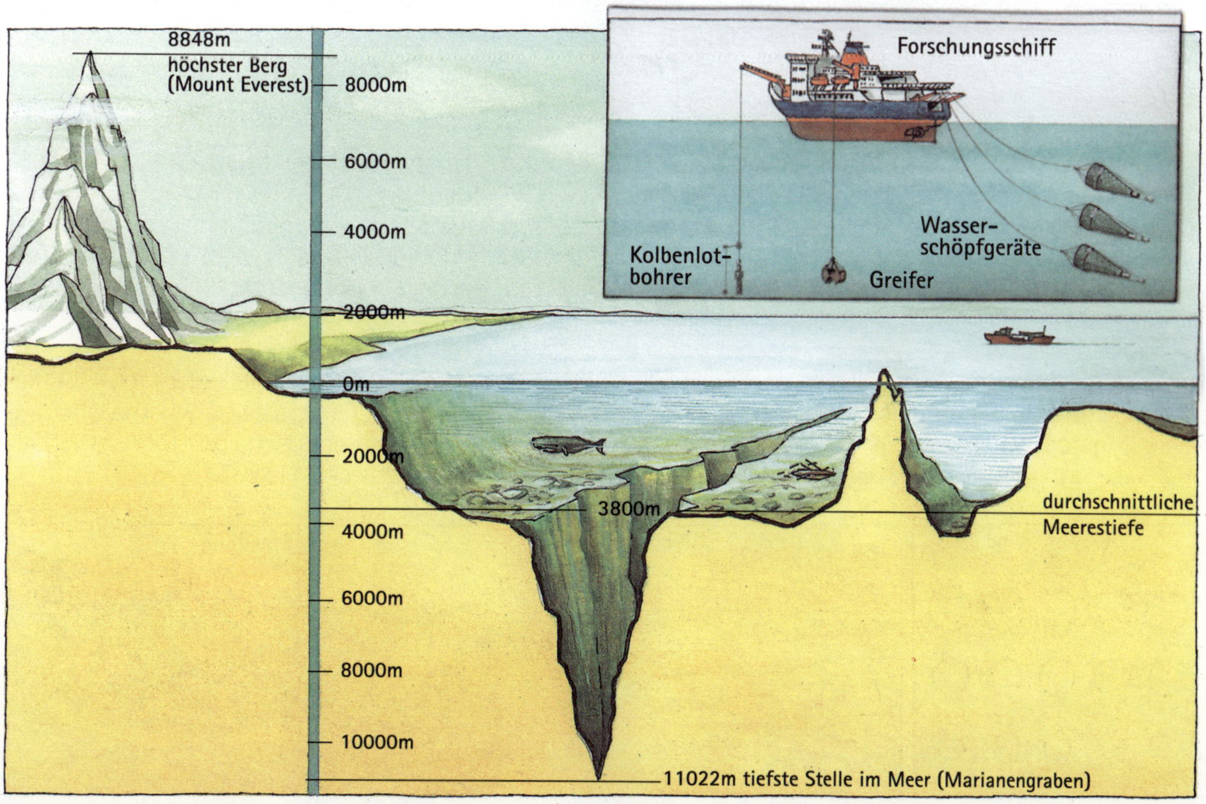

Mecklenburg-Vorpommern
Deutsches Bundesland
Fläche: 23 369 km² Einwohner: 1,9 Mio.
Landeshauptstadt: Schwerin (127 450 Einwohner)
☞ *Deutschland*

Meer ☞ *Seite 149*

Meerenge Schmale Meeresstraße zwischen Erdteilen oder Inseln. Eine Meerenge ist zum Beispiel die 14 km breite Straße von Gibraltar zwischen Afrika und Europa. Sie trennt zugleich das Mittelmeer vom Atlantischen Ozean. ☞ *Landenge*

Meeresspiegel Die Oberfläche des Meeres. Man berechnet danach die Höhen auf der Erde. Dazu wird der durchschnittliche Wasserstand mit der Höhe Null (N. N.) angenommen. Die Spitze des Mount Everest liegt danach 8 848 m über dem Meeresspiegel. Auf den Meeresspiegel Null beziehen sich die Angaben zum Luftdruck. ☞ *Luftdruck*

Meeresströmung Ständig wehende Winde aus bestimmten Richtungen erzeugen Wasserströmungen auf dem Meer. So treiben Winde warmes Wasser vom Äquator in Richtung der Pole. Umgekehrt fließen kalte Meeresströme von den Polen auf den Äquator zu. Da Wasser die Wärme nur langsam abgibt, beeinflussen die Meeresströmungen auch das Klima an den Küsten. Der warme Golfstrom sorgt dafür, daß im Winter die Häfen in Norwegen eisfrei sind, und der kalte Labradorstrom läßt in Kanada die Häfen zufrieren. ☞ *Golfstrom, Labradorstrom*

Meerestiefe Auf dem Meeresboden gibt es Berge und Täler wie auf der Erde. Deshalb ist das Meer nicht an allen Stellen gleich tief. Die tiefsten Täler mit über 11 000 m befinden sich im Pazifik. Ab einer Meerestiefe von 1 000 m spricht man von Tiefsee. ☞ *Marianengraben, Meer*

Meereswellen Auch wenn kein Wind weht, schlägt das Meer in weichen Wellen immer an der Küste an. Dieses Meeresrauschen kennen wir als Brandung. Sie kommt dadurch zustande, daß irgendwo, vielleicht in 1 000 km Entfernung, ein Sturm das Meer aufwühlt. Die Wellenbewegung pflanzt sich dann im Wasser fort. Je näher ein Sturm an die Küste kommt, desto höher werden die Wellen. Dann können haushohe Flutwellen entstehen, die sich mit großer Geschwindigkeit ausbreiten.
☞ *Brandung, Tsunami*

Meerwasserentsalzung Daß Meerwasser salzig ist, weiß jedes Kind, das schon einmal darin gebadet hat. Ein Liter Meerwasser enthält ungefähr einen gehäuften Eßlöffel Salz. In Trockengebieten der Erde, zum Beispiel in Arabien, versucht man durch Entsalzung des Meerwassers Süßwasser zu gewinnen. Das Wasser wird aus dem Meer in Entsalzungsanlagen gepumpt. Auch große Passagierschiffe haben Entsalzungsanlagen. ☞ *Salz*

Meile Alte Längenbezeichnung, die heute noch vor allem in englischsprachigen Ländern gilt. Eine Meile ist auf dem Land 1 609 m lang. Eine Seemeile entspricht 1 852 m. Ein Schiff, das 20 Knoten (Seemeilen/Stunde) läuft, legt also 37 km in der Stunde zurück. ☞ *Kilometer*

Mekka Heilige Stadt der Moslems in Saudi-Arabien. Hier wurde 570 n. Chr. der Begründer des Islam, Mohammed, geboren. Jeder Moslem sollte einmal eine Pilgerfahrt nach Mekka machen. Auch Medina, wo der Prophet begraben liegt, gilt als heilige Stadt der Moslems. ☞ *Islam, Kaaba*

Mekong Größter Strom Hinterindiens mit 4 500 km Länge. Er bildet die Grenze zwischen Thailand und Laos, fließt durch Kambodscha und mündet in Vietnam ins Südchinesische Meer.

Mensch

Vor vielen Jahrmillionen hatten Menschen und Tiere gemeinsame Vorfahren. Die Naturforscher haben nämlich Schädel und Knochen von Urmenschen ausgegraben, an denen sie übereinstimmende Merkmale mit Menschenaffen feststellen konnten. Allerdings stammt der Mensch nicht vom Affen ab. Vor 4 bis 6 Millionen Jahren haben sich menschenähnliche Wesen vom gemeinsamen Stamm abgespalten. Diese Urmenschen lebten nicht mehr auf Bäumen, sondern am Boden und gingen aufrecht auf zwei Beinen. Wahrscheinlich haben sie schon Steine zu ihrer Verteidigung benutzt. Der Australopithecus, wie er wissenschaftlich heißt, war der Vorläufer des ersten wirklichen Menschen, des Homo erectus. Dieser erschien vor ungefähr 2 Millionen Jahren auf der Erde.

Der Homo erectus, der aufrecht gehende Mensch, besaß schon moderne Gliedmaßen, aber seine Hände waren noch recht primitiv. Er kannte allerdings bereits den Gebrauch des Feuers und verstand es, Werkzeuge aus Stein herzustellen. Auf den Homo erectus folgte der Homo sapiens. Dieser mit Vernunft begabte Vorzeitmensch ähnelte schon sehr dem heutigen modernen Menschen. Sein Gehirn war größer als das des Homo erectus. Was ihn von früheren Menschen unterschied, war vor allem seine Erfindungsgabe. Er fing das Mammut in Fallen und jagte Wildpferde und andere Tiere, aus deren Fellen er sich Kleider nähte. Zu dieser Form des Menschen, der seit etwa einer Viertelmillion Jahren die Erde bevölkerte, gehört der Steinheimer Mensch. Seinen Namen hat er daher, daß man 1933 in der Nähe von Steinheim in Baden-Württemberg einen Schädel dieses Frühmenschen fand. Auch der Neandertaler, der auf ihn folgte, hat seinen Namen nach dem Fundort. Im Neandertal bei Düsseldorf hat man 1856 Knochen dieses wohl bekanntesten Frühmenschen ausgegraben. Er bewohnte fast 100 000 Jahre lang ganz Europa, vor allem die Gegend am Mittelmeer, und besaß sogar ein größeres Gehirn als der moderne Mensch. Der Neandertaler stellte bereits vielerlei Werkzeug aus Knochen und Steinen her. Er starb vor etwa 40 000 Jahren aus und machte dem Cromagnon-Menschen Platz. Dieser Steinzeitmensch war groß und von schlanker Gestalt und glich dem modernen heutigen Menschen. Er hat der Welt Kunstwerke hinterlassen, die Höhlenmalereien und Ritzzeichnungen in Felsen, von denen noch längst nicht alle entdeckt sind.

Australopithecus vor etwa 4 Millionen Jahren

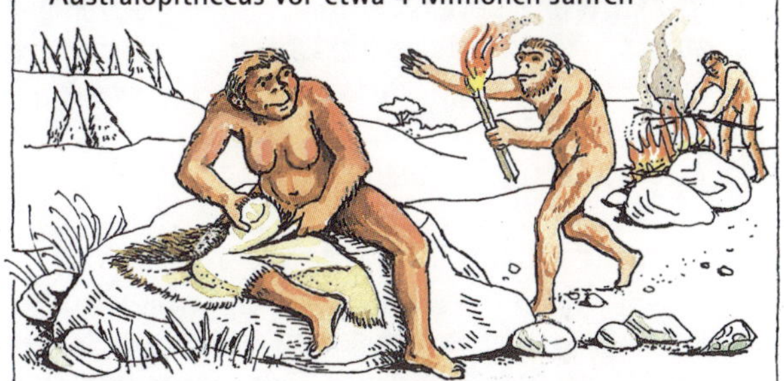

Homo erectus vor etwa 1,5 Millionen Jahren

Steinheimer Mensch vor etwa 250000 Jahren

Neandertaler vor etwa 100000 Jahren

Cromagnon-Mensch vor etwa 40000 Jahren

Melanesien Inselwelt im Nordosten Australiens. ☞ *Ozeanien*

Mensch ☞ *Seite 151*

Menschenrassen Die Menschenrassen unterscheiden sich vor allem durch ihre Hautfarbe. Danach gibt es drei Hauptrassen: die Weißen, Schwarzen und Gelben. Zur gelben Rasse, die sich noch durch die Mongolenfalte am Augenlid auszeichnen, gehören auch die Indianer. Jede der drei Hauptrassen kennt zahlreiche Unterrassen, die sich oft kaum voneinander unterscheiden. Eine völlig eigene Rasse bilden die dunkelhäutigen Aborigines (👄 aboritschines) in Australien. ☞ *Völker*

Menschenrechte Die Menschenrechte wurden zum ersten Mal am 4. Juli 1776 in Amerika ausgerufen. Danach sind alle Menschen gleich geschaffen und jeder hat das Recht auf Leben, Freiheit und Streben nach Glück. Diese Grundrechte wurden in der Französischen Revolution 1789 wiederholt. Damals hieß die Forderung: Freiheit, Gleichheit, Brüderlichkeit. Die Vereinten Nationen haben die unverlierbaren Rechte, die jeder Mensch von Geburt an hat, bei ihrer Gründung 1948 noch erweitert. Sie fordern vor allem die Unverletzlichkeit der Person, Religionsfreiheit und Meinungsfreiheit. Die meisten Staaten haben die Menschenrechte anerkannt und sind der UNO beigetreten. In vielen Ländern kommt es aber immer wieder zu Verletzungen der Menschenrechte. ☞ *UNO*

Mercatorkarte Der niederländische Geograph Gerhardus Mercator lebte von 1512 bis 1594. Er schuf eine mathematisch genaue Projektion, nach der die bis dahin sehr ungenauen Landkarten verbessert wurden. Heute noch bildet die Mercatorprojektion die Grundlage für die in der Schiffahrt verwendeten Seekarten. ☞ *Landkarte, Projektion*

Meridian Kreisbogen, die auf dem Globus von Pol zu Pol gezogen werden können, heißen Längenkreise oder Meridiane. Der Nullmeridian geht durch die Sternwarte Greenwich bei London. Von ihm aus zählt man 180 Längengrade nach Osten und 180 Längengrade nach Westen. Im Gegensatz zu den Breitenkreisen sind die Abstände zwischen den Längengraden unterschiedlich groß.
☞ *Breitengrad, Gradnetz, Längengrad*

Mesopotamien Das Wort bedeutet „Land zwischen den Strömen". Man versteht darunter die Ebene zwischen Euphrat und Tigris, den beiden größten Strömen in Vorderasien. Mesopotamien war schon vor 5 000 Jahren besiedelt, und hier begann der Ackerbau. ☞ *Ackerbau.*

Mestizen Mischlinge zwischen Weißen und Indianern. Mestizen leben in vielen Ländern Mittel- und Südamerikas. ☞ *Menschenrassen, Völker*

Meteor Wenn Gesteins- oder Eisentrümmer von Gestirnen aus dem Weltall in die Nähe der Erdatmosphäre gelangen, werden sie von der Erde angezogen. Sobald sie in die Lufthülle der Erde eintauchen, verglühen sie mit hellem Lichtschein. Wir sehen sie dann als Sternschnuppen am Nachthimmel. Manchmal fallen Bruchstücke von Meteoren auf die Erde. Man bezeichnet sie als Meteoriten, und sie bestehen meist aus Eisen und Nickel. Wo sie auf der Erde aufschlagen, gibt es einen Meteoritenkrater. Der größte Krater eines Meteoriten liegt in Arizona. Er hat einen Durchmesser von 1 226 m und ist über 175 m tief.
☞ *Meteorit, Sterne, Sternschnuppe*

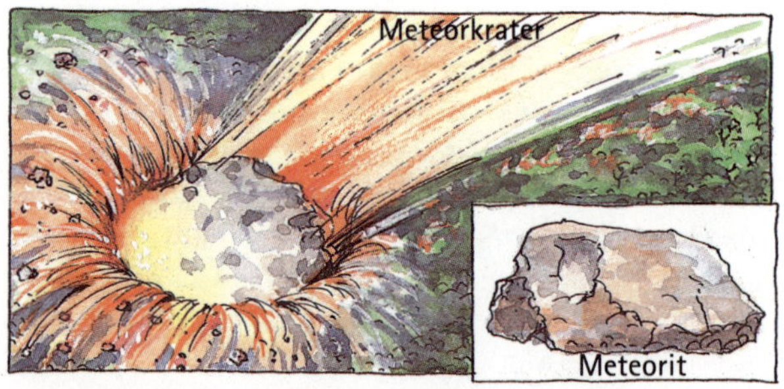

Meteorit Meteorsteine oder Meteoriten sind Bruchstücke von Meteoren, die auf die Erde fallen. Die meisten Meteorsteine sind nur klein und wiegen nur ein paar Gramm. Es schlugen aber auch schon mehrere Tonnen schwere Meteoriten auf der Erde auf. ☞ *Meteor*

Meteorologie Griechisches Wort für Wetterkunde. ☞ *Wetter*

Meter Das Meter (m) ist ein Längenmaß. In Paris wird ein Meterstab aus Platin aufbewahrt, an dem man die exakte Länge des Meters nachmessen kann. Man bezeichnet ihn als Urmeter.

Methan Farb- und geruchloses Gas, das entsteht, wenn abgestorbene Pflanzenteile unter Luftabschluß verwesen. Methan kommt in Kohlenlagerstätten vor. Man bezeichnet es dann als Grubengas. Häufig findet sich Methan als Gasblase in der Erdkruste. Dieses Erdgas wird gefördert und zum Heizen und Kochen verwendet. ☞ *Erdgas, Erdöl*

Mexico City Hauptstadt Mexikos mit 8,2 Millionen Einwohnern. Als Stadtlandschaft hat es 22 Millionen Einwohner und ist neben Tokio am größten.
☞ *Mexiko, Mittelamerika, Weltstadt*

Mexiko Mittelamerika

Fläche: 1 958 201 km² (14. Land)
Einwohnerzahl: 87 Mio.
Hauptstadt: Ciudad de Mexico (8,2 Mio. Einw.)
Bevölkerung: Mestizen, Indianer, Weiße
Sprachen: Spanisch, Náuhatl, Mayasprachen
Religion: Christen Geld: Peso
Die Vereinigten Staaten von Mexiko zählen manche Geographen zu Nordamerika. ☞ *Mittelamerika*

MEZ Abkürzung für die mitteleuropäische Zeit.
☞ *Mitteleuropäische Zeit, OEZ, Zeitzonen*

Mikronesien Ozeanien

Fläche: 721 km² (172. Land)
Einwohnerzahl: 103 000
Hauptstadt: Pohnpei (5 550 Einw.)
Bevölkerung: Mikronesier
Sprachen: Englisch, mikronesische Dialekte
Religion: Christen Geld: US-Dollar
Das Inselreich im Pazifischen Ozean umfaßt über 600 Inseln.

Mikroorganismen Kleinstlebewesen, die in der Luft, im Wasser und vor allem im Boden vorkommen. Die Mikroorganismen sind wichtig für den Abbau abgestorbener Tier- und Pflanzenteile in der Natur. ☞ *Bodenorganismen*

Milchstraße Die Milchstraße erkennen wir als schwach leuchtendes Band am Nachthimmel. Sie besteht aus 200 Milliarden Sternen, zu denen auch die Sonne gehört. Der Mittelpunkt der Milchstraße ist von der Erde über 250 000 Billionen km entfernt. Das ist eine unvorstellbar große Zahl mit 16 Nullen: 250 000 000 000 000 000 km! Das Licht benötigt von den Sternen der Milchstraße bis zu uns länger als 25 000 Jahre. Die Strahlen der Sonne sind dagegen bis auf die Erde nur etwas über 8 Minuten unterwegs. Außer der Milchstraße gibt es noch andere Sternensysteme im Weltall. ☞ *Planetensystem*

Mine Bezeichnung für ein Bergwerk, in dem vor allem Erz gewonnen wird. Man spricht von einer Goldmine oder Kupfermine. ☞ *Bergbau, Erz*

Mineralien Die Gesteine der Erdkruste werden von Mineralien aufgebaut. Das sind feste Stoffe, die als Kristalle vorkommen. Man kennt etwa 2 000 Mineralien. Dazu gehören reine Metalle ebenso wie Erze oder Salze und chemische Verbindungen. Die gesamte Erdkruste setzt sich aus nur 10 Mineralien zusammen. ☞ *Gestein*

Mineralquelle Quellwasser, das in der Erde Salze oder Kohlensäure gelöst und aufgenommen hat. Das Wasser solcher Mineralquellen ist oft heilkräftig. Wo es an die Erdoberfläche kommt, sind häufig Kurorte entstanden. ☞ *Thermalquelle*

Mischkultur Wenn auf Feldern immer wieder verschiedene Pflanzen angebaut werden, zum Beispiel Kartoffeln, Rüben und Getreide, spricht man von einer Mischkultur. Das Gegenteil davon ist eine Monokultur, bei der ständig nur eine einzige Sorte angepflanzt wird. ☞ *Monokultur*

Mischwald Wie schon der Name verrät, besteht ein Mischwald aus verschiedenartigen Bäumen, und zwar hauptsächlich aus Buchen, Eichen und Fichten. Heute pflanzt man überwiegend Mischwälder an, da sie gegen Schädlinge besser geschützt sind als reine Nadelwälder. Die Schädlinge finden in einem Mischwald immer nur einzelne Bäume vor, von denen sie leben, und nicht einen ganzen Wald derselben Baumart wie etwa in einem Fichtenwald.
☞ *Forst, Wald*

Mittelamerika

Mittelamerika stellt das Bindeglied zwischen Nord- und Südamerika dar, ist aber kein eigener Erdteil. Das größte Land, das von Nordamerika bis nach Mittelamerika reicht, ist Mexiko. Die 70 bis 700 km breite und etwa 2 000 km lange Landbrücke zwischen den beiden Erdteilen bezeichnet man auch als Zentralamerika. Zusammen mit den Westindischen Inseln in der Karibischen See und einschließlich Mexiko ist Mittelamerika 2,8 Millionen km^2 groß. Hier liegen acht Länder, wovon allein Mexiko dreimal so groß ist wie ganz Zentralamerika.

Mexiko besteht aus einer bis zu 2 300 m hohen Ebene, die zur Pazifikküste steil abfällt. Die Grenze zu den USA bildet der Rio Grande, der größte mexikanische Fluß. Mexiko hat nur wenige Flüsse, und im Norden gibt es Steppen und Wüsten. Zum Golf von Mexiko hin flacht das Land ab. Auf der Halbinsel Yucatan setzt es sich im Tiefland fort. Den Golf von Mexiko begrenzen die Westindischen Inseln, die von Kuba bis Trinidad reichen. Dieser über 4 000 km lange Inselbogen umschließt die Karibische See.

Die mittelamerikanische Landbrücke ist sehr gebirgig. Hier gibt es noch viele tätige Vulkane, und häufig treten auch Erdbeben auf. Die höchsten Berge Mittelamerikas und Mexikos sind der 5 700 m hohe Citlatépetl und der 5 450 m hohe Popocatépetl. Es sind erloschene Vulkane.

Ganz Mittelamerika liegt im Gebiet der Tropen, und man kann hier drei Klimazonen unterscheiden: Die Tierra caliente, das heiße Land, umfaßt die Küstengebiete und die Hänge bis auf etwa 600 m Höhe. Hier ist es tropisch heiß und durch reichliche Niederschläge sehr feucht. Die üppigen Regenwälder im Tiefland wurden größtenteils für Plantagen gerodet. Die sich anschließende Tierra templada ist das gemäßigte Land. Hier herrschen bis auf etwa 1 800 m Höhe subtropische Temperaturen, ähnlich wie am europäischen Mittelmeer. Die Tierra fria, das kalte Land, erstreckt sich bis auf die höchsten Berggipfel. In 3 000 m Höhe gedeihen noch Obst und Getreide, die Baumgrenze beginnt erst bei 4 000 m.

Die Tierwelt Mittelamerikas steht ebenfalls zwischen den beiden Erdteilen. In den steppen- und wüstenartigen Gebieten Mexikos leben Klapperschlangen, Eselshasen, Weißkopfadler und wilde Schweine, die Pekaris. In den mittelamerikanischen Regenwäldern finden wir fast die gleichen Tiere vor wie im Amazonasgebiet Südamerikas.

Mittelamerika

Mittelamerika ist ein altes Indianerland. Die Azteken hatten vor 800 Jahren inmitten eines Sees ihre Hauptstadt Tenochtitlán erbaut. Von hier aus errichteten sie in Mexiko ein gewaltiges Reich. Noch älter war das Reich der Maya in den Urwaldgebieten von Guatemala und auf der Halbinsel Yucatan. An sie erinnern die Reste der Tempel in Chichén Itzá und Tikal. Die Nachfahren der Maya leben heute als arme Indios in Guatemala.

Die Maya, die Azteken und andere Indianervölker gehen auf die Olmeken zurück, die schon vor Christus auf Yucatan siedelten. Dieses Volk ist untergegangen, und sie haben nur gewaltige Steinköpfe in der Landschaft hinterlassen. Heute stellt die Bevölkerung Mittelamerikas ein buntes Gemisch aus Indianern, Weißen und Schwarzen dar. Über die Hälfte der Bewohner sind Mestizen, Mischlinge zwischen Indianern und Weißen.

Von allen Ländern Mittelamerikas ist Mexiko der modernste Staat. Das Land verfügt über viele Bodenschätze, vor allem über Silber, Gold, Blei und Kupfer. Im Südosten und an der Golfküste wird Erdöl und Erdgas gefördert. Dennoch ist Mexiko nach europäischen Maßstäben kein reiches Land.

Obwohl fast ein Drittel der Bewohner in der Landwirtschaft arbeiten, kann sich Mexiko nicht selbst ernähren. Es erzeugt jedoch viel Kaffee, Ananas und Bananen für den Weltmarkt.

Die anderen Staaten Mittelamerikas leben fast ausschließlich von der Landwirtschaft. Seit Jahrhunderten baut man auf Plantagen Kaffee, Kakao und Zuckerrohr an. Die Plantagen sind meist im Besitz ausländischer Firmen, und die Mittelamerikaner sind nur Campesinos, arme Landarbeiter. Das wichtigste Ausfuhrgut ist heute die Banane, und deshalb bezeichnet man diese kleinen Staaten auch als Bananenrepubliken. Immer wieder kommt es in vielen dieser Länder zu Kämpfen zwischen armen und reichen Bevölkerungsgruppen um eine gerechte Verteilung der Güter.

Der wichtigste Staat im südlichen Zentralamerika ist Panama wegen seines Kanals. Der 81 km lange Panamakanal verbindet an der schmalsten Stelle der Landbrücke den Pazifik mit dem Atlantik. Und so verkürzt sich der Seeweg von New York nach San Francisco um 15 000 km. Der Kanal, der mit amerikanischem Geld 1914 fertiggestellt wurde, fällt bis zum Jahr 2000 an die Panamaer.

Mission In früheren Jahrhunderten schickte vor allem die katholische Kirche Missionare in die neu entdeckten Länder, um die Menschen dort zum christlichen Glauben zu bekehren. So wurde nach der Eroberung Südamerikas durch die Spanier und Portugiesen dieser Erdteil katholisch. Südafrika, das überwiegend von Niederländern und Engländern besiedelt wurde, ist stärker von protestantischen Pfarrern missioniert worden. Die Missionare brachten aber nicht nur die Religion, sondern auch die Sitten ihres Heimatlands mit in die fremden Länder. Und natürlich lehrten sie die Eingeborenen ihre Sprache. So haben die Missionare die neuen Länder oft sehr stark beeinflußt und nicht immer zu deren Besten verändert. ☞ *Entdecker*

Mississippi Größter Strom Nordamerikas mit 3 779 km Länge. Der „Vater der Gewässer" nimmt auf seinem Lauf über 40 Nebenflüsse auf. Er mündet in einem großen Delta in den Golf von Mexiko. ☞ *Delta, Missouri, Nordamerika*

Missouri Nebenfluß des Mississippi mit 3 745 km Länge. Der Missouri und der Mississippi bilden zusammen das größte Stromgebiet Nordamerikas. ☞ *Mississippi, Nordamerika*

Mistral Kalter Nordwestwind. Er tritt besonders in Südfrankreich im Rhônetal auf. ☞ *Wind*

Mittelamerika ☞ *Seite 154*

Mitteleuropa Mitteleuropa wird im Süden durch die Alpen, im Norden durch die Nordsee und die Ostsee begrenzt. Die Westgrenze ist der Rhein, im Osten gilt die Oder als Grenze. Frankreich liegt in Westeuropa, Polen in Osteuropa, Dänemark in Nordeuropa und Italien in Südeuropa. Deutschland, Österreich und die Schweiz liegen in Mitteleuropa. ☞ *Europa*

Mitteleuropäische Zeit Die MEZ gilt in fast allen europäischen Ländern. Irland, Großbritannien, Finnland, die osteuropäischen Länder und die Länder auf dem Balkan haben eine Zeitverschiebung gegenüber der mitteleuropäischen Zeit. Die MEZ hat aber auch im mittleren Teil Afrikas Gültigkeit, da dieser zwischen denselben Längengraden der mitteleuropäischen Zeitzone liegt. ☞ *Sommerzeit, OEZ, Zeitzonen*

Mittelgebirge Gebirge, das 800 bis 1 000 m hoch ist. Mittelgebirge haben weite Täler, und die Berghänge sind nicht so steil wie in den Hochgebirgen. Außer den Alpen gibt es in Deutschland nur Mittelgebirge. Sie sind älter als die Alpen, und ihre Gipfel wurden im Laufe der Jahrmillionen abgetragen und abgerundet. ☞ *Erosion, Gebirge*

Mittellandkanal 325 km langer Kanal in Norddeutschland. Er verbindet den Dortmund-Ems-Kanal mit der Elbe. Bei Minden in Westfalen überquert der Kanal die Weser auf einer Brücke. Der Mittellandkanal stellt eine Zwischenverbindung vom Rhein bis an die Oder her. ☞ *Deutschland, Kanal*

Mittelmeer Das Mittelmeer im Süden Europas ist ein Nebenmeer des Atlantischen Ozeans. Am Mittelmeer liegen Spanien, Frankreich, Monaco, Italien, Slowenien, Kroatien, Albanien, Griechenland und die Türkei sowie die Länder des Nahen Ostens und Nordafrikas. Das Mittelmeer trennt die drei Kontinente Europa, Asien und Afrika voneinander. Durch die Straße von Gibraltar ist es mit dem Atlantik verbunden. ☞ *Nebenmeer, Ozean*

Mitternachtssonne Am nördlichen und südlichen Polarkreis geht die Sonne im Sommer einige Tage auch nachts nicht unter. Um Mitternacht ist sie knapp über dem Horizont zu sehen. Dieser Polartag dauert um so länger, je mehr man sich den Polen nähert. An den Polen erscheint die Sonne für ein halbes Jahr, um dann wieder für ein halbes Jahr zu verschwinden. ☞ *Jahreszeiten, Polarnacht*

Mittlerer Osten Nach einer alten Aufteilung unterscheidet man in Asien den Nahen Osten, den Mittleren Osten und den Fernen Osten. Danach zählen zum Mittleren Osten Afghanistan, Pakistan, Indien, Bangladesch, Nepal, Bhutan und Sri Lanka. ☞ *Ferner Osten, Naher Osten*

Mond

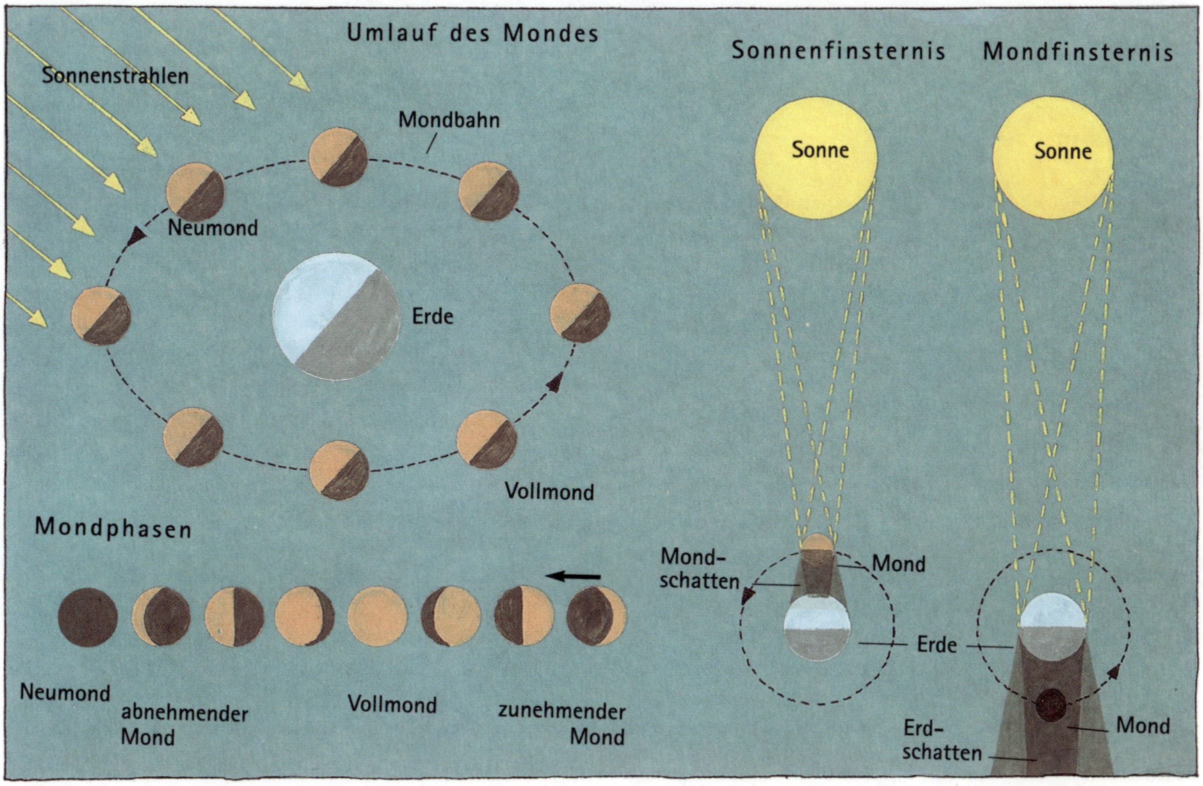

Der Mond ist unser ständiger Begleiter, und wir bezeichnen ihn deshalb auch als Trabanten oder Satelliten unseres Planeten. Mit Ausnahme von Merkur und Venus werden alle Planeten von Monden umlaufen. Unser Mond ist fast 400 000 km von der Erde entfernt – mit einer Raumfähre gerade mal eine Tagesreise. Bevor amerikanische Astronauten am 21. Juli 1969 zum ersten Mal staubigen Mondboden betraten, kannte man den Erdtrabanten schon ziemlich gut. Denn seit Jahrhunderten hatte man ihn mit Teleskopen erforscht, und Raumsonden hatten bereits viele Bilder von der Mondoberfläche aufgenommen und wichtige Daten zur Erde gefunkt.

Der Mond besteht aus festem, wenn auch bröseligem Gestein. Da es auf dem Mond weder Luft noch Wasser gibt, kommt dort auch kein Leben vor. Die Mondoberfläche ist von Narben übersät, die von Meteoriteneinschlägen herrühren. Manche dieser Krater haben einen Durchmesser von bis zu 250 km. An den Rändern sind sie von einem Wall aus Mondgestein umgeben. Die größten dieser Krater können wir als dunkle Flecken auf dem Mond schon mit bloßem Auge erkennen.

Wie die Erde erhält auch der Mond sein Licht von der Sonne. Wir sehen nur seine Vorderseite, und auch diese meist nur teilweise. Da sich die Erde in einem Monat einmal um sich selbst dreht, erscheint zuerst die schmale Mondsichel. Danach nimmt der Mond ständig zu, bis die Mondscheibe voll am Himmel steht. Nun nimmt der Mond wieder ab und verschwindet bei Neumond für kurze Zeit völlig aus unserem Gesichtskreis. Diese Mondphasen hielten die Menschen früher für etwas Geheimnisvolles und verehrten den Mond daher als Gottheit.

Wir sehen den Mond als stillen Begleiter am Nachthimmel. In klaren Vollmondnächten leuchtet er so hell, daß wir uns ohne Taschenlampe zurechtfinden. Manchmal bleibt der Mond aber auch bis zu eineinhalb Stunden völlig verschwunden. Dann herrscht Mondfinsternis. Das kommt ungefähr alle 8 Monate einmal vor. Die Erde gerät dann auf ihrer Umlaufbahn für kurze Zeit zwischen Mond und Sonne, und der Erdschatten verdunkelt den Trabanten. Umgekehrt entsteht eine Sonnenfinsternis, wenn sich der Mond zwischen Erde und Sonne schiebt und diese teilweise oder ganz verdunkelt. Eine totale Sonnenfinsternis dauert kaum länger als 7 Minuten.

Moldau Größter Strom in der Tschechischen Republik. Die 440 km lange Moldau fließt durch Prag und mündet in die Elbe. ☞ *Osteuropa*

Moldawien ☞ *Rußland*

Molukken Inselgruppe im Pazifischen Ozean, die heute zu Indonesien gehört. Nach der Entdeckung der Molukken holten die Portugiesen und später die Niederländer von dort die Gewürze, vor allem den Pfeffer. Deshalb heißen die Molukken auch Gewürzinseln. ☞ *Entdecker, Ozeanien (Karte)*

Monaco Europa

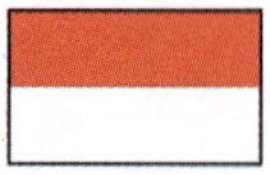

Fläche: 1,95 km^2 (192. Land)
Einwohnerzahl: 29 880 Einw.
Hauptstadt: Monaco (1 230 Einw.)
Bevölkerung: Monegassen, Franzosen, Italiener
Sprachen: Französisch, Monegasco, Italienisch
Religion: Christen Geld: Französischer Franc
Das Fürstentum an der Riviera liegt zwischen Frankreich und Italien. Es ist das zweitkleinste, aber reichste Land Europas. Viel Geld nimmt Monaco in seiner Spielbank ein, die Leute aus aller Welt besuchen.

Monarchie Staatsform, bei der eine Königin oder ein König an der Spitze des Landes steht. Auch in Europa gibt es noch Königreiche, aber die Monarchen sind nicht mehr unumschränkte Herrscher. Die Regierungsgewalt liegt beim Parlament.

Mond ☞ *Seite 157*

Mondfinsternis Wenn die Erde bei ihrem Umlauf zwischen die Sonne und den Mond kommt, befindet sich dieser im Erdschatten. Der Mond erhält dann kein Licht mehr von der Sonne und ist von der Erde aus nicht zu sehen. Es herrscht eine totale Mondfinsternis. ☞ *Mond, Sonnenfinsternis*

Mongolei Asien

Fläche: 1 566 500 km^2 (18. Land)
Einwohnerzahl: 2,1 Mio.
Hauptstadt: Ulan-Bator (548 400 Einw.)
Bevölkerung: Mongolen
Sprachen: Mongolisch, Kasachisch, Russisch
Religion: Buddhisten Geld: Tugrik
Die Mongolische Volksrepublik ist ein riesiges Wüsten- und Steppenhochland in Zentralasien und grenzt im Norden an Rußland. Im Süden liegt die Wüste Gobi.

Mongolen Völkergruppe in der Mongolei, die zur gelben Rasse zählt. Die Mongolen leben größtenteils noch als Nomaden. Im 13. Jahrhundert besaßen sie ein gewaltiges Reich unter ihrem Herrscher Dschingis Khan. Die wilden Reiterscharen eroberten immer mehr Länder westwärts und kamen bis nach Schlesien. Kennzeichen der mongolischen Rasse ist neben der gelblichen Hautfarbe die Falte am Innenwinkel des Auges, wodurch das Schlitzauge entsteht. Dieses findet man auch bei den Indianern und Eskimo, die von den Mongolen abstammen. Die Mongolen leben heute in der Mongolischen Volksrepublik sowie in der Inneren Mongolei, die als Provinz zu China gehört.
☞ *Menschenrassen, Mongolei, Völker*

Monokultur In einer Monokultur wird stets ein und dieselbe Pflanze auf einer großen Fläche angebaut. In der Natur dagegen wachsen viele Pflanzen nebeneinander, und die am besten an die Umgebung angepaßten gedeihen auch am besten. In einer Monokultur, etwa auf großen Getreide- oder Kartoffelfeldern, muß der Boden immer wieder stark gedüngt werden. Da dieselben Pflanzen aus dem Boden immer wieder dieselben Nährstoffe ziehen, müssen diese durch Düngung künstlich eingebracht werden. Auch Schädlingsbekämpfungsmittel und Pflanzenschutzmittel werden in Monokulturen besonders stark eingesetzt, da sich ein Pflanzenschädling hier explosionsartig ausbreiten kann. Monokulturen liefern zwar hohe Erträge, aber nur mit Hilfe chemischer Mittel. Diese gelangen in das Grundwasser und können unser Trinkwasser gefährden. Die ersten Monokulturen gab es in den Kolonien, die Europäer in Afrika, Asien und Südamerika besaßen. Sie legten dort riesige Plantagen an, auf denen Kaffee, Kakao, Zuckerrohr oder Baumwolle angebaut wurde.
☞ *Fruchtfolge, Kolonie, Plantage*

Monsun Wind, der in den Tropen auftritt. Monsunwinde ändern jedes halbe Jahr ihre Richtung. Besonders in den Ländern am Indischen Ozean ist der Monsun lebenswichtig, weil er den Regen bringt. Der regenreiche Sommermonsun weht aus Südwesten vom Meer her. Wenn er zu spät einsetzt, verdorren die Pflanzen, und es kommt zu Hungersnöten. Der Wintermonsun dagegen ist trocken. Er weht vom Nordosten aus dem Landesinnern. ☞ *Wind*

Mont Blanc Höchster Berg Europas mit 4 810 m. Er erhebt sich in den Alpen im Grenzgebiet zwischen Frankreich, Italien und der Schweiz. Der Mont Blanc, der auf italienisch Monte Bianco heißt, wurde 1786 zum ersten Mal bestiegen.
☞ *Alpen, Frankreich*

Moor Sumpfiges Gebiet, auf dem nur Moose, Gräser, Heidekraut, niedrige Birken und Erlenbüsche gedeihen. Moore entstehen, wenn der Grundwasserspiegel zu hoch ist oder ein See allmählich austrocknet und verlandet. Die absterbenden Wasserpflanzen und Wassertiere sinken zu Boden und füllen den Seegrund langsam auf. Gleichzeitig wachsen von den Uferrändern her die Pflanzen immer weiter in den See hinein. Der Faulschlamm der verwesenden Pflanzenteile trocknet von oben her ab. Schließlich wird die Oberfläche fester, und Torfmoose, Sumpfgräser und andere Sumpfpflanzen siedeln sich an. Aus dem verlandeten See ist ein Flachmoor entstanden. Die Torfmoose überwuchern schließlich alles. Ihre unteren Teile sterben ab und verwandeln sich unter Luftabschluß in Torf. In langer Zeit entsteht aus dem Flachmoor ein Hochmoor, das sich in der Mitte wie ein Uhrglas aufwölbt. Auf diesem Moorboden wachsen dann wieder kleine Birken, Büsche und Heidekraut.
☞ *Moos, Sumpf, Torf*

Moos Moose sind grüne Pflanzen, die weder Blüten noch Wurzeln haben. Sie vermehren sich durch Sporen wie die Farne. Die Sporen keimen auf der Moospflanze selbst aus. Die Torfmoose wachsen stockwerkartig übereinander und bilden dichte Moospolster, während sie von unten her absterben. Moose kommen besonders in feuchten Gebieten vor und tragen zur Entstehung von Mooren und schließlich von Torf bei. In der Natur sind sie besonders wichtig, vor allem im Wald, weil sie sehr viel Wasser speichern können. ☞ *Moor, Torf, Wald*

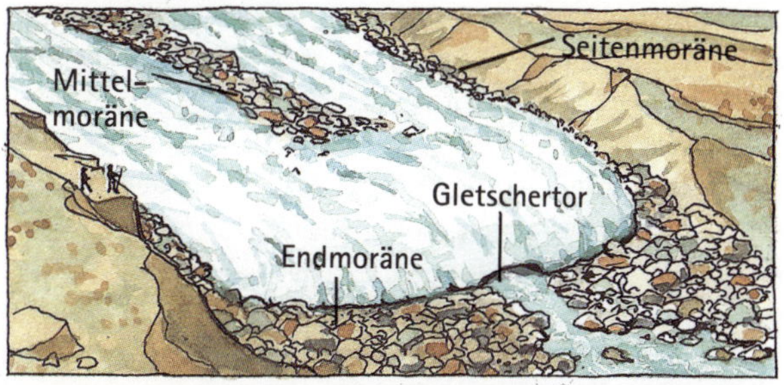

Moräne Das Geröll, das Gletscher beim Abschmelzen mit sich schleppen und schließlich liegenlassen, bildet langgestreckte Haufen. So haben die Gletscher in der Eiszeit große Hügel zu Moränenlandschaften aufgetürmt. Die Reste der Gletscher wurden zu Moränenseen. Wir finden diese Landschaftsform im norddeutschen Tiefland oder im Voralpengebiet. ☞ *Eiszeit, Gletscher*

Morgenland Alter Begriff für den Orient, dort, wo morgens die Sonne aufgeht. Das Gegenteil davon ist das Abendland ☞ *Abendland*

Morgenrot Bei Sonnenaufgang steht die Sonne tief, und der rote Anteil des Sonnenlichts fällt zuerst auf die Erde. Wir sehen das Morgenrot besonders gut, wenn Wolken am Himmel aufziehen. Im Gebirge nennt man es Alpenglühen. ☞ *Abendrot*

Mosambik Afrika

Fläche: 801 590 km² (34. Land)
Einwohnerzahl: 16 Mio.
Hauptstadt: Maputo (1 Mio. Einw.)
Bevölkerung: Bantu
Sprachen: Portugiesisch, Suaheli
Religion: Naturreligionen, Christen, Moslems
Geld: Metical
Mosambik liegt im Südosten Afrikas am Indischen Ozean gegenüber von Madagaskar. Es ist eines der landschaftlich schönsten Länder Afrikas.

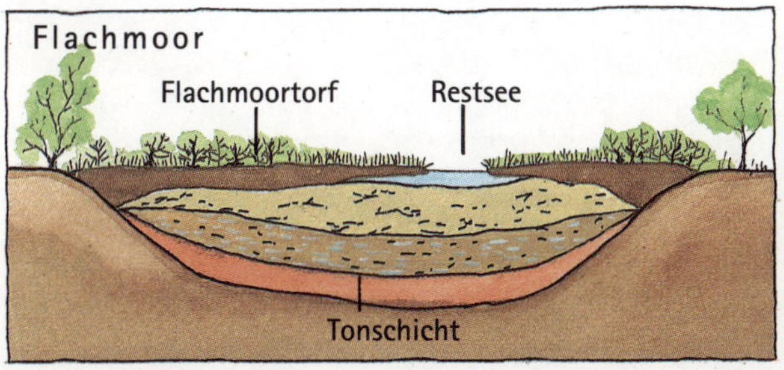

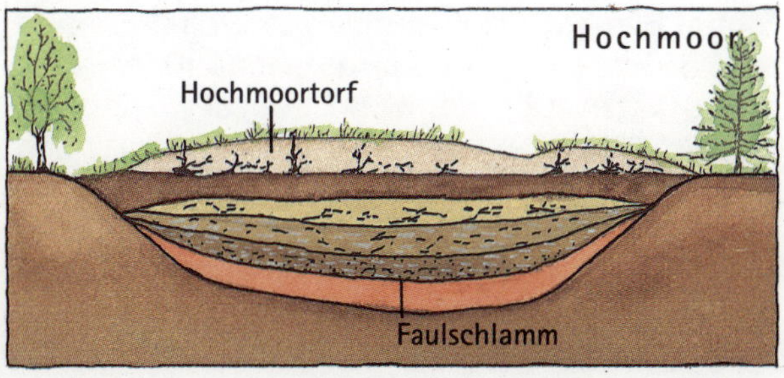

Moschee Kirche der Moslems. Eine Moschee erkennt man meist an ihrer Kuppel und den schlanken hohen Türmen, den Minaretts. Von dem Minarett ruft der Muezzin täglich fünfmal die gläubigen Moslems zum Gebet. Im Innern sind die Moscheen schlicht und zeigen keinen Bilderschmuck. Auf dem Boden sind Gebetsteppiche für die Gläubigen ausgebreitet. ☞ *Islam*

Moschee im Iran

Moschusochse Wildrind, das etwas kleiner ist als unser Hausrind. Der Moschusochse kommt heute nur noch in kalten Regionen Sibiriens und auf der Insel Grönland vor. ☞ *Asien*

Mosel Linker Nebenfluß des Rheins mit 545 km Länge. Im letzten Abschnitt ist die Mosel schiffbar. Im Moseltal wächst berühmter Wein. ☞ *Rhein*

Moskau Hauptstadt von Rußland mit 9 Millionen Einwohnern. Bevor die Sowjetunion auseinanderfiel, war Moskau die Zentrale des riesigen sowjetischen Reiches. ☞ *Rußland*

Moskitos Kleine Stechmücken. Eine Art ist die Anopheles. Sie überträgt die Malaria. ☞ *Malaria*

Moslem Gläubiger und Anhänger der islamischen Religion. Die Moslems oder Muslime bilden neben den Christen die größte Religionsgemeinschaft auf der Welt. ☞ *Islam*

Mount Everest Höchster Berg der Erde im Himalaja mit 8 848 m. In diesem Gebirge gibt es 10 Gipfel mit über 8 000 m Höhe. Der Mount Everest wurde 1953 von dem Neuseeländer Hillary und dem Inder Tenzing Norgay zum ersten Mal bestiegen. ☞ *Himalaja*

Mount McKinley (maunt mäckinlie) Höchster Berg Nordamerikas mit 6 193 m. Er liegt in dem Felsengebirge Alaskas. ☞ *Nordamerika*

Mulatten Mischlinge der schwarzen und weißen Rasse. ☞ *Menschenrassen, Völker*

Mülldeponie Die Menschen in den Industriestaaten erzeugen immer mehr Abfall. Alles, was nicht dem Recycling zugeführt werden kann, muß auf einer gesicherten Deponie gelagert werden. ☞ *Deponie, Recycling, Umweltschutz*

Mündung Alles Wasser fließt ins Meer. Ein Bach mündet in einen Fluß, ein Fluß in einen Strom und der Strom in das Meer. Große Ströme schleppen bis zu ihrer Mündung viel Sand und Schlamm mit. Diese Sinkstoffe werden an der Mündungsstelle abgesetzt, und so entsteht ein Delta. ☞ *Delta, Fluß*

Mure Nach starken Regenfällen gehen im Gebirge oft Muren ab. Das sind Schlamm- oder Geröllawinen, die über die Berghänge zu Tal stürzen. Ein solcher Bergsturz kann Straßen und Dörfer unter sich begraben. ☞ *Erdrutsch, Lawine*

Müritz-See Größter See Norddeutschlands in Mecklenburg-Vorpommern. Er ist 115 km^2 groß, bis zu 30 m tief und eigentlich der größte, rein deutsche See. Denn der Bodensee, an dem Deutschland zwar 305 km^2 Anteil hat, gehört auch zur Schweiz und zu Österreich. ☞ *Bodensee*

Muschelkalk Als vor rund 200 Millionen Jahren die Meere austrockneten, blieb auf dem Meeresgrund Kalkstein aus den Kalkschalen der abgestorbenen Korallen und anderer Meerestiere zurück. Viele Tiere, vor allem Ammoniten, die ein schneckenähnliches Gehäuse hatten, wurden im austrocknenden Meeresschlamm festgehalten. Ihre harten Schalen wurden zu Versteinerungen im Muschelkalk. Dieses Gestein findet man in vielen Gegenden Mitteleuropas. ☞ *Fossilien, Gestein*

Myanmar Asien

Fläche: 676 552 km^2 (39. Land)
Einwohnerzahl: 41,6 Mio.
Hauptstadt: Yangon (Rangun) (2,5 Mio. Einw.)
Bevölkerung: Birmanen
Sprachen: Birmanisch, Englisch
Religion: Buddhisten Geld: Kyat

Myanmar hieß bis 1989 Birma oder Burma. Die einstige britische Kolonie in Hinterindien gehört zu den ärmsten Ländern der Welt.

Nadelwald Die Nadelbäume oder Koniferen sind die ältesten Bäume auf der Erde. Es gab sie schon vor 250 Millionen Jahren. Heute bilden etwa 50 Arten von Nadelbäumen die großen Nadelwälder. Sie erstrecken sich von der Pazifikküste in Nordamerika bis zur Pazifikküste in Ostasien, also um den ganzen Erdball. Nadelwälder spielen wirtschaftlich eine große Rolle, denn sie liefern Holz zum Bauen und für die Papierherstellung. ☞ *Laubwald, Mischwald*

Naherholungsgebiet Besonders reizvolle Landschaft in der Nähe von Ballungsräumen. Zum Beispiel sind die oberbayrischen Seen und die Alpen ein Naherholungsgebiet für die Bewohner der Großstadt München. Fast die Hälfte aller Großstädter fährt an den Wochenenden mit dem Auto in die Naherholungsgebiete. ☞ *Ballungsraum*

Naher Osten Die Länder am östlichen Mittelmeer und auf der Arabischen Halbinsel sowie Iran und Ägypten. Auch die in Kleinasien liegende Türkei und der Irak gehören zu den Nahost-Ländern.
☞ *Ferner Osten, Mittlerer Osten*

Nahrungskette Wer von wem gefressen wird, läßt sich mit Hilfe einer Nahrungskette feststellen. Zum Beispiel ernährt sich eine Schmetterlingsraupe von den Blättern einer bestimmten Pflanze. Die Raupe wiederum wird von einem Singvogel gefressen, der das Opfer eines Raubvogels wird. Am Beginn jeder Nahrungskette im Meer stehen die winzigen Algen, die im Wasser schweben. Sie gehören zum Plankton. Von ihm ernähren sich Friedfische. Diese dienen größeren Raubfischen als Nahrung. Bei dieser Freßkette entstehen aus 10 Tonnen Plankton schließlich 1 Kilogramm Fisch. Gelangen Giftstoffe in Flüsse und ins Meer, so werden diese auch von den Fischen aufgenommen und in der Leber gespeichert. Da die großen Fische viele kleine fressen, sammeln sich in ihnen immer mehr Giftstoffe an. Diese wandern dann durch die ganze Nahrungskette. Am Ende der Kette nimmt der Mensch mit der Fischnahrung möglicherweise auch Giftstoffe zu sich. ☞ *Plankton, Umweltschutz*

Nahverkehr Öffentliche Verkehrsmittel befördern täglich Hunderttausende von Menschen. Straßenbahnen, Busse, Untergrundbahnen und Züge bringen sie zu ihren Arbeitsplätzen, zur Schule, zum Einkaufen und zu anderen Zielen in der Stadt. Die Massenverkehrsmittel müssen billig, schnell und bequem erreichbar sein. Nur dann ist es möglich, den Autoverkehr in den Städten zu verringern. Wenn jeder mit dem eigenen Fahrzeug unterwegs ist, kommt es morgens und abends zu großen Staus. In Ballungsräumen wird durch die Abgase der Autos die Luft stark verschmutzt.
☞ *Luftverschmutzung, Smog, Verkehr*

Namibia Afrika

Fläche: 823 144 km² (33. Land)
Einwohnerzahl: 1,6 Mio.
Hauptstadt: Windhuk (115 000 Einw.)
Bevölkerung: Bantu-Völker, Hottentotten
Sprachen: Afrikaans, Deutsch, Englisch
Religion: Christen Geld: Südafrikanischer Rand
Das südwestafrikanische Land hat 1 400 km Küste am Atlantischen Ozean und besteht größtenteils aus Wüste und Steppe. Da Namibia bis 1919 von Deutschland verwaltet wurde, wird hier heute noch teilweise Deutsch gesprochen.

Nandu Straußenart, die nur in Südamerika vorkommt. Die Nandus sind mit 2 m Höhe etwas kleiner als die afrikanischen Strauße. ☞ *Strauß*

Nanga Parbat Gipfel im westlichen Himalaja mit 8 126 m. Der Berg wurde 1953 zum ersten Mal von dem Deutschen Hermann Buhl bestiegen.

Nansen, Fritjof (1861 bis 1930) Norwegischer Polarforscher. Mit seinem Schiff „Fram", zu deutsch „Vorwärts", durchquerte der Norweger das Eismeer, um den Nordpol zu erreichen. 400 km vor dem Ziel mußte er umkehren. Nansen war von 1893 bis 1896 unterwegs. ☞ *Entdecker, Expedition*

NASA Abkürzung für National Aeronautics and Space Administration, die nationale Luft- und Raumfahrtbehörde der USA. ☞ *Weltraumfahrt*

Nashorn Eines der größten Säugetiere. Es wird über 3 Tonnen schwer und bis zu 2 m hoch. Drei Arten kommen in Indien und Südostasien vor, zwei in Afrika. Die Nashörner gehören zu den Nachfolgern der Riesensäugetiere der Eiszeit und sind heute nahezu ausgerottet. Wegen ihrer Hörner, die in Asien als Zauber- und Heilmittel gelten, werden die geschützten Tiere von Wilderern gejagt und erlegt. Ein anderes Wort für Nashorn ist Rhinozeros.

Nation Alle Menschen, die sich auf Grund gemeinsamer Geschichte und Kultur als zusammengehörig empfinden, bilden eine Nation. Die Angehörigen einer Nation haben gewöhnlich die gleiche Sprache und Staatsbürgerschaft. Die Schweizer Nation besteht aber zum Beispiel aus vier Volksgruppen mit verschiedenen Muttersprachen: Deutsch, Rätoromanisch, Französisch, Italienisch.

Nationalismus Ein Mensch, der das eigene Volk für das beste hält, ist ein Nationalist. Nationalisten sind manchmal feindlich eingestellt gegenüber anderen Nationen. Sie lassen nur die eigene Nation gelten und halten andere für minderwertig. Aus solcher Einstellung heraus entstehen oft Kriege.

Nationalpark Großes Landschaftsgebiet, das vor der Zerstörung bewahrt werden soll. Innerhalb der Nationalparks stehen große Bereiche unter Naturschutz. In Deutschland gibt es mehrere Nationalparks, wie den Nationalpark Bayerischer Wald mit dem größten zusammenhängenden Waldgebiet Mitteleuropas, den Nationalpark Wattenmeer an der Nordseeküste, die Vorpommersche Boddenlandschaft an der Ostsee, den Nationalpark Müritzsee in Mecklenburg und den Nationalpark Berchtesgaden in den Alpen. Neben den Nationalparks gibt es noch über 70 Naturparks. Das sind Landschaften, die der Erholung und dem Fremdenverkehr dienen sollen. ☞ *Landschaftsschutzgebiet, Naturschutz*

Naturschutz Stehen Pflanzen oder Tiere unter Naturschutz, dann dürfen sie nicht beschädigt und entfernt oder gejagt und getötet werden. Die gesamte Art ist dann geschützt. Wer die Naturschutzgesetze nicht beachtet, kann streng bestraft werden. Auch ganze Lebensräume können unter Naturschutz gestellt werden. In solchen Naturschutzgebieten ist jede Veränderung verboten, manchmal ist sogar das Betreten untersagt. ☞ *Artenschutz, Landschaftsschutzgebiet, Nationalpark*

Nauru Ozeanien

Fläche: 21,3 km² (191. Land)
Einwohnerzahl: 9 350
Hauptstadt: Yaren (4 000 Einw.)
Bevölkerung: Nauruer, Chinesen
Sprachen: Englisch, Nauruisch
Religion: Christen Geld: Australischer Dollar
Das drittkleinste Land der Erde besteht nur aus einer bis zu 70 m hohen Koralleninsel. Im Innern der Insel werden Phosphatsalze abgebaut.

Navigation Mit Hilfe der Navigation bestimmt ein Schiff oder ein Flugzeug seinen Kurs. Dies geschieht durch Funkpeilung und durch Radar. Auf Schiffen verwendet man zur Ortsbestimmung auch noch den Sextanten. Damit wird ein Stern anvisiert und der Winkel zum Schiff bestimmt. Mit Hilfe einer genau gehenden Uhr, eines Chronometers, läßt sich dann die geographische Breite und Länge des Standorts errechnen. ☞ *Kompaß, Radar*

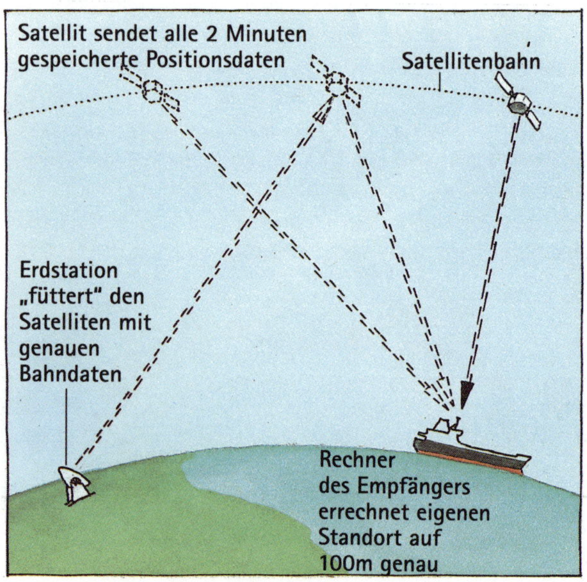

Neandertaler Menschenrasse, die in der Eiszeit etwa seit 100 000 v. Chr. auf der Erde lebte und vor rund 40 000 Jahren ausstarb. Der Neandertaler hat seinen Namen nach dem Fundort der ersten Skelettreste dieses Menschen, die man 1856 im Neandertal bei Düsseldorf ausgrub. ☞ *Mensch*

Nebel Wenn sich feuchtwarme Luft abkühlt, entstehen winzige Wassertröpfchen. Sie schweben fein verteilt in der Luft und verursachen undurchsichtigen Nebel. ☞ *Niederschlag, Smog, Wetter*

Nebenmeer Weit ins Land eindringende Meeresteile sind Nebenmeere der Ozeane. Wenn sie zwischen zwei Erdteilen liegen, spricht man von Mittelmeeren. Randmeere sind durch Inseln oder Halbinseln gegen den Ozean abgegrenzt, wie die Nordsee durch die Britischen Inseln gegen den Atlantik.

Neger Angehöriger der schwarzen Rasse. Menschen mit dunkler Hautfarbe und werden als Schwarze oder Farbige bezeichnet. Das Wort „Neger" wird nicht gerne gehört. ☞ *Völker*

Nehrung An der Spitze einer Bucht kann sich durch Strömung und Wind Sand und Schlick anlagern. So entsteht eine Nehrung, die ständig wächst. Irgendwann schließt die Nehrung die gesamte Bucht vom Meer ab und bildet ein Haff. ☞ *Haff*

Neiße Linker Nebenfluß der Oder. Die Neiße bildet zusammen mit der Oder die Grenze zwischen der Bundesrepublik Deutschland und Polen. ☞ *Oder*

Nepal Asien

Fläche: 140 797 km² (94. Land)
Einwohnerzahl: 19,1 Mio.
Hauptstadt: Kathmandu (235 000 Einw.)
Bevölkerung: Nepalesen wie Brahmanen, Gurkhas, Sherpas
Sprachen: Nepali, Bihari und andere
Religion: Hindus, Buddhisten
Geld: Nepalesische Rupie
Das Königreich Nepal reicht vom Himalaja bis nach Nordindien. Hier liegen der Mount Everest und andere Achttausender. Es ist der Ausgangspunkt für viele Expeditionen in das höchste Gebirge der Welt. Vom heißen subtropischen Klima bis zum kalten Hochgebirgsklima umfaßt Nepal alle Klimazonen.

Neuenburg Kanton in der Westschweiz, französisch Neuchâtel. Die Einwohner sprechen Französisch. Die Hauptstadt ist Neuenburg. ☞ *Schweiz*

Neue Welt Bezeichnung für den amerikanischen Kontinent. Bis zur Entdeckung Amerikas kannte man nur die Alte Welt mit den Erdteilen Europa, Afrika und Asien.

Neufundland Rund 112 000 km² große Insel im Atlantischen Ozean. Neufundland liegt vor der Nordostküste Amerikas und gehört zu Kanada.

Neuguinea Nach Grönland die zweitgrößte Insel der Erde mit 785 000 km². Die Insel ist mehr als doppelt so groß wie Deutschland. Die Ureinwohner Neuguineas sind die braunhäutigen Melanesier und die schwarzen Papuas. Der westliche Teil der Insel gehört zu Indonesien, der östliche ist Papua-Neuguinea. ☞ *Indonesien, Ozeanien, Papua-Neuguinea*

Neuseeland Ozeanien

Fläche: 270 986 km² (73. Land)
Einwohnerzahl: 3,4 Mio.
Hauptstadt: Wellington (137 500 Einw.)
Bevölkerung: Neuseeländer, Maori
Sprachen: Englisch, Maori-Sprachen
Religion: Christen Geld: Neuseeland-Dollar
Neuseeland liegt südöstlich von Australien und besteht aus zwei Hauptinseln und zahlreichen kleinen Inseln. Im gebirgigen Landesinnern gibt es große Gletscher und viele Vulkane. Die einst bewaldete Insel wurde größtenteils für die Viehzucht gerodet. Gemessen an seiner Größe hat Neuseeland die größte Schafzucht der Welt mit 60 Millionen Tieren.

Neusiedler See Einziger Steppensee Europas an der Grenze zwischen Österreich und Ungarn. Der See ist je nach Verdunstung zwischen 300 und 320 km² groß und nur 1 bis 2 m tief. An seinen Ufern brüten noch viele seltene Vogelarten. ☞ *Österreich*

Neutralität Staaten, die sich nicht in Kriege anderer Länder einmischen, verhalten sich neutral. Ihre Neutralität wird von den anderen Ländern anerkannt und ist durch Verträge gesichert. Österreich und die Schweiz sind neutrale Länder.

New York Mit rund 7,3 Millionen Einwohnern die größte Stadt der USA. ☞ *USA, Weltstadt*

Niagarafälle Der Niagarafluß an der Grenze zwischen Kanada und den USA verbindet den Eriesee mit dem Ontariosee. Mitten in diesem Fluß liegt eine Insel und teilt ihn in zwei Arme. Dahinter stürzen die 790 und 350 m breiten Flußarme 50 m in die Tiefe.

Nicaragua Mittelamerika

Fläche: 130 682 km² (96. Land)
Einwohnerzahl: 3,9 Mio.
Hauptstadt: Managua (682 000 Einw.)
Bevölkerung: Mestizen, Schwarze, Weiße, Indianer
Sprachen: Spanisch, Englisch, Chibcha
Religion: Christen Geld: Córdoba
Das Land ist sehr gebirgig und von tropischem Regenwald bedeckt. Es grenzt an die Karibische See und an den Pazifischen Ozean.

Niederlande ☞ *Beneluxländer*

Niederösterreich Größtes Bundesland Österreichs mit 19 172 km² und 1,5 Millionen Einwohnern. Hauptstadt ist St. Pölten. ☞ *Österreich*

Niedersachsen

Deutsches Bundesland
Fläche: 47 439 km² Einwohner: 7,4 Mio.
Landeshauptstadt: Hannover (513 000 Einwohner)
☞ *Deutschland*

Niederschläge Im Wetterbericht werden täglich Niederschläge gemeldet. Darunter versteht jeder Regen oder Schnee, Graupel oder Hagel. Wetterwissenschaftlich sind Niederschläge jegliche Form von Wasser, das aus der Atmosphäre auf die Erde fällt. Dazu gehören auch Reif, Tau und Nebel. Man mißt die Niederschlagsmengen in Millimeter. Damit ist die Höhe angegeben, bis zu der die Erdoberfläche mit Wasser bedeckt wäre, wenn nichts davon abfließen oder verdunsten würde. 1 mm Niederschlag bedeutet dann 1 Liter Wasser auf 1 m². Die Niederschlagsmengen sind auf der Erde sehr ungleichmäßig verteilt. Während in der Wüste kaum Niederschläge fallen, hat man am Südrand des Himalaja und auf Hawaii schon Regenmengen von über 12 000 Liter pro Quadratmeter gemessen.
☞ *Wetter*

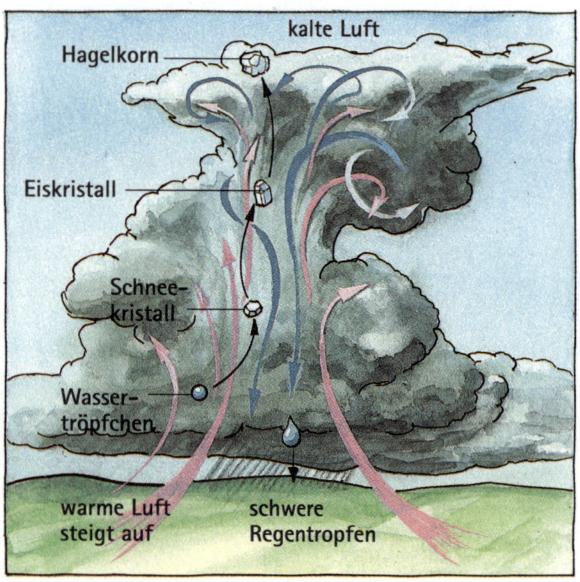

Niger Drittlängster Strom in Afrika mit 4 160 km Länge. ☞ *Afrika*

Niger Afrika

Fläche: 1 267 000 km² (21. Land)
Einwohnerzahl: 7,7 Mio.
Hauptstadt: Niamey (399 000 Einw.)
Bevölkerung: Haussa, Fulbe, Tuareg
Sprachen: Französisch, Haussa, Djerma
Religion: Moslems, Naturreligionen
Geld: Afrikanischer Franc
Das sehr arme Land liegt im Innern Westafrikas und reicht weit in die trockene Sahelzone. Der größte Teil des Landes wird von der Sahara eingenommen. Nur am Oberlauf des Niger gibt es Landwirtschaft.

Nigeria Afrika

Fläche: 923 768 km² (31. Land)
Einwohnerzahl: 88,5 Mio.
Hauptstadt: Abuja (254 000 Einw.)
Bevölkerung: Ibo, Joruba, Haussa, Fulbe
Sprachen: Englisch, Kwa-Sprachen, Ful u. a.
Religion: Moslems, Christen, Naturreligionen
Geld: Naira
Das westafrikanische Land liegt am Golf von Guinea und umfaßt den Unterlauf des Niger mit der Mündung. Die Küste ist von tropischem Urwald bedeckt, im Landesinnern schließen sich Savannen und Trockengebiete an. In Nigeria leben noch viele der großen afrikanischen Säugetiere.

Nil Bedeutendster Strom Afrikas. Zusammen mit dem Kagera ist der Nil 6 671 km lang und damit der längste Strom der Erde. ☞ *Ägypten, Afrika*

Nippflut Niedrigster Wasserstand des Meeres bei Flut. Die Nippflut tritt bei Halbmond auf, da dann die Anziehungskräfte des Mondes von der Sonne abgeschwächt werden. ☞ *Ebbe und Flut*

Nomaden Menschen ohne festen Wohnsitz, die mit ihren Herden von Weideplatz zu Weideplatz ziehen. Heute gibt es nur noch wenige Hirtenvölker. Bekannt sind die Lappen in Finnland und Schweden, die Beduinen in Nordafrika und die Mongolen in Asien. ☞ *Beduinen, Lappland, Mongolen*

Nord-Ostsee-Kanal Von der Elbe bis zur Kieler Förde an der Ostsee besteht eine fast 100 km lange Kanalverbindung. Auf dem 100 m breiten Kanal verkehren Schiffe zwischen Ost- und Nordsee.

Nordamerika ☞ *Seite 166*

Norddeutsche Tiefebene Als nach der letzten Eiszeit die Gletscher abschmolzen, entstand von der Nordsee und Ostsee bis zu den Mittelgebirgen ein großes Tiefland. Diese Tiefebene setzt sich in Polen und Rußland fort. ☞ *Deutschland*

Nordfriesische Inseln Inselgruppe vor Schleswig-Holstein. Die größten Inseln sind Sylt und Föhr.

Nordirland ☞ *Großbritannien*

Nordlicht Von der Sonne gehen elektrisch geladene Teilchen aus. Sie werden an den Polen vom Magnetfeld der Erde angezogen und bringen die Luft in großen Höhen zum Leuchten. Am Himmel erscheinen dann farbige Bänder. ☞ *Polarlicht*

Nord-Ost-Passage Seeweg vom Atlantischen in den Pazifischen Ozean durch das nördliche Eismeer. Diese Passage von Osten nach Westen ist 6 500 km lang. ☞ *Entdecker, Nord-West-Passage*

Nordpol Nördlichster Punkt der Erde mitten im Eismeer. Dort gibt es keinen Wechsel zwischen Tag und Nacht. Die Sonne geht hier am 21. März auf und am 23. September unter. Das ist der Polartag. Darauf folgt die sechsmonatige Polarnacht. Nahe dem geographischen Nordpol liegt der magnetische Südpol der Erde. ☞ *Kompaß*

Nordrhein-Westfalen

Deutsches Bundesland
Fläche: 34 068 km² Einwohner: 17,4 Mio.
Landeshauptstadt: Düsseldorf (575 800 Einwohner)
☞ *Deutschland*

Nordsee Randmeer des Atlantischen Ozeans. Die Nordsee wird von den Britischen Inseln, Belgien, den Niederlanden und Deutschland sowie Dänemark und Norwegen begrenzt. Der Ärmelkanal zwischen England und Frankreich bildet eine schmale Meeresstraße von der Nordsee in den Atlantik. Die Nordsee ist rund 570 000 km² groß und bis auf wenige Stellen zwischen 100 und 200 m tief. Das Meer hat sehr ausgeprägte Gezeiten, also starke Ebbe und Flut. Und es ist salziger als die Ostsee. Aus dem Meeresboden wird Erdgas und Erdöl gefördert. ☞ *Erdöl, Meer, Ostsee*

Nord-West-Passage Seeweg vom Atlantik durch das nördliche Eismeer und die Beringstraße in den Stillen Ozean. ☞ *Entdecker*

Normalnull Um die Tiefen des Meeres oder die Höhen der Berge messen und vergleichen zu können, braucht man einen Fixpunkt, von dem aus gemessen wird. Das ist der Meeresspiegel. Dieser Normalnull-Punkt, abgekürzt N. N., gilt für die mittlere Höhe des Meerwassers. Alle Höhenangaben in Landkarten sind danach ausgerichtet. Der Gipfel eines Berges mit 4 000 m N. N. liegt also 4 000 m über dem Meeresspiegel. Am Meer erschiene dieser Berg höher als der Mount Everest, denn wir würden seine gesamte Höhe sehen. ☞ *Meeresspiegel*

Normandie Landschaft im Nordwesten Frankreichs an der Kanalküste. Die Normandie hat am Ärmelkanal bis zu 100 m hohe Kreidefelsen. Hier siedelten um das Jahr 1 000 die Normannen.
☞ *Frankreich*

Norwegen ☞ *Skandinavien*

Nordamerika

Nordamerika ist nach Asien und Afrika der drittgrößte Erdteil mit rund 21,3 Millionen km². Früher zählte es mit Südamerika zusammen als ein Kontinent. Heute unterteilt man Amerika oft sogar in drei Teile, in Nordamerika, Mittelamerika und Südamerika. Nordamerika umfaßt Kanada und die Vereinigten Staaten von Amerika. Auch Grönland zählt geographisch zu diesem Erdteil. Viele rechnen noch Mexiko dazu, dann sind es fast 24 Millionen km².
Die gewaltige Landmasse erstreckt sich vom Polarmeer im Norden bis zum Golf von Mexiko im Süden. Das sind rund 7 500 km. Vom Pazifischen Ozean im Westen bis an den Atlantischen Ozean im Osten beträgt die Entfernung etwa 6 000 km. Ein großer Teil der Vereinigten Staaten liegt auf einer geographischen Breite wie Mitteleuropa. Deshalb herrscht hier auch etwa dasselbe Klima. Im Süden reicht Nordamerika mit der Halbinsel Florida bis auf die Höhe der Kanarischen Inseln. In Florida ist das Klima subtropisch, und die Winter sind mild. Im Sommer kann es hier so heiß sein wie in Afrika. Die Everglades an der Südspitze der Halbinsel bilden ein riesiges, fast tropisches Sumpfgebiet. Hoch im Norden, in Alaska und in Nordkanada, herrscht Polarklima.

Felsengebirge, Ströme und Seen

Nordamerika hat viele unterschiedliche Landschaften. Im Westen wird der Kontinent von einem gewaltigen Faltengebirge, den Kordilleren, durchzogen. Der Mount McKinley in Alaska ist 6 193 m hoch. Den größten Teil dieses Gebirgszuges nehmen die Rocky Mountains ein, die Alpen Nordamerikas. Zwischen ihnen und der Sierra Nevada an der Pazifikküste liegt das Große Becken. In diesem fast wüstenartigen Gebiet fließen die meisten Flüsse nicht ab, und das Wasser versickert im Boden. Von den Rocky Mountains bis zum Mississippi erstrecken sich nach Osten die Great Plains, die Große Ebene, und die Prärien, ein weites, baumloses Land. Wir kennen es aus Indianerfilmen als den „Wilden Westen“. Entwässert wird dieses riesige Gebiet durch das Flußsystem des Mississippi und des Missouri. Beide Ströme sind zusammen über 7 000 km lang. Im Nordosten, an der Grenze zwischen den Vereinigten Staaten und Kanada, liegt das Gebiet der Großen Seen. Mit 81 000 km² ist der Obere See nach dem Kaspischen Meer das größte Binnengewässer der Erde. Auch der Huronsee, der Michigansee, der Eriesee und der Ontariosee gehören zu den größten Seen der Welt. Sie sind untereinander verbunden und bedecken insgesamt eine Fläche von der Größe Westdeutschlands.
Der Norden Kanadas ist wie in Sibirien eine Tundralandschaft, und der Boden ist fast das ganze Jahr über gefroren. Es gedeihen nur Moose, Flechten und niedrige Beerensträucher. Hier leben der Polarfuchs, das Karibu und der Moschusochse. Südlich an die Tundra schließen sich dichte Nadelwälder an, in denen sogar noch Grizzlybären hausen. Zu den Tieren im Norden Amerikas gehören der Elch, der Skunk oder das Stinktier, der Waschbär und der Urson, eine Art Stachelschwein, das auf Bäume klettert. In den wasserreichen Gebieten der Ostküste und der Oberen Seen lebt der Biber, der in Europa fast ausgestorben ist. Früher, als die Indianer noch in der Prärie jagten, gab es riesige Büffelherden mit Millionen von Tieren. Sie waren die Lebensgrundlage für die Prärieindianer. Ende des vergangenen Jahrhunderts waren die Büffel nahezu ausgerottet. Heute stehen sie unter Naturschutz, und in den großen Nationalparks zählt man wieder rund 70 000 Bisons. Auch der Truthahn, der heute bei uns gezüchtet wird, lebt wild in Amerika. Im Süden liegen steppenartige Wüstengebiete. Hier sind der Präriewolf und der Puma zu Hause. In den Ebenen trifft man die Präriehunde, die unterirdische Baue anlegen. Sie sind entfernt mit unseren Murmeltieren der Alpen verwandt, aber etwas kleiner. Früher gab es Millionen davon, doch heute sind sie nicht mehr so zahlreich, weil der Mensch ihren Lebensraum zerstört hat. In den Sumpfgebieten Floridas lebt noch das amerikanische Krokodil, der Alligator.

Naturschönheiten in den Nationalparks

Amerika besitzt unzählige Naturschönheiten, die jährlich Millionen von Touristen anziehen. Dazu gehören die 50 m hohen Niagarafälle an der Grenze zwischen Kanada und den USA. Das Wort aus der Indianersprache bedeutet „Donnerndes Wasser“. Heißes Wasser gibt es im Westen Amerikas, im Yellowstone Nationalpark. In diesem vulkanischen Gebiet schießt das Wasser der Geysire wie in einem Springbrunnen bis zu 100 m hoch aus der Erde. Bis zu 1 800 m tief hat sich der Coloradofluß im Grand Canyon in das Plateau eingeschnitten. An den Felswänden kann man die Erdgeschichte besonders gut ablesen. Nirgendwo sonst auf der Welt gibt es eine so gewaltige Schlucht. Die Touristen fliegen mit dem Flugzeug durch diesen Canyon.

Nordamerika

Bevor die Europäer nach Amerika kamen, gehörte alles Land dem „Roten Mann“, den Indianern. Man schätzt, daß etwa drei Millionen Indianer zur Zeit der Entdeckung Amerikas den Norden des Erdteils bevölkerten. Die Prärieindianer in den Grasländern lebten von der Jagd, vor allem auf Büffel. In den östlichen Waldgebieten und an den Großen Seen gab es auch Ackerbau treibende Stämme. Die Indianer im Norden Kanadas waren vorwiegend Jäger und Sammler. Denn hier konnte das Indianerkorn, der Mais, nicht mehr gedeihen. Die Besiedlung Nordamerikas durch die Weißen begann im Osten, an der Europa nächstgelegenen Küste. Deshalb gibt es heute an der Ostküste noch die meisten Städte. Fast ein Viertel aller US-Bürger lebt hier.

Einwanderer aus der Alten Welt

Es waren vor allem Engländer und Iren, Franzosen, Holländer und Deutsche, die zuerst einwanderten. Heute leben in Nordamerika außer Mexiko rund 280 Millionen Menschen, die von vielen verschiedenen, meist europäischen Völkern abstammen. Auf das zweitgrößte Land der Erde, auf Kanada, entfallen dabei nicht einmal 30 Millionen Einwohner. Kanada ist so dünn besiedelt, daß im Landesinnern das Flugzeug oft das einzige Verkehrsmittel ist. Die Buschpiloten fliegen mit kleinen Maschinen, mit denen sie fast überall landen können. Die meisten Kanadier leben an der Ostküste und im Gebiet der Großen Seen. Hier liegt auch die Hauptstadt Ottawa. Die größte Stadt ist Montreal, die von den Franzosen gegründet wurde. Sie hat rund 3 Millionen Einwohner. Auch New York, die größte Stadt der USA mit über 7 Millionen Einwohnern, liegt an der Ostküste. Das Wahrzeichen New Yorks ist die Freiheitsstatue. Sie verhieß den Einwanderern, die mit dem Schiff aus Europa kamen, Glück und Freiheit in der Neuen Welt. Die Hauptstadt der USA ist Washington mit dem Capitol als Regierungssitz.

50 Staaten

Die USA sind ein Bundesstaat, und jedes der 50 Bundesländer hat seine eigene Regierung. Von den Südstaaten ist Texas nicht nur der größte, sondern auch der bekannteste und reichste. Früher war Texas das Land der Viehzüchter mit den großen Ranches, den Viehfarmen. Dann hat man hier Öl gefunden, und viele Texaner wurden zu Millionären. Die Städte Houston und Dallas zeigen den Reichtum dieses zweitgrößten Staates der USA. In Texas und den anderen Südstaaten wurden im vorigen Jahrhundert noch Schwarze aus Afrika als Sklaven gehandelt. Einer der Hauptmärkte für Sklaven war in New Orleans. Hier leben heute viele amerikanische Schwarze, und es ist die Hochburg des Jazz. Auf dem Mississippi, dem größten Fluß Amerikas, der durch den Missouri und den Ohio River gespeist wird, fahren die Raddampfer wie vor hundert Jahren – für die Touristen. Der Mississippi hat stellenweise durch Sandbänke gefährliche Untiefen.

Die Spanier kamen von Süden

Ein großer Teil des dritten Staates auf diesem Erdteil, Mexiko, liegt noch in Nordamerika. Der Grenzfluß zu den USA ist der Rio Grande. Wenn man ihn überschreitet, erreicht man das Siedlungsgebiet, das einst von den Spaniern erobert wurde. Mexiko zählt auch nicht mehr zu Angloamerika, sondern zu Lateinamerika. Auch die beiden großen Städte Los Angeles und San Francisco in den USA gehen auf spanische Gründungen zurück. Sie liegen beide am Pazifischen Ozean. Los Angeles ist berühmt für seinen Vorort Hollywood mit den größten Filmateliers der Welt. San Francisco ist eine alte Goldgräberstadt, denn in Kalifornien wurde vor fast 150 Jahren Gold entdeckt. Die Goldsucher strömten aus aller Welt herbei und rotteten hier die Indianer aus. Berühmt ist San Francisco auch wegen der Golden Gate Bridge. Diese fast 3 km lange Brücke hängt zwischen 200 m hohen Türmen an Drahtseilen.

Der reiche Kontinent

Nordamerika und Kanada besitzen reiche Bodenschätze. Wie Asien verfügt der Erdteil über alle Rohstoffe der Erde. Hinzu kommt der Reichtum der USA aus dem Anbau von Weizen in den Prärien. Der fruchtbare Boden in diesem ehemaligen Indianerland ist in eine Kornkammer umgewandelt worden. Kanada und die USA können Brotgetreide für eine Milliarde Menschen liefern. Die Getreidefelder sind manchmal so groß wie ganz Bayern. Neben den Bodenschätzen und der Landwirtschaft liegt der Reichtum im Norden im Holz und im Wasser, das in Kraftwerken genutzt wird. Und die Erdöl- und Erdgaslagerstätten gehören zu den ergiebigsten der Welt. Mit Hilfe der Energiequellen und der Bodenschätze werden in den amerikanischen Fabriken fast so viele Waren hergestellt wie in allen Ländern Europas zusammen. Die USA gelten deshalb auch als die größte Wirtschaftsmacht der Erde.

Nordamerika

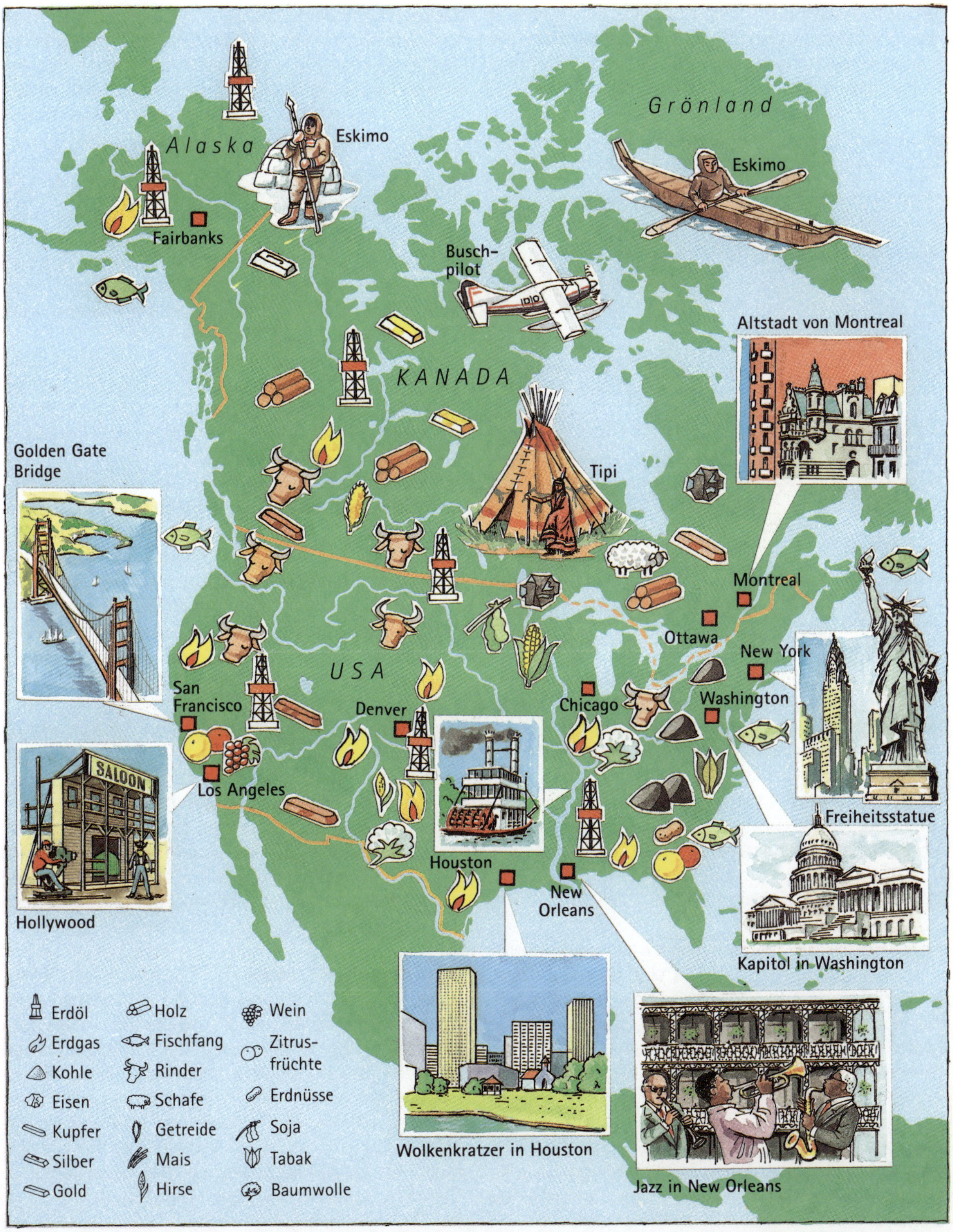

Oase Wasserstelle in der Wüste, besonders in der nordafrikanischen Sahara. Kennzeichen der afrikanischen Oasen sind die weithin sichtbaren Dattelpalmen. Durch Bewässerung können die Bewohner in den Oasen mitten in der Wüste Obst und Gemüse anbauen. Von alters her haben die Menschen in den Oasen gesiedelt. ☞ *Afrika, Sahara*

Ob Wichtigster Strom in Westsibirien. Der Ob ist 4 016 km lang und im Unterlauf bis zu 30 km breit. Zusammen mit dem Irtysch erreicht er 5 410 km Länge. Er ist fast ein halbes Jahr von Eis bedeckt.

Oberösterreich Österreichisches Bundesland mit 11 980 km^2 und 1,4 Mio. Einwohnern. Die Hauptstadt ist Linz an der Donau. ☞ *Österreich*

Obervolta ☞ *Burkino Faso*

Observatorium Das lateinische Wort bedeutet „Beobachtungsstation“. Es ist eine Sternwarte mit großen Teleskopen. Observatorien gab es schon bei den Babyloniern und den Ägyptern. Auch die Maya in Mittelamerika haben Sonne, Mond und Sterne bereits genauestens beobachtet. Danach erstellten sie ihren Kalender. ☞ *Maya*

Obsidian Hartes, glasartiges Vulkangestein. Beim Absplittern entstehen scharfkantige Klingen. Die Indianer Mexikos benutzten diese Obsidiansplitter als Schaber oder Messer und für Pfeilspitzen.

Oder Grenzfluß zwischen der Bundesrepublik Deutschland und Polen. Die Oder entspringt in der Tschechischen Republik und mündet nach 866 km in die Ostsee. In der Gegend von Frankfurt an der Oder erstreckt sich der Oderbruch, eine riesige Flußniederung, in der zahlreiche Vogelarten leben.

Ödland Falsche Bezeichnung für Landflächen, die landwirtschaftlich nicht genutzt werden. Man versteht darunter nicht nur Schuttplätze, sondern auch Heideflächen, Moore oder Schotterebenen. Heute weiß man, daß solche Ödlandflächen wichtige Biotope sind, in denen seltene Pflanzen und Tiere überleben. ☞ *Biotop, Heide*

OEZ Abkürzung für osteuropäische Zeit. Sie gilt ab dem 30. östlichen Längengrad und ist der mitteleuropäischen Zeit (MEZ) um eine Stunde voraus. ☞ *MEZ, Zeitzonen*

Offshore-Bergbau (offschor) Der Abbau von Bodenschätzen, insbesondere von Erdöl und Erdgas im Meer. Dies geschieht von Plattformen aus, die auf dem Meeresgrund verankert sind. Das englische Wort „offshore“ bedeutet „außerhalb der Küste“, also im Wasser. Die Briten und Norweger fördern vor ihrer Küste Erdöl, die Niederländer vor allem Erdgas. ☞ *Erdgas, Erdöl, Nordsee*

Ökologie Wissenschaft, die sich mit dem Haushalt der Natur beschäftigt. Die Ökologie ist ein Teil der Biologie und untersucht die Zusammenhänge zwischen den Lebewesen und ihrer Umwelt. In unserer Zeit, in der die Umwelt immer mehr zerstört wird, ist die Ökologie eine wichtige Wissenschaft. Sie zeigt zum Beispiel, welche langfristigen Folgen es haben kann, wenn Menschen in das Gleichgewicht der Natur eingreifen. ☞ *Umweltschutz*

Ökologischer Landbau Eine Form des Ackerbaus, bei der man weitgehend auf Schädlingsbekämpfungsmittel und künstliche Düngung verzichtet. Die Erkenntnisse der Ökologie haben nämlich gezeigt, daß viele chemische Mittel, die auf Feldern und Wiesen oder in Obstgärten ausgebracht werden, nicht nur die Umwelt und das Wasser belasten, sondern sich auch in den Früchten ansammeln. Am Schluß landen diese Gifte dann bei dem, der die Früchte ißt, also beim Menschen. ☞ *Ökologie, Düngung*

Ökosystem Aus dem Griechischen stammendes Wort für Lebensraum. ☞ *Biotop*

Okzident Lateinisches Wort für Westen. Man versteht darunter die Länder, die im Westen liegen, wo die Sonne untergeht. Deshalb spricht man vom Abendland im Gegensatz zum Morgenland. ☞ *Orient*

Öl Flüssige Fette, die man aus Pflanzen gewinnt. Die meisten Pflanzenöle sind Nahrungsmittel. Einige, wie das Rapsöl, werden auch für technische Zwecke verwendet. Besonders wichtig für die Energieversorgung sind die in der Erde lagernden Öle, die allgemein Erdöl genannt werden. Diese flüssigen Kohlenwasserstoffe sind besonders leicht brennbar. Man bezeichnet sie auch als fossile Brennstoffe. Petroleum oder Steinöl sind andere Namen für Erdöl. ☞ *Erdöl, Fossile Energie*

Ölpalme Die etwa nußgroßen Früchte der Ölpalme liefern ein starkriechendes, gelbliches Fett. Die bis zu 25 m hohe Palme bildet Fruchtstände, die wie eine Traube aussehen und über tausend Ölfrüchte enthalten. Ölpalmen wachsen in warmen Ländern und werden auf Plantagen angebaut.
☞ *Ölpflanzen*

Ölpest Wenn ein Tanker mit Rohöl auf Grund läuft oder mit einem anderen Schiff zusammenstößt, können riesige Mengen Öl ins Meer fließen. Die dicke Ölschicht breitet sich von der Unfallstelle Hunderte von Kilometern weit als feiner Film auf der Meeresoberfläche aus. Dadurch kann nicht mehr genug Sauerstoff ins Wasser gelangen, und viele Fische müssen ersticken. Das ausgelaufene Öl verbindet sich mit dem Salz des Meerwassers zu einem pechartigen Stoff, der den Seevögeln das Gefieder verklebt. Diese müssen dann elend ertrinken. Weil immer mehr Schiffe mit immer größeren Klladungen auf den Meeren unterwegs sind, ereignen sich solche Unglücksfälle in den letzten Jahren immer öfter. Eines der größten Tankerunglücke in Europa geschah Anfang 1993, als das griechische Schiff „Braer" vor den Shetland-Inseln strandete und auseinanderbrach. Über 80 Millionen Liter Rohöl liefen vor der Küste ins Meer. ☞ *Erdöl*

Ölpflanzen Die meisten Fette in unserer Nahrung stammen von ölhaltigen Pflanzen, vor allem von Sonnenblumenkernen, Erdnüssen, Baumwollsamen sowie Rapssamen und Sojabohnen. Olive, Sesam und Rizinus waren im Mittelmeerraum seit Jahrtausenden als Ölpflanzen bekannt. Das aus giftigen Samen gewonnene Rizinusöl benutzten schon die Ägypter als Heilmittel. Wie andere Öle wurde es auch in den Öllampen verbrannt. Aus gehärtetem Palmkernfett und dem Fett des Fruchtfleisches der Kokosnuß, der Kopra, wird Margarine hergestellt.

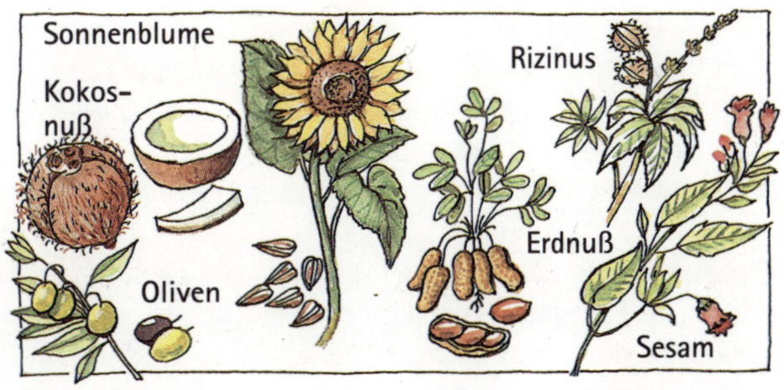

Oman Asien

Fläche: 212 457 km² (83. Land)
Einwohnerzahl: 1,6 Mio.
Hauptstadt: Maskat (30 000 Einw.)
Bevölkerung: Araber
Sprache: Arabisch
Religion: Moslems Geld: Rial Omani
Das islamische Königreich liegt an der Südspitze der arabischen Halbinsel und besteht größtenteils aus Wüste. Nur an der Küste und in den Oasen ist Ackerbau möglich. Oman besitzt auch ergiebige Erdölfelder.

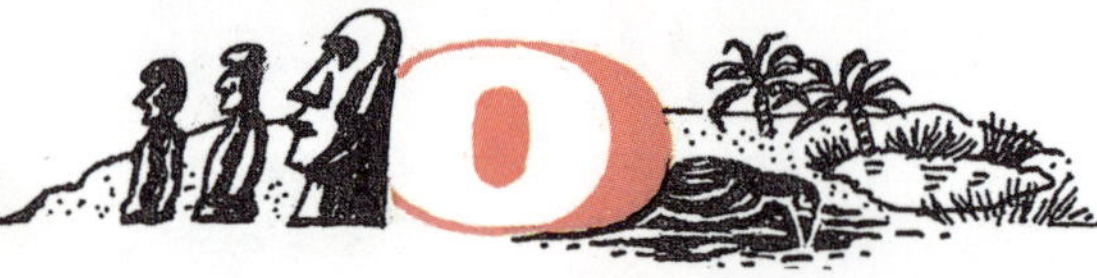

Opal Edelstein, der in vielen verschiedenen Farbtönen vorkommt. Er findet sich besonders in vulkanischem Gestein und in der Nähe heißer Quellen„ vor allem in Australien, Mexiko und Brasilien.
☞ *Edelsteine*

Orang-Utan Das malaiische Wort bedeutet „Waldmensch“. Der bis 2 m große und bis 100 Kilogramm schwere rotbraune Menschenaffe kommt noch vereinzelt auf den Inseln Sumatra und Borneo vor, ist jedoch schon nahezu ausgestorben. Die wenigen Tiere, die heute noch leben, stehen unter strengem Schutz. ☞ *Affen*

Orchideen Es gibt mehr als 20000 Arten von Orchideen, die durch ihre prächtig gefärbten und seltsam geformten Blüten auffallen. Die meisten Orchideenarten wachsen in den Urwäldern der Tropen in den Astgabeln der Bäume. Dort sammeln sich Wasser und Nährstoffe. In Deutschland kommen nur kleine Orchideenarten vor, zum Beispiel das Knabenkraut oder der Frauenschuh. Unsere heimischen Orchideen stehen unter Naturschutz.

Orient Das Morgenland, in dem die Sonne aufgeht. Die Länder am östlichen Mittelmeer, wie die Türkei, Syrien, der Libanon und Arabien, zählen zum Orient. ☞ *Okzident*

Orinoco 2140 km langer Strom im nördlichen Südamerika. Er durchfließt Venezuela und hat fast 200 Nebenflüsse. Vor seiner Deltamündung in den Atlantik erreicht er eine Breite von 15 km. Die Mündung des Orinoco hat schon Kolumbus 1498 entdeckt. Hier suchten die Eroberer das sagenhafte El Dorado. ☞ *El Dorado, Entdecker, Südamerika*

Orkan Heftiger Sturm ab Windstärke 12 – das entspricht einer Windgeschwindigkeit von über 100 km in der Stunde. ☞ *Wind, Windstärke*

Orkney-Inseln Inselgruppe an der Nordspitze Schottlands. Von den rund 90 Inseln ist nur etwa ein Drittel bewohnt. Die Orkneys sind felsig und kahl, und hier ist es sehr stürmisch. Die Bewohner leben meist vom Fischfang. ☞ *Großbritannien*

Ortszeit Jeder Meridian hat seine eigene Zeit, die Ortszeit. Alle Orte auf dem gleichen Längengrad haben die gleiche Zeit. Genaugenommen müßte Hamburg eine andere Ortszeit haben als Dresden, denn die Städte liegen auf unterschiedlichen Längengraden. Damit man aber überall in einem Land die gleiche Zeit hat, wurde die Erde in Zeitzonen eingeteilt. In den meisten Ländern Europas gilt die mitteleuropäische Zeit (MEZ).
☞ *Meridian, MEZ, OEZ, Zeitzonen*

Oslo Hauptstadt Norwegens am Oslofjord mit 458800 Einwohnern. ☞ *Skandinavien*

Osterinsel 180 km² große Insel im Pazifischen Ozean. Sie ist die östlichste der polynesischen Inseln und gehört zu Chile. Auf der Osterinsel haben frühere, geheimnisvolle Bewohner riesige Statuen aus schwarzem Vulkangestein errichtet. Man fand auch Holztafeln mit hieroglyphenähnlichen Schriftzeichen. Die Insel nannte ein Holländer so, weil er sie am Ostersonntag 1722 entdeckte.

Steinfiguren auf der Osterinsel

Österreich ☞ *Seite 173*

Osteuropa ☞ *Seite 176*

Ostfriesische Inseln Inselgruppe vor der Nordseeküste. Die Ostfriesischen Inseln erstrecken sich von der holländischen Grenze bis zur Mündung der Weser. Sie sind aus Sandbänken entstanden, die der Wind zu Dünen aufgeweht hat. Bekannte Seebäder liegen auf Borkum, auf Norderney und auf Langeoog. ☞ *Nordfriesische Inseln*

Österreich

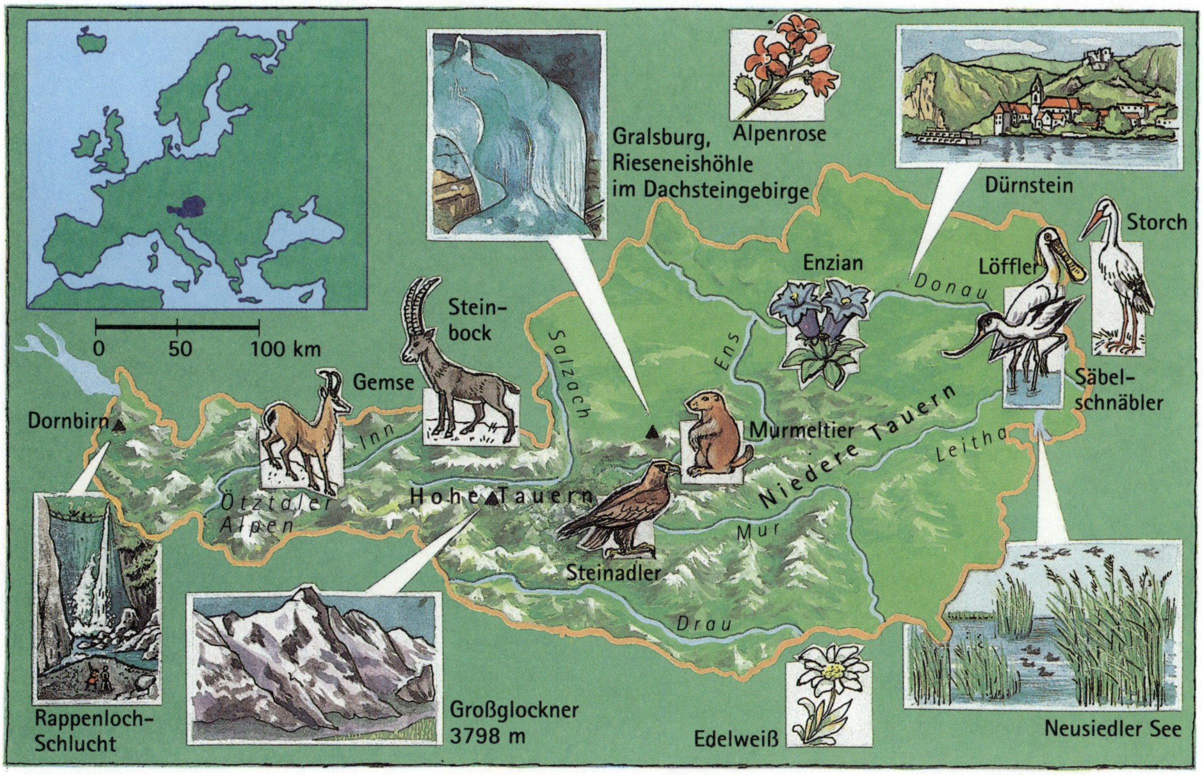

Österreich
Fläche: 83 855 km² (112. Land)
Einwohnerzahl: 7,86 Mio.
Hauptstadt: Wien (1,5 Mio. Einw.)
Bevölkerung: Österreicher, Slowenen und Kroaten
Sprachen: Deutsch, Slowenisch, Kroatisch
Religion: Christen, Moslems (Minderheit)
Geld: Österreichischer Schilling

Im Dreiländereck am Bodensee stoßen die drei deutschsprachigen Länder – Deutschland, Österreich und die Schweiz – zusammen. Vom Bodensee bis an die ungarische Grenze erstreckt sich Österreich über 500 km. Die größte Ausdehnung des Alpenstaats von Norden nach Süden, von der tschechischen bis zur slowenischen Grenze, beträgt 270 km. An der schmälsten Stelle, etwa zwischen Mittenwald und dem Brennerpaß, ist Österreich nur 50 km breit. In den Alpen hat es gemeinsame Grenzen mit Deutschland, der Schweiz und Italien.

Die Alpen und die Donau prägen das Land. Vom bayerischen Passau bis kurz hinter Wien fließt die Donau 440 km durch Österreich. Dabei durchquert sie die Wachau. Sie ist neben dem deutschen Rheingau und dem französischen Loiretal die schönste Flußlandschaft Europas. Hier wird das Donautal sehr eng und wildromantisch. Mit Ausnahme der Landschaften beiderseits der Donau und des Ostens am Neusiedler See ist Österreich aber ein Hochgebirgsland. Zwei Drittel der Fläche werden von den Ostalpen eingenommen. Österreich hat mehr als hundert Gipfel mit über 3 000 m Höhe. Der höchste Berg ist der 3 798 m hohe Großglockner in den Hohen Tauern. Man bezeichnet die Tauern auch als das „Dach Österreichs“, denn sie sind der höchste Teil des Landes. Viele der Alpengipfel sind von Gletschern bedeckt.

In den Ostalpen liegen die Krimmler Wasserfälle, die mit drei Stufen von 140, 100 und 140 m die größten Mitteleuropas sind. Es gibt auch mehrere Eishöhlen und zahlreiche Tropfsteinhöhlen. Die Eisriesenwelt im Tennengebirge ist mit über 42 km Länge die größte Eishöhle der Welt.

Österreich gehört zu den beliebtesten Urlaubsländern Europas. Die Alpenländer Tirol, Salzburg, Kärnten und Vorarlberg werden jährlich von doppelt so vielen Touristen besucht, wie sie Einwohner haben. Die Leute wandern in den Bergen oder laufen Ski. Auf viele Berggipfel führen Seilbahnen und Skilifte.

Österreich

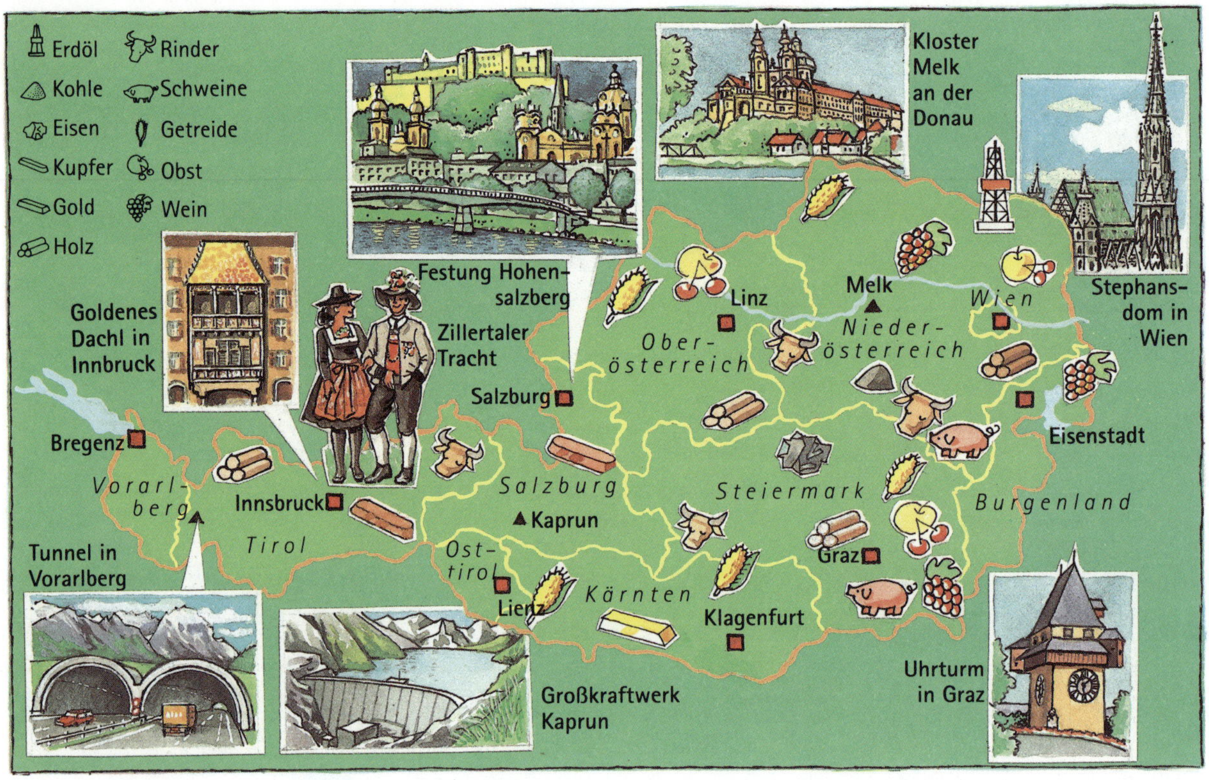

Der Fremdenverkehr spielt eine große Rolle in Österreich. Salzburg, die Geburtsstadt Mozarts mit den jährlichen Festspielen, Innsbruck, die Tiroler Landeshauptstadt in den Bergen sowie die zahlreichen Klöster und Burgen an der Donau – und natürlich die Hauptstadt Wien – ziehen die Fremden an. Wien war einst der Mittelpunkt des großen habsburgischen Kaiserreichs, das auch die Königreiche Ungarn und Böhmen sowie weitere Länder in Europa umfaßte. Heute noch erinnern zahlreiche Paläste, vor allem die Wiener Hofburg und die Schlösser Schönbrunn und Belvedere, an die glanzvolle Kaiserzeit Österreichs.

Österreich ist aber nicht nur ein Reiseland für Touristen, sondern auch ein moderner Industriestaat. Das Land verfügt über reiche Bodenschätze, vor allem Eisenerz. Der Erzberg in der Steiermark ist das größte Erzlager Mitteleuropas. Und an der Donau wird Eisen und Stahl produziert. Da Österreich über sehr viel Wasserkraft verfügt, erzeugt es in großen Kraftwerken viel Strom. Am berühmtesten ist das Tauernkraftwerk in Kaprun. Es besitzt zwei übereinander liegende große Stauseen, die durch etwa 120 m hohe Betonmauern aufgestaut werden.
Die fast 8 Millionen Österreicher verteilen sich auf 9 Bundesländer.

Die Bundesländer nach der Größe

Bundesländer	*Fläche in km²*	*Einwohner*	*Hauptstadt*	*Einwohner*
Niederösterreich	19172	1466700	St. Pölten	49805
Steiermark	16387	1198000	Graz	232155
Tirol	12647	640900	Innsbruck	114996
Oberösterreich	11980	1352500	Linz	202855
Kärnten	9533	553800	Klagenfurt	89502
Salzburg	7155	488500	Salzburg	143971
Burgenland	3965	272000	Eisenstadt	10506
Vorarlberg	2601	336200	Bregenz	27236
Wien	415	1552200	Wien	1552200

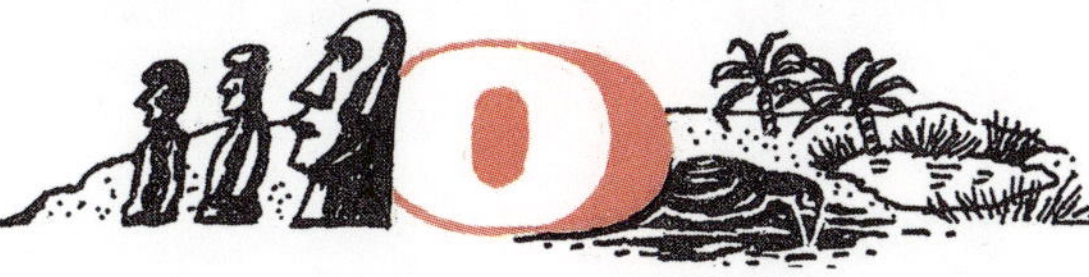

Ostpreußen Landschaft an der Ostseeküste zwischen den Flüssen Weichsel und Memel. Ostpreußen war im Mittelalter von Deutschen besiedelt und gehörte bis zum Ende des Zweiten Weltkriegs zu Deutschland. Nach dem Krieg wurden die Deutschen aus Ostpreußen vertrieben. Heute ist der nördliche Teil Ostpreußens mit der Stadt Kaliningrad, dem ehemaligen Königsberg, russisch. Der südliche Teil mit der Stadt Gdansk, dem ehemaligen Danzig, gehört zu Polen. ☞ *Osteuropa*

Ostsee Die Ostsee ist ein Binnenmeer, das mit der Nordsee verbunden ist. Zwischen Dänemark, Schweden und Norwegen liegen das Skagerrak und das Kattegat, in dem Nordsee und Ostsee ineinander übergehen. Deutschland, Polen, die baltischen Staaten und Rußland sowie Schweden und Finnland liegen an der Ostsee. Sie ist etwa 60 m tief und weniger salzig als die Nordsee. ☞ *Nordsee*

Otter Marderartiges Raubtier, das dem Leben im Wasser vollkommen angepaßt ist. Otter kommen an Flüssen, Seen und am Meer in fast allen Teilen der Erde vor. Den Fischotter gab es früher auch bei uns. Da dieser Fischräuber aber in den Gewässern oft großen Schaden anrichtete, hat man ihn nahezu ausgerottet. Er ist streng geschützt und wird heute wieder angesiedelt.

Ozean Es gibt drei Ozeane oder Weltmeere. Der Größe nach sind dies der Stille oder Pazifische Ozean, der Atlantische Ozean und der Indische Ozean. Abgekürzt sagt man auch Pazifik, Atlantik und Indik. Am größten ist der Pazifische Ozean, der mit fast 180 Millionen km^2 mehr Oberfläche einnimmt als alles Land der Erde. Und auch der Atlantische Ozean ist mit 106 Millionen km^2 noch größer als Europa, Afrika und Asien zusammen. Am kleinsten ist der Indische Ozean, der sich zwischen den Atlantik und Pazifik schiebt. Mit 75 Millionen km^2 ist er aber noch so groß wie die beiden Erdteile Asien und Afrika zusammen. Man sieht aus diesen Zahlen, daß die Erdoberfläche überwiegend aus Wasser besteht. Tatsächlich bewohnen die Menschen gerade etwas mehr als ein Viertel der Erde, alles übrige ist Wasser. ☞ *Fluß, Meer, Wasserhalbkugel*

Ozeanien ☞ *Seite 179*

Ozon Der Sauerstoff der Luft besteht aus zwei Atomen dieses Gases. Ozon dagegen hat drei Atome Sauerstoff. Im Gegensatz zum gewöhnlichen Sauerstoff, der geruchlos ist, riecht das Ozon. Es ist sogar giftig. ☞ *Ozonloch*

Ozonloch Das Gas Ozon schützt die Erde vor den ultravioletten Strahlen der Sonne. In etwa 20 bis 30 km Höhe umhüllt eine Ozonschicht den Erdball und wirft den größten Teil der gefährlichen Sonnenstrahlen ins Weltall zurück. Würden diese Strahlen auf die Erde gelangen, wäre alles Leben tödlich bedroht. Die Ozonschicht wird aber durch Abgase, insbesondere durch die Fluorchlorkohlenwasserstoffe angegriffen. Sie wird dadurch löchrig und für die UV-Strahlen der Sonne durchlässiger. Auf der südlichen Erdhalbkugel, über der Antarktis und Australien, ist bereits ein großes Ozonloch entstanden. Durch diese Öffnung in der Ozonschicht gelangen ungefilterte UV-Strahlen der Sonne auf die Erde. Wer sich in Australien zu lange der Sonne aussetzt, kann Hautkrebs bekommen. ☞ *Lufthülle*

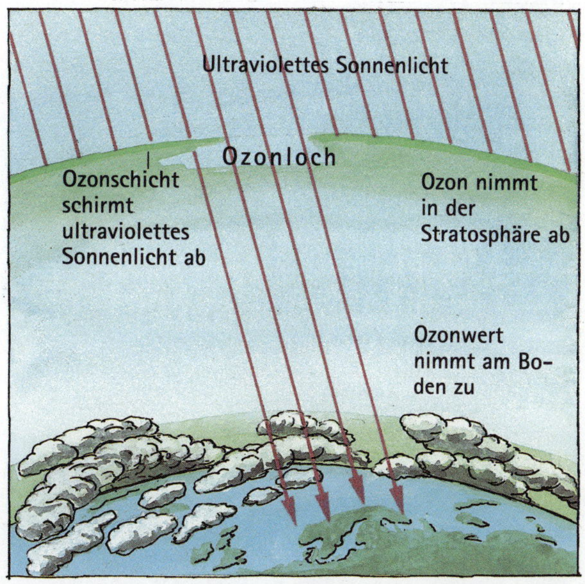

Osteuropa

Die östlichen Nachbarländer der Bundesrepublik Deutschland sind Polen und die Tschechische Republik, an die sich im Südosten die Slowakische Republik anschließt. Im Nordosten, hinter Polen, liegen die baltischen Staaten Litauen, Lettland und Estland. Auch sie haben Zugang zur Ostsee, dem Baltischen Meer. Diese Länder gehörten bis 1991 zur ehemaligen Sowjetunion.

Polen

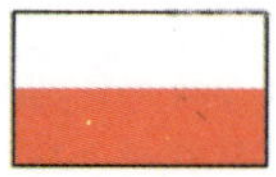

Fläche: 312 683 km^2 (68. Land)
Einwohnerzahl: 38,4 Mio.
Hauptstadt: Warschau (1,7 Mio. Einw.)
Bevölkerung: Polen
Sprache: Polnisch
Religion: Christen Geld: Zloty

Polen erstreckt sich östlich der Oder. Im Süden bilden die Berge der Sudeten und die Karpaten mit der Hohen Tatra die Grenze. Rund drei Viertel Polens bestehen aber aus Tiefland. Im Norden, gegen die Ostseeküste zu, liegen zwei große Seenlandschaften, die Pommersche und die Masurische Seenplatte. Die Seen sind Überbleibsel von Gletschern, die in der Eiszeit einmal ganz Nordeuropa bedeckten. Der Hauptstrom Polens ist die 1 068 km lange Weichsel. Sie entspringt in den Karpaten und durchzieht das Land in Form eines S, bis sie bei Gdansk (Danzig) in die Ostsee mündet. Der zweitgrößte Fluß, die Oder, bildet zusammen mit ihrem Nebenfluß Neiße die Grenze gegen Deutschland.

Seltene Tierarten

Polen besitzt 500 km Küste an der Ostsee. Die wichtigsten Häfen sind Szczecin (Stettin) an der Odermündung, Gdansk (Danzig) an der Mündung der Weichsel sowie Gdynia (Gdingen) in der Danzinger Bucht. Die flache Ostseeküste ist sandig, und nur wenige Hügel erreichen über 300 m Höhe. Das polnische Bergland im Süden ist fast ganz von großen Wäldern bedeckt, in denen heute noch Bären und Wölfe leben. Auch der Luchs, die Wildkatze, der Fischotter und der Biber kommen in Polen noch vor. Und in Nationalparks gibt es die letzten Wisente, Verwandte der Bisons.

Das Königreich Polen entstand schon im 10. Jahrhundert, doch wurde es im Lauf der Geschichte immer wieder durch Kriege geschwächt. Mehrmals teilten seine Nachbarn das polnische Reich unter sich auf. Mit dem Überfall Nazideutschlands auf Polen begann 1939 der Zweite Weltkrieg. Nach dem Krieg behielt die Sowjetunion die Ostgebiete Polens, und der polnische Staat wurde nach Westen bis an die Oder verlegt. So kamen viele ehemals deutsche Gebiete unter polnische Herrschaft, und die Deutschen wurden vertrieben. Heute lebt nur noch eine kleine deutsche Minderheit in Polen.

Zerstört und wieder aufgebaut

Durch den Krieg war Polen fast vollständig zerstört worden. Vor allem die Städte lagen in Schutt und Asche. Heute sind die wichtigsten polnischen Städte originalgetreu wieder aufgebaut. Dazu gehört zum Beispiel das Alte Krantor in Gdansk, ein Wahrzeichen der Stadt. Mit diesem Lastenaufzug wurden schon im 14. Jahrhundert Schiffe beladen. Auch viele der gotischen Backsteinkirchen wurden restauriert, denn Polen ist ein sehr christliches Land. Aus Polen stammt auch der heutige Papst Johannes Paul II. Das größte Heiligtum der polnischen Katholiken ist das Kloster in Tschenstochau mit dem Gnadenbild der Schwarzen Madonna. Über eine Million Pilger kommen jedes Jahr hierher. Die Hauptstadt Warschau, die von den Deutschen dem Erdboden gleichgemacht worden war, wurde wieder aufgebaut. Auch die gewaltige Festung Barbakan aus dem 16. Jahrhundert hat man wiederhergestellt. In der alten Königsstadt Krakau liegen in der Kathedrale auf dem Schloßberg die polnischen Könige begraben. Nicht weit von Krakau befindet sich Auschwitz. Es ist eines der vielen Vernichtungslager, die es in Polen gab und in denen die Deutschen in der Nazizeit die Juden ermordeten. Auch viele Juden aus Warschau wurden von den Nazis in den Gaskammern von Auschwitz und von Treblinka umgebracht.

Das neue Polen

Heute ist Polen ein Land, das eine wichtige Rolle zwischen West- und Osteuropa spielt. Im Süden liegen große Industriegebiete. Das Bergland hat reiche Bodenschätze, vor allem Steinkohle und Braunkohle, Eisenerz und andere Metalle, aber auch Erdöl und Erdgas. Durch die Kohlen- und Eisenvorkommen entstand in Polen eine bedeutende Schwerindustrie. Mittelpolen und der Norden an der Ostseeküste sind hingegen überwiegend Bauernland. Hier werden Getreide, Zuckerrüben und Kartoffeln angebaut, und es wird Viehzucht betrieben. Polen bemüht sich, mit seiner Wirtschaft den Anschluß an die westlichen Länder zu finden.

Osteuropa

Windmühlen bei Reval
Reval
Seeadler
ESTLAND
Ostsee
Dom in Riga
LETTLAND
Riga
Biber
Düna
0
100
200 km
Butt
Wolf
Schwarzstorch
LITAUEN
Memel
Eisen
Kohle
Kupfer
Fischfang
Rinder
Schafe
Schweine
Getreide
Kartoffeln
Zuckerrüben
Obst
Hopfen
Krantor in Danzig
Kormoran
Wilna
Gotische Backsteinkirche
Fischotter
Danzig
Stettin
Wisent
Luchs
Thorn
Karlsbrücke in Prag
Kolkrabe
Posen
Warschau
POLEN
Oder
Neiße
Weichsel
Breslau
Madonna von Tschenstochau
Schleiereule
Krakauer Kathedrale
Elbe
Karlsbad
Prag
Krakau
Auschwitz
Dachs
Bär
Kurzentrum Karlsbad
Pilsen
TSCHECHISCHE REPUBLIK
Moldau
Hohe Tatra
Brünn
Auerhahn
SLOWAKISCHE REPUBLIK
Krakauer Kathedrale
Wildkatze
Bratislava
Donau
Donau bei Bratislava
Hohe Tatra

Osteuropa

Estland

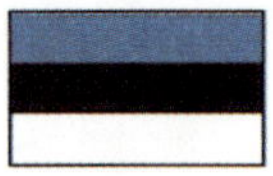

Fläche: 45 100 km² (129. Land)
Einwohnerzahl: 1,6 Mio.
Hauptstadt: Tallinn (484 500 Einw.)
Bevölkerung: Esten, Russen, Ukrainer
Sprachen: Estnisch, Russisch
Religion: Christen Geld: Estnische Krone

Lettland

Fläche: 64 600 km² (121. Land)
Einwohnerzahl: 2,7 Mio.
Hauptstadt: Riga (916 500 Einw.)
Bevölkerung: Letten, Russen, Weißrussen u. a.
Sprachen: Lettisch, Russisch
Religion: Christen Geld: Lettischer Rubel (Lat)

Litauen

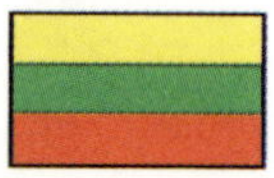

Fläche: 65 200 km² (120. Land)
Einwohnerzahl: 3,7 Mio.
Hauptstadt: Vilnius (592 500 Einw.)
Bevölkerung: Litauer, Russen, Polen
Sprachen: Litauisch, Russisch, Polnisch
Religion: Christen Geld: Rubel (Litas)

Die drei Länder Estland, Lettland und Litauen werden auch als baltische Staaten bezeichnet. Vor 50 Jahren waren diese Länder von der Sowjetunion besetzt worden. Seit 1991 sind die baltischen Staaten wieder unabhängig. An der Ostseeküste erstrecken sich Ebenen mit feuchten Niederungen, die allmählich ins Landesinnere in eine sanfte Hügellandschaft übergehen. Wie in der Masurischen Seenplatte und in Finnland entstanden während der Eiszeit durch abschmelzende Gletscher viele kleinere und größere Seen. Große Teile der baltischen Länder werden auch von Mooren eingenommen, und Torf wird abgebaut. Landwirtschaft und Industrie sind in den baltischen Staaten verhältnismäßig gut entwickelt, doch gibt es kaum Rohstoffe. Die Länder sind deshalb auf Einfuhren aus anderen Staaten, vor allem aus Rußland, angewiesen.

Tschechische Republik

Fläche: 78 864 km² (114. Land)
Einwohnerzahl: 10,4 Mio.
Hauptstadt: Prag (1,2 Mio. Einw.)
Bevölkerung: Tschechen, Slowaken, Polen, Deutsche
Sprachen: Tschechisch, Slowakisch, Deutsch
Religion: Christen Geld: Tschechische Krone

Die südlichen Nachbarländer Polens sind die Tschechische und die Slowakische Republik. Bisher bildeten beide Länder zusammen einen gemeinsamen Staat, die Tschechoslowakei. Seit 1993 sind die westslawischen Tschechen und die Slowaken getrennt und haben eigene Staaten.
Die Tschechische Republik umfaßt vor allem die Landschaften Böhmen und Mähren, ein überwiegend hügeliges Land, das von Gebirgen eingerahmt ist. Das Erzgebirge, der Oberpfälzer Wald und der Böhmerwald bilden die Grenze zu Deutschland. Im Böhmerwald entspringt die Moldau, der wichtigste tschechische Strom. Auch die Elbe und die Oder kommen aus dem tschechischen Land.
Mittelpunkt des böhmisch-mährischen Beckens ist Prag, tschechisch Praha. Prag gehört zu den schönsten Städten Europas. Die tausendjährige Stadt war unter Kaiser Karl IV. im 14. Jahrhundert der Mittelpunkt der Welt. Seit 1348 gibt es hier schon eine Universität. An Karl IV. erinnert auch die Karlsbrücke, die die Moldau auf 16 Bogen überspannt. Überragt wird Prag vom Hradschin, dem Burgviertel mit der gewaltigen Burg, dem Veitsdom und vielen Palästen. Berühmt sind die böhmischen Heilbäder mit ihren warmen Quellen wie Karlsbad und Marienbad, wo schon Goethe weilte.
Die Tschechische Republik ist heute ein moderner Industriestaat mit reichen Bodenschätzen, vor allem Kohle und Metallerzen. Es gibt aber große Umweltschäden. Das Böhmische Becken im Innern des Landes hat fruchtbare Böden. Hier wird Hopfen angebaut, und das Bier aus Pilsen ist weltberühmt.

Slowakische Republik

Fläche: 49 035 km² (126. Land)
Einwohnerzahl: 5,3 Mio.
Hauptstadt: Bratislava (445 000 Einw.)
Bevölkerung: Slowaken, Ungarn, Tschechen
Sprachen: Slowakisch, Ungarisch, Tschechisch
Religion: Christen Geld: Slowakische Krone

An die Tschechische schließt sich im Süden die Slowakische Republik an. Hier liegt das Gebirge der Hohen Tatra; der höchste Gipfel ist die Gerlsdorfer Spitze mit 2 663 m. Im Süden an der Donau erstreckt sich ein Tiefland mit vielen Flüssen. Bratislava, die Hauptstadt der Slowakei, wird von der Donau durchflossen. In der Slowakischen Republik gibt es kaum Industrie. Es ist ein Bauernland mit vielen Wäldern. In den Bergen leben noch Braunbären, Luchse und Wölfe.

Ozeanien

Ozeanien besteht aus vielen tausend Inseln und Inselchen nördlich und östlich von Australien. Die meisten davon sind auf einer Karte von der Wasserhalbkugel der Erde kaum noch als kleine Punkte zu erkennen. Nur die Inselgruppe von Neuseeland südöstlich von Australien und der Archipel von Neuguinea fallen in Ozeanien durch ihre Größe auf. In die Wasserhalbkugel ragen auch noch die Philippinen, aber man zählt diese Inseln zu Südostasien. Dieser Inselstaat mit der Hauptstadt Manila besteht aus über 7 000 Inseln, von denen aber nur etwa ein Drittel bewohnt ist. Neuguinea, die zweitgrößte Insel der Erde, gehört zur Hälfte zu Indonesien. Dieser asiatische Staat besteht aus einem Archipel von über 13 000 Inseln, von denen etwa 6 000 bewohnt sind. Dazu zählen die Großen und die Kleinen Sundainseln sowie die Molukken oder Gewürzinseln. Zu den Großen Sundainseln gehört Sulawesi, das früher Celebes hieß.

Neuguinea ist 772 000 km^2 groß, und die östliche Hälfte bildet zusammen mit einigen kleineren Inseln den Staat Papua-Neuguinea. Die Insel ist noch von dichten Regenwäldern bedeckt, und im Innern ragen Berge und Vulkane bis über 4 500 m auf. Noch vor 50 Jahren war das riesige Inselland kaum erforscht. Hier leben über 700 Stammesvölker, von denen jedes seine eigene Sprache spricht. Heute kommen zwar Touristen nach Papua-Neuguinea, doch manche Dörfer im Gebirge sind noch völlig abgeschieden.

Die Salomonen, Vanuatu und die Fidschiinseln bilden eigene Staaten. Sie alle bestehen aus zahlreichen Atollen oder Vulkaninseln, von denen nur wenige bewohnt sind. Außer vom Tourismus leben die Bewohner vom Anbau von Kokospalmen, Zuckerrohr und tropischen Früchten. Die gesamte Inselwelt des Westpazifischen Ozeans teilen Geographen in drei Gruppen ein: Zu Melanesien, wo dunkelhäutige, kleinwüchsige Menschen leben, die den Ureinwohnern Australiens ähnlich sehen, gehören außer Neuguinea auch die Salomonen, Vanuatu und die Fidschiinseln. Mikronesien, nordöstlich der Philippinen, besteht ebenfalls aus zahlreichen Inselketten und wird von Menschen mit hellerer Hautfarbe bewohnt. Auch die Bewohner Polynesiens sind heller als die Melanesier. Zu dieser Inselgruppe zählen zum Beispiel die Gesellschaftsinseln, darunter auch Hawaii, der 50. Staat der USA.

Packeis Das Wasser der Polarmeere ist den größten Teil des Jahres zugefroren. Durch Temperaturschwankungen entstehen Risse in den Eisfeldern, und es bilden sich große Eisschollen. Im Nordpolarmeer türmen Winde und Strömungen sie bis zu 15 m hohem Packeis auf. ☞ *Eisberg, Treibeis*

Pakistan Asien

Fläche: 796 095 km² (35. Land)
Einwohnerzahl: 114 Mio.
Hauptstadt: Islamabad (236 000 Einw.)
Bevölkerung: Pakistani
Sprachen: Urdu, Englisch
Religion: Moslems Geld: Pakistanische Rupie
Der Staat westlich von Indien umfaßt fast das gesamte Stromgebiet des Indus. Im Westen ist das Land gebirgig und grenzt an den Iran und Afghanistan, im Norden an China.

Palästina Heimat der Juden und der arabischen Palästinenser zwischen Ägypten und Syrien. Heute gehört Palästina zu Israel und teilweise zu Jordanien. Die Palästinenser haben noch keinen Staat. Sie erhielten aber ein selbstverwaltetes Gebiet mit Jericho als Hauptstadt. ☞ *Israel, Jordanien*

Palmen Bäume mit schlanken, unverzweigten Stämmen. Die Wipfel bestehen aus den Palmzweigen. Palmen wachsen in warmen Ländern. In Nordafrika und Arabien ist die Dattelpalme verbreitet. Die Kokospalme wächst an tropischen Meeresküsten.

Aus dem getrockneten Fleisch der Kokosnüsse, der Kopra, macht man Palmfett. Die Pflanzenfasern werden zu Teppichen und Tauen verarbeitet und als Polstermaterial verwendet. Aus dem Fruchtfleisch der Ölpalme gewinnt man Palmöl, aus den Kernen Palmkernöl. Die Sagopalme Ostasiens liefert stärkehaltiges Mark, den Sago. ☞ *Ölpflanzen*

Palmfarn Die Palmfarne waren in der Kreidezeit vor 140 Millionen Jahren weit verbreitet. Heute gibt es in den tropischen und subtropischen Zonen noch einige Arten. Es sind holzige Pflanzen mit unterschiedlich hohen Stämmen, die am Ende Büschel aus großen gefiederten Blättern tragen. Die meisten Palmfarne wachsen in den Urwäldern.

Pamir Das Hochland von Pamir liegt in Zentralasien und ist über 4 000 m hoch. Von hier ziehen mehrere Gebirge sternförmig nach allen Seiten. ☞ *Asien, Dach der Welt, Himalaja*

Pampa Südamerikanische Steppenlandschaft in Argentinien und Uruguay. Das riesige Grasland ist Weideland für große Rinderherden. Die berittenen Viehhirten heißen hier Gauchos (gautschos). Die Pampas gehören auch zu den bedeutendsten Weizenanbaugebieten der Erde. ☞ *Südamerika*

Panama Mittelamerika

Fläche: 77 082 km² (115. Land)
Einwohnerzahl: 2,4 Mio.
Hauptstadt: Panama (615 200 Einw.)
Bevölkerung: Mestizen, Schwarze, Mulatten, Weiße, Indianer
Religion: Christen Geld: Balboa
Panama ist der schmalste Landesteil Mittelamerikas. Deshalb wurde hier auch der Kanal zwischen dem Atlantik und dem Pazifik gegraben.

Panamakanal Die Landenge von Panama ist von einem Kanal durchstochen. Auf diese Weise ist der Atlantische Ozean mit dem Pazifischen Ozean verbunden. Der 81,6 km lange Panamakanal verkürzt eine Schiffsreise von New York nach San Francisco um 15 000 km. ☞ *Kanal, Landenge, Panama*

Panda Bärenart, von der nur noch wenige Tiere in China vorkommen. Der Panda ernährt sich von Bambus und ist das Wahrzeichen des World Wide Fund for Nature. ☞ *Bären*

Papua-Neuguinea Ozeanien

Fläche: 462 840 km² (53. Land)
Einwohnerzahl: 3,9 Mio.
Hauptstadt: Port Moresby (145 300 Einw.)
Bevölkerung: Papua
Sprachen: Englisch, Pidgin-Englisch, Melanesisch in vielen Dialekten
Religion: Christen, Naturreligionen Geld: Kina
Das Land umfaßt den Ostteil der zweitgrößten Insel der Erde, Neuguinea. Manche Stämme leben hier noch auf der Stufe der Steinzeit.

Paraguay Südamerika

Fläche: 406 752 km² (58. Land)
Einwohnerzahl: 4,3 Mio.
Hauptstadt: Asunción (608 000 Einw.)
Bevölkerung: Mestizen, Indianer
Sprachen: Spanisch, Guarani
Religion: Christen Geld: Guarani
Das Land umfaßt den Mittellauf des Rio Paraguay. Das Stromgebiet bildet eine große Ebene und ist sumpfig. Im übrigen besteht Paraguay aus etwa 700 m hohen Gebirgen und aus Hochflächen.

Paris Hauptstadt Frankreichs, die mit allen Vororten fast 9 Millionen Einwohner hat. ☞ *Frankreich*

Paß Übergang im Gebirge. Ein Paß liegt zwischen zwei Berghängen und ist niedriger als die ihn umgebenden Berge. Über Pässe werden Verkehrswege gebaut. So führt zum Beispiel über den Brennerpaß eine Autobahn und eine Eisenbahnstrecke. Er ist die wichtigste Verbindung zwischen den Nordalpen und den Südalpen. ☞ *Österreich, Italien*

Passat Gleichmäßig wehender trockener Wind. Die Passate wehen zum Äquator hin. Auf der nördlichen Erdhalbkugel heißt der Wind Nordostpassat, auf der südlichen Südostpassat. Diese beständigen Winde nutzten früher die Segelschiffe. Die Engländer nannten sie „trade winds", „Handelswinde", da sie für die Handelsschiffahrt von Bedeutung waren. ☞ *Kalmen, Roßbreiten*

Pazifik Der Pazifik oder Pazifische Ozean liegt zwischen Amerika und Asien. Er ist mit rund 180 Millionen km² das größte der drei Weltmeere und wird auch Stiller Ozean genannt. Der Name geht auf den portugiesischen Seefahrer Magellan zurück, der bei seiner ersten Fahrt über den großen Ozean keinen einzigen Sturm erlebte. Es gibt im Pazifik jedoch starke, in der Seefahrt gefürchtete Winterstürme. Auch die Südseeinseln liegen im Pazifischen Ozean. ☞ *Magellan, Ozean, Südsee*

Peary, Robert Edwin (👁pieri) Der amerikanische Admiral und Polarforscher (1856-1920) durchquerte mehrmals Grönland und erreichte 1909 als erster den Nordpol. ☞ *Polargebiete*

Pegel Meßlatte für die Höhe des Wasserstands in einem Fluß oder Kanal. Die Wasserhöhe wird als Pegelstand angegeben.

Peking Hauptstadt der Volksrepublik China mit fast 7 Millionen Einwohnern. Das alte Peking war die Residenzstadt des Kaisers von China. Zur Zeit der chinesischen Kaiser durfte niemand die innere „Verbotene Stadt" betreten. Sie war durch eine 13 m hohe Mauer abgeschlossen. Heute heißt Peking amtlich Beijing. ☞ *China*

Peloponnes Der oder die Peloponnes bezeichnet die gebirgige Halbinsel im Süden Griechenlands. Sie wird durch den Golf und die Landenge von Korinth abgegrenzt. ☞ *Landenge*

Pendler Leute, die auf dem Land wohnen und täglich zur Arbeit in die Stadt fahren, sind Pendler. Sie pendeln mit öffentlichen Verkehrsmitteln oder mit dem Auto zwischen ihrem Wohnort und ihrer Arbeitsstätte hin und her. Besonders in großen Städten gibt es viele Pendler, da die Wohnungen in der Stadt zu teuer sind. ☞ *Ballungsraum*

Persien Alte Bezeichnung für den heutigen Staat Iran im Nahen Osten. ☞ *Iran*

Peru Südamerika

Fläche: 1 285 214 km² (19. Land)
Einwohnerzahl: 21,7 Mio.
Hauptstadt: Lima (6,1 Mio. Einw.)
Bevölkerung: Indianer, Mestizen, Weiße
Sprachen: Ketschua, Spanisch
Religion: Christen Geld: Sol
Peru ist ein Hochland, das zum Pazifik hin abfällt. Hier herrschten vor der Eroberung durch die Spanier die Inka. Das Land ist reich an Bodenschätzen. An der Küste wird Landwirtschaft betrieben, und der Fischfang spielt in Peru eine bedeutende Rolle.

Pestizid Alle chemischen Schädlingsbekämpfungsmittel werden als Pestizide bezeichnet. Diese Stoffe vernichten nicht nur Schädlinge, sondern werden auch vielen nützlichen Tieren gefährlich, die von den Schädlingen leben. Wenn sich die Giftstoffe in der Nahrungskette ansammeln, können sie sogar für den Menschen bedrohlich werden.
☞ *Nahrungskette, Pflanzenschutz, Umweltschutz*

Pfahlbau In der Steinzeit haben die Menschen ihre Häuser oft an den sumpfigen Ufern von Seen errichtet. Sie mußten diese dort auf Pfähle stellen. Solche Pfahlbauten gab es vor allem in Süddeutschland. Am Bodensee in Unteruhldingen hat man ein ganzes Pfahlbauerdorf nachgebildet. In den Tropen, vor allem an Urwaldflüssen, errichten die Menschen oft noch Pfahlbauten. So sind sie nicht nur vor Hochwasser, sondern auch vor wilden Tieren geschützt. Außerdem sorgt die Lüftung von unten für Abkühlung. ☞ *Dorf, Hausbau*

Pfeffer Der Pfefferstrauch wächst in Ostasien. Den schwarzen Pfeffer bekommt man von den halbreifen Früchten, die getrocknet werden. Die geschälten Früchte liefern den weißen Pfeffer. Im Mittelalter war der Handel mit Gewürzen ein einträgliches Geschäft. Viele europäische Länder schickten Schiffe nach Ostasien, um am Gewürzhandel zu verdienen. ☞ *Entdecker, Gewürzpflanzen*

Pferd Das Wildpferd wurde vor etwa 5 000 Jahren gezähmt und stammt vermutlich von zwei Rassen ab, dem Przewalski-Pferd und dem Tarpan. Mit dem Pferd begann ein neuer Abschnitt in der Geschichte der Menschheit. In den Steppen Asiens gab es bald berittene Nomadenvölker, die nun mit großen Viehherden weite Strecken zurücklegten. Aus den friedlichen Hirtenvölkern wurden bald kriegerische Reitervölker. Sie drangen immer weiter nach Westen vor und eroberten viele Länder. Das Pferd brachte den Spaniern in Mittel- und Südamerika den Sieg gegen die Übermacht der Indianer. In Amerika waren die Pferde ausgestorben. Etwa 30 Pferde, die den Spaniern entlaufen waren, vermehrten sich in der Neuen Welt. Sie waren die Stammtiere der riesigen Mustangherden. Bis zur Erfindung des Autos blieb das Pferd auch das wichtigste Zugtier.

Pflanzenschutz Um Nutzpflanzen vor tierischen und pflanzlichen Schädlingen zu schützen und Verluste bei der Ernte zu vermeiden, setzt man Pflanzenschutzmittel ein. Dazu zählen Schädlingsbekämpfungsmittel wie Pestizide, aber auch Unkrautvernichtungsmittel, die Herbizide. Beides sind Gifte. ☞ *Fruchtfolge, Umweltschutz*

Philippinen Asien

Fläche: 300 000 km² (70. Land)
Einwohnerzahl: 60,7 Mio.
Hauptstadt: Manila (1,6 Mio. Einw.)
Bevölkerung: Filipinos, Chinesen
Sprachen: Pilipino, Englisch
Religion: Christen Geld: Peso
Der Inselstaat im Pazifischen Ozean umfaßt über 7 000 Inseln. Nur etwa 2 000 davon sind bewohnt. Viele der Inseln sind durch Vulkane entstanden, und so drohen den Philippinen immer wieder Vulkanausbrüche und Sturmfluten.

Phosphat Pflanzennährstoff, der als Dünger verwendet wird. Gelangen Phosphate in Gewässer, dann wachsen die Algen sehr stark. Der Sauerstoff im Wasser nimmt dadurch ab, die Wassertiere und Fische sterben, und das Gewässer kippt um. Man nennt das Eutrophierung. ☞ *Düngung*

Piccard, Auguste (👁 pikahr) Schweizer Naturforscher (1884–1962). Er stieg mit einem Ballon 17 km hoch in die Stratosphäre auf. Sein Sohn Jacques erreichte mit dem Tauchboot „Trieste" im Marianengraben eine Tiefe von 10 917 m.
☞ *Lufthülle, Marianengraben*

Pilze Pflanzen ohne Blattgrün, die Zucker und Stärke nicht selbst herstellen können. Sie ernähren sich von organischen Stoffen wie verwesenden Tier- und Pflanzenteilen. Viele Arten leben als Schmarotzer auf anderen Pflanzen und entziehen ihnen Nährstoffe. Pilze tragen auch dazu bei, daß tote Pflanzenteile abgebaut werden.

P

Pipeline (👁 peiplein) Rohrleitung, durch die Erdöl oder Erdgas befördert wird. Von den Bohrstellen laufen die Pipelines zum nächsten Ölhafen. So führen von den Mittelmeerhäfen in Genua und Triest zwei Pipelines nach Ingolstadt, wo das Öl in einer Raffinerie verarbeitet wird. ☞ *Erdöl, Raffinerie*

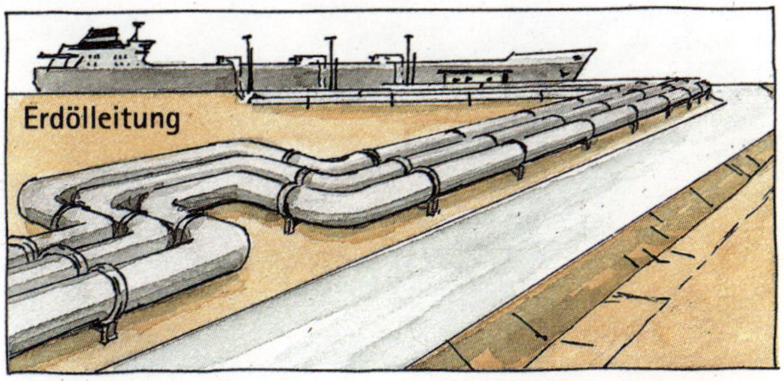

Planet Wandelsterne, die sich in gleichmäßigen Bahnen um die Sonne bewegen und nicht selbst leuchten. Die Erde ist ein Planet der Sonne. ☞ *Planetensystem*

Planetarium Mit Hilfe des Planetariums werden Lichtbilder auf eine halbkreisförmige Kuppel geworfen. So wird der Sternenhimmel nachgeahmt. Die Lichtpunkte bewegen sich wie die Planeten im Weltall. Eines der größten Planetarien befindet sich im Deutschen Museum in München.

Planetensystem ☞ *Seite 184*

Plankton Winzige Tiere und Pflanzen, die oft nur aus einer einzigen Zelle bestehen, schweben vor allem in den oberen Schichten des Meer- und Süßwassers. Zum tierischen Plankton gehören Urtiere, kleine Krebse, Larven von Würmern und Fischen. Die Algen bilden pflanzliches Plankton. Von Plankton leben viele Meerestiere, die wiederum von größeren Fischen gefressen werden. So steht das Plankton am Anfang der Nahrungskette im Wasser. ☞ *Nahrungskette*

Plantage (👁 plantasche) Das Wort aus dem Französischen bedeutet Pflanzung. Man versteht darunter große Flächen in den Tropen, auf denen meist nur eine Pflanzenart angebaut wird. So gibt es Tee-, Kaffee-, Zuckerrohr- oder Baumwollplantagen. Diese Pflanzungen wurden meist von Europäern angelegt, die Kolonien in Südamerika, Afrika und Südostasien besaßen. ☞ *Kolonie*

Planwirtschaft Wirtschaftsform, bei der die Herstellung von Gütern vom Staat geregelt wird. Im Gegensatz zur freien Marktwirtschaft gibt es meist festgesetzte Preise, und das Angebot wird häufig nicht von der Nachfrage bestimmt. So kann es vorkommen, daß überall Zahnbürsten zu kaufen sind, aber keine Zahnpasta. ☞ *Freie Marktwirtschaft*

Plateau (👁 platoo) Mit diesem französischen Wort wird eine Hochebene bezeichnet. Das ist ein ebenes Tafelland im Gebirge, das nach allen Seiten abfällt. ☞ *Ebene, Tafelberg*

Plattensee Größter See Südosteuropas mit einer Fläche von 591 km^2. Der Plattensee liegt in Ungarn und ist nur 3 bis 11 m tief.

Po Größter Strom Italiens mit 652 km Länge. Sein Flußbett bildet die italienische Tiefebene, die zum Teil tiefer liegt als der durchziehende Fluß. Weil es früher immer wieder zu Überschwemmungen kam, hat man den Po mit Hochwasserdämmen eingefaßt. In der Poebene liegt das größte Reisanbaugebiet Europas. ☞ *Italien*

Polarfront Wo kalte Polarluft von den Polen auf entgegengesetzt fließende warme Luft trifft, entsteht eine Polarfront. Dadurch kommt es zu heftigen Luftwirbeln, und es bildet sich ein Tiefdruckgebiet.

Polargebiete ☞ *Seite 185*

Polarkreis Im Norden und Süden der Erdhalbkugel grenzen die Polarkreise die kalten Zonen bis zu den Polen hin ab. Das sind die Breitengrade auf 66,5 Grad nördlicher Breite und 66,5 Grad südlicher Breite. ☞ *Polargebiete*

Polarlicht Farbige Lichterscheinungen in großer Höhe. ☞ Nordlicht

Polarmeer Bezeichnung für das nördliche und südliche Eismeer. Das Nordpolarmeer ist Teil des Atlantiks und fast das ganze Jahr von Eis bedeckt.

Polarnacht Die Zeit, in der im Winter in den Polargebieten die Sonne nicht aufgeht. An den Polen herrscht dann ein halbes Jahr völlige Finsternis. Die Dunkelheit nimmt zu den Polarkreisen hin ab. ☞ *Jahreszeiten, Mitternachtssonne*

Planetensystem

Heute weiß jedes Kind, daß sich die Erde um die Sonne dreht. Die Erde ist ein Begleiter und ein Planet der Sonne. Um die Sonne kreisen noch acht weitere große Planeten sowie viele tausend Kleinplaneten. Dazu kommen noch die Kometen. Sie alle bewegen sich in unserem Planeten- oder Sonnensystem.

Der Planet Merkur steht der Sonne am nächsten, und sein größter Abstand von ihr beträgt etwa 70 Millionen km. Trotz dieser riesigen Entfernung wird seine Oberfläche bis auf über 540 Grad Celsius aufgeheizt. Die Venus liegt rund 110 Millionen km von der Sonne entfernt. Da sie sich hinter dichten Wolken verbirgt, entsteht auf ihr eine Art Treibhauseffekt, und sie ist sogar noch etwas heißer als der Merkur. 150 Millionen km beträgt der Abstand zwischen Erde und Sonne. Und noch 100 Millionen km weiter ist der Planet Mars von der Sonne entfernt, der deshalb viel kälter ist als die Erde.

Merkur, Venus, Erde und Mars bezeichnen wir auch als terrestrische oder „erdähnliche" Planeten, denn sie setzen sich aus Gesteinen und Metallen zusammen und besitzen daher eine feste Gestalt. Ihre Gashülle oder Atmosphäre ist aber sehr dünn. Die weiter entfernten Planeten hingegen bestehen hauptsächlich aus flüssigem Wasserstoff, aus Helium und anderen Gasen. Sie haben keine feste Oberfläche, auf der man etwa eine Raumsonde landen könnte. Dazu gehört der Jupiter, der größte Planet im Sonnensystem. In ihm könnte die Erde tausendmal Platz finden. Trotz seiner Größe dreht er sich aber so schnell, daß ein Tag auf ihm nur 10 Stunden dauert. Der Saturn, der zehnmal weiter von der Sonne entfernt ist als die Erde, ist vor allem für seine Ringe bekannt, die man mit den Rillen auf einer Schallplatte verglichen hat. Sie sind nur wenige Kilometer dick, haben aber einen Durchmesser von über 250 000 km. Der Uranus ist schon 3 Milliarden km von der Sonne entfernt, der Neptun sogar 4,5 Milliarden km. Über den mit 7,4 Milliarden km am weitesten entfernten Planeten Pluto wissen wir fast gar nichts. Er besteht aus festem Gestein mit einer Schicht aus vereistem Methangas darüber.

Bis auf den Pluto wurden alle Planeten des Sonnensystems durch Raumsonden erforscht. Wahrscheinlich gibt es aber in vielen Sternsystemen ähnliche Planeten. Einen sicheren Nachweis konnten die Astronomen bisher aber noch nicht erbringen, weil die Planeten selber kein Licht aussenden. Jedenfalls ist Leben nur auf verhältnismäßig kühlen Planeten möglich, keinesfalls auf den heißen Sternen.

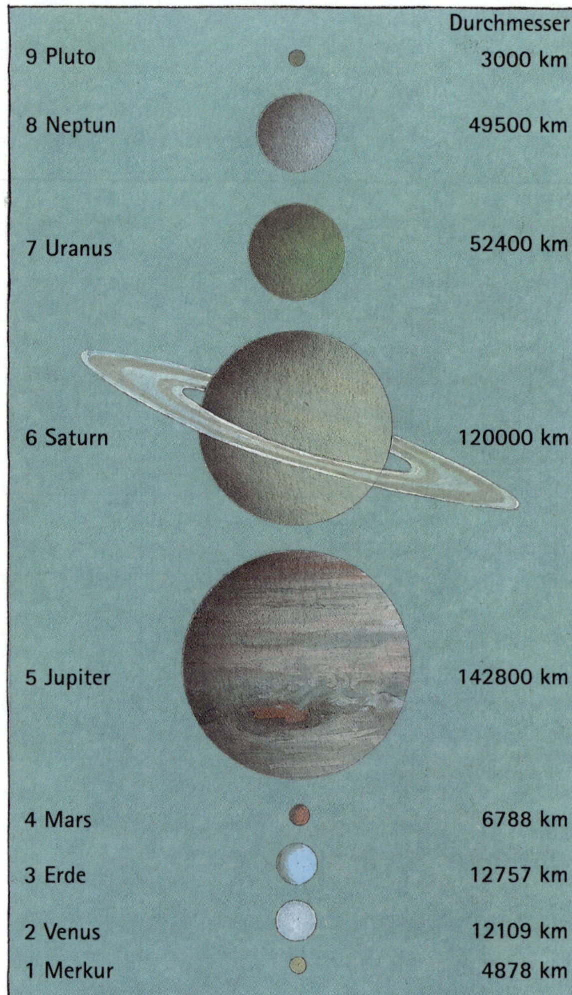

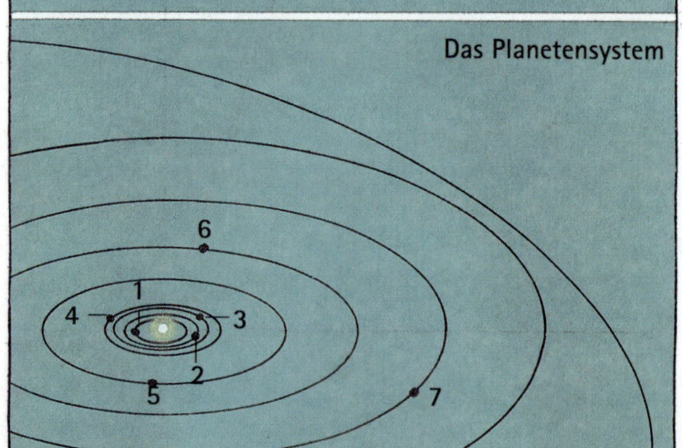

Polargebiete

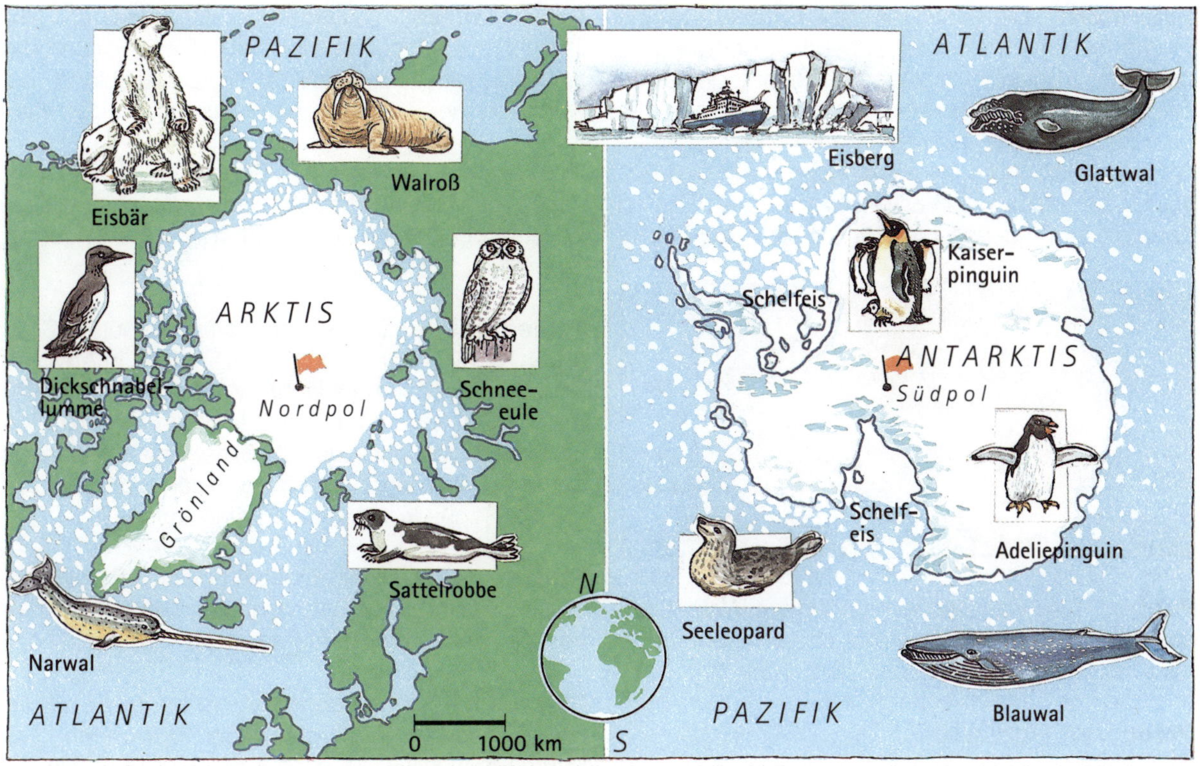

Der Nordpol und der Südpol der Erde liegen sich genau gegenüber. Das nördliche Polargebiet bezeichnet man als Arktis, das südliche als Antarktis. Die Antarktis ist ein von Eis bedeckter Erdteil, der vom Südpolarmeer eingeschlossen ist. Die Arktis hingegen wird vom Nordpolarmeer gebildet, das fast das ganze Jahr hindurch von Treibeis und Packeis bedeckt ist. Die Antarktis mit ihrem fast 14 Millionen km² großen Eisland wird als eigener Erdteil gezählt. Er ist größer als Europa. Auch die Eisfläche der Arktis am Nordpol beträgt etwa 12 Millionen km², das ist viermal die Fläche des Mittelmeeres. Hinzu kommt noch der größte Teil Grönlands, der ständig unter Eis liegt. Mit 2,18 Millionen km² ist Grönland die größte Insel der Erde, neun Zehntel sind mit einer fast 2 km dicken Eisschicht bedeckt. Nur die Ränder an den Küsten zum Nordatlantik sind im Sommer eisfrei. Noch dicker als auf Grönland sind die Eismassen in der Antarktis, die bis zu 4 km aufragen. Fast die gesamten Eismassen der Erde liegen in der Antarktis. Würden die Eiskappen an den Polen abschmelzen, dann würde das Weltmeer um rund 100 m ansteigen und alle Tiefländer überschwemmen.

Mit Ausnahme der Leute in den Forschungsstationen ist die Antarktis völlig menschenleer. Bei Temperaturen bis unter minus 50 Grad Celsius können sich auch Tiere nicht mehr anpassen. Im Südpolarmeer hingegen leben verschiedene Wale, darunter der Blauwal, das größte Säugetier der Erde. An den Küsten tummeln sich Robben und Pinguine.

Heute liegen an der Küste der Antarktis über vierzig Forschungsstationen verschiedener Länder. Die Forscher untersuchen nicht nur die Entstehung des Eises, sondern suchen auch nach Bodenschätzen, die unter den Eismassen ruhen. Dazu zählen Eisen, Kupfer, Silber und Gold, aber auch Uran, Kohle und Erdöl. Obwohl sieben Staaten Gebietsansprüche auf Teile der Antarktis erheben, gilt sie heute noch als Niemandsland. Denn noch ist der Erdteil nicht aufgeteilt, wie dies bei anderen Kontinenten der Fall war. Über die Aufteilung des Nordpolargebietes gibt es keine Unstimmigkeiten. Die Insel Grönland, die in das Eismeer hineinragt, gehört zu Dänemark, und das zugefrorene Meer bis 200 Meilen vor der Küste größtenteils zu Kanada und Rußland. Im Sommer herrschen hier Temperaturen um den Gefrierpunkt, im Winter hat es minus 35 bis minus 40 Grad Kälte.

Polarstern Der Polarstern steht ziemlich genau im Norden am Himmel. Er ist deutlich sichtbar und diente den Seefahrern früher als Richtungsweiser. Der sehr helle Stern bildet mit anderen Sternen das Sternzeichen des Kleinen Bären oder Kleinen Wagens. Man findet ihn auch, indem man den Abstand der beiden äußersten Sterne des Großen Bärens oder Wagens fünfmal verlängert ☞ *Sterne*

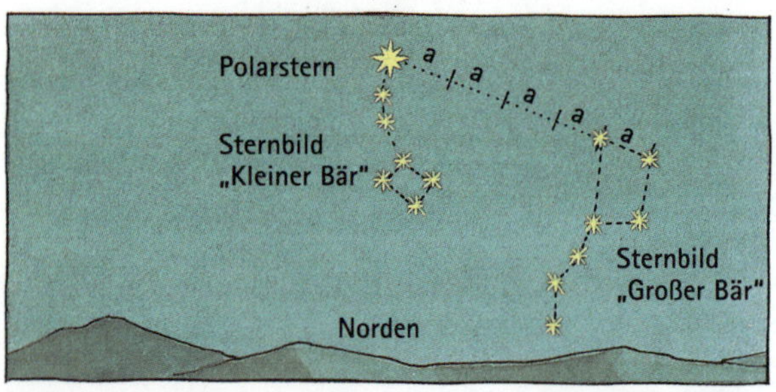

Polder Das von Deichen umgebene Weideland. Man bezeichnet das dem Meer abgerungene Land auch als Koog. ☞ *Deich, Geest, Marsch*

Polen ☞ *Osteuropa*

Polynesien Inselgruppe mit unzähligen Inseln im Stillen Ozean. ☞ *Ozeanien*

Portugal ☞ *Iberische Halbinsel*

Prag Hauptstadt der Tschechischen Republik mit rund 1 Million Einwohnern. Im Mittelalter war Prag der Sitz von Königen und zeitweise von deutschen Kaisern. Wegen ihrer berühmten Bauwerke heißt Prag auch die Goldene Stadt. ☞ *Osteuropa*

Prärie Graslandschaft im Nordwesten der USA. In der Prärie lebten einst die Stämme der Prärieindianer und riesige Büffelherden. Man hat die Prärie größtenteils in Weizenfelder verwandelt. ☞ *Pampa*

Priel Rinne im Wattenmeer. Bei Flut strömt das Wasser der Nordsee durch die Priele auf das Watt, bei Ebbe sammelt sich darin das restliche Wasser und läuft ab. ☞ *Watt*

Projektion Eine Form der Abbildung bei Landkarten. So wird die Breite, die Länge und die Höhe eines Bergs auf einer Fläche abgebildet. Der Berg wird durch Höhenlinien dargestellt. ☞ *Landkarte*

Protestanten Bezeichnung für Christen, die ihren Glauben auf Luther und die Reformatoren zurückführen. Dazu zählen in Deutschland die Anhänger der evangelischen Kirche. ☞ *Christen*

Provence Landschaft in Südfrankreich. Die Provence reicht bis ans Mittelmeer und ist eine beliebte Ferienlandschaft. Hauptstadt der Provence ist Marseille. ☞ *Frankreich*

Ptolemäus Griechischer Astronom und Geograph, der von etwa 100 bis 180 n. Chr. in Ägypten lebte. Das von ihm erdachte Weltsystem hatte die Erde als Mittelpunkt. Danach kreisten alle Planeten und auch die Sonne um die Erde. Erst Kopernikus hat fast 1 400 Jahre später bewiesen, daß die Erde um die Sonne kreist. ☞ *Planetensystem*

Pußta Steppenlandschaft in Ungarn. Früher war die Pußta ein großes Weidegebiet. Heute wird hier vor allem Ackerbau betrieben. ☞ *Ungarn*

Pygmäen Kleinwüchsige Menschenrasse, die im Innern Afrikas die Regenwälder bewohnen. Die Pygmäen werden nur etwa 1,50 m groß und leben noch auf der Stufe der Steinzeit. Sie sind vom Aussterben bedroht. ☞ *Afrika*

Pyrenäen 430 km langes Grenzgebirge zwischen Frankreich und Spanien. Der höchste Berg ist der 3 404 m hohe Pico de Aneto.

Quarantäne (karantäne) Absonderung von Kranken mit ansteckenden Krankheiten. Man will auf diese Weise verhindern, daß sich eine Krankheit ausbreitet. In modernen Krankenhäusern gibt es dafür die Isolierstation. Früher mußten Schiffe, die aus fremden Ländern kamen, im Zielhafen 40 Tage liegen bleiben, ehe jemand von Bord durfte. Man befürchtete nämlich, es würden gefährliche Krankheiten eingeschleppt. Das Wort Quarantäne kommt von der italienischen Zahl 40, quaranta, denn damals glaubte man, daß es bei keiner Krankheit länger als 40 Tage dauert, bis sie ausbricht.
☞ *Epidemie, Seuchen*

Quartär Der letzte Abschnitt der Erdgeschichte. In diesen Zeitraum fallen die großen Eiszeiten auf der Erde. Das Quartär begann vor etwa 2 Millionen Jahren und dauert heute noch an. Wir leben also im Zeitalter des Quartär und vermutlich in einer Zwischeneiszeit. ☞ *Erdgeschichte*

Quarz Häufig vorkommendes Mineral. Es ist eine Verbindung aus Sauerstoff und Silizium. Eine Form des Quarzes ist der Bergkristall. Auch der Sand an fast allen Meeresküsten besteht aus Quarz.
☞ *Gestein, Mineralien*

Quastenflosser Altertümliche Fischgruppe, die schon vor Jahrmillionen in den Meeren und Gewässern lebte. Dieser Fisch ist vermutlich einer der Vorfahren der Landwirbeltiere. Man hielt ihn lange Zeit für ausgestorben. Doch in unserem Jahrhundert hat man mehrmals lebende Quastenflosser im Indischen Ozean entdeckt. Man bezeichnet diesen Fisch deshalb als lebendes Fossil. ☞ *Fossilien*

Quecksilber Einziges Metall, das bei normaler Temperatur flüssig ist. Daher kommt auch der Name „lebendiges“ Silber. In dieser Form findet man es aber fast nie in der Erdkruste. Meist kommt Quecksilbererz als Zinnober vor, das es vor allem in Spanien gibt. Zinnober ist eine Quecksilberverbindung mit Schwefel. Quecksilber ist sehr giftig. Man hat es früher für Batterien und zur Füllung von Thermometern verwendet. In der Industrie wird es für verschiedene Produkte, wie zum Beispiel für Leuchtstoffröhren, benötigt. Wenn Quecksilberreste in den Boden oder quecksilberhaltige Abwässer in Flüsse und ins Meer gelangen, dann besteht Gefahr für den Menschen. ☞ *Nahrungskette*

Quelle Jede Stelle auf der Erde, aus der Wasser aus dem Boden kommt. Das Grundwasser sammelt sich im Erdinnern auf einer wasserundurchlässigen Schicht. Durch Druck läuft es über und findet als Überlaufquelle seinen Weg an die Oberfläche. Die meisten Quellen treten an Berghängen zutage. Hier endet die wasserundurchlässige Schicht. Man bezeichnet das austretende Wasser als Schichtquelle. In Schottergebieten sammelt sich Grundwasser wie in einer Pfütze. Wo zwei Gesteinsschichten aufeinanderstoßen und einen Spalt bilden, entsteht eine Verwerfungsquelle. Wenn eine Quelle viel Wasser führt, wird daraus ein Bach und später ein Fluß.
Eine besondere Form der Quellen sind die artesischen Brunnen. Hier steht das Wasser zwischen zwei undurchlässigen Schichten unter Druck. Wenn es eine Abflußöffnung findet, schießt es wie ein Springbrunnen in die Höhe. Solche Quellen gibt es in Australien, wo man die wasserführende Schicht anbohrt.
☞ *Artesischer Brunnen, Mineralquelle*

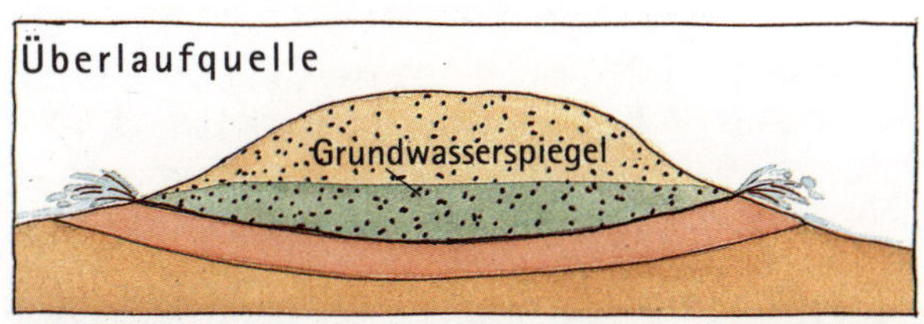

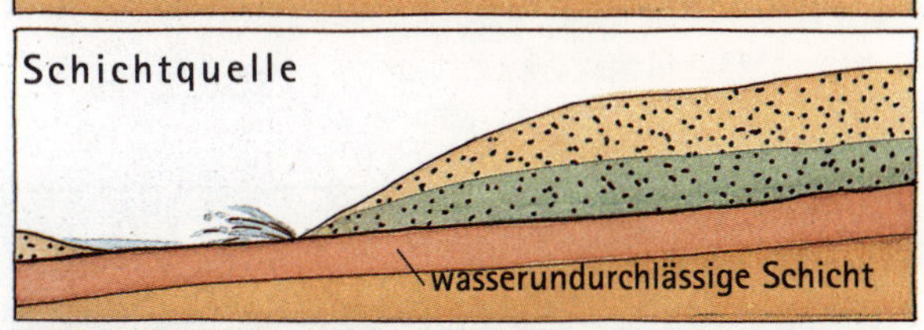

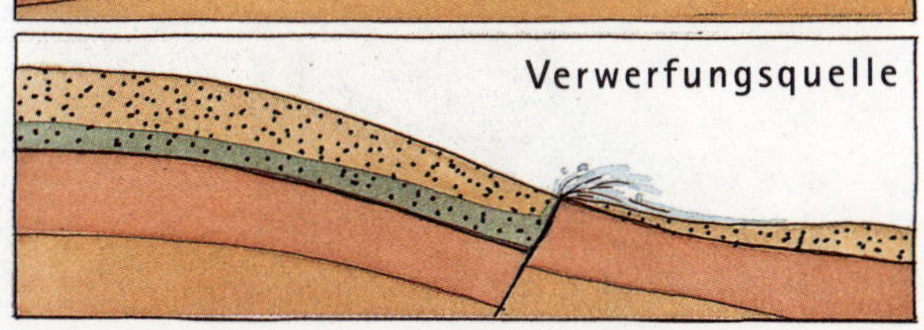

Radar Radaranlagen haben einen Sender und einen Empfänger. Der Sender schickt Radarwellen aus. Treffen sie auf ein Hindernis, werden sie zurückgeworfen und von der Radarantenne aufgefangen. Auf einem Bildschirm werden die Umrisse, etwa eines angepeilten Flugzeugs, sichtbar. Das Peilsystem dient vor allem bei Nebel als Navigationshilfe. ☞ *Echolot, Navigation*

Radioaktivität In radioaktiven Stoffen, zum Beispiel in Uran, zerfallen die Atomkerne im Laufe der Zeit. Sie senden dabei radioaktive Strahlen aus. Die Zeit, bis ein radioaktiver Stoff bereits zur Hälfte verstrahlt ist, nennt man seine Halbwertszeit. Es gibt radioaktive Stoffe, die in Sekundenschnelle zerfallen, andere zerfallen erst im Laufe von Jahrmilliarden. Mit Hilfe der Halbwertszeit kann man das Alter von radioaktivem Gestein sehr genau bestimmen.

Radioastronomie Von den Sternen im Weltall gelangen Radiowellen auf die Erde. Diese werden mit riesigen schüsselförmigen Antennen aufgefangen. Man kann mit einem solchen Radioteleskop die Entfernungen im Weltraum bestimmen.

Radiosonde Gasballons, die mit Meß- und Funkgeräten in die Atmosphäre aufsteigen. Sie messen den Luftdruck, die Temperatur oder die Sonnenstrahlung und geben diese über Funk an Bodenstationen. Die Messungen der Radiosonden werden von Wetterwarten ausgewertet. ☞ *Wetter*

Raffinerie Chemische Fabriken, in denen Erdöl und andere Stoffe gereinigt werden. In einer Erdölraffinerie wird Rohöl destilliert. Dabei gewinnt man Benzin, Dieselöl, Heizöl und Teer. ☞ *Erdöl*

Ranch (ränsch) Amerikanisches Wort für Viehfarm. Die Ranches umfassen riesige Weidegebiete für Rinder. ☞ *Farm*

Rassismus Wer die eigene Rasse als die beste ansieht und andere für minderwertig hält, ist ein Rassist. Es gibt zwar Unterschiede zwischen den Menschenrassen, aber keine Rasse ist besser oder schlechter als andere. In Südafrika bekämpften sich die eingewanderten Weißen und die eingeborenen Schwarzen jahrzehntelang auch aus rassischen Gründen.
☞ *Apartheid, Menschenrassen, Völker*

Ratten Schädlinge, die sich auf der ganzen Welt verbreitet haben. Besonders gefährlich ist die Wanderratte, die mit Schiffen bis in die letzten Winkel der Welt und auf viele Inseln verschleppt wurde. Sie überträgt auch gefürchtete Krankheiten wie die Pest. In den Großstädten aller Erdteile leben mehr Ratten als Einwohner. Die Tiere sind so anpassungsfähig, daß sie kaum zu bekämpfen sind. In der Dritten Welt, in der die Menschen oft in schlechten Wohnverhältnissen leben müssen, verbreiten Ratten gefährliche Seuchen. ☞ *Seuchen*

Raumschiff Bemannter Flugkörper, der die Erdatmosphäre verläßt. Das erste Raumschiff umkreiste 1961 die Erde. An Bord war der russische Kosmonaut Gagarin. 1969 brachte das amerikanische Raumschiff Apollo 11 die Astronauten Armstrong und Aldrin zum Mond. Seither gab es noch fünf Landungen von Astronauten auf dem Mond.
☞ *Weltraumfahrt*

Raumsonde Unbemannter Flugkörper zur Erforschung des Weltraums. Raumsonden kehren nicht mehr zur Erde zurück. Man hat solche Sonden auf die Planeten Saturn und Jupiter geschickt. Seit 1989 ist die Raumsonde „Galilei" zum Planeten Jupiter unterwegs. Sie wird dort 1995 auf den Planeten niederschweben und aus 778 Millionen Kilometer Entfernung Bilder zur Erde funken.
☞ *Raumschiff, Weltraumfahrt*

Raumfähre „Space Shuttle"

Raumsonde „Voyager 2"

Raumstation Raumschiffe auf fester Umlaufbahn, in denen sich die Weltraumfahrer längere Zeit aufhalten. Solche Raumstationen werden von Raumfähren wie dem „Space Shuttle“ angesteuert. Die erste Raumstation brachten russische Kosmonauten 1971 auf eine Erdumlaufbahn. Zwei Jahre später umkreiste das erste Raumlabor der Amerikaner die Erde. Es wurde mehrmals von Raumschiffen angeflogen und die Besatzung ausgetauscht.
☞ *Weltraumfahrt*

Recycling (👁 rießeikling) Dieses englische Wort bedeutet soviel wie Wiederverwendung. Man versteht darunter, daß Abfallstoffe wieder in den Kreislauf der Verwertung gelangen. So werden Wertstoffe im Müll zu neuen Rohstoffen aufbereitet. Voraussetzung dafür ist allerdings, daß der Müll getrennt gesammelt wird. ☞ *Umweltschutz*

Regen Wenn sich feuchte Luft stark abkühlt, kondensiert der Wasserdampf zu Wassertröpfchen. Die Wolken halten die Wassertröpfchen bald nicht mehr zurück, und sie fallen als Regen nieder. Am meisten regnet es in Gebirgen. Dort müssen die Wolken an Berghängen hochsteigen und kühlen sich dabei ab. Die Regenmenge wird in Millimetern gemessen. Dazu zählt auch gefrorener Regen wie Graupeln, Schnee und Hagel. In Deutschland schwanken die Niederschlagsmengen zwischen 500 und 1 500 mm im Jahr, das heißt, daß bis zu 1 500 Liter Wasser auf den Quadratmeter fallen. Die regenreichsten Gebiete Europas liegen in den Alpen, in Westirland und in Nordschottland.
☞ *Niederschläge, Wetter*

Regenbogen Wenn es regnet und die Sonne tief im Rücken des Betrachters steht, sieht man einen Regenbogen. Das weiße Sonnenlicht bricht sich an den Wassertröpfchen und wird in seine sechs Farben zerlegt. Wir sehen dann die Regenbogenfarben Rot, Orange, Gelb, Grün, Blau und Violett. Das Rot liegt im Regenbogen stets außen.

Regenwald ☞ *Seite 191*

Regenzeit In den Tropen gibt es keine Jahreszeiten wie bei uns. Dafür regnet es dort zu bestimmten Zeiten des Jahres fast ununterbrochen. Genau am Äquator regnet es beinahe täglich. Nahe des Äquators gibt es zwei Regenzeiten, im April und im November. Je mehr wir uns den Wendekreisen nähern, desto kürzer und weniger ausgeprägt sind die Regenzeiten. An den Wendekreisen selbst gibt es schließlich nur noch eine Regenzeit und eine lang anhaltende Trockenzeit. In großen Teilen Südostasiens bestimmt der Monsun die Regenzeit.
☞ *Äquator, Monsun, Tropen, Wendekreis*

Region Bezeichnung für ein bestimmtes Gebiet. Man spricht zum Beispiel von einer Industrieregion, der Küstenregion oder der Region einer Stadt.

Reif Wenn es im Herbst und Winter in den Nächten sehr kalt wird, setzt sich die Feuchtigkeit der Luft an Gegenständen als Rauhreif ab. Er besteht aus feinen Eiskristallen, ist also gefrorenes Wasser. Besonders bei Windstille bildet sich Rauhreif.
☞ *Niederschläge*

Reis Die Hälfte der Menschheit ernährt sich von Reis. Dieses Getreide wächst nur in warmen Ländern. Die Felder müssen dazu überschwemmt werden. In Europa wird Reis in Italien in der Ebene des Po angebaut. In Asien ist Reis das Hauptnahrungsmittel. Dort legt man sogar an Berghängen Terrassenfelder für den Reisanbau an. Den meisten Reis pflanzt China an. Hier wächst auf einem Zwölftel der gesamten Ackerfläche der Erde Reis für ein Drittel der Menschheit. Durch den nassen Reisanbau entsteht das Gas Methan, das den Treibhauseffekt beschleunigt. ☞ *Getreide, Treibhauseffekt*

Rekultivierung In Bergwerken oder Kiesgruben wird die Erde aufgerissen, und es entstehen häßliche Narben und Schuttberge in der Landschaft. Diese müssen rekultiviert werden. Dazu bepflanzt man die Geröllhalden oder begrünt die Ufer der Baggerseen. Auch Mülldeponien werden auf diese Weise wieder in die Landschaft eingegliedert.
☞ *Abraum, Umweltschutz*

Religion Schon immer glaubten Menschen an übernatürliche Mächte. Naturvölker verehren Quellen, einzelne Felsen oder alte Bäume als Sitz von Göttern. Auch die Religion vieler asiatischer Völker kennt verschiedene Götter. Wir glauben als Christen an einen Gott, den Schöpfer der Erde. Auch die Juden und die Moslems haben eine Eingottreligion. Die größte Religionsgemeinschaft auf der Erde bilden die Christen mit etwa 1,5 Milliarden Anhängern. Danach folgen die Moslems mit rund 1 Milliarde Gläubigen. Etwa genauso viele Menschen bekennen sich zu asiatischen Religionen wie dem Buddhismus, Hinduismus oder Taoismus. Rund 18 Millionen Menschen auf der Welt sind jüdischen Glaubens. Die Zahl der Anhänger von Naturreligionen ist nicht bekannt. Diese Stammesreligionen kommen vor allem in Afrika und Ozeanien vor.
☞ *Christen, Buddhismus, Islam, Juden*

Rentier Das Ren ist mit dem Hirsch verwandt. Auch das weibliche Tier trägt ein Geweih. Von den Lappen wird das Ren wie ein Haustier gehalten. Sie benutzen es zum Ziehen der Schlitten und als Reittier, und es liefert Milch, Fleisch und Häute. Mit ihren Rentierherden ziehen die Lappen im Norden Skandinaviens als Nomaden umher. ☞ *Lappland*

Republik Staatsform, bei der nur das Volk bestimmt. In einer demokratischen Republik wie der Bundesrepublik Deutschland werden die Volksvertreter durch eine geheime Wahl ernannt. Die Regierung wird vom gewählten Parlament kontrolliert. Die meisten Staaten der Erde bezeichnen sich als Republiken. Dennoch werden nicht in allen Republiken die Rechte des Volkes gewahrt. ☞ *Monarchie*

Reservat Geschützter, reservierter Raum. In Afrika gibt es Tierreservate, in denen wildlebende Tiere geschützt sind. Man versteht unter Reservaten auch Wohngebiete für Minderheiten. In Nordamerika sind Reservationen Gebiete, die den Indianern zum Leben verblieben sind. Sie wurden ihnen von den Weißen zugewiesen. ☞ *Indianer*

Revolution Man versteht darunter eine Veränderung im Staat. Wenn eine Regierung oder ein Machthaber die Wünsche und Forderungen des Volkes nicht erfüllen, kann es zu einer Revolution kommen. Das ist oft ein gewaltsamer Umsturz, und das Volk erzwingt dabei eine neue Regierung oder Regierungsform. Viele Monarchien sind durch Revolutionen in Republiken verwandelt worden wie Frankreich im Jahr 1789. ☞ *Monarchie, Republik*

Rhein Der wichtigste mitteleuropäische Strom für die Binnenschiffahrt. Er ist 1320 km lang und entspringt in der Schweiz, durchfließt den Bodensee und erreicht hinter dem Rheinfall von Schaffhausen Basel und bald danach die deutsche Grenze. Bis kurz vor Karlsruhe bildet er die Grenze zu Frankreich. In der Schweiz ist der Rhein 375 km lang und ab Basel schiffbar. 867 km fließt er durch Deutschland und erreicht hinter Emmerich die niederländische Grenze. Er ist jetzt über 700 m breit und verzweigt sich in mehrere Arme. Dann fließt der Rhein durch die Niederlande. Bei Rotterdam mündet er in einem großen Delta, das er zusammen mit der Maas bildet, in die Nordsee. Der Rhein verbindet die Schweiz mit der Nordsee und durch den Main-Donau-Kanal die Nordsee auch mit dem Schwarzen Meer. ☞ *Fluß, Strom*

Regenwald

Rund um den Äquator, wo das gesamte Jahr über Regen fällt, zieht sich der Gürtel des Regenwalds hin. Da es dort auch fast immer gleichmäßig warm ist, grünen und blühen die Bäume das ganze Jahr hindurch, und es gibt unentwegt Früchte. Die Bäume wachsen ohne Pause, und ihre Stämme zeigen keine Jahresringe wie bei uns, wo die Wachstumszeiten im Sommer als breite Ringe im Holz zu erkennen sind. Wegen dieser gleichmäßigen Maserung sind die Edelhölzer aus dem Urwald besonders begehrt.

Der größte tropische Regenwald ist der Amazonasurwald in Brasilien. Wie in den Regenwäldern Afrikas, Asiens und Australiens kann man auch hier drei „Stockwerke" unterscheiden. Schon von weitem erkennt man die Wipfel der Baumriesen, von denen manche bis zu 90 m hoch werden. Sie überragen das dichte Blätterdach der mittelhohen Bäume, die etwa 40 m erreichen. Unter diesem Kronendach beginnt das Halbdunkel des Urwalds. Das unterste Stockwerk bilden die jungen Bäume und die Lianen, die zum Licht emporranken. In den Astgabeln, wo sich das Regenwasser sammelt, gedeihen prachtvolle Orchideen. Am Urwaldboden ist es so dunkel, daß dort kaum noch Pflanzen wachsen können. Dennoch gibt es nirgendwo auf der Erde eine so üppige Vegetation wie im Regenwald. Während unsere Wälder oft nur aus fünf oder zehn Baumarten bestehen, trifft man dort auf einem Hektar (10 000 m^2) Hunderte verschiedener Arten an, und das sind in den Tiefländern nur Laubbäume. Ein Zehntel der Landfläche auf der Erde war einst von solchen Regenwäldern bedeckt.

Die tropischen Regenwälder sorgen mit ihrem Sauerstoff, den die Bäume produzieren, für saubere Luft. Durch Verdunstung verteilen sie das Wasser gleichmäßig über die Erde und regeln so das gesamte Weltklima. In den letzten Jahrzehnten ist aber immer mehr Regenwald verschwunden. Fast die Hälfte wurde bisher gerodet. Die armen Länder der Dritten Welt fällen die Urwaldriesen, um die Edelhölzer zu verkaufen. Große Waldflächen sind durch Brandrodung zerstört oder zu Brennholz gemacht worden. Im Amazonasgebiet holzen vor allem große Firmen aus Nordamerika, Japan und Europa, auch aus Deutschland, den Wald ab, um die darunter lagernden Bodenschätze zu fördern. So wird aus Gewinnsucht der Ventilator der Erdatmosphäre zerstört. Noch wissen wir nicht, welche Auswirkungen dieser Raubbau auf unser Klima haben wird.

Rheinland-Pfalz
Deutsches Bundesland
Fläche: 19 849 km² Einwohner: 3,8 Mio.
Landeshauptstadt: Mainz (179 480 Einwohner)
☞ *Deutschland*

Rhodos 1 404 km² große Insel vor der Südwestküste der Türkei. Rhodos gehört zu Griechenland und war im Altertum ein wichtiger Handelsplatz. Heute ist es eine beliebte Ferieninsel.

Rhône 812 km langer Strom. Die Rhône entspringt in den Berner Alpen und durchfließt den Genfer See. In Frankreich fließt sie nach Süden und mündet westlich von Marseille in einem großen Delta ins Mittelmeer. ☞ *Delta, Frankreich*

Ried Süddeutsche Bezeichnung für Sumpf oder Moor. ☞ *Moor*

Riff Gefährliche Stelle für die Schiffahrt. Riffe sind Felsen im Meer, die nur knapp über den Wasserspiegel ragen oder dicht darunter liegen. Im Pazifischen Ozean und in der Südsee gibt es Riffe, die aus Korallenbauten entstanden sind wie das Große Barriereriff im Nordosten Australiens.
☞ *Großes Barriereriff, Koralleninsel*

Rind Eines der ältesten Nutztiere des Menschen ist das Hausrind. Es liefert außer Milch und Fleisch auch die Haut, die zu Leder verarbeitet wird. Das Hausrind stammt vom Auerochsen oder Ur ab. Dieses Wildrind ist schon lange ausgestorben. Von den Hausrindern hat man viele Rassen gezüchtet. Vom Rind stammt heute das meiste Fleisch. In den USA und in Argentinien gibt es riesige Rinderfarmen. Die meisten Rinder besitzt Indien. Dort gelten die Kühe als heilig und dürfen nicht geschlachtet werden. Besonders verehrt werden die Zebukühe.
☞ *Pampa, Ranch*

Rio de Janeiro Alte Hauptstadt Brasiliens mit über 5 Millionen Einwohnern. Rio de Janeiro gilt als eine der am schönsten gelegenen Städte der Welt und ist bekannt durch den Zuckerhut. Dieser Berg liegt in der Bucht des berühmten Badestrandes von Copacabana. ☞ *Brasilien*

Rio Grande Grenzfluß zwischen Mexiko und den USA, zu deutsch „Großer Fluß“. Der Rio Grande ist 3 030 km lang und bildet über 2 000 km die Grenze zwischen beiden Staaten. Auf mexikanisch heißt er Rio Bravo.
☞ *Mittelamerika, Nordamerika*

Riviera Küstenabschnitt am Mittelmeer, an dem Frankreich, Monaco und Italien Anteil haben. Die Riviera reicht von Toulon in Frankreich bis nach La Spezia in Italien. Dieser Küstenstreifen ist durch die Seealpen besonders geschützt und hat deshalb ein sehr mildes Klima. Hier liegen berühmte und elegante Badeorte wie Saint Tropez, San Remo und Alassio.

Robben Säugetiere, die zu den im Wasser lebenden Raubtieren zählen. Sie ernähren sich vor allem von Fischen. Ihre kurzen Gliedmaßen sind zu Flossen umgewandelt, mit denen sie sehr gut schwimmen können. Von den 30 Robbenarten kommt der Gemeine Seehund auch in der Nordsee vor. Die größten Robben sind die See-Elefanten und das Walroß. Das Walroß lebt im nördlichen Eismeer, See-Elefanten kommen in der Antarktis vor.

Robin Wood Der Verein Robin Wood versucht die Umwelt zu schützen. Seine Mitglieder veranstalten zum Beispiel Waldspaziergänge, um auf Waldschäden durch den sauren Regen aufmerksam zu machen. Der Organisation Robin Wood geht es vor allem darum, die Menschen zum Nachdenken über ihre Umwelt zu bewegen. Ähnliche Ziele verfolgt auch Greenpeace. ☞ *Greenpeace*

Rocky Mountains Felsengebirge in Nordamerika. Die Rocky Mountains sind Teil eines hohen Faltengebirges, das sich von Alaska bis nach Mexiko an der Pazifikküste entlangzieht. Das Felsengebirge ist etwa so hoch wie die Alpen. Der höchste Berg des gesamten Gebirgssystems ist der Mount McKinley mit 6 193 m in der Alaskakette. Das Faltengebirge setzt sich in Südamerika in den Anden fort. Der spanische Name für diesen längsten Gebirgszug der Welt ist Kordilleren (👁 kordiljeren).
☞ *Anden, Nordamerika, Südamerika*

Rodung Roden nennt man das Abholzen von Wald, um Ackerland zu gewinnen. Im Mittelalter war Deutschland zum größten Teil noch von Wäldern bedeckt. Durch Rodungen wurde Land für Siedlungen und den Ackerbau gewonnen. Viele Ortsnamen erinnern in ihren Endungen noch daran, zum Beispiel Osterrode oder Bayreuth. In den Regenwäldern wenden die Eingeborenen oft heute noch die schädliche Brandrodung an, um Land urbar zu machen. ☞ *Brandrodung*

Roggen In den nördlichen Ländern neben dem Weizen die wichtigste Getreideart. Unser Schwarzbrot besteht hauptsächlich aus Roggenmehl. Der meiste Roggen wird in Rußland, Polen und Deutschland angebaut. ☞ *Getreide*

Rohstoffe Holz, Erdöl, Metalle, aber auch Wolle, Baumwolle oder Kautschuk zählen zu den Rohstoffen. Es sind entweder Bodenschätze, die man aus der Erde holt, oder Nutzpflanzen, die man anbaut. Die Rohstoffe werden von der Industrie weiterverarbeitet. ☞ *Bodenschätze*

Rom Hauptstadt Italiens und nach Athen in Griechenland die älteste Stadt Europas. Zur Zeit der Römer war Rom die Hauptstadt der Alten Welt. Heute hat es fast 3 Millionen Einwohner. ☞ *Italien*

Roma Name eines Wandervolks, das aus Indien stammt. Die Roma zogen nach Westen und sind heute in ganz Europa verbreitet. Man nennt sie auch Zigeuner. ☞ *Sinti, Zigeuner*

Roßbreiten Gebiete ober- und unterhalb der Wendekreise, in denen fast ständig Windstille herrscht. Diese Zonen mußten früher von den Segelschiffen genau beachtet werden. ☞ *Kalmen, Wendekreis*

Rotes Meer Das Rote Meer liegt zwischen Arabien und Afrika und ist mit 440 000 km^2 etwas größer als die Ostsee. Seinen Namen hat es von den Rotalgen, die hier weit verbreitet sind. Durch den Suezkanal ist das Rote Meer mit dem Mittelmeer verbunden. So besteht ein Schiffsweg vom Atlantik zum Indischen Ozean, ohne daß man ganz Afrika umfahren muß. ☞ *Afrika*

Rubin Roter Edelstein, auch Korund genannt. Rubine werden vor allem in Südostasien, in Thailand und auf der Insel Ceylon gefunden. ☞ *Edelsteine*

Rügen Größte deutsche Insel mit 926 km^2 Fläche. Rügen liegt vor der Küste Vorpommerns in der Ostsee und fällt mit seinen weißen Kreidefelsen steil ins Meer ab. Über einen Damm ist die Insel mit dem Festland verbunden. Rügen ist ein beliebtes Ferienziel. ☞ *Deutschland*

Ruhrgebiet Großes Industriegebiet der Bundesrepublik Deutschland. Es erstreckt sich zwischen Rhein, Ruhr und Lippe und hat die höchste Bevölkerungsdichte Deutschlands. Im Ruhrgebiet liegen die größten deutschen Steinkohlevorkommen, und so entstand hier eine Eisen- und Stahlindustrie. Heute wird im Ruhrgebiet nur noch wenig Kohle gefördert und kaum noch Eisen und Stahl verarbeitet. Dafür hat sich hier die chemische Industrie angesiedelt. Das Ruhrgebiet ist eine Stadtlandschaft mit vielen Großstädten, die ineinander übergehen. Hier leben 7 Millionen Menschen, das ist ungefähr ein Drittel der Bevölkerung Nordrhein-Westfalens.
☞ *Nordrhein-Westfalen, Stadtlandschaft*

Rumänien ☞ *Balkan*

Rußland ☞ *Seite 194*

Rwanda (Ruanda) Afrika

Fläche: 26 338 km^2 (144. Land)
Einwohnerzahl: 7,2 Mio.
Hauptstadt Kigali (261 100 Einw.)
Bevölkerung: Bantu
Sprachen: Französisch, Kinyarwanda, Suaheli
Religion: Christen, Naturreligionen, Moslems
Geld: Rwanda-Franc
Das gebirgige Land in Ostafrika verfügt noch über eine reichhaltige Tierwelt. In den tropischen Regenwäldern leben sogar noch Berggorillas.

Rußland

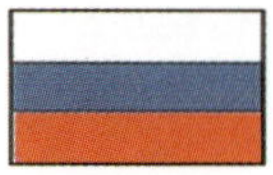

Rußland Europa und Asien
Fläche: 17 075 400 km² (1. Land)
Einwohnerzahl: 148 Mio.
Hauptstadt: Moskau (9 Mio. Einw.)
Bevölkerung: Russen, über 100 asiatische Völker
Sprache: Russisch
Religion: Christen Geld: Rubel

Rußland ist das größte Land der Erde. Es reicht von der Ostsee im Nordwesten bis zum Pazifischen Ozean im Osten – das sind rund 10 000 km. Vom Eismeer im Norden bis in die asiatische Steppe im Süden ist es ungefähr so weit wie von der Nordspitze Norwegens bis zur Südspitze Spaniens. Wer mit der Transsibirischen Eisenbahn von der Hauptstadt Moskau nach Wladiwostok am Japanischen Meer fährt, benötigt dafür fast eine Woche. In Rußland werden mehr als hundert Sprachen gesprochen.

Etwa ein Drittel des riesigen Landes, das 50mal so groß ist wie Deutschland, liegt in Europa. Das europäische Rußland umfaßt rund 4 550 000 km² und erstreckt sich von der weißrussischen und ukrainischen Grenze bis zum Ural. Dieser 2 100 km lange Gebirgszug bildet die Grenze zwischen Europa und Asien. Im Süden wird Rußland durch das Schwarze Meer und den Kaukasus begrenzt, dessen höchste Gipfel über 5 000 m aufragen. Der europäische Teil Rußlands ist fast halb so groß wie der ganze Kontinent. Hier leben zwei Drittel der Bevölkerung.

Tundra und Taiga

Rußland umfaßt alle Klimagürtel der nördlichen Halbkugel, von der Polarzone im Norden über die gemäßigte Zone bis zum subtropischen Klima an der Schwarzmeerküste. Die Tundra dehnt sich entlang der Eismeerküste in einem breiten Streifen aus. Der Boden in dieser baumlosen Kältesteppe ist das ganze Jahr über gefroren und taut auch im Sommer an der Oberfläche nur bis zu 1 m auf. An trockenen Stellen gedeihen Flechten, niedrige Beerensträucher und verkrüppelte Bäume. Über dem Eisboden sammelt sich im Sommer das Schmelzwasser, und es entstehen Sümpfe und Moore. Neun Monate im Jahr liegt die Tundra unter einer Schneedecke. Hier lebt der Polarfuchs, gelegentlich wandern Eisbären aus dem hohen Norden ein. Vereinzelt gibt es menschliche Siedlungen, meist Fischerdörfer. Der nördlichste Hafen am Eismeer ist Murmansk.

An die Tundra schließt sich der Nadelwaldgürtel der Taiga an. Hier trifft man noch Braunbären, Wölfe und Marder wie den Zobel und den Vielfraß. Diesen Riesenmarder hat man allerdings nahezu ausgerottet. Südlich der Taiga liegen die großen russischen Seen. Mit 18 400 km² ist der Ladogasee der größte See Europas. Der Onegasee ist nur halb so groß.

Don und Wolga

Die beiden wichtigsten Ströme im europäischen Rußland sind der Don und die Wolga. Die Wolga ist mit 3 690 km der längste und zugleich wasserreichste Strom Europas. Allerdings ist er auch einer der schmutzigsten. Die Wolga mündet in das Kaspische Meer, einen abflußlosen Binnensee in Asien. In ihrem Unterlauf bildet sie eine Reihe von Stauseen und ist durch einen Kanal mit dem Don vernetzt. Rußland besitzt mit seinen Flüssen und Kanälen das längste Wasserstraßensystem der Erde. Doch sind die sibirischen Ströme den größten Teil des Jahres zugefroren.

Zwischen der Wolga und dem Ural liegen die größten russischen Industriegebiete. Hier gibt es Eisen- und Stahlwerke und große Chemiefabriken. Auch hinter dem Ural in Sibirien liegen solche großen Industrieschwerpunkte. Rußland ist außerordentlich reich an Bodenschätzen. Es besitzt über die Hälfte aller Kohle-, Gas- und Erdölvorkommen der Welt und ein Fünftel des gesamten Goldes.

Ein Viertel des Bodens wird landwirtschaftlich genutzt, doch reichen die Erträge nicht aus, um die Bevölkerung zu versorgen. Deshalb müssen Nahrungsmittel eingeführt werden.

Moskau und St. Petersburg

Die beiden wichtigsten Städte im westlichen Rußland sind Moskau und St. Petersburg. Moskau liegt an der Moskwa. Die Stadt besitzt drei Häfen und ist durch einen Kanal mit dem Wasserstraßennetz zwischen der Ostsee und dem Schwarzen und Kaspischen Meer verbunden. Es ist nicht nur die größte Stadt Rußlands, sondern ganz Europas. St.Petersburg am Südende des Ladogasees liegt an der Ostsee. Die frühere Hauptstadt des Russischen Reiches wurde 1703 von Zar Peter I. gegründet und war wegen ihres Hafens Rußlands einziges Tor zur westlichen Welt. 1917 gab es eine Revolution, und aus dem Kaiserreich wurde eine kommunistische Republik. Die Regierung wurde in die alte Hauptstadt Moskau und den Kreml verlegt. Der Kreml ist eine große Anlage mit Kaiserschloß und Palästen und der Mittelpunkt Rußlands. Vor der Kremlmauer liegt der Rote Platz mit der Basilius-Kathedrale.

Rußland

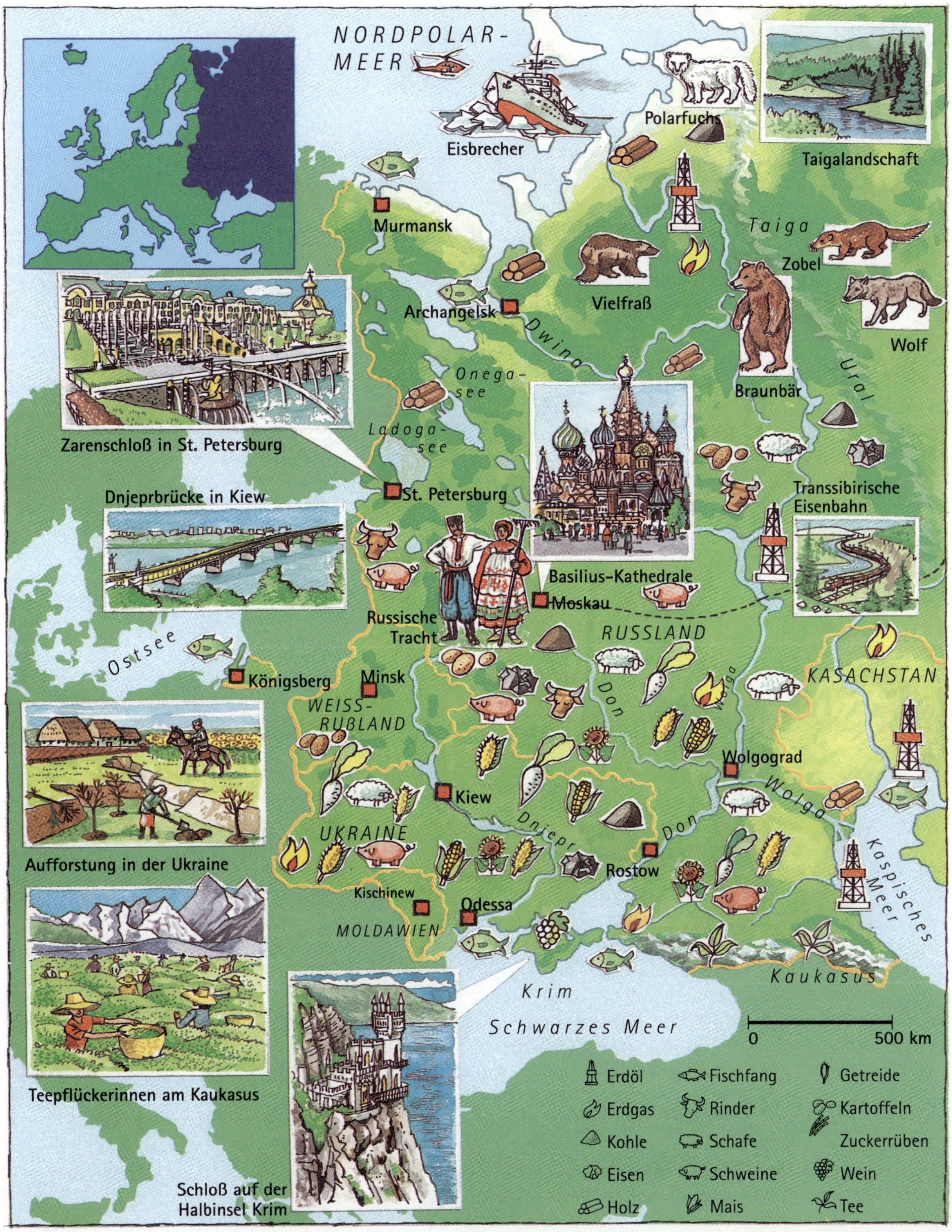

NORDPOLARMEER
Eisbrecher
Polarfuchs
Taigalandschaft
Murmansk
Taiga
Zobel
Vielfraß
Archangelsk
Dwina
Wolf
Braunbär
Ural
Onegasee
Ladogasee
Zarenschloß in St. Petersburg
St. Petersburg
Transsibirische Eisenbahn
Dnjeprbrücke in Kiew
Basilius-Kathedrale
Moskau
Russische Tracht
RUSSLAND
Ostsee
Königsberg
Minsk
WEISSRUSSLAND
Don
Wolga
KASACHSTAN
Wolgograd
Kiew
UKRAINE
Dnjepr
Rostow
Kaspisches Meer
Aufforstung in der Ukraine
Kischinew
Odessa
MOLDAWIEN
Kaukasus
Krim
Schwarzes Meer
0
500 km
Teepflückerinnen am Kaukasus
Schloß auf der Halbinsel Krim
Erdöl
Erdgas
Kohle
Eisen
Holz
Fischfang
Rinder
Schafe
Schweine
Mais
Getreide
Kartoffeln
Zuckerrüben
Wein
Tee

Rußland

1991 haben sich die 15 Republiken der ehemaligen Sowjetunion selbständig gemacht. Neun bilden heute mit Rußland einen Staatenbund, die GUS. Zu den selbständig gewordenen Ländern im Westen gehören Weißrußland, die Ukraine und Moldawien.

Moldawien

Fläche: 33 700 km² (135. Land)
Einwohnerzahl: 4,4 Mio.
Hauptstadt: Kischinew (Chisinau) (720 000 Einw.)
Bevölkerung: Rumänen, Ukrainer, Russen
Sprachen: Moldawisch (Rumänisch), Russisch
Religion: Christen Geld: Rubel

Moldawien, das in eigener Sprache Moldova heißt, ist nur etwa so groß wie Nordrhein-Westfalen. Es schließt sich nordöstlich an Rumänien an. Das Hügelland vor den Karpaten ist bis zu etwa 800 m hoch. Hier leben überwiegend Rumänen, denn Moldawien war früher einmal rumänisch. Das milde Klima läßt vor allem Wein, Obst und Tabak gedeihen. Moldawien ist ein Bauernland, das aber durch Raubbau, Überdüngung und die Verwendung zu vieler Pflanzenschutzmittel heute sehr stark umweltgeschädigt ist.

Ukraine

Fläche: 603 700 km² (43. Land)
Einwohnerzahl: 52 Mio.
Hauptstadt: Kiew (2,6 Mio. Einw.)
Bevölkerung: Ukrainer, Russen
Sprache: Ukrainisch, Russisch
Religion: Christen Geld: Rubel

Die Ukraine ist dreimal so groß wie Weißrußland. Beide Staaten werden vom Dnjepr, dem drittgrößten Fluß Europas, durchflossen. Er entspringt in Rußland und mündet nach 2 285 km ins Schwarze Meer. Auch Kiew, die Hauptstadt der Ukraine, liegt am Dnjepr. Fast die gesamte nordöstliche Schwarzmeerküste von der rumänischen Grenze bis zur Mündungsbucht des Don gehört zur Ukraine. Dazu zählt auch die Halbinsel Krim mit ihren berühmten Badeorten. Die Krim war schon zur Zarenzeit für vornehme Leute aus ganz Europa ein beliebtes Reiseziel. Schlösser und alte Villen erinnern noch an die Zeiten, als das Schwarze Meer noch nicht zu den schmutzigsten Meeren Europas gehörte. Das Klima an der Küste ist so mild wie am Mittelmeer, und in den Gärten gedeihen Palmen, Zitronen und Feigen. Auch Wein und Tabak werden hier angebaut. Der größte Teil der Ukraine ist flaches Land mit riesigen Korn- und Sonnenblumenfeldern. Die Hälfte aller landwirtschaftlichen Produkte der früheren Sowjetunion kam aus der einst reichen Ukraine. Heute sind etwa ein Drittel der Böden versteppt. Und man forstet das Land teilweise auf, um es vor der Erosion zu schützen.
Die Ukraine besitzt im Süden reiche Bodenschätze, vor allem Kohle und Eisenerz, und es gibt daher viel Industrie. Im Donezbecken an der ukrainisch-russischen Grenze liegt ein Zentrum der Schwerindustrie. Hier wird viel Kohle abgebaut, Eisenerz zu Stahl verarbeitet, und wie im Ruhrgebiet gibt es auch große chemische Fabriken. Eisen, Stahl, Zement und chemische Produkte sind die wichtigsten Industriegüter der Ukraine.
Bekannt wurde die Ukraine in letzter Zeit durch das Reaktorunglück von Tschernobyl im Jahr 1986. Bei diesem Unfall in einem Kernkraftwerk nördlich von Kiew, nahe der weißrussischen Grenze, gelangten Kernbrennstoffe ins Freie und verseuchten große Teile beider Länder radioaktiv. Die gefährlichen radioaktiven Teilchen verbreiteten sich damals auch über ganz Nord- und Südeuropa.

Weißrußland

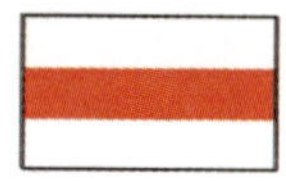

Fläche: 207 600 km² (84. Land)
Einwohnerzahl: 10,3 Mio.
Hauptstadt: Minsk (1,6 Mio. Einw.)
Bevölkerung: Weiß- oder Belorussen, Russen
Sprachen: Belorussisch, Russisch
Religion: Christen Geld: Rubel

Weißrußland ist zweieinhalbmal so groß wie Österreich. Im Westen grenzt es an Polen, im Osten an Rußland. Die nördlichen Nachbarn sind Litauen und Lettland, im Süden stößt es an die Ukraine. Weißrußland ist überwiegend flach und besitzt zahlreiche Seen. Die ausgedehnten Wälder sind durch Umweltschäden teilweise zerstört. Im Süden des Landes, zwischen der polnischen Grenze und dem Dnjepr, liegen die Pripjetsümpfe – ein gewaltiges Sumpfgebiet, das bis in die Ukraine und nach Polen reicht. Man hat die Sümpfe durch Kanäle teilweise trockengelegt und so hauptsächlich Weideland gewonnen. Da Weißrußland kaum Bodenschätze besitzt, müssen die meisten Rohstoffe aus Rußland eingeführt werden. Die Menschen leben überwiegend von der Landwirtschaft. Doch es gibt auch etwas Industrie, vor allem Landmaschinen- und Fahrzeugbau. Und das Holz aus den großen Wäldern wird verarbeitet.

Saarland

Deutsches Bundesland
Fläche: 2 570 km² Einwohner: 1,1 Mio
Landeshauptstadt: Saarbrücken (191 700 Einwohner)
☞ *Deutschland*

Sachsen

Deutsches Bundesland
Fläche: 18 338 km² Einwohner: 4,7 Mio.
Landeshauptstadt: Dresden (490 570 Einwohner)
☞ *Deutschland*

Sachsen-Anhalt

Deutsches Bundesland
Fläche 20 444 km² Einwohner: 2,9 Mio.
Landeshauptstadt: Magdeburg (278 800 Einwohner)
☞ *Deutschland*

Safari Ursprünglich eine Karawanenreise, vor allem in Ostafrika. Heute versteht man darunter eine Jagdgesellschaft in Afrika. Bei einer Fotosafari werden die Tiere nicht gejagt, sondern fotografiert.

Sahara Nordafrikanisches Wüstengebiet. Die Sahara ist die größte Wüste der Erde und mit über 8 Millionen km² fast so groß wie Europa. Hier kommen alle Wüstenformen vor, von der Fels- und Geröllwüste bis zur Sand- und Dünenwüste. Im Innern der Sahara wachsen kaum Pflanzen, und es fällt fast kein Regen. Nur in den Felsgebieten an den Wüstenrändern gibt es manchmal Niederschläge. Dann füllen sich die ausgetrockneten Flußtäler, die Wadis, mit Wasser und werden zu reißenden Strömen. An den wenigen Wasserstellen in der Wüste, den Oasen, leben Beduinen und Tuareg, die etwas Ackerbau betreiben. Nomaden ziehen noch mit Kamelen in den Wüstengebieten umher. Heute baut man in der Sahara auch Bodenschätze ab und fördert Erdöl und Erdgas.
☞ *Afrika, Oase, Wadi, Wüste*

Sahelzone Trockenzone in Afrika, die sich im Süden an die Sahara anschließt und quer über den Erdteil erstreckt. Hier regnet es oft jahrelang nicht, von 1968 bis 1974 blieb der Regen sogar ganz aus. In dem Gebiet brach daraufhin eine große Hungersnot aus. Auch die Viehherden der Sahelier gingen ein. Von dieser Dürrekatastrophe hat sich die Sahelzone nicht mehr erholt. Im Sahel liegt der größte afrikanische Staat, der Sudan. ☞ *Dürre, Afrika*

Saint Kitts und Nevis

Mittelamerika
Fläche: 261,6 km² (186. Land)
Einwohnerzahl: 40 000
Hauptstadt: Basseterre (14 100 Einw.)
Bevölkerung: Schwarze, Mulatten
Sprache: Englisch
Religion: Christen Geld: Ostkaribischer Dollar
Die beiden Vulkaninseln Saint Kitts und Nevis in der Karibischen See gehören zu den Kleinen Antillen. Hier werden Zuckerrohr und Baumwolle angebaut.

Saint Lucia Mittelamerika

Fläche: 622 km² (174. Land)
Einwohnerzahl: 150 000 Einw.
Hauptstadt: Castries (52 800 Einw.)
Bevölkerung: Schwarze, Mulatten
Sprachen: Englisch, kreolisches Französisch
Religion: Christen Geld: Ostkaribischer Dollar
Die bis 958 m hohe Vulkaninsel der Kleinen Antillen wurde 1980 durch einen Hurrikan stark verwüstet. Heute ist sie eine beliebte Ferieninsel in der Karibik.

Saint Vincent/Grenadinen

Mittelamerika
Fläche: 389,3 km² (181. Land)
Einwohnerzahl: 114 000
Hauptstadt: Kingstown (19 350 Einw.)
Bevölkerung: Schwarze, Mulatten
Sprachen: Englisch, kreolisches Englisch
Religion: Christen Geld: Ostkaribischer Dollar
Auf der vulkanischen Inselgruppe in den Kleinen Antillen werden Bananen und Kakao angebaut. Im Regenwald leben noch seltene Papageienarten.

Saline Anlage zur Salzgewinnung. Hier werden Salzlösungen aus Steinsalz in Sudpfannen verdampft. Zurück bleibt Kochsalz. Eine solche Salzlösung nennt man Sole. ☞ *Salz*

Salomonen Ozeanien

Fläche: 28 896 km² (139. Land)
Einwohnerzahl: 324 000
Hauptstadt: Honiara (35 300 Einw.)
Bevölkerung: Melanesier
Sprachen: Englisch, Pidgin-Englisch, Dialekte
Religion: Christen Geld: Salomonen-Dollar
Die 1 000 km lange Inselkette liegt im Westpazifik und umfaßt 6 große Vulkaninseln und viele kleine Atolle. Wichtigstes Handelsgut sind Kokosnüsse.

Salz Unser Speisesalz wird in Bergwerken oder aus dem Meer gewonnen. Die unterirdischen Salzlager bestehen aus oft 100 m dicken Salzschichten. Früher hat man dieses Steinsalz, das weiße Gold, wie Kohle gebrochen und in Blöcken aus dem Berg geholt. Heute preßt man häufig auch Wasser durch ein Bohrloch in das Salzgestein und löst das Salz auf. Die Salzlösung oder Sole wird dann abgepumpt und in die Saline geleitet. Dort wird sie verdampft. Am Mittelmeer und an anderen Meeresküsten leitet man das Meerwasser in flache Becken und läßt es von der Sonne verdunsten. Das Meersalz bleibt übrig und wird zusammengekehrt und dann gereinigt. ☞ *Saline*

Salzburg Österreichisches Bundesland mit der gleichnamigen Hauptstadt. Das Land ist 7 155 km² groß und hat 488 500 Einwohner. ☞ *Österreich*

Salzsee Abflußloser, salzhaltiger See. In Salzseen, in denen viel Wasser verdunstet, steigt der Salzgehalt ständig an. Berühmt ist der Große Salzsee in Utah/USA. Der Salzgehalt des Sees beträgt fast 30 Prozent – das sind 300 Gramm Salz pro Liter Wasser. Auch das Tote Meer in Israel ist so salzig. ☞ *Großer Salzsee, Totes Meer*

Salzwüste Im Innern abflußloser Beckenlandschaften finden sich oft sehr salzhaltige Böden. Wenn es regnet, wird das Salz ausgewaschen, und es entstehen Salzsümpfe. Sobald diese austrocknen, bleiben riesige Salzflächen zurück. Solche Salzwüsten finden sich im Innern Asiens, aber auch in der Sahara und in Mexiko. ☞ *Wüste*

Sambesi Größter Strom in Südafrika mit 2 660 km Länge. Der Sambesi hat viele Wasserfälle, darunter die berühmten Victoriafälle. Der Strom ist dort 1 700 m breit, und das Wasser stürzt 110 m in die Tiefe. ☞ *Afrika, Victoriafälle*

Sambia Afrika

Fläche: 752 614 km² (38. Land)
Einwohnerzahl: 8,1 Mio.
Hauptstadt: Lusaka (870 000 Einw.)
Bevölkerung: Bantu
Sprachen: Englisch, Bantu-Sprachen
Religion: Christen, Naturreligionen Geld: Kwacha
Das Land im Süden Afrikas umfaßt eine große, etwa 1 000 bis 1 500 m hohe Ebene mit ausgedehnten Seengebieten. Hier liegen die berühmten Victoriafälle des Sambesi. Im unteren Lauf des Flusses staut der Kariba-Damm den Sambesi zu einem gewaltigen See auf.

Samoa Ozeanien

Fläche: 2 831 km² (164. Land)
Einwohnerzahl: 165 000 Einw.
Hauptstadt: Apia (33 170)
Bevölkerung: Polynesier
Sprachen: Samoanisch, Englisch
Religion: Christen Geld: Tala
Das Königreich Samoa besteht aus 2 Hauptinseln und 7 kleineren, teilweise unbewohnten Inseln. Es ist der westliche Teil einer Inselgruppe, deren östliche Hälfte zu den USA gehört. Von allen Inseln der Südsee ist Samoa am unberührtesten. Die Inseln sind vulkanisch und noch von dichten tropischen Regenwäldern bedeckt.

San Andreasgraben Erdspalte in Kalifornien mit einer Länge von über 1 100 km. Solche Risse oder Verwerfungszonen sind durch Bewegungen in der Erdkruste entstanden. Dabei haben sich die Gesteinsschichten verschoben. Entlang des Andreasgrabens gibt es häufig Erdbeben. Auch San Francisco liegt in der Erdbebenzone. ☞ *Erdbeben*

San Francisco Stadt in Kalifornien am Pazifik mit 750 000 Einwohnern, der Großraum hat 3,2 Millionen Einwohner. ☞ *Nordamerika*

San Marino Europa

Fläche: 60,57 km² (189. Land)
Einwohnerzahl: 23 250
Hauptstadt: San Marino (4 200 Einw.)
Bevölkerung: Sanmarinesen
Sprache: Italienisch
Religion: Christen Geld: Italienische Lira
San Marino ist ein Zwergstaat im nördlichen Apennin nahe der Adria. Es ist die kleinste Republik der Welt. Die Bewohner leben hauptsächlich vom Fremdenverkehr. Begehrt sind bei Sammlern die Briefmarken des Landes.

Sand Wenn große Steine, vor allem aus Granit, völlig verwittern, bleiben Sandkörner übrig. Sie bestehen zur Hauptsache aus Quarz und können unterschiedlich gefärbt sein. ☞ *Gestein*

Sandstein Zusammengebackener Sand wird zu Sandstein. Als Bindemittel dienen dabei verschiedene Tonerden. Es gibt mehrere Arten, die oft bunt gefärbt sind. Sandstein war früher ein beliebtes Baumaterial. Harte Sandsteine verwendete man als Mühl- oder Schleifsteine. ☞ *Gestein, Sediment*

Sandsturm Heftiger Wind in heißen und trockenen Gebieten, der Sand und Staub mit sich führt. Aus der Sahara weht zum Beispiel der heiße Schirokko Wüstensand bis nach Südeuropa. ☞ *Wirbelsturm*

Sankt Gallen Kanton in der Schweiz mit der gleichnamigen Hauptstadt. ☞ *Schweiz*

Sankt Gotthard 3 192 m hohes Gebirgsmassiv in der Schweiz. Über den Gotthard führt bis auf 2 108 m eine Straße, der Sankt-Gotthard-Paß. Durch den 16 km langen Sankt-Gotthard-Tunnel fährt die Eisenbahn auf der Strecke Zürich – Mailand. Der Gotthard-Straßentunnel ist 16,3 km lang. ☞ *Schweiz*

São Tomé und Principe Afrika

Fläche: 964 km² (168. Land)
Einwohnerzahl: 123 000
Hauptstadt: São Tomé (25 000 Einw.)
Bevölkerung: Schwarze
Sprachen: Portugiesisch, portugiesisches Kreolisch
Religion: Christen Geld: Dobra
Die zwei Inseln ragen nördlich des Äquators vor der Westküste Afrikas bis zu 2 000 m aus dem Meer. Hier gibt es tropischen Regenwald und Kakaoplantagen.

Saphir Dunkelblauer Edelstein, der vor allem auf der Insel Ceylon (Sri Lanka) und in Thailand vorkommt. Er ist sehr wertvoll und zählt wie der rote Rubin zu den Korunden. ☞ *Edelsteine*

Sardinien Zweitgrößte Insel Italiens. Die bergige Insel wird von den Sarden, einem kleinen Volksstamm, bewohnt. Sardinien ist rund 270 km lang und 100 bis 110 km breit. Das Sardische ist eine eigene Sprache. In Cagliari, der Hauptstadt Sardiniens, lebt ein Siebtel der Bevölkerung. ☞ *Italien*

Sargassosee Mitten im Atlantischen Ozean, südlich von den Bermuda-Inseln, liegt ein großes, nahezu strömungsfreies Meeresgebiet. Es ist ungefähr sechsmal so groß wie Deutschland. Seinen Namen hat dieser Meeresteil von dem Sargassotang oder Beerentang, der hier in großen Massen im Wasser treibt. Diese Riesenalgen werden vom Golfstrom angeschwemmt. In der Sargassosee liegen die Laichplätze der Aale. ☞ *Golfstrom, Tang*

Satellit Künstlicher Himmelskörper, der von der Anziehungskraft der Planeten auf einer festen Umlaufbahn gehalten wird. Erdsatelliten bewegen sich in 35 800 km Höhe mit gleicher Drehgeschwindigkeit wie die Erde. Über Funk werden Meßdaten von Satelliten abgerufen, die man mit großen Parabolantennen empfängt. ☞ *Erdfunkstelle*

Saudi-Arabien Asien

Fläche: 2 149 690 km² (13. Land)
Einwohnerzahl: 14,9 Mio.
Hauptstadt: Riad (1,3 Mio.)
Bevölkerung: Araber, ein Fünftel Fremdarbeiter
Sprache: Arabisch
Religion: Moslems Geld: Saudi Riyal
Das riesige Land auf der Arabischen Halbinsel besteht fast nur aus Wüste. Das Königreich ist durch Erdöl eines der wohlhabendsten Länder der Erde.

Sauerstoff Farb- und geruchloses Gas. Die Luft besteht zu etwa einem Viertel aus Sauerstoff. Da er auch in vielen chemischen Verbindungen auftritt, zum Beispiel im Wasser oder in Metalloxiden, den Erzen, ist er das häufigste chemische Element auf der Erde. ☞ *Luft, Ozon, Stickstoff*

Saurer Regen Bei jeder Verbrennung entstehen Abgase, darunter das Schwefeldioxid. Es steigt in die Luft und löst sich in den Wassertröpfchen der Wolken zu schwefliger Säure. Wenn dieses schwefelsaure Wasser als Regen wieder auf die Erde fällt, werden der Boden, die Gewässer und schließlich auch das Grundwasser übersäuert. Ist der Regen sehr sauer, werden auch die Nadeln und Blätter der Bäume und anderer Pflanzen verätzt. Die Pflanzen gehen allmählich ein. Auch Stickoxide aus Abgasen bilden sauren Regen. ☞ *Waldsterben*

Saurier Reptilien, die vor rund 250 Millionen Jahren auf der Erde erschienen und vor etwa 65 Millionen Jahren ausstarben. Sie wurden größer und größer, und in der Kreidezeit vor rund 100 Millionen Jahren lebten schließlich die riesigen Dinosaurier auf der Erde. ☞ *Erdgeschichte, Kreidezeit*

Savanne Grassteppe mit vereinzelten Bäumen. Das größte Savannengebiet liegt in Afrika. Diese parkähnliche Landschaft ist zugleich das größte Tierreservat der Erde. In den Nationalparks haben die letzten Herden der afrikanischen Steppentiere überlebt. ☞ *Afrika, Steppe*

Schachtelhalme Mit den Farnen verwandte Pflanzen, die vor allem an feuchten Stellen wachsen. Die heute nur noch etwa 30 cm großen Schachtelhalme bildeten vor 300 Millionen Jahren zusammen mit den Farnen riesige Wälder. Aus den Überresten dieser Pflanzen sind zum Teil die Kohlenlager entstanden. ☞ *Farn, Kohle*

Schafe Das Schaf ist vermutlich das älteste Haustier des Menschen und wurde bereits vor etwa 10 000 Jahren gezähmt. Das geschah in Vorderasien im Irak. Heute gibt es rund 1 Milliarde Schafe auf der Welt. Die meisten davon werden in Australien gehalten, nämlich rund 165 Millionen. ☞ *Viehzucht*

Schaffhausen Kanton der Schweiz mit der gleichnamigen Hauptstadt. Schaffhausen liegt oberhalb des berühmten Rheinfalls. Der Rhein stürzt hier auf einer Breite von 150 m über einen Felsenriegel 24 m in die Tiefe. Der Wasserfall ist einer der gewaltigsten in Europa. ☞ *Rhein, Schweiz*

Schanghai Größte Stadt Chinas mit rund 7 Millionen Einwohnern. Schanghai ist auch der größte chinesische Hafen. Mit allen Vorstädten hat es rund 13 Millionen Einwohner. ☞ *Asien, China*

Schären Kleine Felseninselchen und Klippen, die es an den Küsten Norwegens, Schwedens und Finnlands zu Tausenden gibt. Man spricht deshalb auch von einer Schärenküste. Die Schären sind Felsen, die von den Gletschern der Eiszeit rundgeschliffen wurden. Nachdem das Land abgesunken ist und die Gletscher geschmolzen waren, wurden die Felsenhöcker zu meerumspülten Inseln. ☞ *Insel*

Scheich Arabischer Titel. Ein Scheich ist das Oberhaupt eines Beduinenstammes. Einige kleinere arabische Länder sind selbständige Scheichtümer.

Schelf Die Kontinente fallen nicht steil ins Meer ab, sondern sind von einem Sockel umgeben. Diesen Festlandsockel bezeichnet man als Schelf. Die Meere über dem Sockel heißen Schelfmeere. Dazu zählt die Nordsee. Schelfmeere sind nur etwa 200 m tief. Die Tiefsee beginnt erst hinter dem Schelf. ☞ *Kontinent, Meer, Tiefsee*

Schiefer Gestein aus dünnen Platten, die sich spalten lassen. In Deutschland gibt es den graublauen Schiefer im Rheinischen Schiefergebirge und im Thüringer Wald. Man verwendet ihn zum Dachdecken, und früher wurden die Schultafeln aus Schiefer hergestellt. Auch die hellbraunen Kalkplatten in Solnhofen im Altmühltal sind schiefriges Gestein. Man bezeichnet es als Solnhofer Plattenschiefer. ☞ *Gestein*

Schiffahrt Bereits vor rund 5 000 Jahren begann die Schiffahrt. Damals wagten sich allerdings nur wenige kühne Abenteurer aufs offene Meer hinaus. Die ersten waren die Ägypter, die um 3 000 vor Christus das Mittelmeer verließen und bis an die Südspitze Afrikas segelten. Sie fuhren dabei jedoch immer nahe an den Küsten entlang. Um das Jahr 1 000 überquerten die Wikinger den Atlantischen Ozean und landeten in Nordamerika. Heute ist der Nordatlantik das meistbefahrene Meer der Erde.
Die Schiffahrt auf den Ozeanen bezeichnet man allgemein als Seeschiffahrt. Die Große Fahrt führt über das Weltmeer, etwa von Europa nach Amerika durch den Atlantischen Ozean. Die Kleine Fahrt beschränkt sich auf küstennahe Gewässer, zum Beispiel eine Schiffsreise von Deutschland nach England über die Nordsee oder eine Kreuzfahrt im Mittelmeer. Der größte Seehafen Europas und einer der größten der Welt ist Rotterdam in den Niederlanden. Neben der Seeschiffahrt gibt es die Binnenschiffahrt auf schiffbaren Flüssen und Seen. Binnenschiffe und Lastkähne übernehmen von den Hochseeschiffen in den Seehäfen Güter und Waren und bringen sie in die Binnenhäfen im Landesinnern. Der größte Binnenhafen Europas und der Welt ist Duisburg am Rhein. Hier legen Binnenschiffe aus Rotterdam an, und von hier bringen Frachter Waren nach Rotterdam, wo sie auf Hochseeschiffe verladen werden. ☞ *Beneluxländer, Rhein*

Schiffshebewerk Trog aus Stahl, der mit Wasser gefüllt wird. Die Schiffe fahren in den Trog ein und können dann wie mit einem Fahrstuhl vom unteren Teil des Kanals in den oberen Teil befördert werden oder umgekehrt. Schiffshebewerke sind dort nötig, wo die Höhenunterschiede für Schleusen zu groß sind. Eines der größten Schiffshebewerke Europas befindet sich in Niederfinow zwischen dem Havel-Oder-Kanal und der Oder. Hier werden die Schiffe 36 m hoch gehoben. ☞ *Kanal*

Schildkröte Reptil mit einem Knochenpanzer, in den es sich ganz zurückziehen kann. Auf dem europäischen Festland gibt es nur zwei Arten: die Sumpfschildkröte und die Griechische Landschildkröte. Die größten Landschildkröten leben auf den Galapagosinseln. Noch größer wird die Meeresschildkröte in tropischen Meeren. Da man ihr Fleisch immer noch für Schildkrötensuppe verarbeitet, ist sie fast ausgerottet. ☞ *Galapagosinseln*

Schilf Hohes, hartes Gras, das an Fluß- und Seeufern wächst. Der Schilfgürtel an Gewässern bietet vielen Tierarten, vor allem Wasservögeln, eine Brutstätte. Deshalb sind Schilfgebiete heute größtenteils geschützt.

Schirokko Warmer Südwind, der aus der Sahara bis nach Südeuropa weht. ☞ *Wind*

Schlagendes Wetter Gemisch von Kohlenstaub und Luft in einem Kohlenbergwerk. Der verteilte Kohlenstaub oder ein Gemisch aus Grubengas und Luft können sich durch einen Funken leicht entzünden. Dann kommt es zu einer Explosion in der Kohlengrube. Früher, als die Bergleute noch mit offenen Lampen ins Bergwerk einfuhren, gab es häufig Schlagwetterkatastrophen. ☞ *Bergbau*

Schlesien Landschaft beiderseits der Oder. Sie wird im Süden von den Sudeten begrenzt. Die Hauptstadt Schlesiens, das früher einmal zu Deutschland gehört hat, war Breslau. Heute heißt es Wroclaw und gehört wie Schlesien zu Polen.
☞ *Osteuropa, Polen*

Schleswig-Holstein

Deutsches Bundesland
Fläche: 15 730 km^2 Einwohner: 2,6 Mio.
Landeshauptstadt: Kiel (245 570 Einwohner)
☞ *Deutschland*

Schleuse Um Höhenunterschiede in einem Kanal zu überwinden, gibt es Schleusen. In der Schleusenkammer wird der unterschiedlich hohe Wasserspiegel zwischen zwei Kanalstücken ausgeglichen. ☞ *Kanal, Schiffshebewerk*

Schlick Von Flüssen und Seen abgelagerter Schlamm. Der Schlick an den Meeresküsten wird von Millionen von Schlickkrebsen, Röhrenwürmern, Muscheln und Schnecken belebt. ☞ *Watt*

Schlucht Tiefes Gebirgstal. Das Wasser eines Wildbachs oder eines Flusses nagt sich in die Felswände ein und trägt das Gestein ab. Dabei entsteht ein V-förmiges Tal. Die Felswände einer Schlucht fallen fast senkrecht ab. ☞ *Cañon, Gebirge, Tal*

Schnee Bei Temperaturen ab -4° C gefriert Wasser in der Luft zu sternförmigen Eiskristallen. Sie bilden Schneeflocken. Je kälter es ist, desto trockener und feiner ist der Schnee. Man nennt ihn dann Pulverschnee, nasser Schnee ist Pappschnee. Schneekristalle haben je nach Kälte unterschiedliche Kristallformen. ☞ *Niederschläge*

Schneebrett Durch Wind kann der Schnee an einem Berggrat verblasen werden. Wenn er sich verfestigt und überhängt, entsteht ein Schneebrett. Das ist nicht nur für Skifahrer gefährlich, sondern kann auch eine große Lawine auslösen. ☞ *Lawine*

Schneegrenze Untere Grenze des ewigen Schnees im Gebirge. In den Alpen liegt die Schneegrenze zwischen 2500 und 3000 m, sie kann in heißen Sommern aber auch noch höher ansteigen. ☞ *Gebirge, Höhenstufen*

Schotter Gestein, das durch Hitze und Kälte, durch gefrorenes oder fließendes Wasser zertrümmert wurde. Durch Verwitterung wird der Schotter immer weiter zerkleinert. ☞ *Erosion, Geröll, Sand*

Schottland ☞ *Großbritannien*

Schubschiff Motorschiff, das in der Binnenschiffahrt eingesetzt wird. Schubschiffe haben starke Motoren und am Bug eine Schubfläche, mit der sie mehrere Lastkähne, die Leichter, schieben. Solche Schubeinheiten sieht man häufig auf dem Rhein, dem Main und der Donau.

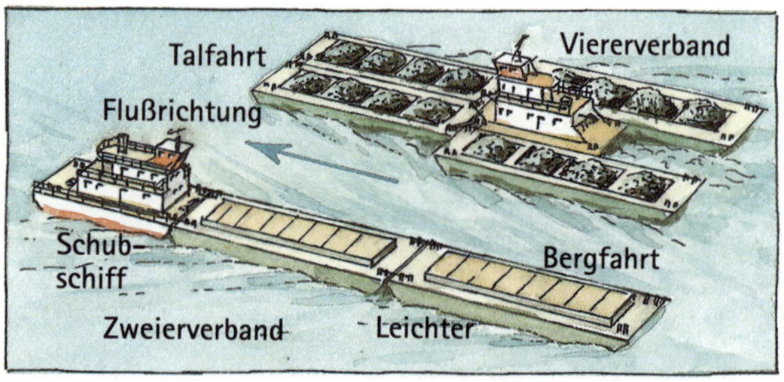

Schuppenbaum Bäume, die wir nur von Fossilien, also von Versteinerungen, kennen. Sie wuchsen vor Jahrmillionen auf der Erde und waren mit den Farnen verwandt. Die Schuppenbäume sind längst ausgestorben. Sie bildeten mit den Farnen den Rohstoff für Kohle. ☞ *Farn, Fossilien, Kohle*

Schutzwald Im Gebirge halten Wälder Lawinen ab. Diese Schutzwälder bezeichnet man auch als Bannwälder. ☞ *Bannwald, Lawine*

Schwarzes Meer Nebenmeer des Mittelmeers mit 412 000 km² Fläche. Die Meerengen des Bosporus und der Dardanellen verbinden das Schwarze Meer und das Mittelmeer. Dazwischen liegt das kleine Marmarameer. An der Schwarzmeerküste haben die Länder Bulgarien, Rumänien, Türkei sowie Staaten der ehemaligen Sowjetunion Anteil.
☞ *Balkan, Bosporus, Dardanellen*

Schwarzwald Höchstes Mittelgebirge in Süddeutschland mit dem 1 493 m hohen Feldberg. Der Schwarzwald erstreckt sich entlang des Oberrheins und ist etwa 160 km lang. Seinen Namen hat er von den dunklen Tannen, die auf den Hängen dieses Gebirges wachsen. Durch den sauren Regen sind große Waldgebiete zerstört. ☞ *Saurer Regen*

Schweden ☞ *Skandinavien*

Schwefel Chemisches Element. Schwefel ist in vielen Erzen und Mineralien enthalten. Er kommt auch in schwefelhaltigen Quellen vor, die dann stark nach fauligen Eiern riechen. ☞ *Mineralien*

Schwefeldioxid Verbindung aus Schwefel und Sauerstoff. Das stechend riechende Gas entsteht bei der Verbrennung von Kohle, Erdöl und Benzin und verursacht sauren Regen.
☞ *Abgase, saurer Regen*

Schwein Das Hausschwein ist neben dem Rind der wichtigste Fleischlieferant. Ursprünglich stammt das Schwein vom Wildschwein ab und wurde vermutlich in Südostasien zum ersten Mal zum Haustier gemacht. Heute gibt es viele verschiedene Rassen, die über die ganze Erde verbreitet sind. Die größte Schweinezucht hat China mit rund 350 Millionen Tieren. ☞ *Viehzucht*

Schweiz ☞ *Seite 204*

Schwellenland Entwicklungsland, das den Anschluß an die europäischen Industrieländer gefunden hat. Zu den Schwellenländern gehören zum Beispiel Südkorea, Singapur und Indonesien.

Schwemmland Vom Meer und von Flüssen vor allem an den Mündungen aufgeschwemmtes Land. Die Marschen an der Nordseeküste sind Schwemmland. ☞ *Delta, Küste, Marsch*

Schwerindustrie Bezeichnung für den Bergbau und die eisen- und stahlverarbeitende Industrie.

Schwerkraft Die Anziehungskraft der Erde. Sie bewirkt, daß wir von der sich drehenden Erde nicht herunterfallen, da alles von ihr angezogen wird.
☞ *Erdanziehung, Gravitation*

Schwyz Kanton der Schweiz mit der gleichnamigen Hauptstadt. ☞ *Kanton, Schweiz*

Scott, Robert Falcon (1868 bis 1912) Englischer Polarforscher. Er brach 1910 fast gleichzeitig mit dem Norweger Amundsen zu einer Expedition an den Südpol auf. Die Engländer erreichten den Pol aber erst vier Wochen nach den Norwegern. Auf dem Rückweg erfroren Scott und seine vier Begleiter in der Eiswüste. ☞ *Amundsen, Polargebiete*

Sediment Schicht- oder Absatzgestein. Zum Beispiel wurde aus Sand Sandstein, Kalk hat sich zu Kalkstein verfestigt. ☞ *Ablagerung, Gestein*

See Große Wasserbecken in der Landschaft. Man unterscheidet diese Binnengewässer nach ihrer Größe und Tiefe und nach ihrer Form. Die Form hat oft etwas mit der Entstehung der Seen zu tun. Flußseen wie die Havelseen um Berlin sind verbreiterte Flußarme. Manchmal wird ein See aber auch von einem Fluß durchströmt wie der Bodensee vom Rhein. Entspringt ein Fluß aus einem See, dann wird das Gewässer von einer unterirdischen Quelle gespeist. Man nennt das einen Quellsee. Im Gebirge finden wir häufig Karseen. Das sind die Reste abgeschmolzener Gletscher, die sich in Becken erhalten haben. Die meisten Seen in den Alpen sind Gletscherseen. Kraterseen haben sich in den Kratern erloschener Vulkane gebildet. Sie sind fast kreisrund. In der Eifel heißen sie Maare, was soviel wie Meere bedeutet. Der größte See der Erde, der Kaspisee in Rußland, wird auch Kaspisches Meer genannt. Er ist das Überbleibsel eines großen Meeres, das vor Jahrmillionen die Erde bedeckte. Das Kaspische Meer ist daher salzig. Es hat keinen Abfluß, und seine Zuflüsse bringen weniger Wasser, als verdunstet. Deshalb wird es immer kleiner. Auch das Tote Meer in Israel ist ein Salzsee. Sein Wasserspiegel liegt 392 m unter dem Meeresspiegel. Das ist die tiefste Senke auf der Erdoberfläche. Am tiefsten ist der Baikalsee in Rußland mit 1620 m.

Schweiz

Schweiz
Fläche: 41 293 km² (132. Land)
Einwohnerzahl: 6,9 Mio.
Hauptstadt: Bern (140 000 Einw.)
Bevölkerung: Schweizer, über 1 Mio. Ausländer
Sprachen: Deutsch, Französisch, Italienisch, Rätoromanisch
Religion: Christen Geld: Schweizer Franken

Die Schweiz ist ein Alpenstaat in Mitteleuropa. Ihre Nachbarn sind Deutschland, Frankreich, Italien und Österreich. Im Osten liegt das Fürstentum Liechtenstein mit der Hauptstadt Vaduz. Von der französischen zur österreichischen Grenze sind es 350 km, vom Bodensee bis nach Italien rund 220 km.

Zwei Drittel des Landes sind Hochgebirge. Die Schweiz hat ein Dutzend Gipfel mit über 4 000 m Höhe. Am höchsten ist die Dufourspitze in den Walliser Alpen mit 4 634 m. Zwei europäische Ströme entspringen in der Schweiz: der Rhein und die Rhône. Es gibt zahlreiche Seen, meist Reste abgeschmolzener Gletscher aus der Eiszeit wie der Genfer See, der Vierwaldstätter See und der Neuenburger See. Mit 581 km² ist der Genfer See der größte Alpensee. Rund 500 km² der Schweizer Alpen sind noch von Gletschereis bedeckt. Der Aletschgletscher nimmt fast ein Fünftel dieser Eisfläche ein. Mit über 20 km Länge ist er der größte Gletscher der Alpen, der allerdings in den letzten Jahren durch die Klimaerwärmung immer stärker abschmilzt.

Von den Alpen bis zum Jura an der französischen Grenze erstreckt sich das Schweizer Mittelland. Es ist ein hügeliges Voralpenland, der Jura hingegen ist ein altes Mittelgebirge. Auf seinen Hochflächen herrscht ein sehr rauhes Klima.

Im Südwesten der Schweiz, im Tessin und am Luganer See, ist das Klima in den von den Bergen geschützten Tälern sehr mild. Hier wirkt die Schweiz fast italienisch, und an den Ufern des Luganer Sees gedeihen sogar Palmen. Der Frühling beginnt hier etwa vier Wochen früher als im übrigen Mitteleuropa. Das Engadin ist ein beliebtes Ziel für Wintersportler. Berühmt ist der Skiort St. Moritz, wo der Glacier-Express fährt. Hier, im Kanton Graubünden, liegen viele Berge mit über 3 000 m Höhe, in denen noch Gemsen, Murmeltiere und sogar Steinböcke leben. Kein Wunder, daß in die schöne Schweiz jährlich eineinhalb Millionen Menschen aus aller Welt kommen, um hier Ferien zu verbringen.

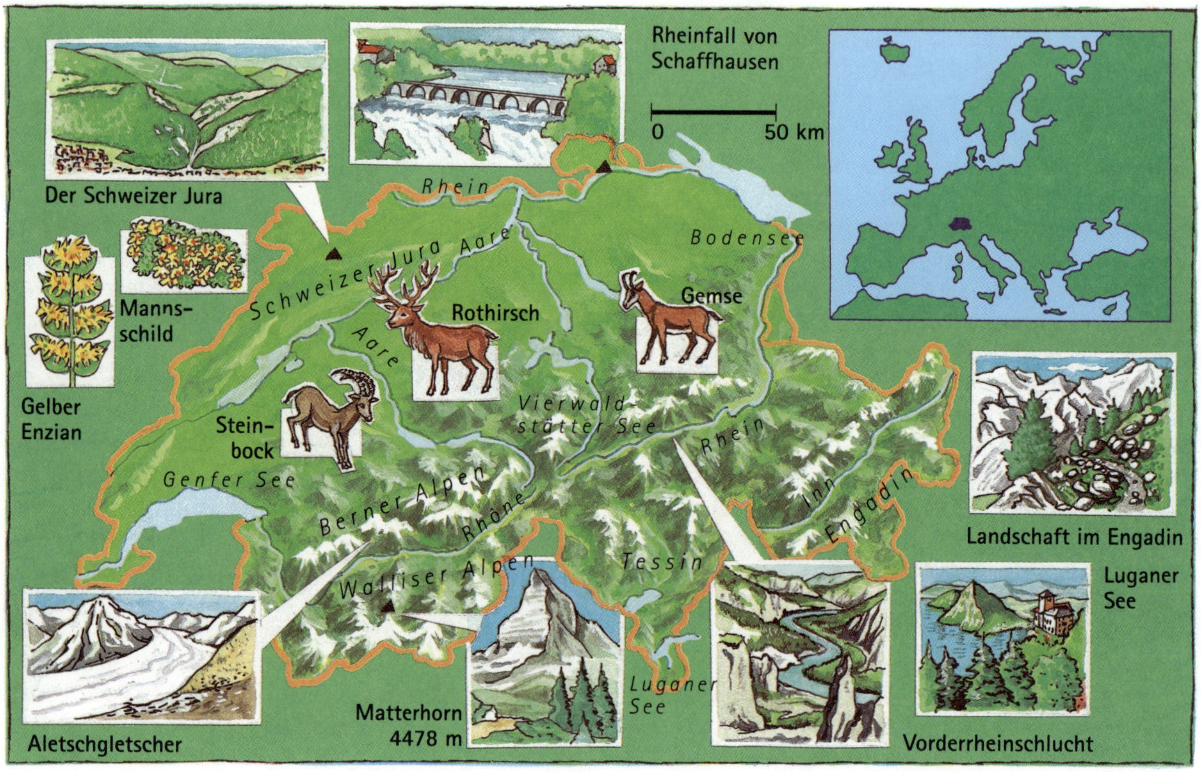

Schweiz

Die Schweiz lebt jedoch nicht nur vom Fremdenverkehr, sondern ist auch ein wichtiges Industrieland in Europa. Vor allem in der Nordwestschweiz zwischen Rhône und Bodensee gibt es eine bedeutende Maschinenbauindustrie und große Chemiefabriken. Die Schweizer Uhren, die im Schweizer Jura hergestellt werden, sind weltberühmt. Und obwohl die Ackerflächen nicht ausreichen, um alle Bewohner zu ernähren, hat die Schweiz doch eine bedeutende Nahrungsmittelindustrie. Jeder weiß, wie gut die Schweizer Schokolade schmeckt. Für ihre Industriezweige muß die Schweiz Rohstoffe aus vielen Ländern einführen.

Obwohl das Land so klein ist, besteht es aus 23 Ländern, die hier Kantone heißen. Drei davon sind Halbkantone mit je einer Hauptstadt. Selbst der kleinste Schweizer Kanton verfügt über mehr Selbständigkeit als vielleicht ein deutsches Bundesland. Die Schweiz gilt als eines der demokratischsten Länder Europas. Als neutraler Staat wird die Schweiz immer wieder als Verhandlungsort bei internationalen Streitigkeiten gewählt. Im Völkerbundpalast von Genf trafen sich Vertreter europäischer Staaten schon lange, bevor es die UNO gab. Auch das Rote Kreuz, das heute überall auf der Welt hilft, wurde in der Schweiz gegründet.

Die Kantone nach der Größe

Kanton	Fläche km^2	Einwohner	Hauptstadt
Graubünden	7 105	173 900	Chur
Bern	6 050	958 200	Bern
Wallis	5 225	249 800	Sitten
Waadt	3 212	601 800	Lausanne
Tessin	2 812	282 200	Bellinzona
St. Gallen	2 026	427 500	St. Gallen
Zürich	1 729	1,2 Mio.	Zürich
Freiburg	1 671	213 600	Freiburg
Luzern	1 493	326 300	Luzern
Aargau	1 404	507 500	Aarau
Uri	1 077	34 200	Altdorf
Thurgau	991	209 400	Frauenfeld
Schwyz	908	112 000	Schwyz
Jura	836	66 200	Delémont
Neuenburg	803	164 000	Neuenburg
Solothurn	791	231 700	Solothurn
Glarus	585	38 500	Glarus
Unterwalden:			
Obwalden	490	29 000	Sarnen
Nidwalden	276	33 000	Stans
Basel:			
Basel-Stadt	37	199 400	Basel
Basel-Land	428	233 500	Liestal
Schaffhausen	299	72 200	Schaffhausen
Genf	282	379 200	Genf
Appenzell:			
Ausserrhoden	243	52 200	Herisau
Innerrhoden	173	13 900	Appenzell
Zug	239	85 500	Zug

Seebeben Untermeerische Erdbeben. Dabei werden gewaltige Flutwellen, die Tsunamis, ausgelöst. Sie breiten sich über das ganze Meer aus und laufen an der Küste bis zu 30 m hoch auf. Seebeben kommen besonders häufig im Pazifik vor, und die Flutwellen zerstören dann vor allem die Küsten Japans oder der Philippinen.
☞ *Erdbeben, Tsunami*

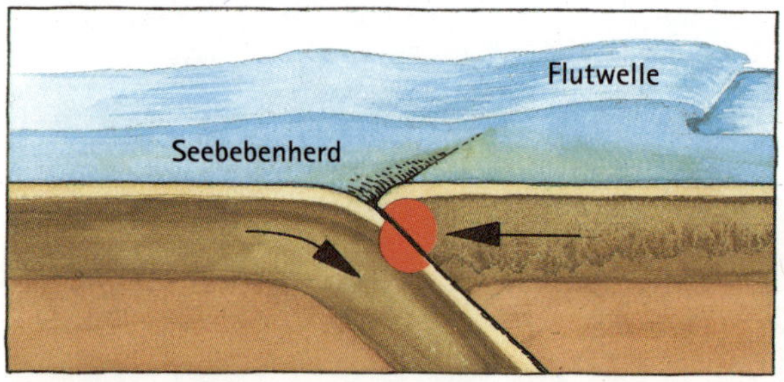

Seegang Die Wellenbewegung des Meeres. Der Seegang wird durch den Wind verursacht. Je nach Höhe der Wellen spricht man von rauher oder glatter See. ☞ *Meereswellen*

Seekarte Karte für die Navigation der Schiffe. Seekarten sind genau winkeltreu, das heißt, sie geben die Längen- und Breitengrade in geraden Linien wieder. In solchen Karten sind auch die Wassertiefen, die Beschaffenheit des Meeresgrunds, die Küstenlinie und die Seezeichen eingetragen.
☞ *Navigation*

Seeklima Länder, die nahe am Ozean liegen, sowie Inseln haben Seeklima. Es ist mild und feucht, die Winter sind nicht zu kalt, die Sommer nicht zu heiß. Niederschläge sind über das ganze Jahr reichlich und gleichmäßig verteilt. ☞ *Landklima*

Seemeile 1 Seemeile (sm) entspricht 1 852 m. In Seemeilen werden die Entfernungen und Geschwindigkeiten im Schiffsverkehr angegeben. Ein Schiff, das 20 Knoten in der Stunde fährt, legt 20 Seemeilen in der Stunde (sm/h) zurück.

Seenplatte Wo das Land in der Eiszeit von Gletschern bedeckt war, sind häufig Seen zurückgeblieben. In diesen Gebieten entstanden Seenplatten mit vielen Restseen von geschmolzenen Gletschern. Solche Seenlandschaften gibt es in Finnland, Mecklenburg-Vorpommern oder Oberbayern.

Seidenstraße Alte Handelssstraße, die vom Mittelmeer quer durch Asien und die Wüste Gobi bis nach Peking führte. Auf dieser Straße brachten Karawanen die kostbare Seide aus China nach Europa. ☞ *Entdecker, Marco Polo*

Seilbahn Seilbahnen befördern mit Hilfe von Drahtseilen Personen oder Lasten auf Berggipfel. Es gibt Seilschwebebahnen und Standseilbahnen.
☞ *Bergbahn, Verkehr*

Seine (👄 säne) Größter Fluß in Nordfrankreich mit 775 km Länge. Die Seine fließt durch Paris und mündet bei Le Havre in den Ärmelkanal. Über die Marne und Kanäle ist sie mit vielen anderen Flüssen Nordfrankreichs bis hin zum Rhein verbunden.
☞ *Frankreich*

Seismograph Gerät zur Messung von Erdbeben. Vereinfacht gesagt, ist in einem Seismographen ein Gewicht so verankert, daß es sich bei Erschütterungen kaum bewegt. Dagegen werden schon die geringsten Bewegungen von Erdbebenwellen sowohl waagrecht wie senkrecht erfaßt und mit einem Schreiber auf eine Papierrolle aufgezeichnet. ☞ *Erdbeben*

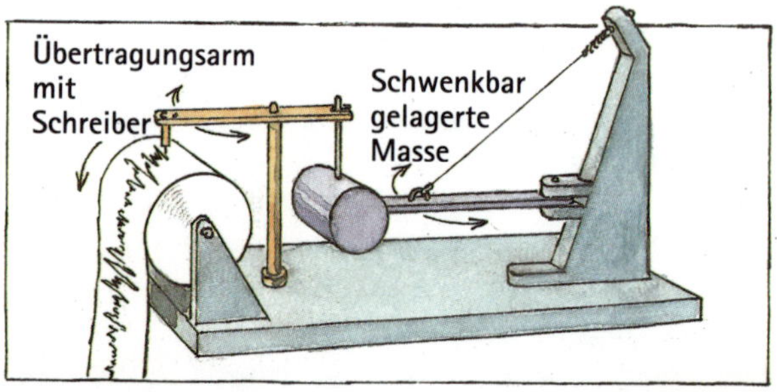

Senegal Afrika

Fläche: 196 722 km² (86. Land)
Einwohnerzahl: 7,4 Mio.
Hauptstadt: Dakar (1,4 Mio. Einwohner)
Bevölkerung: Wolof, Fulbe und andere schwarzafrikanische Völker
Sprachen: Französisch, Wolof, Mande-Sprachen
Religion: Moslems, Naturreligionen
Geld: Afrikanischer Franc
Senegal ist ein Küstentiefland am Atlantischen Ozean. Die ehemals reiche Tierwelt findet sich fast nur noch in Nationalparks. Das Land erzeugt Nahrungsmittel und exportiert Fische und Erdnüsse.

Serengeti Savannengebiet in Tansania. Hier befindet sich ein berühmter, noch wildreicher Nationalpark, in dem alle Savannentiere unter strengem Naturschutz stehen. ☞ *Savanne*

Seuchen Ansteckende Krankheiten, die sich über ein großes Gebiet ausbreiten. Im Mittelalter sind an der Pest und der Cholera Millionen Menschen gestorben. Dank der modernen Medizin konnten diese Geißeln der Menschheit weitgehend eingedämmt werden. Man hielt sie lange Zeit sogar für ausgerottet. Doch werden immer wieder Erkrankungen an diesen gefährlichen Seuchen aus Asien, Afrika und Südamerika gemeldet. Ein Drittel der Menschheit lebt in Gebieten, in denen die Malaria herrscht, und jährlich sterben 2 Millionen Menschen an dieser Fieberkrankheit. Die meisten Seuchen gibt es in den Entwicklungsländern. Dort ist das Trinkwasser oft mit Krankheitskeimen verschmutzt, die Menschen sind unterernährt und wenig widerstandsfähig. Es gibt auch neue Seuchen wie Aids, das sich über die ganze Welt verbreitet. Die Krankheit Aids wird durch Viren meist beim Geschlechtsverkehr übertragen, und ein Aidskranker kann keine Abwehrstoffe gegen andere Krankheiten mehr bilden. Auch das Dengue-Fieber wird durch ein Virus ausgelöst und breitet sich überall in den Tropen aus. Fast jeder Zehnte, der daran erkrankt, muß sterben.

Sextant Winkelmesser, um die Höhe von Gestirnen zu bestimmen. Damit läßt sich berechnen, wo genau man sich auf der Erdkugel befindet. Sextanten werden in der Seefahrt verwendet.
☞ *Navigation*

Seychellen Afrika

Fläche: 280 km^2 (185. Land)
Einwohnerzahl: 68 000 Einw.
Hauptstadt: Victoria (24 300 Einw.)
Bevölkerung: Kreolen
Sprachen: Kreolisch, Englisch, Französisch
Religion: Christen Geld: Seychellen-Rupie
Die Koralleninseln im Indischen Ozean liegen nördlich von Madagaskar. Die herrlichen Palmenstrände locken heute viele Touristen an.

Sherpa Tibetische Bergbevölkerung im Himalaja. Die an die Höhenluft gewöhnten Sherpas begleiten als Träger viele Bergsteiger auf die Achttausender im höchsten Gebirge der Welt.

Shetlandinseln Inselgruppe 200 km nördlich von Schottland im nordatlantischen Ozean. Die Shetlands umfassen rund 100 Inseln, von denen aber nur 20 bewohnt sind. Hier leben etwa 20 000 Menschen. Die meisten sind Fischer oder Arbeiter auf den Bohrinseln in der Nordsee. Auf den rauhen Shetlandinseln werden Schafe gehalten, und von hier stammen die zähen, kleinen Shetlandponys.
☞ *Großbritannien*

Sibirien Riesige Landschaft zwischen dem Ural und dem Pazifischen Ozean. Mit 12 Millionen km^2 ist Sibirien über 30mal so groß wie Deutschland, hat jedoch nur halb soviel Einwohner. Nach Kanada ist Sibirien das menschenleerste Land. Da es reich an Rohstoffen ist, sind hier große Industriegebiete entstanden. Im Norden erstreckt sich die baumlose Tundra. ☞ *Rußland, Taiga, Tundra*

Siedlung Wo sich Menschen niederlassen und Häuser bauen, entstehen Siedlungen. Nomadenvölker errichten an Weideplätzen aus Zelten immer wieder neue Siedlungen, die sie aber bald wieder verlassen. Die ersten Ackerbauer hingegen blieben an einem Ort, um die Ernte abzuwarten. So entstanden Dörfer, später wurden daraus Städte. Feste Siedlungen gibt es nur in Gebieten, in denen der Mensch das ganze Jahr über leben kann. So ist die Polargrenze im Norden eine Grenze der Besiedlung. Die nördlichste Siedlung auf Spitzbergen liegt jedoch noch 280 km über dem Polarkreis. Auch in den Gebirgen gibt es Siedlungen nur bis zu einer bestimmten Höhe. Das höchste Dorf in den Alpen ist Juf in der Schweiz. Es liegt auf 2 133 m Höhe.

Siegelbaum Eine Form des Schuppenbaums. Sein versteinerter Stamm hatte Eindrücke, die wie Siegel aussahen. Schuppen- und Siegelbäume bildeten zusammen mit den Farnen vor rund 350 Millionen Jahren dichte Wälder. ☞ Fossilien, *Kohle*

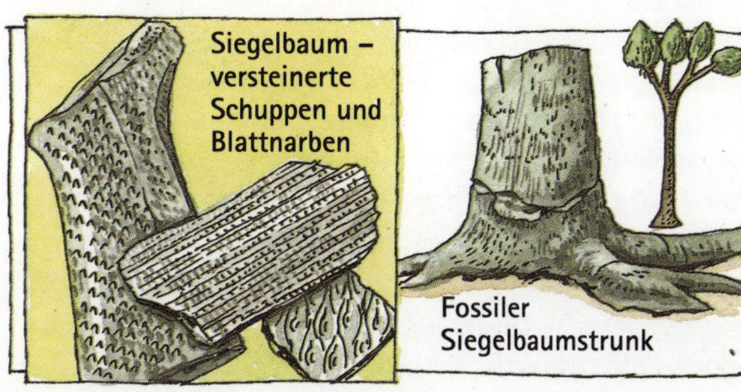

Sierra Spanisches Wort für Säge. Damit werden Gebirge mit hohen Zacken bezeichnet wie zum Beispiel die Sierra Nevada. ☞ *Spanien*

Sierra Leone Afrika

Fläche: 71 740 km^2 (116. Land)
Einwohnerzahl: 4,2 Mio.
Hauptstadt: Freetown (469 800)
Bevölkerung: Mande-Stämme
Sprachen: Englisch, Mande-Sprachen
Religion: Naturreligionen, Moslems Geld: Leone
Der Staat am Atlantik ist größtenteils sumpfiges Tiefland. Angebaut wird Kakao und Kaffee.

Simbabwe Afrika

Fläche: 390 759 km^2 (59. Land)
Einwohnerzahl: 9,8 Mio. Einw.
Hauptstadt: Harare (1 Mio. Einw.)
Bevölkerung: Bantu
Sprachen: Englisch, Bantu-Sprachen
Religion: Naturreligionen, Christen
Geld: Simbabwe-Dollar
Das Land im Süden Afrikas besteht überwiegend aus einer Hochfläche mit über 2 500 m hohen Gebirgen im Osten. Der Staat entstand aus der ehemaligen britischen Kolonie Rhodesien.

Simplon-Tunnel 19,8 km langer Tunnel in der Schweiz. Er verbindet die Schweiz mit Italien. ☞ *Schweiz, Tunnel, Verkehr*

Sinai Halbinsel am Roten Meer, auf der sich das bis 2 640 m hohe Sinai-Gebirge erhebt. Hier soll Moses dem Volk Israel die göttlichen Gesetze gegeben haben. Die Halbinsel Sinai gehört zu Ägypten und grenzt an Israel. ☞ *Israel*

Singapur Asien

Fläche: 618 km^2 (175. Land)
Einwohnerzahl: 2,7 Mio.
Hauptstadt: Singapur (2,6 Mio. Einw.)
Bevölkerung: Chinesen, Malaien, Inder
Sprachen: Englisch, Malaiisch, Chinesisch
Religion: Buddhisten, Christen, Moslems
Geld: Singapur-Dollar
Der Staat liegt vor der Südspitze der malaiischen Halbinsel, fast am Äquator. Er besteht aus einer 540 km^2 großen Hauptinsel und über 50 kleineren Inseln. Die Hauptstadt Singapur ist einer der wichtigsten Häfen und Handelsplätze der Welt.

Sinti Zigeunerstamm, der in Westeuropa eingewandert ist. In Deutschland leben vor allem Angehörige dieses Stammes. ☞ *Roma, Zigeuner*

Sizilien Größte italienische Insel im Mittelmeer mit rund 25 400 km^2. Hier liegt der noch tätige Vulkan Ätna. Der größte Teil der Insel ist Bauernland, und es werden Weizen, Wein und Oliven angebaut. Hauptstadt Siziliens ist Palermo. Sizilien ist auch ein Zentrum der Mafia, eines verbrecherischen Geheimbunds. Die Mafia hat in vielen Ländern der Erde Mitglieder und betreibt vor allem den Handel mit Drogen. ☞ *Italien*

Skagerrak Meerenge in der Nordsee zwischen der dänischen Halbinsel Jütland und der Südküste Norwegens. ☞ *Dänemark, Kattegatt*

Skandinavien ☞ *Seite 210*

Skisport Millionen Menschen laufen heute in den Alpen Ski, und auf viele Hänge führen Seilbahnen, Sessellifte und Schlepplifte. Die Skiläufer drücken die Schneemassen so stark zusammen, daß die Hänge schon bald mit einer Eisschicht überzogen sind. Während im Frühjahr der Schnee ringsum längst geschmolzen ist, liegen auf den Skipisten immer noch Eisreste. Die Pflanzen wachsen dort viel später und kümmerlicher, und der Boden wird von ihren Wurzeln kaum noch festgehalten. Nach einigen Wintern wächst auf einer Skipiste oft nicht einmal mehr Gras, und das nackte Gestein tritt zutage. Erst im Sommer sieht man die Schäden, die entstanden sind. Der Massenskilauf trägt mit zur Zerstörung der Alpen bei. ☞ *Umweltschutz*

Sklavenküste Küste in Westafrika. Die Bezeichnung kommt daher, daß von hier noch im vorigen Jahrhundert gefangene Schwarze als Sklaven nach Amerika verschifft wurden. ☞ *Afrika, Sklaverei*

Sklaverei Schon im Altertum gab es Menschen, die keine persönliche Freiheit besaßen. Sie waren Leibeigene ihres Besitzers und mußten für ihn ohne Lohn arbeiten. Ein Sklave konnte wie eine Ware gekauft und verkauft, ja sogar getötet werden. Besiegte Völker wurden versklavt. Nach der Entdeckung Amerikas hat man viele Schwarze aus Afrika als Sklaven nach Mittel- und Südamerika verschifft. Sie mußten auf den Plantagen der Weißen arbeiten. Noch Mitte des 19. Jahrhunderts gab es im Süden der USA über 4 Millionen Sklaven – das war ein Viertel der Gesamtbevölkerung. Erst der amerikanische Präsident Abraham Lincoln setzte die Sklavenbefreiung durch. Heute ist die Sklaverei auf der ganzen Welt verboten. ☞ *Menschenrechte*

Slawen Völker, die slawische Sprachen sprechen. Zu den Slawen gehören die Russen, die Ukrainer, die Polen, Tschechen, Slowaken, Bulgaren, die Serben und Kroaten sowie einige andere Völker. Etwa ein Drittel der europäischen Bevölkerung sind Slawen. ☞ *Sorben, Sprache, Völker*

Slowakische Republik ☞ *Osteuropa*

Slowenien ☞ *Balkan*

Slum (slamm) Englisches Wort für Elendsviertel. Die Slums liegen vor allem am Rande der Großstädte in Ländern der Dritten Welt. Hier hausen die Menschen in Holz- oder Wellblechhütten unter schlechtesten hygienischen Verhältnissen. Oft verfügen sie nicht einmal über sauberes Trinkwasser. In solchen Slums entstehen wegen der mangelnden Hygiene und insbesondere auch durch die Rattenplage oft Seuchen. ☞ *Dritte Welt, Seuchen*

Smaragd Grün gefärbter Edelstein. Smaragde sind sehr wertvoll. Man findet sie vor allem in Kolumbien und in Sibirien. ☞ *Edelsteine*

Smog Englisches Wort aus der Zusammensetzung von smoke = Rauch und fog = Nebel. Smog trat zuerst in London auf. Dort herrscht häufig Nebel, und die Fabriken sowie die Kaminheizungen gaben zu viele Abgase an die Luft ab. So entstand eine für Herz- und Lungenkranke gefährliche Luftmischung, der Smog. Durch Filter in den Schornsteinen und die Einstellung der Kaminheizung konnte in London der Smog eingeschränkt werden. Bei bestimmten Wetterlagen tritt in vielen Großstädten Smog auf, auch wenn kein Nebel herrscht. Dann verbinden sich die Autoabgase mit den Wassertröpfchen der Luft zu Smog. Manchmal ist die Luft so schlecht, daß Smogalarm gegeben wird. Dann dürfen keine Autos fahren. ☞ *Abgase*

Sojabohne Eiweißhaltige Bohnenart aus Asien. Die Sojabohne wird heute in vielen Ländern angebaut, vor allem in den USA. Sojabohnen sind nicht nur ein Nahrungsmittel, man stellt aus dem Öl auch Margarine, Seife und Lacke her. ☞ *Ölpflanzen*

Solarenergie Fremdwort für die Sonnenenergie. ☞ *Sonnenenergie*

Solothurn Kanton in der Mittelschweiz mit der gleichnamigen Hauptstadt. ☞ *Kanton, Schweiz*

Somalia Afrika

Fläche: 637 657 km² (41. Land)
Einwohnerzahl: 6,3 Mio.
Hauptstadt: Mogadischu (600 000 Einw.)
Bevölkerung: Somal-Stämme
Sprachen: Somali, Arabisch, Englisch, Italienisch
Religion: Moslems Geld: Somalia-Schilling
Das ostafrikanische Land grenzt an den Indischen Ozean. Im Norden liegen Wüsten und Steppen. Die einstigen Wälder sind abgeholzt. Durch Verwüstung und Bürgerkriege herrscht große Not.

Sommerzeit In vielen Ländern Europas hat man die Sommerzeit eingeführt. Sie beginnt mit der Tagundnachtgleiche am 21. März. Dann werden die Uhren um eine Stunde vorgestellt, und es ist am Abend länger hell. Dadurch wird künstliches Licht eingespart. ☞ *Tagundnachtgleiche, Winterzeit*

Sondermüll Gefährlicher Haushalts- und Industrieabfall. Er wird getrennt gesammelt und besonders behandelt. ☞ *Mülldeponie, Umweltschutz*

Skandinavien

Skandinavien ist mit rund 800 000 km² die größte Halbinsel Europas. Im Norden wird sie vom Eismeer, im Westen vom Atlantischen Ozean, im Süden von der Ostsee umschlossen. Eigentlich gehören nur Norwegen und Schweden zu Skandinavien. Wegen der Sprachverwandtschaft zählt man aber auch den Inselstaat Dänemark dazu. Die drei Länder sind Königreiche. Finnland, wo eine ganz andere Sprache gesprochen wird, liegt nur mit seinem Westteil auf der skandinavischen Halbinsel.
Ursprünglich war Skandinavien durch eine Landbrücke mit dem europäischen Festland verbunden, und die Ostsee war ein Süßwassermeer. Während der Eiszeit lag Nordeuropa unter einer dicken Eisdecke. Als das Eis schmolz und das Land sich an der Küste absenkte, brach die Landbrücke ein. Seither ist die Ostsee mit der Nordsee verbunden.
Die Eiszeit hat ihre Spuren hinterlassen. In Norwegen sind es die Fjorde. Die bis zu 150 km langen und oft 1 000 m tiefen Buchten reichen weit ins Land. Ohne diese „ertrunkenen“ Gletschertäler wäre Norwegens Küste nur 2 500 km lang, so aber sind es über 15 000 km. Norwegen besteht aus einem über 2 400 m hohen Gebirge, das zur Küste abfällt. Die Hochflächen bedecken Gletscher.
Schweden erstreckt sich von Süden nach Norden über 1 500 km. Vor der schwedischen Küste liegen wie in Norwegen Tausende von kleinen Inseln, die Schären. Es sind vom Eis rundgeschliffene Felsenhöcker. An der Grenze zu Norwegen ist Schweden gebirgig, zur Ostsee hin senkt sich das Land ab.
Auch Finnland ist von der Eiszeit geprägt. Wie in Schweden gibt es hier viele Seen, in Finnland sind es 55 000 an der Zahl!
In Norwegen, Finnland und Nordschweden siedelt das Volk der Lappen. Sie bezeichnen sich selbst als Samen. Die Berglappen ziehen mit ihren Rentieren in Nordskandinavien umher, die Fischlappen betreiben Fischfang und Ackerbau nahe den Küsten. In ihren Wohngebieten gibt es wilde Elche. Auch Bären, Wölfe, Luchse und sogar der Vielfraß, ein Riesenmarder, kommen hier noch vor.

Norwegen

Fläche: 323 878 km² (66. Land)
Einwohnerzahl: 4,2 Mio.
Hauptstadt: Oslo (458 800 Einw.)
Bevölkerung: Norweger, Lappen (Samen), Finnen
Sprachen: Norwegisch, Lappisch, Finnisch
Religion: Christen Geld: Norwegische Krone

Norwegen ist nach Island das nördlichste Land Europas. Durch den warmen Golfstrom sind die Häfen auch im Winter eisfrei. Der Hafen Narvik liegt sogar über dem Polarkreis. Die nördlichste Stadt Europas ist Hammerfest. Norwegens Hauptstadt Oslo liegt 1 500 km südlicher und ist die älteste Stadt Skandinaviens. Sie wurde von den Wikingern gegründet. Vor der Nordseeküste liegen ergiebige Erdöl- und Erdgasfelder. In der Fischerei steht Norwegen vor Dänemark an erster Stelle in Europa. Die Gewässer um die Inselgruppe der Lofoten sind sehr fischreich.

Schweden

Fläche: 449 964 km² (54. Land)
Einwohnerzahl: 8,6 Mio.
Hauptstadt: Stockholm (675 000 Einw.)
Bevölkerung: Schweden, Finnen, Lappen (Samen)
Sprachen: Schwedisch, Finnisch, Lappisch
Religion: Christen Geld: Schwedische Krone

Über die Hälfte Schwedens ist von dichtem Nadelwald bedeckt. Der Wald ist der Reichtum des Landes und die Holz- und Papierindustrie der wichtigste Erwerbszweig. Schweden hat auch viele Bodenschätze, und die Eisenerzlager von Kiruna zählen zu den ergiebigsten der Welt. Landwirtschaft und Viehzucht wird fast nur in Südschweden betrieben. Dort gab es schon vor etwa 10 000 Jahren Siedlungen. Davon zeugen alte Denkmäler wie Runensteine mit geheimnisvollen Zeichen oder Steinsetzungen wie Ales Stenar in Form eines Schiffs.

Finnland

Fläche: 338 145 km² (63. Land)
Einwohnerzahl: 5 Mio.
Hauptstadt: Helsinki (493 000 Einw.)
Bevölkerung: Finnen, Schweden, Lappen (Samen)
Sprachen: Finnisch, Schwedisch, Lappisch
Religion: Christen Geld: Finnmark

Ein Viertel der Finnen lebt von der Holzwirtschaft, von Sägewerken, der Möbelfabrikation und der Papierherstellung. Daneben besitzt Finnland auch eine moderne Industrie für Elektronik und technische Apparate, und es baut Bohrinseln und Schiffe. Die Bedingungen für die Landwirtschaft sind eher schlecht. Die meisten Siedlungen liegen im Süden des Landes, wo der Winter mindestens einen Monat kürzer ist. In und um die Hauptstadt Helsinki leben rund ein Viertel der Bevölkerung. Das übrige Land ist nur sehr dünn besiedelt. In Helsinki fanden 1952 die 15. Olympischen Sommerspiele statt.

Skandinavien

Sonne Mittelpunkt unseres Planetensystems. Die Sonne ist 150 Millionen km von der Erde entfernt, und doch kommt ihr Licht bis zu uns. Es breitet sich mit Lichtgeschwindigkeit von 300 000 km pro Sekunde aus und benötigt für die gewaltige Entfernung nur etwas über 8 Minuten. Ohne das Licht und vor allem ohne die Wärmestrahlen der Sonne wäre auf der Erde kein Leben möglich.
Die Sonne ist ein gewaltiger Fixstern, der sich langsam im Weltall bewegt. Sie ist über 100mal größer als die Erde und an ihrer Oberfläche etwa 5 000 Grad Celsius heiß. Im Innern der Sonne herrschen Temperaturen von weit über 10 Millionen Grad. Von der Sonnenoberfläche lösen sich ständig Gasfackeln, die bis über 500 000 km in den Weltraum reichen. Wir bezeichnen sie als Protuberanzen. Und auf der Sonnenoberfläche wirbeln einige 1 000 Grad heiße Gasmassen umher. Durch ein schwarz gefärbtes Glas betrachtet, erscheinen sie uns vor dem hellen Hintergrund der weißglühenden Sonne wie dunkle Flecken. Diese Sonnenflecken sind tatsächlich größer als die gesamte Erdoberfläche. Bei einer totalen Sonnenfinsternis können wir auch den die Sonne umgebenden Strahlenkranz, die Korona sehen. Es ist eine dünne Gashülle mit einer Temperatur von etwa 1 Million Grad. Die gesamte Hitze wird im Innern der Sonne erzeugt, wobei Masse in Energie umgewandelt wird. Dabei verliert die Sonne rund 4 Millionen Tonnen Masse in der Sekunde. Die unvorstellbaren Ausmaße der Sonne garantieren unseren Energiebedarf noch für viele Milliarden Jahre.

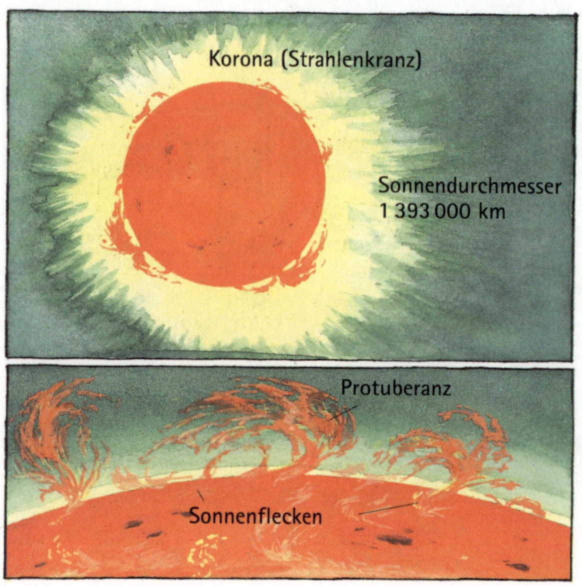

Sonnenblume Wichtige Ölpflanze, deren Samen Fett und Öl liefern. Die Sonnenblume wird wie eine Feldfrucht angebaut und dient auch als Viehfutter. Die meisten Sonnenblumen pflanzt man in Rußland und der Ukraine an. Auch Frankreich hat große Sonnenblumenfelder. ☞ *Ölpflanzen*

Sonnenenergie Die Wärmestrahlen der Sonne lassen sich mit Sonnenkollektoren auffangen und nutzen. Viele Häuser in südlichen Ländern haben Sonnenkollektoren auf dem Dach. Wo die Sonne ausreichend scheint, können Häuser mit Sonnenenergie geheizt und mit warmem Wasser versorgt werden. In einem Sonnenkraftwerk werden die Sonnenstrahlen von einem großen Hohlspiegel gesammelt und auf einen Dampferzeuger geleitet. Der erhitzte Dampf treibt dann eine Turbine an. In Mexiko wird bereits ein Sonnenkraftwerk erprobt.

Sonnenfinsternis Wenn der Mond auf seiner Umlaufbahn zwischen Sonne und Erde gerät, entsteht eine Sonnenfinsternis. Der Mond wirft dann einen Schatten auf die Erde. Wo der Mondschatten voll auf die Erde trifft, herrscht totale Sonnenfinsternis. Sonnenfinsternisse kommen häufiger vor als Mondfinsternisse. ☞ *Mond, Sonne*

Sonnenflecken Verdunkelungen auf der Sonnenoberfläche. ☞ *Sonne*

Sonnenjahr Unserem Kalender liegt das Sonnenjahr zugrunde. Es wird nach der Umlaufzeit der Erde um die Sonne berechnet. Sie beträgt genau 365 Tage, 6 Stunden, 9 Minuten und 39,31 Sekunden. Da unser Jahr 365 Tage zählt, ergibt sich nach 4 Jahren ein Unterschied von 24 Stunden, 11 Minuten und 62 Sekunden. Um diese Zeit stimmt der Kalender mit der Erdumlaufzeit nicht mehr überein. Deshalb wird alle 4 Jahre ein Schalttag eingeschoben, der 29. Februar. ☞ *Kalender*

Sonnenofen Hohlspiegel, in dessen Brennpunkt die wärmenden Sonnenstrahlen gesammelt werden. Mit einem Sonnenofen lassen sich Speisen zubereiten. Das ist eine mögliche Energiequelle für Länder der Dritten Welt. ☞ *Sonnenenergie*

Sonnensystem Alle Planeten, die unsere Sonne umkreisen, bilden unser Sonnensystem. Dazu gehören neben der Erde und den acht anderen großen Planeten viele tausend kleinere. Auch sie kreisen auf festen Bahnen um die Sonne. Einige der großen Planeten werden noch von Monden umkreist.
☞ *Planetensystem*

Sonnenwende Auf der nördlichen Erdhalbkugel erreicht die Sonne am 21. Juni ihren höchsten Punkt. Dieser 21. Juni ist bei uns der Beginn des Sommers oder die Sommersonnenwende. Die Sonne steht jetzt mittags am höchsten und erwärmt die Erde am stärksten. Vom 21. Juni an steht die Sonne täglich immer etwas niedriger am Himmel, und die Tage werden bis zur Wintersonnenwende wieder kürzer. Auf der südlichen Erdhalbkugel ist die Sommersonnenwende am 21. Dezember. Von da an werden die Tage bis zum 21. Juni immer kürzer.
☞ *Wendekreis*

Sorben Die Sorben oder Wenden sind eine slawische Volksgruppe mit etwa 60 000 Menschen. Sie leben seit dem Mittelalter als Minderheit an der Spree und in der Lausitz. Die Sorben sind Deutsche, sprechen aber auch noch ihre eigene slawische Sprache. ☞ *Slawen*

Sowjetunion ☞ *Rußland*

Spanien ☞ *Iberische Halbinsel*

Spitzbergen Norwegische Inselgruppe im Nordpolarmeer. Spitzbergen besteht aus fünf größeren und vielen kleineren Inseln. Über drei Viertel der Inseln sind von Eis bedeckt, und der 300 m tief gefrorene Boden taut auch im Sommer nur an der Oberfläche auf.
☞ *Dauerfrostboden, Skandinavien*

Sporenpflanzen Pflanzen, die Sporen bilden und sich nicht durch Samen vermehren. Dazu gehören die ältesten Landpflanzen, die Algen, Pilze, Moose und Farne. ☞ *Blütenpflanzen, Farn*

Sprache Man schätzt, daß es etwa 3 000 Sprachen auf der Welt gibt. Bestimmte Sprachen bilden zusammen Sprachfamilien. So gehört die deutsche Sprache wie auch Dänisch, Englisch, Niederländisch, Schwedisch, Norwegisch und Isländisch zu einer Sprachfamilie. Diese zählt wiederum zu den indogermanischen Sprachen, zu denen weitere europäische wie die romanischen und slawischen Sprachen, aber auch Indisch oder Persisch gehören. Eine eigene Sprachfamilie, das Finnugrische, bilden Finnisch, Estnisch und Ungarisch. Die meistgesprochenen Sprachen der Erde sind Chinesisch und Englisch, danach folgen Russisch und Spanisch. Viele Sprachen werden auch abgewandelt. So ist das Kreolische in Mittel- und Südamerika eine Mischsprache aus Spanisch oder Französisch und einheimischen Dialekten. Und das Pidgin-Englisch, das in vielen Teilen der Erde gesprochen wird, hat nur noch wenig mit der englischen Sprache zu tun. In Afrika gibt es Länder mit über 50 verschiedenen Sprachen. Auch die Bantusprachen sind untereinander sehr unterschiedlich.

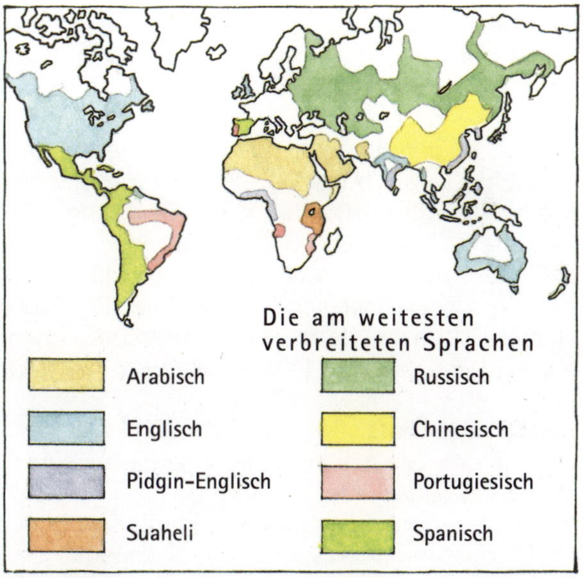

Springtide Höchster Wasserstand des Meeres bei Flut. Zweimal im Monat, bei Vollmond und Neumond, wird ein besonders hoher Flutwasserstand erreicht. Dann wirken die Anziehungskräfte von Sonne und Mond in eine Richtung und verstärken sich. Gibt es dabei Sturm, kann es zu einer Sturmflut kommen.
☞ *Gezeiten, Nippflut, Sturmflut*

Sri Lanka Asien

Fläche: 65 610 km² (119. Land)
Einwohnerzahl: 17 Mio.
Hauptstadt: Colombo (609 000 Einw.)
Bevölkerung: Singhalesen, Tamilen
Sprachen: Singhalesisch, Tamilisch, Englisch
Religion: Buddhisten, Hindus, Christen, Moslems
Geld: Sri-Lanka-Rupie
Zu dem Staat auf der Insel Ceylon im Indischen Ozean gehören noch über 70 kleinere Inseln. Die Hauptinsel ist ein Tiefland, im Innern erhebt sich ein bis zu 2 524 m hohes Gebirge. Auf Plantagen wachsen vor allem Tee, Kautschuk und Kokospalmen.

Staat In einem Staat leben Menschen innerhalb bestimmter Grenzen zusammen. Sie haben eine gemeinsame Regierung, und für alle gelten die gleichen Gesetze. Nicht alle Menschen in einem Staat sind auch dessen Staatsbürger. ☞ *Staatsbürger*

Staatenbund Zusammenschluß selbständiger Staaten. Die GUS ist ein Staatenbund. ☞ *GUS*

Staatsbürger Jeder, der in einem Staat lebt und das Recht hat, seine Regierung zu wählen, ist ein Staatsbürger dieses Landes. ☞ *Nation*

Stadt In den kleinsten Städten wohnen 2 000 Menschen, man bezeichnet sie als Landstädte. Kleinstädte haben 5 000 bis 20 000 Einwohner, Mittelstädte 20 000 bis 100 000. Städte mit über 100 000 Einwohnern werden als Großstädte bezeichnet. In Deutschland gibt es über 80 Großstädte, drei davon, Berlin, Hamburg und München, haben über eine Million Einwohner. ☞ *Weltstadt*

Stadtlandschaft In vielen Ländern der Erde wachsen die Großstädte, weil immer mehr Leute in die Stadt ziehen. Die Stadtgrenzen dehnen sich mehr und mehr aus, und kleinere Städte und Dörfer am Stadtrand werden von der Stadt eingemeindet. So entstehen riesige Stadtlandschaften mit vielen Millionen Einwohnern. Eine solche Stadtlandschaft ist das Ruhrgebiet. Hier merkt man kaum, wenn man von einer Großstadt in die andere kommt. Im Ruhrgebiet leben etwa 7 Millionen Menschen auf engstem Raum. Noch größere Stadtlandschaften bilden Tokio und Yokohama in Japan mit rund 28 Millionen Menschen. Man sagt dazu auch Agglomeration. ☞ *Weltstadt*

Stahl Unser wichtigstes Werkmetall ist Stahl. Es ist besonders behandeltes Eisen, das oft noch geringe Mengen anderer Metalle wie Nickel, Chrom oder Mangan enthält. Überall, wo Eisenerz und Kohle vorhanden sind, entstand eine Eisen- und Stahlindustrie. Früher waren das Ruhrgebiet und das Saarland die größten Stahlerzeuger Deutschlands. Der meiste Stahl wird heute in Rußland und Japan erzeugt. ☞ *Eisenerz, Schwerindustrie*

Stalagmit Von unten nach oben wachsende Kalksäule in einer Tropfsteinhöhle. ☞ *Höhle*

Stalaktit Von der Höhlendecke wachsender Tropfstein in Form eines Eiszapfens. ☞ *Höhle*

Stausee Aufgestautes Wasser eines Flusses. Einer der größten Stauseen der Welt ist der Assuan-Stausee in Ägypten. Mit 160 Milliarden Kubikmeter Wasser ist er 8 000mal so groß wie der größte deutsche Stausee, die Bleilochtalsperre an der Saale.

Staustufe Mauer in einem Fluß, hinter der sich das Wasser aufstaut. Auf diese Weise wird eine gleichmäßige Wassertiefe im Fluß erreicht, damit Schiffe darauf fahren können. Sie müssen die Staustufe in einer Schleuse überwinden. ☞ *Kanal*

Steiermark Zweitgrößtes Bundesland Österreichs mit 16 387 km² und rund 1,2 Millionen Einwohnern. Die Hauptstadt ist Graz. ☞ *Österreich*

Steinkohle Älteste und wertvollste Kohle. Sie entstand im Karbon aus Schachtelhalm- und Farnwäldern und Schuppenbäumen. ☞ *Kohle*

Steinsalz Mineral, das vor allem aus Kochsalz besteht. Es kommt in riesigen Salzstöcken vor und wird zur Gewinnung von Speisesalz in Salzbergwerken abgebaut. ☞ *Mineralien, Salz*

Steinzeit Zeitabschnitt in der Vorgeschichte. Die Steinzeit heißt so, weil die Menschen damals Waffen und Geräte aus Stein herstellten. Um 2000 vor Christus war die Steinzeit in Mitteleuropa zu Ende. Einige Völker, wie die Buschmänner in Afrika, leben noch auf der Stufe der Steinzeit. ☞ *Buschmänner*

Steppe ☞ *Seite 216*

Sterne Glühende Gaskugeln im Weltall. Sie sind so weit von der Erde entfernt, daß sie sich für uns kaum zu bewegen scheinen. Wir bezeichnen sie deshalb als Fixsterne. In Wirklichkeit bewegen sie sich aber doch. Die Entfernung zu den Milliarden von selbstleuchtenden Sternen ist so ungeheuer groß, daß ein Raumschiff bis zu den nächsten Fixsternen über 10000 Jahre unterwegs wäre. Dennoch hat man auch weiter entfernte Sterne gut erforscht. Es gibt weiße, gelbe und rote Sterne – je nach ihrer Temperatur. Die Sonne ist nur ein gelber Zwerg. 300mal größer als sie ist der rote Riese Beteigeuze. Sein Licht benötigt rund 270 Jahre, bis es bei uns auf der Erde ankommt.
Damit man die Sterne am Himmel besser unterscheiden kann, haben die Menschen sie zu Sternbildern zusammengefaßt. Dazu gehören auch die 12 Tierkreiszeichen, die in der Ebene der Erdbahn liegen und im Lauf der Monate am Himmel erscheinen. Sie gaben zu geheimnisvollen Deutungen Anlaß, und die Astrologen versuchen das Schicksal der Menschen aus dem Stand der Sterne vorherzusagen.

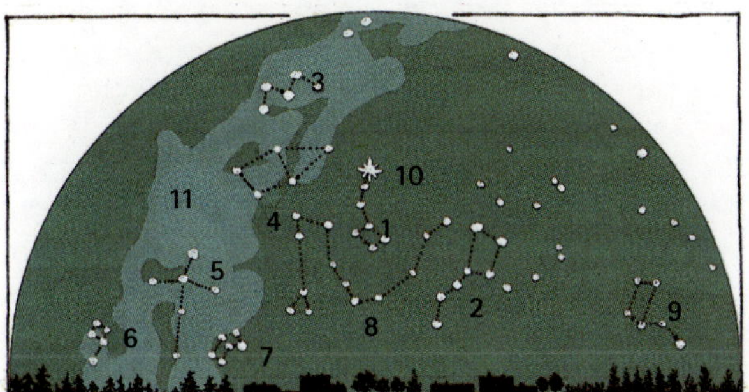

Westen — Osten

Himmel Mitte Januar um 20 Uhr in Norddeutschland

Sternbilder:

1 Kleiner Bär (Wagen)	5 Schwan	9 Löwe
2 Großer Bär (Wagen)	6 Delphin	
3 Cassiopeia	7 Leier	10 Polarstern
4 Cepheus	8 Drache	11 Milchstraße

Sternschnuppe Bezeichnung für Meteore. Das sind Teilchen, die von Himmelskörpern im Weltall absplittern und von der Erde angezogen werden. ☞ *Komet, Meteor*

Stickstoff Geruchloses Gas, das nicht brennt und jede Flamme erstickt. Über drei Viertel der Luft sind Stickstoff. Auf der Erde bildet Stickstoff viele Verbindungen, vor allem Salze, die als Düngemittel wichtig sind. Pflanzen entnehmen den für sie lebenswichtigen Stickstoff in Form von gelösten Stickstoffsalzen aus dem Boden. Bei jeder Verbrennung entsteht Stickstoffoxid, auch in den Abgasen von Industrie und Kraftfahrzeugen. Es verbindet sich mit den Wassertröpfchen in der Luft und bildet sauren Regen. ☞ *Luft, saurer Regen*

Stiller Ozean Das größte der drei Weltmeere mit 180 Millionen km^2. Der Stille Ozean oder Pazifik bedeckt über ein Viertel der gesamten Erdoberfläche. Er erstreckt sich zwischen Amerika, Ostasien und Australien. Seine größte gemessene Tiefe beträgt 11022 m. ☞ *Ozean, Tiefsee*

Stockholm Hauptstadt von Schweden mit 675000 Einwohnern. ☞ *Skandinavien*

Strandsee Anderes Wort für Lagune. An Flachküsten wird das Meerwasser durch Sanddünen teilweise abgeschlossen. Hinter dem Sandwall ist dann eine Lagune entstanden. ☞ *Haff, Lagune*

Straßburg Französische Stadt am Rhein, die zum Elsaß gehört. Straßburg hat 256000 Einwohner und ist Sitz des Europaparlaments.

Straße Straßen sind mehr als nur Verkehrswege. In Ländern mit wenigen Straßen ist nicht nur der Transport von Waren und Personen, sondern auch die Verwaltung erschwert. Reisen sind schwierig, Post und Nachrichten kommen gar nicht oder erst verspätet an. Zwar gibt es heute in vielen abgelegenen Gegenden auch Funk und Fernsehen, aber sie ersetzen ein Straßennetz kaum. Besonders in Entwicklungsländern fehlen Straßen, um Hilfsgüter zu den Hungernden zu transportieren. Auch Industriegebiete, in denen die Menschen Arbeit finden, können ohne Straßen nicht entstehen. Die Industriestaaten hingegen haben oft ein viel zu dichtes Straßennetz. ☞ *Verkehr*

Steppe

Steppen sind Landschaften in Trockengebieten. Hier wachsen verschieden hohe, harte Gräser, die im Sommer meist vertrocknen. Es gibt auch niedrige Krautpflanzen und verholzte Stauden. Sträucher und Bäume findet man in Steppengebieten kaum, außer in den Savannen Afrikas oder Australiens. Die meisten großen Steppenlandschaften sind Hochflächen, die von Bergen eingerahmt sind. Die Berge halten die feuchten Winde ab, die vom Meer her kommen und Niederschläge bringen. Die Wolken regnen schon vor dem Steppengebiet ab. So liegen zum Beispiel in Nord- und Südamerika im Anschluß an die Rocky Mountains und die Anden große Steppengebiete. In den Vereinigten Staaten von Amerika sind es die Prärien, im Norden Südamerikas spricht man von Llanos. Das größte südamerikanische Steppengebiet sind die Pampas in Argentinien. Es ist größtenteils eine Grassteppe.

Die ausgedehntesten Steppengebiete der Erde finden sich in Afrika und Asien. Im Norden und Süden wird die afrikanische Sahara von einem Steppengürtel umgeben. Auch das Gebiet der Kalahari im Süden Afrikas besteht aus einer großen, wüstenartigen Trockensteppe. Die Grasfluren im Innern Afrikas, die Savannen, sind Feuchtsteppen. Da es hier kurze Regenzeiten gibt, können sogar einzelne Bäume gedeihen, die Baobabs und Schirmakazien. In den asiatischen Trockensteppen, die im Norden bis nach Sibirien reichen, ist die Verdunstung höher als die jährlichen Niederschläge. Hier wachsen nur Dornbüsche und Steppengräser, von denen sich Kamele, Yaks, Ziegen und Schafe ernähren. Eine ganz andere Form der Steppe ist die Tundra. Dort gibt es zwar Wasser, aber es ist fast das ganze Jahr über gefroren. Die Tundra ist eine Kältesteppe, in der nur Flechten, Moose oder Zwergsträucher gedeihen.

Viele Steppenlandschaften sind für den Anbau von Getreide geeignet. So hat man die Grassteppe der Prärie in Nordamerika in eine riesige Kornkammer verwandelt. Man bezeichnet solche Landschaftsformen, in denen kilometerlange gleichartige Felder liegen, auch als Kultursteppe. Die ursprünglichen Pflanzen, die hier wuchsen, sind fast alle ausgerottet. Kultursteppen entstehen auch durch Überweidung wie in Afrika. Hier liegt der abgegraste Boden frei und wird von Wind und Wetter zerstört. Schließlich entsteht eine Wüste.

Strauß Großer Laufvogel Afrikas. Der Strauß wird 2,50 m hoch und 100 Kilogramm schwer. Die Strauße leben in den Savannen Afrikas. ☞ *Emu*

Strom Besonders wasserreicher und breiter Fluß. Ein Strom bildet mit allen Nebenflüssen ein großes Stromsystem. Die größten Ströme der Erde sind der Amazonas, der Nil sowie das Stromsystem des Mississippi-Missourie.

Stromschnelle An Engstellen oder bei starkem Gefälle fließt ein Fluß besonders schnell und reißend. Für die Schiffahrt sind Stromschnellen gefährlich. Um sie zu beseitigen, werden die Ufer eines Flusses begradigt. ☞ *Fluß, Flußregulierung*

Sturm Starke Winde ab Windstärke 8 werden als Sturm bezeichnet. Die stärksten Stürme, die Orkane, erreichen Windgeschwindigkeiten von über 140 km in der Stunde. Noch höhere Geschwindigkeiten können Wirbelstürme oder Tromben haben. In Nordamerika heißen sie Tornados. In tropischen Zonen entstehen über dem Meer oft heftige Wirbelstürme. Wenn sie auf die Küsten zuwandern, richten sie schwerste Zerstörungen an. Sie können sogar Häuser zum Einsturz bringen. Ein Wirbelsturm wird in der Karibik als Hurrikan, in Ostasien als Taifun bezeichnet. ☞ *Trombe, Wind, Wirbelsturm*

Sturmflut Zu Sturmfluten kommt es, wenn beim höchsten Wasserstand des Meeres, der Springtide, ein Sturm aufkommt. Dann wird die Flutwelle durch den Sturmwind so sehr verstärkt, daß das Meer die Deiche durchbricht und das Hinterland überschwemmt. Man spricht auch von einer Springflut. Dadurch können Inseln überflutet und Teile der Küste fortgerissen werden. ☞ *Deich, Springtide*

Subkontinent Teil eines Kontinents, der wegen seiner Größe und seiner Lage wie eine riesige Halbinsel erscheint. Man spricht gewöhnlich vom Indischen Subkontinent. Das riesige Land Indien ist zwar ein Teil Asiens, wegen seiner Größe aber fast ein eigener Erdteil. ☞ *Kontinent*

Subtropen Klimazone, die sich nördlich und südlich an die Tropen anschließt. Hier herrscht subtropisches Klima mit trockenen, heißen Sommern und Regen im Winter. Die Mittelmeerländer gehören zu den Subtropen. ☞ *Klima, Wendekreis*

Südafrika Afrika

Fläche: 1 221 037 km^2 (25. Land)
Einwohnerzahl: 36 Mio.
Hauptstadt: Pretoria (823 000 Einw.)
Bevölkerung: Zulu, Xhosa und andere schwarze Völker, Weiße, Asiaten
Sprachen: Afrikaans, Englisch, Bantu-Sprachen
Religion: Christen, Hindus, Moslems Geld: Rand
Das gebirgige Land an der Südspitze Afrikas hat angenehmes subtropisches Klima. Deshalb wurde es von Europäern bevorzugt besiedelt. Die weißen Südafrikaner sind Nachfahren der niederländischen Buren und sprechen noch deren Sprache, das Afrikaans. Acht von zehn Südafrikanern sind Schwarze, die erst 1993 das volle Bürgerrecht erlangten. Südafrika ist das reichste Land des schwarzen Erdteils. Von hier kommen Diamanten, Gold und viele Rohstoffe.

Südamerika ☞ *Seite 218*

Sudan Afrika

Fläche: 2 505 813 km^2 (10. Land)
Einwohnerzahl: 25,2 Mio.
Hauptstadt: Khartum (476 200 Einw.)
Bevölkerung: Sudanesen, Araber
Sprachen: Arabisch, Englisch, Ful und andere afrikanische Sprachen
Religion: Moslems, Naturreligionen, Christen
Geld: Sudanesischer Dinar
Der Sudan grenzt im Nordosten an das Rote Meer und wird vom Oberlauf des Nil durchflossen. Das Land ist heiß und trocken, und man baut hier vor allem Baumwolle an. Der Sudan gehört zu den ärmsten Ländern Afrikas.

Sudeten Mittelgebirge zwischen Polen und der Tschechischen Republik. Nach den Sudeten werden die Deutschen, die früher in Böhmen-Mähren lebten, Sudetendeutsche genannt. ☞ *Osteuropa*

Südostpassat Wind, der auf der Südhalbkugel aus südöstlicher Richtung zum Äquator hin weht. Auf der Nordhalbkugel weht der Nordostpassat. Diese berechenbaren Winde haben die Segelschiffe früher genutzt, um nach Amerika zu gelangen.

Südpol Der südlichste Punkt der Erde. Er liegt mitten in der Antarktis und wurde 1911 zum ersten Mal von dem norwegischen Polarforscher Amundsen erreicht. ☞ *Amundsen, Polargebiete*

Südamerika

Südamerika ist kleiner als Nordamerika und mit diesem durch die schmale Landbrücke von Mittelamerika verbunden. Es umfaßt etwa ein Sechstel der Erde und ist mit rund 18 Millionen km² der viertgrößte Kontinent. Von der Küste Kolumbiens im Norden bis nach Feuerland im Süden sind es fast 8 000 km. An der breitesten Stelle – von Westen nach Osten, vom Pazifischen zum Atlantischen Ozean – mißt Südamerika 5 100 km. Von allen Landmassen der Erde reicht es am weitesten nach Süden, und von Kap Hoorn an der Südspitze bis zum Polarkreis sind es nur etwa 1 000 km. An der Pazifikküste erstrecken sich die Anden über die ganze Länge des Erdteils. Sie sind nach dem Himalaja das höchste Gebirge der Welt und haben viele Gipfel mit über 6 000 m Höhe. Der Aconcagua in Argentinien ist mit 6 958 m der höchste Berg ganz Amerikas.

Im Nordosten Südamerikas liegen große Bergländer, im mittleren Teil gibt es ausgedehnte Tiefländer. Dazu gehört das Stromgebiet des Amazonas und das des Rio de la Plata. Das Amazonastiefland wird vom gewaltigsten Flußsystem der Erde durchzogen. Der 6 518 m lange Amazonas nimmt über 200 größere Nebenflüsse auf, insgesamt führen ihm mehr als tausend Flüsse ihr Wasser zu. Das Einzugsgebiet, das der Strom mit all seinen Nebenflüssen entwässert, ist beinahe so groß wie Europa. In seinem Mittellauf ist der Amazonas bis zu 100 m tief und bis zu 2 km breit, bei der Mündung in den Atlantischen Ozean sind es von einem Ufer zu andern fast 250 km. Das entspricht der Entfernung von Nürnberg nach Frankfurt!

Vom Treibhaus ins Kühlhaus

Durch das Amazonastiefland verläuft der Äquator. In diesem Gebiet fällt fast täglich Regen, und die Temperatur ist hier ständig gleich hoch. So entsteht ein feuchtheißes Treibhausklima, in dem der tropische Regenwald wuchert. Die Menschen haben dieses größte Urwaldgebiet der Erde auch die „Grüne Hölle" genannt. Die Indianerstämme, die früher hier lebten, sind nahezu ausgerottet. Große Teile des Urwalds hat man gerodet, um die begehrten Edelhölzer zu verkaufen und Flächen für die Viehzucht zu gewinnen. Seit bekannt ist, daß im Amazonasgebiet auch reiche Bodenschätze lagern, wird der Wald immer schneller abgeholzt.

Von Norden bis etwa zur Mitte des Kontinents fallen reichlich Niederschläge. Gegen Süden zu nimmt der Regen ab. Hier gibt es Savannen mit einzelnen Bäumen, die Llanos. Daran schließen sich die weiten Grasländer der Pampas an. Der untere Zipfel Südamerikas ist ein sehr regenarmes Gebiet. In diesen Steppen gedeihen nur noch wenige Büsche und harte Gräser sowie Kakteen. Fast das ganze Jahr über herrschen hier heftige Stürme. An der südlichsten Küste Feuerlands reichen die Gletscher fast bis ans Meer. Auch an der Pazifikküste im Westen ist es sehr trocken. Dort erstreckt sich die Wüste Atacama in Chile unterhalb der Anden. Es ist eines der regenärmsten Gebiete der Erde.

Doch Südamerika mangelt es nicht an Wasser. Im Bergland von Guyana im Norden liegen die Angelfälle, mit 978 m Fallhöhe die höchsten Wasserfälle der Welt. Sie gehören zu Venezuela, das der Orinoco durchfließt, der viertgrößte Strom Südamerikas. Auch die Iguazufälle an der Grenze von Brasilien, Paraguay und Argentinien sind eindrucksvoll. Ihr Wasser fällt zwar nur 70 m tief, aber sie bestehen aus 20 großen und 250 kleineren Stufen. Allerdings hat Südamerika viel weniger Seen als etwa Afrika. Der Titicacasee auf einer Meereshöhe von 3 812 m ist der höchstgelegene schiffbare See der Erde. Er ist 8 100 km² groß und fast 200 m tief. Die Indios befahren den See mit Booten aus Schilf.

Ungewöhnliche Tierwelt

Etwa ein Viertel aller uns bekannten Tierarten ist in Südamerika beheimatet. Viele davon sind recht altertümlich. Die meisten Tiere kommen natürlich im tropischen Regenwald vor, wo es zahlreiche Affenarten mit Greifschwänzen gibt. Schmetterlinge gaukeln durch den Urwald, die mit aufgeschlagenen Flügeln so groß sind wie ein Buch, und von den Kolibiris, den kleinsten Vögeln der Welt, sind manche nicht größer als eine Hummel. Der Urwald ist voll bunter Papageien wie der Aras, und hier lebt der Tukan, der Pfeffervogel. Leider sind die Papageien heute vom Aussterben bedroht. Das Faultier macht seinem Namen alle Ehre: Sein Leben lang hängt es mit dem Kopf nach unten in den Bäumen, von dessen Blättern es sich ernährt. In den Urwaldflüssen lauert der Kaiman, das südamerikanische Krokodil. Und was der Löwe für Afrika, ist der Jaguar für Südamerika: die größte Raubkatze des Erdteils. Das größte Säugetier dagegen ist der Tapir, ein seltsames Huftier mit rüsselartiger Schnauze. In Brasilien kommt auch der Ameisenbär vor, und im Hochgebirge der Anden trifft man auf das Guanako und das Vikunja, zwei wilde Lamaarten.

Südamerika

Kolibri
Orinoco
Ara
ATLANTISCHER OZEAN
Tukan
Faultier
Amazonas
Brüllaffe
Kaiman
Anden
Mahagoni
Jaguar
Großer Ameisenbär
Baumfarn
Titicacasee
Tapir
Guanako
Paraná
Iguazú-Fälle
Zuckerhut
Araukarie
Mähnenwolf
Pampa
Rio de la Plata
Aconcagua 6958 m
Kondor
Anden
ATLANTISCHER OZEAN
PAZIFISCHER OZEAN
0
500
1000 km
Nandu

Bevor die Spanier und die Portugiesen im 16. Jahrhundert den Erdteil eroberten, lebten in Südamerika rund 30 Millionen Indianer. Die Inka hatten im heutigen Peru ein riesiges Reich errichtet, das die Spanier vollständig zerstörten. Sie nahmen vor allem im Westen große Teile Südamerikas in Besitz. Die Portugiesen siedelten sich in Brasilien an, dem heute fünftgrößten Land der Welt. Es ist mit 8,5 Millionen km^2 beinahe so groß wie Europa. Die aus Europa kommenden Weißen legten in den südamerikanischen Ländern Plantagen an und versuchten die Indianer zur Arbeit zu zwingen. Dies gelang jedoch nur schwer. Besonders in den feuchtheißen Tiefländern, wo Zuckerrohr und Kakao angebaut wurde, war das Klima für die Weißen schlecht zu ertragen. Deshalb verschleppten vor allem die Portugiesen Schwarze aus Afrika als Sklaven in den neuen Erdteil. So kommt es, daß heute fast die Hälfte der Brasilianer Mulatten sind, Mischlinge zwischen Weißen und Schwarzen.

Das europäische Erbe

Die Hauptsprache in Südamerika ist Spanisch, und in Brasilien wird Portugiesisch gesprochen. Spanisch und Portugiesich sind romanische, also „römische" oder lateinische Sprachen. Man bezeichnet Mittel- und Südamerika zusammen deshalb als Lateinamerika. Dazu zählt auch das spanisch sprechende Mexiko. Auf dem südamerikanischen Erdteil liegen insgesamt 12 Staaten, wovon Brasilien allein fast die Hälfte einnimmt. Seit die Spanier nach Südamerika gekommen waren, hat sich die Einwohnerzahl in diesem Erdteil verzehnfacht. Heute leben hier rund 300 Millionen Menschen, und ihre Zahl wächst ständig. Die meisten Bewohner drängen sich an den Küstengebieten zusammen oder siedeln in den kühlen Hochländern der Anden bis über 3 000 m Höhe. So liegt La Paz in Bolivien 3 600 m über dem Meer und ist damit die höchstgelegene Hauptstadt der Welt. Auch Machu Picchu, die alte Inkastadt in Peru, liegt 3 380 m hoch.

Die meisten südamerikanischen Hauptstädte wirken sehr europäisch, denn es herrscht der spanische und portugiesische Baustil vor. Eine supermoderne Stadt ist Brasilia. Die brasilianische Hauptstadt im Landesinnern wurde am Reißbrett geplant und erst 1962 gebaut. Viel bekannter als Brasilia ist Rio de Janeiro am Atlantischen Ozean. Es besitzt nicht nur den Zuckerhut, einen Felsen an der Küste, sondern auch einen weltberühmten Badestrand, die Copacabana. Jedes Jahr findet in Rio de Janeiro ein ausgelassener Karneval statt.

Reicher Erdteil, arme Bevölkerung

Obwohl der Erdteil reich an Bodenschätzen ist, leidet die Bevölkerung in den meisten Ländern Hunger. Viele Menschen drängen aus dem Landesinnern in die Städte an den Küsten, um dort vielleicht Arbeit zu finden. Aber die Städte können die anflutenden Menschenmassen gar nicht mehr aufnehmen. Und so entstehen an den Stadträndern riesige Slums. Dort hausen die Ärmsten der Armen in Wellblechhütten und durchstöbern die Müllhalden der Riesenstädte nach verwertbaren Dingen. Allein São Paulo, eine Riesenstadt südlich von Rio de Janeiro, hat sich seit 1970 von 5 Millionen auf heute fast 20 Millionen Einwohner vergrößert. Damit ist es eine der bevölkerungsreichsten Städte der Welt. In vielen Städten, vor allem in Brasilien und Kolumbien, leben Millionen von Kindern elternlos auf der Straße. Sie haben kein Zuhause und müssen selbst für ihren Lebensunterhalt sorgen. Um durchzukommen, schließen sich die Kinder zu Banden zusammen und werden von der Polizei wie Schwerverbrecher gejagt. Auch Kinderarbeit ist wie in vielen Ländern der Dritten Welt in Südamerika weit verbreitet. So ist es keineswegs ungewöhnlich, daß Achtjährige Schwerarbeit in Steinbrüchen, beim Straßenbau oder in Ziegeleifabriken leisten müssen. Oft sind sie die einzigen Ernährer ihrer Familie.

Mit seinen Bodenschätzen und landwirtschaftlichen Erträgen könnte Südamerika mindestens eine Milliarde Menschen ernähren. Aus Brasilien kommt zum Beispiel der meiste Kaffee der Welt, es hat große Vorkommen an Zinn, Eisen, Gold und sogar Diamanten. In vielen anderen südamerikanischen Ländern werden tropische Früchte angebaut, und in den Pampas in Argentinien grasen riesige Rinderherden. Um noch mehr Fleisch für den Export nach USA und Europa zu erzeugen, werden die Urwälder abgeholzt und in Viehweiden verwandelt. Die wertvollen Urwaldbäume werden in reiche Länder verkauft. Doch die Erlöse aus Bodenschätzen, Früchten und Fleisch kommen der einheimischen Bevölkerung kaum zugute. Meist streichen Großgrundbesitzer oder ausländische Gesellschaften die Gewinne ein. So ist Südamerika ein Erdteil, aus dem die Eroberer vor über 450 Jahren nicht nur alles Gold geholt haben, sondern der heute weiter ausgebeutet wird.

Südamerika

Caracas
VENEZUELA
GUAYANA
Georgetown
Cayenne
SURI-
NAM
Französisch-
Guayana
KOLUMBIEN
Bogotá
Urwald-
indianer
Quito
ECUADOR
Hochland-
indianer
BRASILIEN
Regierungs-
gebäude
Lima
PERU
Kathedrale
BOLIVIEN
La Paz
Brasilia
Machu Picchu
PARA-
GUAY
Pantheon
Asunción
Rio de Janeiro
ARGENTINIEN
Carneval in Rio
URUGUAY
Santiago
Montevideo
Buenos Aires
Santiago de Chile
Am Rio de la Plata
Gaucho
CHILE
Platz der
Republik
Erdöl
Kohle
Eisen
Zinn
Kupfer
Silber
Gold
Smaragde
Holz
Fischfang
Rinder
Schafe
Getreide
Mais
Wein
Zitrus-
früchte
Bananen
Kaffee
Kakao
Zuckerrohr
Baumwolle

Südsee Teil des Westpazifischen Ozeans um den Äquator. Hier liegt das Inselgebiet Ozeaniens. ☞ *Koralleninsel, Ozeanien*

Südtirol Landschaft südlich des Brennerpasses im Tal der Etsch. Die größten Städte sind Bozen und Trient, die Hauptstädte der nördlichsten Provinzen Italiens. Der Name Südtirol stammt daher, daß diese Landschaft früher zum österreichischen Tirol gehörte. Hier leben noch etwa 350 000 deutschsprachige Südtiroler sowie Ladiner mit rätoromanischer Sprache. ☞ *Österreich, Italien*

Suezkanal Verbindung zwischen Mittelmeer und Rotem Meer. Der Suezkanal benötigt keine Schleusen. Durch ihn verkürzt sich der Seeweg vom Mittelmeer in den Indischen Ozean um viele tausend Seemeilen. ☞ *Afrika, Kanal*

Sulawesi Indonesischer Name der 227 000 km^2 großen Sundainsel Celebes. ☞ *Celebes, Asien*

Sumatra Die zweitgrößte Insel Indonesiens mit 425 000 km^2. Sie gehört zu den Großen Sundainseln. Der höchste noch tätige Vulkan auf der Insel ist der 3 805 m hohe Kerintji. Die einstmals großen Regenwälder sind stark gerodet. ☞ *Asien*

Sumpf Gebiet, das ständig feucht ist und teilweise unter Wasser steht. Das größte Sumpfgebiet der Erde sind die Pripjet-Sümpfe an einem Nebenfluß des Dnjepr in Weißrußland. Große Sumpfgebiete gibt es auch an der Südküste Floridas und in den Mündungsgebieten indischer Flüsse. In Deutschland hat man viele Sümpfe künstlich trockengelegt, um Ackerland zu gewinnen. Dadurch haben viele Lebewesen keinen Lebensraum mehr. ☞ *Moor*

Sumpfgas Bei der Zersetzung von Pflanzenresten im Schlamm von Sümpfen und Mooren entsteht Sumpfgas, das Methan. ☞ *Erdgas*

Sundainseln Inselgruppe in Ostasien zwischen Indischem und Pazifischem Ozean. Die Großen Sundainseln sind Sumatra, Java, Borneo und Sulawesi (Celebes). Zu den Kleinen Sundainseln gehören Bali, Lombok und Flores. Zwischen beiden Inselgruppen gibt es noch unzählige kleinere Inseln. Die Sundainseln liegen in den Tropen und gehören zu Indonesien. ☞ *Asien, Borneo, Celebes, Sumatra*

Surinam Südamerika

Fläche: 163 820 km^2 (90. Land)
Einwohnerzahl: 447 000
Hauptstadt Paramaribo (246 000 Einw.)
Bevölkerung: Kreolen, Inder, Javaner, Schwarze
Sprachen: Niederländisch und andere Sprachen
Religion: Hindus, Christen, Moslems
Geld: Surinam-Gulden
Surinam liegt nördlich von Brasilien und grenzt an den Atlantik. An der Küste wird vor allem Reis angebaut. Das Land verfügt über reiche Vorkommen an Bauxit, dem Rohstoff für Aluminium.

Süßwasser Wasser, das weniger als ein Gramm Salz pro Liter enthält, ist Süßwasser. Meerwasser enthält etwa 30 Gramm Salz pro Liter. An den Flußmündungen mischt sich Süßwasser mit Salzwasser zu Brackwasser. ☞ *Brackwasser*

Swasiland Afrika

Fläche: 17 364 km^2 (153. Land)
Einwohnerzahl: 790 000 Einw.
Hauptstadt: Mbabane (38 000 Einw.)
Bevölkerung: Bantu, Zulu
Sprachen: SiSwati (Zulu-Sprache), Englisch
Religion: Christen, Naturreligionen Geld: Lilangeni
Das kleine Königreich in Südafrika hat angenehmes, subtropisches Klima. Die Bewohner leben von Viehzucht und dem Anbau von Zuckerrohr.

Sydney Größte Stadt Australiens mit 3,5 Millionen Einwohnern. Sydney hat den größten Hafen des Erdteils am Pazifischen Ozean. ☞ *Australien*

Sylt Größte nordfriesische Insel vor der Küste Schleswig-Holsteins. Die beliebte Badeinsel ist durch den 11 km langen Hindenburgdamm mit dem Festland verbunden. ☞ *Nordfriesische Inseln*

Syrien Asien

Fläche: 185 180 km^2 (87. Land)
Einwohnerzahl: 12,5 Mio.
Hauptstadt: Damaskus (1,3 Mio. Einw.)
Bevölkerung: Araber, Kurden, Armenier
Sprachen: Arabisch, Kurdisch, Armenisch
Religion: Moslems, Christen Geld: Pfund
Syrien grenzt im Westen an das Mittelmeer. Ein großer Teil des ebenen Landes besteht aus Wüste. An der Küste herrscht Mittelmeerklima, im Hochland ist es im Winter kalt, im Sommer sehr heiß.

Tabak Giftpflanze, die das Nervengift Nikotin enthält. Die Tabakpflanze stammt von den Indianern. Nach der Entdeckung Amerikas hat sich das Tabakrauchen über die ganze Welt verbreitet. Tabak wird heute auf Plantagen angepflanzt. Hauptanbaugebiete sind China, Indien und Brasilien. Auch in Europa gedeiht Tabak, vor allem in der Türkei, in Griechenland, Italien und Bulgarien.

Tadschikistan Asien

Fläche: 143 100 km^2 (93. Land)
Einwohnerzahl: 5,3 Mio.
Hauptstadt: Duschanbe (604 000 Einw.)
Bevölkerung: Tadschiken, Usbeken, Russen
Sprachen: Tadschikisch, Russisch, Usbekisch
Religion: Moslems Geld: Rubel (Somon)
Das Hochland grenzt im Osten an China, im Süden an Afghanistan und wird von hohen Gebirgen eingeschlossen. Der höchste Berg ragt 7 495 m auf. Tadschikistan besitzt reiche Bodenschätze und betreibt Weidewirtschaft.

Tafelberg Berg mit flachem, ausgedehnten Gipfel. Man könnte einen Tafelberg mit einem Tisch vergleichen. Am bekanntesten ist der Tafelberg von Kapstadt in Südafrika. ☞ *Bergformen*

Tagebau Bergbau, bei dem die Bodenschätze von der Erdoberfläche aus mit Schaufelradbaggern abgebaut werden. Vor allem Braunkohle und Erze werden auf diese Weise aus der Erde geholt. Der größte Braunkohlenbergbau der Welt liegt bei Köln. In der Steiermark in Österreich gibt es den größten Eisenerzberg Mitteleuropas. Man hat in den Erzberg Terrassen geschnitten und trägt ihn nach und nach ab. Auch Kies, Bauxit und oft sogar Steinkohle können im Tagebau gewonnen werden. ☞ *Bergbau*

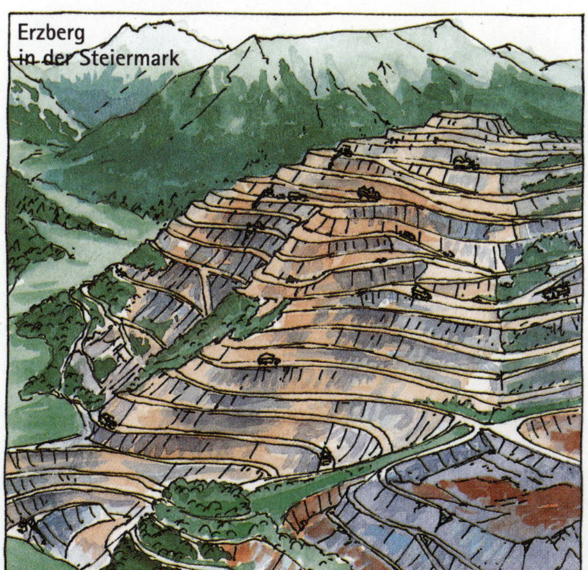

Erzberg in der Steiermark

Tagundnachtgleiche Am 21. März und am 23. September schneidet die Sonne auf ihrer Bahn den sogenannten Himmelsäquator. Sie geht dann auf der Erde im Osten genau um 6.00 Uhr früh auf und im Westen genau um 18.00 Uhr abends unter. Tag und Nacht sind an diesem Datum auf der ganzen Erde gleich lang. ☞ *Jahreszeiten, Wendekreis*

Taifun Gefürchteter Wirbelsturm in den Tropen. Taifune richten an den ostasiatischen Küsten große Schäden an und treten hauptsächlich zwischen Juli und November auf. ☞ *Sturm, Trombe*

Taiga Sibirisches Waldgebiet, das sich vom Ural durch ganz Nordasien zieht und bis zu 1 000 km breit ist. Die Taiga ist das größte zusammenhängende Waldgebiet der Erde. Große Gebiete der Taiga sind noch Urwald. Hier wachsen vorwiegend Nadelbäume, aber auch Birken. Da es sehr kalt ist, dauert die Wachstumszeit nur vier Monate im Jahr. Die Bäume werden deshalb auch nicht sehr groß. ☞ *Rußland, Tundra*

Taiwan Chinesischer und japanischer Name für die Insel Formosa. Auf der Insel liegt der nationalchinesische Staat Taiwan mit der Hauptstadt Taipeh. ☞ *China (Taiwan)*

Tajo (👄 tacho) Mit 1 008 km der längste Strom auf der Pyrenäenhalbinsel. Er entspringt in Spanien und fließt dann durch Portugal, wo er Tejo (👄 teschu) heißt. Bei Lissabon mündet er in den Atlantischen Ozean. ☞ *Iberische Halbinsel*

Tal Alle Einkerbungen in die Erdoberfläche, die durch fließendes Wasser oder Gletscher entstanden sind, bezeichnet man als Täler. Die Talformen hängen von ihrer Entstehung ab und dem Gestein, das durchflossen wird. Wir unterscheiden die Klamm und die Schlucht oder das Kerb- und Trogtal. Im Gebirge ist der Verlauf der Täler für den Verkehr sehr wichtig, da ihnen die Straßen und die Eisenbahnlinien folgen. ☞ *Gebirge*

Talsperre Wenn man das Tal eines Gebirgsflusses durch eine dicke Mauer absperrt, staut sich dahinter das Wasser zu einem See auf. Diese gespeicherte Wasserkraft kann man in Wasserkraftwerken in elektrischen Strom umwandeln. Talsperren dienen aber auch als Trinkwasserspeicher und zum Schutz vor Hochwasser. ☞ *Damm*

Tang Große Meeresalge. Es gibt verschiedene Arten. Der bis zu 70 m lange Birnentang gilt als Riese unter den Pflanzen. Man hat sogar schon einmal fast 400 m lange Riesenblasentange gefunden. Tange kommen in allen Meeren der Welt vor und besitzen wie alle Pflanzen zucker- und stärkeähnliche Stoffe. Der etwa 4 m lange Zuckertang wird in Ostasien als Nahrungsmittel verwendet. ☞ *Algen*

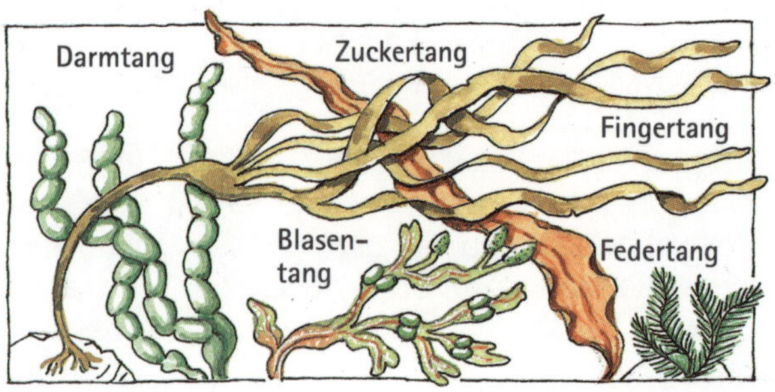

Tansania Afrika

Fläche: 945 087 km² (30. Land)
Einwohnerzahl: 24,5 Mio.
Hauptstadt: Dodoma (158 600)
Bevölkerung: Bantu-Völker, Massai
Sprachen: Suaheli, Englisch, Bantu-Sprachen
Religion: Christen, Moslems, Naturreligionen
Geld: Tansania-Schilling

Das ostafrikanische Land am Indischen Ozean ist überwiegend Hochland. Im Norden grenzt es an den Victoriasee, im Westen an den Tanganjikasee. Im Nordosten liegen die höchsten Berge Afrikas, darunter der 5 895 m hohe Kilimandscharo. Die Koralleninseln Sansibar und Pemba gehören zu Tansania. Es ist eines der landschaftlich schönsten afrikanischen Länder.

Tau Der Wasserdampf in der Luft setzt sich bei sinkender Temperatur in Form von Wassertröpfchen nahe am Boden ab. Wenn es im Sommer in den Nächten abkühlt, ist das Gras am Morgen naß von Tau. In trockenen Gebieten der Erde ist Tau oft der einzige Niederschlag, und er versorgt die Pflanzen mit Wasser. Bei Abkühlung der Erde unter 0 Grad gefriert Tau zu Rauhreif. ☞ *Reif*

Tee Die Blätter des Teestrauchs enthalten wie der Kaffee ein anregendes Nervengift. Man hat den immergrünen Teestrauch, der aus Asien stammt, in vielen warmen Ländern auf Plantagen angepflanzt. Schwarzer Tee besteht aus den getrockneten Blättern, die noch besonders behandelt werden. Man nennt das Fermentieren. Der Tee ist ein wichtiges Handelsgut und wird vor allem in Indien, China und auf der Insel Ceylon angepflanzt. Aber auch in Rußland und in der Türkei sowie in Afrika wächst Tee. ☞ *Kaffee*

Tejo Portugiesischer Strom. ☞ *Tajo*

Temperatur Die Temperatur wird mit dem Thermometer gemessen. Als Thermometerflüssigkeit dient meist Weingeist oder Quecksilber. Es sind drei Temperaturskalen in Gebrauch: Celsius (C), Reaumur (R) und Fahrenheit (F). Der Gefrierpunkt des Wassers wird mit 0 Grad Celsius (0° C) angegeben, der Siedepunkt mit 100 Grad Celsius. Das Reaumur-Thermometer hat nur eine Einteilung von 80 Grad. Das Fahrenheit-Thermometer hat 180 Grad und gibt den Gefrierpunkt des Wasser mit +32 Grad an. 0 Grad Celsius sind also 32 Grad Fahrenheit. Vor allem in Nordamerika werden die Temperaturen in Fahrenheit gemessen. Zum Beispiel sind 20° C = 16° R = 68° F. ☞ *Klima*

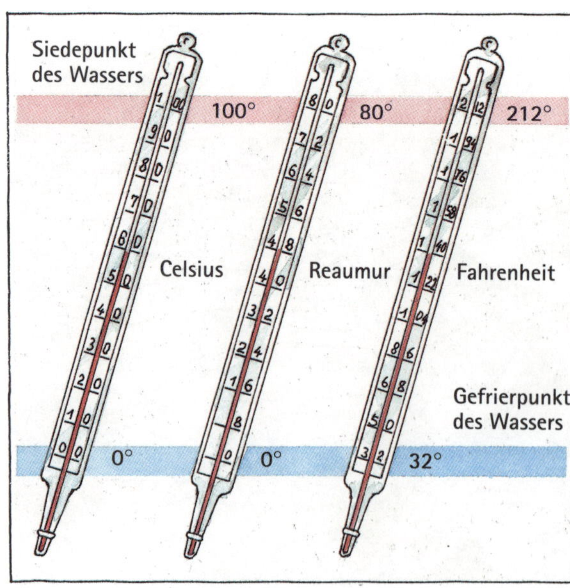

Teneriffa Größte der Kanarischen Inseln im Atlantik mit 2 057 km². Die Insel besteht aus einem großen Vulkanmassiv mit noch tätigen Vulkanen. Der 3 718 m hohe im Winter schneebedeckte Pico de Teide überragt die Insel. Teneriffa liegt auf der Höhe von Afrika, gehört aber zu Spanien. Auf der Insel wachsen viele seltene Blumen. Heute ist Teneriffa eine beliebte Ferieninsel. ☞ *Kanarische Inseln, Spanien*

Termiten Termiten sind altertümliche Insekten, die den Ameisen ähneln und auch Staaten bilden. Sie leben in tropischen Ländern und bauen turmhohe steinharte Nester mit vielen Gängen und Kammern. Ein Termitenvolk besteht aus einem Königspaar sowie Arbeitern und wehrhaften Soldaten und kann Millionen von Tieren umfassen. Die gefräßigen Insekten zerstören Holzhäuser und Eisenbahnschwellen und richten große Schäden an.

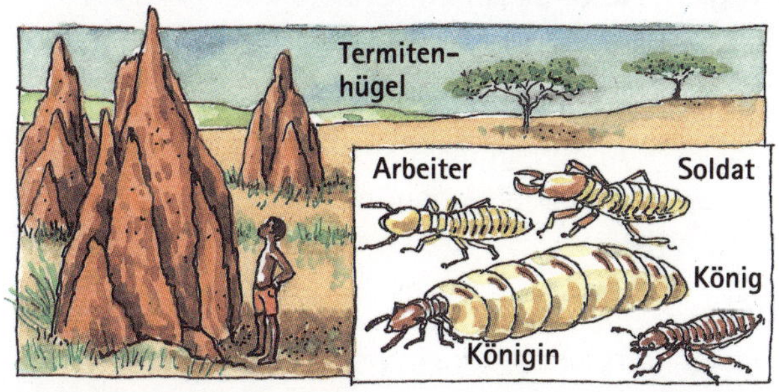

Tessin Schweizer Kanton mit der Hauptstadt Bellinzona. ☞ *Schweiz*

Texas Zweitgrößter Staat der USA, fast doppelt so groß wie Deutschland. Texas ist das Land der Cowboys und Rinderherden. Hier wird das meiste Erdöl der Vereinigten Staaten gefördert. ☞ *Nordamerika*

Thailand Asien

Fläche: 513 115 km² (49. Land)
Einwohnerzahl: 55,8 Mio.
Hauptstadt: Bangkok (5,8 Mio. Einw.)
Bevölkerung: Thai-Völker, überwiegend Siamesen
Sprachen: T'hai, Englisch, Chinesisch, Malaiisch
Religion: Buddhisten Geld: Baht
Das Königreich in Südostasien ist hauptsächlich Tiefland. Im Westen und Norden wird es von hohen Bergen eingenommen. Der einst dichte Monsunwald ist stark gerodet. Thailand ist eines der beliebtesten Ferienländer in Südostasien mit weiten Sandstränden. Berühmt sind die buddhistischen Tempel.

Themse Wichtigster Fluß Englands. Die 346 km lange Themse fließt durch London und mündet in einem 150 km langen und bis zu 10 km breiten Trichter in die Nordsee. ☞ *Großbritannien*

Thermalquelle Warme Quelle, deren Wasser oft mehr als 50 Grad Celsius hat. Meist sind im Wasser heilkräftige Mineralsalze gelöst, so daß an solchen Quellen Heilbäder und Kurorte entstehen.
☞ *Erdwärme, Geysir, Quelle*

Thurgau Deutschsprachiger Kanton im Nordosten der Schweiz mit der Hauptstadt Frauenfeld.
☞ *Kanton, Schweiz*

Thüringen

Deutsches Bundesland
Fläche: 16 251 km² Einwohner: 2,6 Mio.
Landeshauptstadt: Erfurt (209 000 Einwohner)
☞ *Deutschland*

Tiber Größter Fluß in Mittelitalien. Der 405 km lange Tiber fließt durch Rom und mündet in das Tyrrhenische Meer. Sein Delta schiebt sich jährlich bis zu 3 m weiter ins Meer hinaus. ☞ *Italien*

Tibet Mit einer durchschnittlichen Höhe von 4 500 m ist Tibet das höchste Hochland der Erde. Es liegt mitten in Asien, wird vom Himalajagebirge begrenzt und ist rund 2 Millionen km² groß. Weite Teile des Landes sind Steppe und Wüste. Ein großer Teil Tibets war einmal ein eigener Staat und wurde von buddhistischen Mönchen und Priestern regiert. Das Oberhaupt der Tibeter ist der Dalai Lama. Von den rund 2 Millionen Bewohnern sind über 300 000 Mönche, die in den zahlreichen Klöstern leben. 1950 wurde Tibet von den Chinesen erobert und als selbständige Provinz China eingegliedert. Der Dalai Lama flüchtete aus der Hauptstadt Lhasa nach Indien. ☞ *Asien*

Tidenhub Die Gezeiten heißen auf Plattdeutsch Tiden. Der Tidenhub gibt die Fluthöhe an. Das ist der Unterschied zwischen dem niedrigsten Wasserstand bei Ebbe und dem höchsten bei Flut. Er kann zwischen 2,5 und 15 m betragen. ☞ *Gezeiten*

Tiefdruckgebiet Ein Tiefdruckgebiet bringt unfreundliches Wetter mit Regen und Wind. Es entsteht, wenn warme und kalte Luftmassen aufeinanderstoßen. Dabei bilden sich dichte Wolken, die abregnen. Ein solches Tiefdruckgebiet zieht oft einige hundert Kilometer am Tag weiter. Zu uns kommen die Tiefdruckgebiete meist aus dem Nordwesten. Sie entstehen in der Gegend von Island und beeinflussen unser Wetter. Man spricht dann von einem „Islandtief" ☞ *Hochdruckgebiet, Wetter*

Tiefebene Flachland oder Tiefland, das sich besonders an großen Strömen erstreckt. Tiefländer liegen nicht höher als 200 m über dem Meeresspiegel. Sie sind eben und gleichförmig und haben kaum Erhebungen. In großen Tiefländern gibt es häufig riesige Stromsysteme mit vielen Nebenflüssen, die fruchtbares Schwemmland aufschütten. Das größte Tiefland in Deutschland ist die Norddeutsche Tiefebene. ☞ *Deutschland*

Tiefsee In einer Tiefe von 1 000 m beginnt die Tiefsee. Am Meeresgrund gibt es ähnlich wie auf der Erdoberfläche Gebirge mit hohen Erhebungen und tiefen Tälern. In diesen Tälern, den Tiefseegräben, erreicht das Meer seine größte Tiefe – das sind über 11 000 m. Man kennt 24 Tiefseegräben, von denen 20 im Pazifischen Ozean liegen. ☞ *Meer*

Tiger Größte Raubkatze der Erde. Tiger gibt es nur in Asien. In Ostsibirien und an der chinesischen Grenze sind sie fast ausgerottet. In den Dschungeln Indiens leben noch die Königstiger. Alte Tiere dringen manchmal bis in menschliche Siedlungen vor.

Tirol Bundesland Österreichs mit 12 647 km^2 Fläche und 640 900 Einwohnern. Die Landeshauptstadt ist Innsbruck. ☞ *Österreich*

Titicacasee Höchstgelegener See der Erde, auf dem noch Schiffsverkehr möglich ist. Der Titicacasee liegt im Hochland von Peru auf einer Höhe von 3 812 m. Die dort lebenden peruanischen Indianer befahren den See mit besonders leichten Binsenbooten, den Balsabooten. Das leichte Balsaholz hat damit nichts zu tun. ☞ *Südamerika*

Togo Afrika

Fläche: 56 785 km^2 (122. Land)
Einwohnerzahl: 3,6 Mio.
Hauptstadt: Lomé (500 000 Einw.)
Bevölkerung: überwiegend Schwarze des Sudan
Sprachen: Französisch und Stammessprachen
Religion: Naturreligionen, Christen, Moslems
Geld: Afrikanischer Franc
Das Land am Golf von Guinea in Westafrika ist nur 140 km breit und 600 km lang. Dennoch kommen in diesem Abschnitt viele afrikanische Landschaftsformen vor, von Palmenstränden über Savannen bis zum Regenwald. In Togo wird Phosphat abgebaut.

Tokio Hauptstadt Japans. Mit rund 12 Millionen Einwohnern ist Japan eine der größten Städte der Welt. Als Stadtlandschaft hat Tokio 28 Millionen Einwohner. ☞ *Japan, Weltstadt*

Ton Schwerer Boden, meist aus Schlamm, den die Flüsse angeschwemmt haben. Da die Tonschichten fast wasserundurchlässig sind, bleibt das Grundwasser darauf stehen und kann als Quelle austreten. Tonböden sind schwer zu bearbeiten, aber sehr fruchtbar. Aus Ton oder Lehm macht man Ziegel. ☞ *Bodenarten, Lehm, Quelle*

Tonga Ozeanien

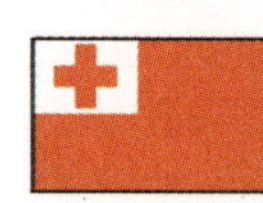

Fläche: 748 km^2 (170. Land)
Einwohnerzahl: 100 000
Hauptstadt: Nuku'alofa (21 400)
Bevölkerung: Polynesier
Sprachen: Tongaisch, Englisch
Religion: Christen Geld: Pa'anga
Das Königreich besteht aus rund 200 Vulkan- und Koralleninseln. Hier ist es das ganze Jahr über zwischen 22 und 28 Grad Celsius warm. Auf Tonga wachsen Kokosnüsse und Bananen.

Topographie Griechisches Fremdwort. Es bedeutet soviel wie Ortsbeschreibung. Eine topographische Landkarte gibt die Bodenform und die Gewässer, die Siedlungen und die Verkehrswege genau wieder. ☞ *Landkarte*

Torf Wenn Pflanzen sich unter Luftabschluß zersetzen, entsteht Torf. Dazu müssen die Pflanzenreste von Wasser bedeckt sein. Torf ist eine Vorstufe zur Entwicklung der Kohle. Aus dem zusammengedrückten Torf wird zuerst Braunkohle, dann Steinkohle. Dieser Vorgang der Inkohlung dauert Jahrmillionen und geht auch heute noch weiter. Torf wurde früher zum Heizen verwendet. Wir kennen Torf heute meist zu Ballen gepreßt als Torfmull, der zur Lockerung und Düngung in die Gartenerde eingearbeitet wird. Da durch den Torfabbau aber immer mehr Moore zerstört werden und als Lebensräume für Tiere und Pflanzen verlorengehen, sollte man Torf möglichst nicht verwenden.
☞ *Kohle, Moor*

Tornado Verheerender Wirbelsturm in Nordamerika. Der Wirbel eines Tornados hat häufig nur einen Durchmesser von ein paar hundert Metern. Es ist eine Windhose. ☞ *Sturm, Trombe, Windhose*

Toskana Landschaft in Mittelitalien. Sie erstreckt sich südlich ihrer Hauptstadt Florenz und entlang der Küste des Tyrrhenischen Meers. Im Osten wird sie vom Apennin begrenzt. Die Toskana ist ein sehr fruchtbarer Landstrich, in dem vor allem Getreide, Obst, Wein und Oliven gedeihen. ☞ *Italien*

Totes Meer Abflußloser Salzsee in Palästina. Das Tote Meer liegt in einer tiefen Senke und erhält sein Wasser vom Jordanfluß. Es ist 80 km lang, etwa 18 km breit, und sein Wasserspiegel liegt 392 m unter dem Meeresspiegel. Das Tote Meer heißt so, weil wegen seines hohen Salzgehaltes fast keine Lebewesen in ihm existieren können. Durch die starke Verdunstung ist das Wasser zehnmal salziger als etwa das der Nordsee. Allerdings kann man in diesem Salzwasser auch nicht untergehen.
☞ *Salzsee, See*

Totes Meer

Tourismus Fachwort für Fremdenverkehr. Heute kann man in fast allen Ländern der Welt Urlaub machen. Flugzeuge bringen Touristen rasch von einem Erdteil in den andern. Die meisten Urlauber möchten sich in einer möglichst unberührten Landschaft erholen. Doch der Massentourismus zerstört gerade diese Landschaften. An den Küsten entstehen große Hotelbauten, in die Gebirge führen breite Autobahnen, und auf die Gipfel fahren Seilbahnen. Die schönsten Landschaften der Erde werden zugebaut, da immer mehr Menschen dorthin kommen und übernachten wollen. Allein die Alpen werden jährlich von 50 Millionen Touristen besucht – das sind fünfmal mehr Menschen, als dieses europäische Hochgebirge überhaupt Bewohner hat. So wird durch den Tourismus oft das Gegenteil von dem erreicht, was die Erholungssuchenden wünschen: Statt Ruhe und Entspannung finden sie häufig Lärm und Menschenmassen vor. Allerdings ist der Fremdenverkehr für viele Länder ein lebenswichtiger Wirtschaftszweig. ☞ *Fremdenverkehr*

Trabantenstadt Das tschechische Wort Trabant bedeutet „Begleiter". Der Mond zum Beispiel ist ein Trabant der Erde. Trabantenstädte sind Wohnstädte im Einzugsbereich einer Großstadt. Man bezeichnet sie auch als Schlafstädte, weil die Menschen sie morgens verlassen, um zur Arbeit in die Innenstadt zu fahren, und erst abends zurückkommen. Diese Wohnsiedlungen am Rande einer Großstadt nennt man auch Satellitenstädte. Durch ihre Trabantenstädte erreichen Großstädte oft sehr hohe Einwohnerzahlen, und es entstehen Stadtlandschaften. ☞ *Stadtlandschaft*

Transsibirische Eisenbahn 9300 km lange Eisenbahnlinie zwischen Moskau und Wladiwostok. Die Transsibirische Eisenbahn ist die Hauptverkehrsader Sibiriens und wurde 1916 fertiggestellt. Von Moskau bis ans Japanische Meer benötigt man mit der „Transsib“ fast eine Woche. ☞ *Rußland*

Treibeis Eisschollen, die von den Eisfeldern und Eisbergen in den Polargebieten abbrechen und auf den Äquator zugetrieben werden, bezeichnet man als Treibeis. Es schmilzt nur langsam ab und behindert die Schiffahrt besonders im Nordatlantischen Ozean. Wenn bei uns im Frühjahr Flüsse und Seen starkes Treibeis führen, muß die Binnenschiffahrt eingestellt werden. ☞ *Polargebiete, Eisberg*

Treibhauseffekt Die Verschmutzung der Luft durch Abgase von Autos, Fabriken und Viehherden trägt zu einer Erwärmung des Klimas auf der Erde bei. Die von der Erde abgestrahlte Wärme fängt sich in den oberen verschmutzten Luftschichten wie unter einem Glasdach. Dadurch steigt die Temperatur rund um den Erdball an. Man hat ausgerechnet, daß sich bis zum Jahr 2025 das Weltklima insgesamt um etwa 2 bis 3 Grad Celsius erwärmt haben wird, wenn die Abgase nicht weniger werden. Dann kommt es in Trockengebieten zu großen Dürrekatastrophen und Hungersnöten. Gleichzeitig schmelzen in den Polargebieten die Eisberge immer rascher ab. Dadurch steigen die Meere an und überfluten das Tiefland an den Küsten. ☞ *Klima*

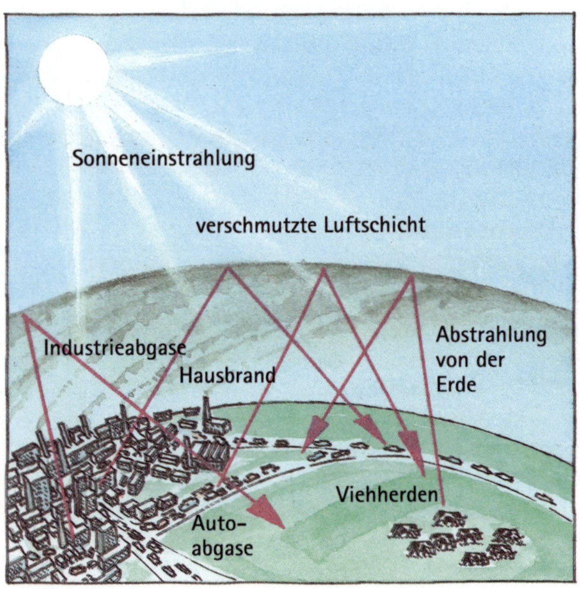

Trinidad und Tobago

Mittelamerika
Fläche: 5128 km² (162. Land)
Einwohnerzahl: 1,3 Mio.
Hauptstadt: Port-of-Spain (159200 Einw.)
Bevölkerung: Schwarze, Inder, Mulatten
Sprache: Englisch
Religion: Christen, Hindus, Moslems
Geld: Trinidad- und Tobago-Dollar
Die zwei tropischen Inseln liegen vor der Mündung des Orinoco im Atlantik. Ab dem 17. Jahrhundert waren es Pirateninseln, heute wird dort Erdgas und Erdöl gefördert und Zuckerrohr angebaut.

Trinkwasser Für den Menschen genießbares Wasser, zum Beispiel Quellwasser. Es ist Grundwasser, das viele Erdschichten durchlaufen und sich dabei wie in einem Filter gereinigt hat. Sind in das Grundwasser aber Öl oder Giftstoffe gelangt, muß es im Wasserwerk erst aufbereitet werden. Viele Menschen erhalten ihr Trinkwasser heute oft nicht mehr aus dem Grundwasser, sondern aus Oberflächengewässern wie Flüssen und Seen. Selbst aus dem verschmutzten Rhein gewinnt man durch mehrfache Aufbereitung und Reinigung Trinkwasser. ☞ *Grundwasser, Kläranlage*

Trockenwald Trockenwälder kommen in den Tropen und Subtropen vor, wo auf fünf bis sechs Monate Trockenzeit eine Regenzeit folgt. Es sind lichte Wälder wie in der afrikanischen Savanne. Während der Trockenzeit werfen manche Laubbäume im Trockenwald die Blätter ab.
☞ *Regenwald*

Trockenzeit Regenarme Zeit in den Tropen. Je weiter man sich vom Äquator entfernt, desto ausgeprägter sind die Trockenzeiten und desto länger dauern sie. Manchmal regnet es gar nicht, und es kommt zu Dürren. ☞ *Regenzeit*

Trogtal U-förmiges Tal. Diese Talform ist meist durch Gletscher geformt worden. ☞ *Gebirge*

Trombe Wirbelwind, bei dem sich senkrechte Luftsäulen bilden. Sie wachsen wie ein Schlauch aus einer Wolke heraus. Wenn sie den Erdboden erreichen, wirbeln sie große Mengen Sand, Staub oder Wasser auf. Die Sogwirkung dieser Tromben ist oft sehr stark. ☞ *Sturm, Tornado*

Tropen Die Gebiete beiderseits des Äquators bezeichnet man als Tropen. Hier erscheint die Sonne zweimal im Jahr auf ihrem höchsten Punkt, dem Zenit. Es ist dort also immer Frühjahr oder Sommer, allerdings unterbrochen durch Regenzeiten. Nahe dem Äquator regnet es sogar fast täglich, und die Pflanzen gedeihen hier besonders üppig. So liegen um den Äquator die großen Urwälder, die auch Regenwälder genannt werden. Je mehr man sich den beiden Wendekreisen nördlich und südlich des Äquators nähert, desto weniger Regen fällt. Hier ist es meist trocken und heiß, und in diesem Gürtel rund um den Erdball liegen die großen Wüsten und Steppengebiete.
☞ *Äquator, Subtropen, Wendekreis, Zenit*

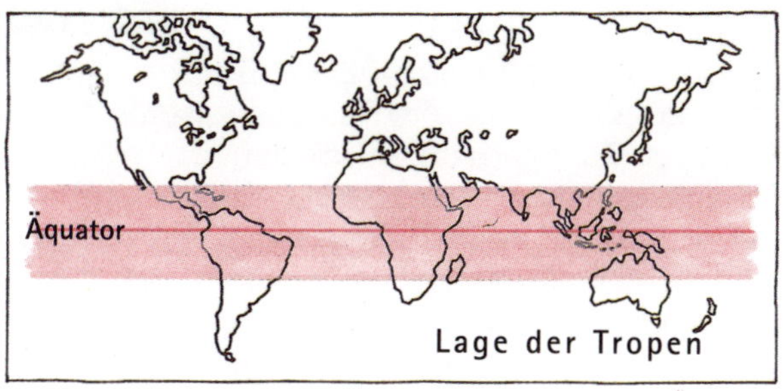

Tropenkrankheit Nicht alle Europäer sind dafür geeignet, in den Tropen zu leben und zu arbeiten. Sie sind nicht tropentauglich, weil sie die feuchtheiße Luft nicht vertragen oder zum Beispiel auf Insektenstiche besonders empfindlich reagieren. Hinzu kommen die sogenannten Tropenkrankheiten wie Malaria, Gelbfieber, Schlafkrankheit, Pocken und vor allem Durchfall. Die meisten Tropenkrankheiten werden durch Bakterien ausgelöst, die von blutsaugenden Insekten übertragen werden. Man kann sich gegen manche dieser Krankheiten durch Impfungen schützen. Gegen das „Sumpffieber“, wie die Malaria auch genannt wird, gibt es kaum einen Schutz. Auch viele tropische Virenkrankheiten erkennt man oft erst zu spät. Jeder, der in die Tropen reist, sollte sich vorher gut informieren und gegebenenfalls impfen lassen.
☞ *Moskito, Seuchen, Tsetse-Fliege, Tropen*

Tropfsteinhöhle Wenn Regenwasser durch Kalkschichten läuft, löst die darin enthaltene Kohlensäure den Kalk auf und bildet in Hohlräumen Zapfen aus Kalkstein. Diese hängenden oder stehenden Tropfsteine heißen Stalaktiten und Stalagmiten.
☞ *Höhle, Stalagmit, Stalaktit*

Tschad Afrika

Fläche: 1 284 000 km² (20. Land)
Einwohnerzahl: 5,7 Mio.
Hauptstadt: N'Djamena (594 000 Einw.)
Bevölkerung: Araber, Schwarze
Sprachen: Französisch, Arabisch
Religion: Moslems, Christen, Naturreligionen
Geld: Afrikanischer Franc
Der größte Teil des zentralafrikanischen Landes ist Wüste. Dürren und Hungersnöte haben den Tschad zu einem der ärmsten Länder Afrikas gemacht. Außer Baumwolle wird kaum etwas ausgeführt.

Tschechische Republik ☞ *Osteuropa*

Tschernobyl In der ukrainischen Stadt Tschernobyl explodierte 1986 ein Reaktor im Kernkraftwerk. Fünf Tonnen radioaktive Stoffe wurden in die Luft geschleudert, die der Wind über weite Teile Europas trug. Die radioaktiven Teilchen setzten sich als Staub nieder. So wurde in manchen Gegenden das Viehfutter, das Gemüse und Obst stark verstrahlt. Milch von Kühen, die radioaktiv verseuchtes Gras gefressen hatten, mußte weggeschüttet werden. In Lappland mußte man sogar Rentiere töten, und in Tschernobyl leiden heute noch viele Menschen an Strahlenkrankheiten. ☞ *Fallout, Radioaktivität*

Tsetse-Fliege Stechfliege, die in den Tropen die Schlafkrankheit überträgt. Schlafkranke leiden jahrelang an Fieberschüben und fallen schließlich in Dauerschlaf. Früher starben an der Schlafkrankheit in Afrika ganze Völker. ☞ *Tropenkrankheit*

Tsunami Gewaltige Meereswelle, die durch ein Seebeben oder einen untermeerischen Vulkan ausgelöst wird. Sie läuft mit großer Geschwindigkeit durch das Meer und regt dabei immer mehr Wasserteilchen zu Schwingungen an. Tsunamis treten häufig im Pazifischen Ozean auf. ☞ *Seebeben*

Tuareg Nomadenvolk im Innern der Sahara. Von den etwa 350 000 Tuareg sind heute nur noch wenige Nomaden und Kamelzüchter. Viele leben in den Oasen in Lehm- und Steinhäusern. Früher waren die Tuareg ein gefürchtetes Kriegervolk.
☞ *Afrika, Beduinen, Oase*

Tuberkulose Gefährliche Lungenkrankheit, die durch den Tuberkelbazillus hervorgerufen wird. Die Krankheit wird durch Tröpfchen übertragen, vor allem wenn Tuberkulosekranke husten oder niesen. Bevor der deutsche Arzt Robert Koch 1882 den Erreger der Tuberkulose entdeckte, raffte diese Seuche Millionen Menschen dahin. Sie breitet sich dort aus, wo schlechte hygienische Verhältnisse herrschen und die Menschen unterernährt sind. In jüngster Zeit nimmt die Tuberkulose besonders in den Ländern der Dritten Welt wieder zu. ☞ *Seuchen*

Tundra Landschaft am Eismeer in Sibirien. Hier gedeihen nur Flechten, Moose und Zwergsträucher. Der fast ständig gefrorene Boden taut nur an der Oberfläche kurz auf. Das Eis hat die Bodendecke wie Maulwurfshügel bis zu 50 m hoch aufgeworfen. Das sind die Pingos. ☞ *Dauerfrostboden, Taiga*

Tunesien Afrika

Fläche: 163 610 km² (91. Land)
Einwohnerzahl: 8,2 Mio.
Hauptstadt: Tunis (596 700 Einw.)
Bevölkerung: Araber, Berber
Sprachen: Arabisch, Französisch, Berbersprachen
Religion: Moslems Geld: Tunesischer Dinar
Der nordafrikanische Staat an der Mittelmeerküste geht im Süden in Wüste über. Im Westen, am Fuß des Atlasgebirges, liegen Salzsteppen, die man Schotts nennt. Im fruchtbaren Küstengebiet wird Obst, Wein und Gemüse angebaut. Tunesien hat reiche Bodenschätze, vor allem Phosphat, Erdöl und Erdgas. Die Küste ist ein beliebtes Ferienziel.

Tunnel Verkehrswege, die unter Bergen, ja sogar unter Flüssen und Meeresteilen hindurchführen. Die ersten Tunnel wurden in den Alpen gebaut, da die Eisenbahn die großen Steigungen im Gebirge nicht überwinden konnte. Der längste Alpentunnel ist der Simplontunnel. Dieser Eisenbahntunnel verbindet die Schweiz mit Italien und ist fast 20 km lang. Der längste Tunnel Europas mit fast 50 km Länge ist der Eurotunnel. Er führt durch den Ärmelkanal und verbindet Frankreich mit Großbritannien.
☞ *Eurotunnel, Verkehr*

Türkei ☞ *Balkan und Donauländer*

Turkmenistan Asien

Fläche: 488 100 km² (51. Land)
Einwohnerzahl: 3,6 Mio.
Hauptstadt: Aschgabad (402 000 Einw.)
Bevölkerung: Turkmenen, Russen, Usbeken
Sprachen: Turkmenisch, Russisch u. a.
Religion: Moslems Geld: Rubel
Im Nordwesten grenzt Turkmenistan an das Kaspische Meer, im Südwesten an den Iran. Vier Fünftel des Landes sind Wüste. Durch Bewässerung entstanden fruchtbare Oasen. Bedeutend ist die Zucht von Seidenraupen und die Teppichknüpferei.

Turkvölker Alle Mischvölker, deren Urheimat die Mongolei ist. Sie sind von dort während der Völkerwanderung und später unter ihrem Führer Dschingis Khan nach Westen gelangt. Die Turkvölker leben heute am Kaspischen Meer und am Schwarzen Meer. Auch die Türken zählen dazu.

Tuvalu Ozeanien

Fläche: 26 km² (190. Land)
Einwohnerzahl: 8 250
Hauptstadt: Vaiaku (2 800 Einw.)
Bevölkerung: Polynesier
Sprachen: Tuvalu (polynesischer Dialekt), Englisch
Religion: Christen Geld: Australischer Dollar
Die 9 Koralleninseln im Pazifischen Ozean sind stark bevölkert. Sie erstrecken sich über fast 600 km. Die Südsee-Insulaner leben hauptsächlich vom Fischfang, und es gibt große Kokosplantagen.

Tyrrhenisches Meer Teil des Mittelmeers an der Westküste Italiens. Im Süden wird es von der Insel Sizilien, westlich von den Inseln Sardinien und Korsika begrenzt. ☞ *Italien*

Überdüngung Wenn zuviel Dünger auf die Felder ausgebracht wird, spricht man von Überdüngung. Die überschüssigen Nährsalze, besonders Nitrate und Phosphate, gelangen ins Grundwasser und gefährden das Trinkwasser. Von nitrathaltigem Wasser werden Kleinkinder krank. Sie laufen dann blau an, weil ihr Blut nicht mehr genügend Sauerstoff bindet. ☞ *Düngung*

Übervölkerung Wächst die Bevölkerung in einem Land so stark an, daß die Erträge der Felder nicht mehr für alle ausreichen, dann ist das Land übervölkert. In solchen Gebieten herrscht meist auch große Arbeitslosigkeit. Zu den übervölkerten Staaten gehören fast alle Länder der Dritten Welt, aber auch Industriestaaten wie Japan. Da die Industrieländer reich sind, können sie aber genügend Nahrungsmittel kaufen und einführen.

Überweidung Wo zuviel Vieh auf der Weide gehalten wird, kann es zu einer Überweidung kommen. Die Rinder finden dann nur noch wenig zu fressen, schließlich wächst kaum noch Gras nach. Wenn dann auch noch lange Trockenzeiten auftreten, wird aus der Weide bald eine Wüste. So wurden in der Sahelzone in Afrika große Weideflächen zerstört, und es kam zu schrecklichen Hungersnöten.
☞ *Sahelzone, Viehzucht*

Ufer Fluß- oder Seeufer bilden die Grenze zwischen Land und Wasser. Bei Flüssen unterscheidet man das Prallufer außen an der Flußkrümmung. Hier sind die Kräfte des fließenden Wassers am stärksten. Das Gleitufer liegt an der Innenseite der Flußschleife, und hier fließt das Wasser langsamer. Fließt ein Fluß durch hügeliges Gelände, dann unterscheidet man den Prallhang und den Gleithang. Das Prallufer wird vom Wasser ständig zerstört und abgetragen, am Gleitufer hingegen wird Sand und Geröll aufgeschüttet.

Uganda Afrika
Fläche: 235 880 km² (81. Land)
Einwohnerzahl: 17,4 Mio.
Hauptstadt: Kampala (700 000 Einw.)
Bevölkerung: Bantu
Sprachen: Suaheli, Englisch
Religion: Christen, Naturreligionen, Moslems
Geld: Uganda-Schilling
Das ostafrikanische Land umschließt im Norden eine Hochebene. Im Westen liegt das über 5 000 m hohe Ruwenzori-Gebirge mit großen Seen. Hier entspringt ein Quellfluß des Nil. Im Süden grenzt Uganda an den Victoriasee. Das wasserreiche Land besaß große Regenwälder, die aber stark abgeholzt wurden.

Ukraine Land im Südwesten der GUS, der Gemeinschaft unabhängiger Staaten. ☞ *Rußland*

Umweltschutz ☞ *Seite 232*

Ungarn Donauland in Südosteuropa ☞ *Balkan*

UNICEF Internationales Kinderhilfswerk. Diese Behörde ist Teil der UNO. Die UNICEF kümmert sich um die Kinder in aller Welt und versorgt vor allem die ärmsten Kinder in Afrika, Südamerika und Asien mit Nahrungsmitteln, Kleidung und Medikamenten. Außerdem richtet sie Schulen ein und fördert die Ausbildung in den armen Ländern. ☞ *UNO*

Universum Bezeichnung für das Weltall.

UNO Die Abkürzung UNO oder UN bedeutet United Nations Organization (👄 junaitid näschens organaizeischen). Den Vereinten Nationen gehören nahezu alle Länder der Welt an. Die UNO bemüht sich, den Weltfrieden zu erhalten und Streitigkeiten zwischen Staaten durch Verhandlungen zu schlichten. Besonders achtet sie darauf, daß die Menschenrechte eingehalten werden. Der von der UNO gewählte Sicherheitsrat hat die Aufgabe, Kriege zwischen den Staaten zu verhindern und Friedensstörer zurechtzuweisen. Da die UNO über keine Armee verfügt, können ihre Beschlüsse oft nicht durchgesetzt werden. Außerdem müssen die Entscheidungen vom Sicherheitsrat einstimmig getroffen werden. Der Sitz der UNO ist in New York.

Untertagebau Abbau von Kohle oder Eisenerz unter der Erde. ☞ *Bergbau, Tagebau*

Umweltschutz

Wodurch unsere Umwelt belastet wird:

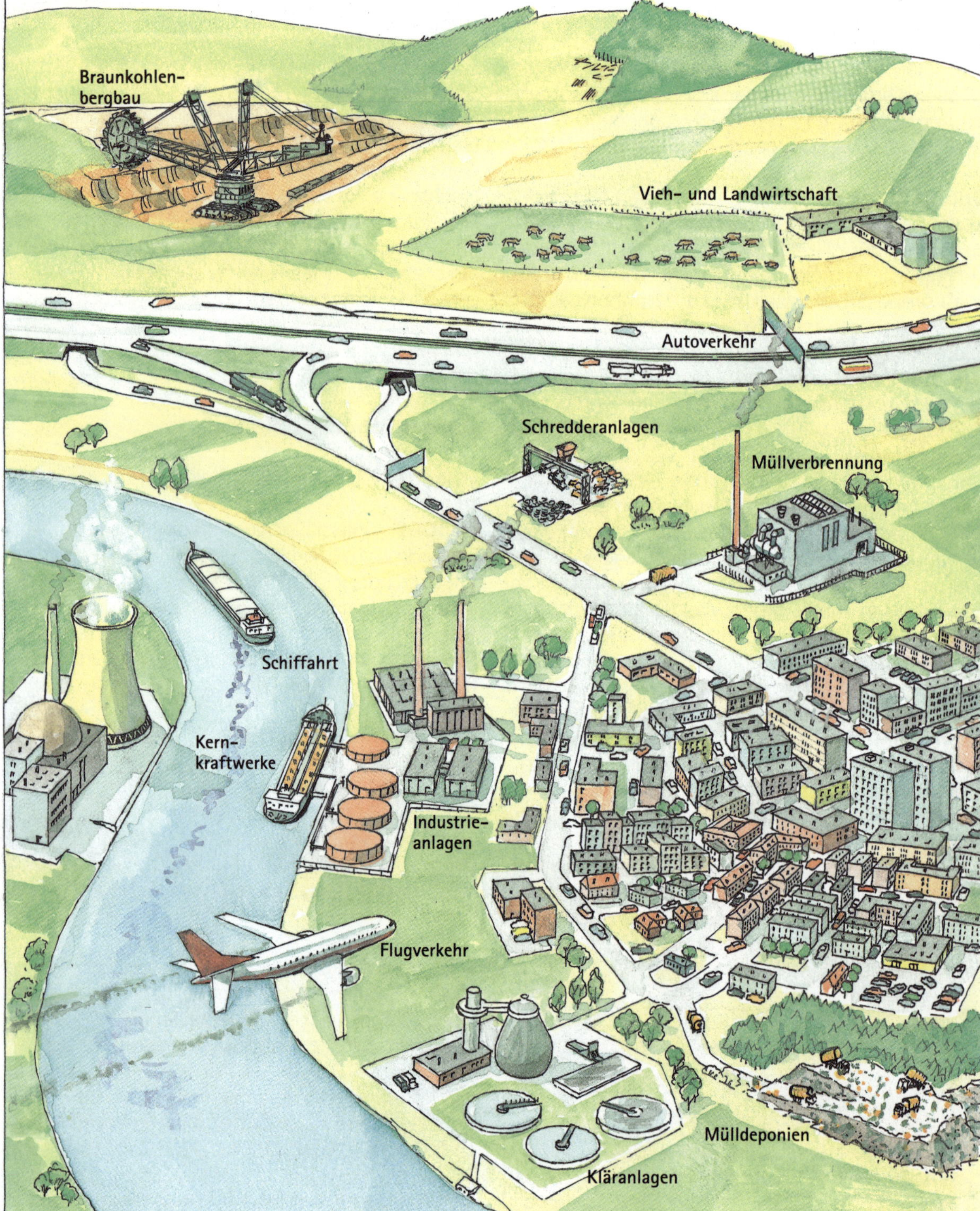

Umweltschutz

Unsere Umwelt ist kaputt – das weiß heute jeder. Aber warum? Der Abfall wird immer mehr. Das fängt schon beim Hausmüll an. Jeder Deutsche bringt es auf 350 Kilogramm Müll pro Jahr, darunter sind hauptsächlich Verpackungen wie Plastikbecher und -beutel, Flaschen und Kartons, Blechdosen, Papier und Kunststoff. Hinzu kommen noch die Küchenabfälle und vieles mehr. Zehnmal so viele Abfälle bringt die Industrie auf diesen riesigen Müllberg. Die Mülldeponien reichen bald nicht mehr aus, und auch die Müllverbrennungsanlagen werden mit den Abfällen nicht mehr fertig.

Mülltrennung und Recycling

Um die Müllmengen zu verringern, versucht man die Abfälle heute teilweise wieder zu verwerten. Man nennt das Recycling. Dabei gewinnt man neue Rohstoffe aus Altpapier, aus alten Flaschen oder Blechdosen. Dazu muß aber jeder seinen Abfall getrennt nach Wertstoffen sammeln. Die Mülltrennung hilft zwar in Großstädten, den Müllberg etwas zu verkleinern, der bessere Umweltschutz ist aber, Abfälle möglichst zu vermeiden.

Die Luftverschmutzung

Eine Müllkippe ganz anderer Art ist die Luft. Die Abgase verpesten die Luft trotz der Katalysatoren in den Auspuffanlagen der Autos und den Filtern in Fabrikschornsteinen. Müllverbrennungsanlagen beseitigen zwar Müll, aber sie senden gleichzeitig hochgiftiges Dioxin aus. Die Luft wird auch durch Kläranlagen und die Ausdünstungen der Viehherden belastet. Das aufsteigende Methangas und Kohlendioxid verstärkt zudem noch den Treibhauseffekt auf der Erde. Zu den Luftverschmutzern gehören auch die Bergwerke, die tonnenweise Staub erzeugen. Kernkraftwerke sind keine Luftverschmutzer wie herkömmliche Wärmekraftwerke. Wenn es jedoch zu einem Reaktorunfall kommt, wie in Tschernobyl in der Ukraine, dann strömen radioaktive Teilchen aus und verseuchen die Lufthülle über Tausende von Kilometern hinweg.

Das gefährdete Wasser

Nicht nur Boden und Luft werden immer mehr geschädigt, auch das Wasser ist gefährdet. Schiffe lassen verbotenerweise Öl ab. Auf den Meeren ereignen sich Tankerunglücke, und Hunderttausende von Tonnen Rohöl fließen aus. Es kommt zu einer Ölpest. Sie zerstört nicht nur das Leben im Ozean, sondern auch die Küsten. Ungefähr 1,5 Milliarden Tonnen Öl werden jährlich über die Meere befördert. Mindestens 3 Millionen Tonnen davon gelangen durch Schiffbruch ins Wasser und noch mehr dadurch, daß die Tanker auf dem offenen Meer gereinigt werden. Aber auch die Flüsse und Seen im Landesinnern sind verschmutzt. Zu große Viehherden erzeugen zu viel Kot und Urin, die als Jauche auf die Felder ausgebracht werden. Wo zuviel gedüngt wird, ist das Grundwasser gefährdet. Der Nitratgehalt des Trinkwassers steigt an, Algen vermehren sich in den Gewässern und verbrauchen den Sauerstoff. Irgendwann kippt das Gewässer um und kann sich selbst nicht mehr reinigen. Noch gefährlicher ist es, wenn giftige Pflanzen- und Unkrautvernichtungsmittel ins Grundwasser gelangen.

Umweltschäden in der Dritten Welt

Umweltschäden gibt es nicht nur in Industrieländern wie Deutschland. Viel schlimmer sieht es oft noch in den Entwicklungsländern aus. Eine halbe Milliarde Menschen trinkt dort verseuchtes Wasser, atmet verpestete Luft ein und verhungert in Gebieten, die durch den Raubbau an der Natur versteppt und verwüstet sind. Jahrelang haben die Industrieländer auch das Weltmeer als billige Müllkippe benutzt. Dadurch wurden die Küsten und Fischgründe verseucht. Viele Entwicklungsländer bringen ihre Abfälle aber weiterhin ins Meer. Da sie nur in seltenen Fällen über Kläranlagen verfügen, gelangen auch viele Giftstoffe ins Wasser. Die Länder der Dritten Welt haben auch meist keine Anlagen zur Müllbeseitigung. Die Abfälle werden einfach irgendwohin gekippt. So entstehen am Rande der riesigen Großstädte immer größere Müllberge. Dort hausen in Slums die Ärmsten zwischen den Müllhalden und suchen nach verwertbaren Dingen.

Da es keine geordneten Mülldeponien gibt, gelangen Schadstoffe in den Boden und ins Grundwasser. Der Boden wird auf Jahrzehnte hinaus vergiftet. Ohnehin ist er durch Pflanzenschutzmittel, Unkrautvernichtungsmittel und Schädlingsbekämpfungsmittel belastet, die auf Plantagen eingesetzt werden. So wird nach und nach der Ackerboden als Lebensgrundlage der Menschen zerstört. Heute sterben durch Umweltschäden bereits mehr Menschen, als durch Katastrophen oder Kriege. Wir können auf unserem Planeten nur überleben, wenn alle Völker beim Umweltschutz zusammenarbeiten und die reichen Länder den armen helfen.

U

Unterwalden Schweizerischer Doppelkanton am Vierwaldstätter See. Er besteht aus Obwalden und Nidwalden. ☞ *Kanton, Schweiz*

Ural 2 100 km langer und bis zu 150 km breiter Gebirgszug in Rußland. Er bildet die Grenze zwischen Europa und Asien. ☞ *Rußland*

Uran Radioaktives Schwermetall, das im Laufe der Zeit in andere Metalle zerfällt. In der Natur kommt es hauptsächlich im Uranpecherz vor. Eine Form ist das Uran 235, der Brennstoff für Kernreaktoren, aber auch der Ausgangsstoff für gefährliche Atomwaffen. Heute gehört Uran neben dem Erdöl zu den begehrtesten Bodenschätzen.
☞ *Bodenschätze, Radioaktivität*

Urbanisierung Fremdwort für Verstädterung. Im Umland von Großstädten und Industriezentren wird immer mehr gebaut. Es entstehen Gewerbebetriebe, Fabriken und Wohnsiedlungen. Die Bauernhöfe und Felder verschwinden, und die ländliche Umgebung verstädtert immer mehr. Man sieht das heute vor allem an den Gewerbegebieten, die am Rande der Dörfer liegen. ☞ *Stadtlandschaft*

Uri Einer der drei Schweizer Urkantone am Vierwaldstätter See. Hauptstadt ist Altdorf.
☞ *Kanton, Schweiz*

Urknall Manche Wissenschaftler sind der Ansicht, das Weltall und auch die Erde seien vor etwa 15 Milliarden Jahren durch eine Explosion entstanden. Diese Explosion bezeichnen sie als Urknall oder Big Bang (👄 big bäng). ☞ *Urzeit, Wasserstoff*

Urmensch In Ostafrika hat man Knochen von Lebewesen gefunden, die vielleicht als Urmenschen angesehen werden können. Sie sind über 3 Millionen Jahre alt. Die Knochen menschenähnlicher Wesen aus Asien sind 1 bis 2 Millionen Jahre jünger. Wenn es in Afrika tatsächlich Spuren der ältesten Menschen gibt, sind die Wurzeln der Menschheit in diesem Erdteil zu suchen. ☞ *Mensch*

Urstromtal Vor etwa 10 000 Jahren ging die jüngste Eiszeit zu Ende, und die letzten Eisreste schmolzen ab. Jetzt zeigten sich breite, flache Täler, die durch abfließendes Gletschereis entstanden waren. In den Urstromtälern fließen heute Flüsse.

Urtiere Winzige, einzellige Lebewesen, die im Wasser oder anderen Flüssigkeiten vorkommen. Die meisten vermehren sich, indem sie sich teilen. Diese Tiere gab es schon vor Jahrmillionen auf der Erde.

Uruguay Südamerika

Fläche: 177 414 km² (89. Land)
Einwohnerzahl: 3,1 Mio.
Hauptstadt: Montevideo (1,3 Mio. Einw.)
Bevölkerung: Weiße, Mestizen
Sprache: Spanisch
Religion: Christen Geld: Neuer Peso
Das subtropische Land ist größtenteils Grassteppe. Über die Hälfte des Landes wird als Weide für Rinder und Schafe genutzt. Im Süden fließt der 4 700 km lange Rio de la Plata in einer breiten Trichtermündung in den Atlantik.

Urvogel Etwa taubengroßer Vogel, der vor rund 140 Millionen Jahren auf der Erde lebte. Der Urvogel heißt mit wissenschaftlichem Namen Archäopteryx. Er hatte Vogelfedern und einen Schnabel, dazu ein Gebiß wie eine Eidechse und Krallen an den Flügeln. Er gilt als Bindeglied zwischen den Kriechtieren und den Vögeln. ☞ *Kreidezeit*

Urwald Urtümlicher Wald, der vom Menschen noch nicht verändert wurde. Als Urwald bezeichnet man auch den Regenwald in den Tropen. Es gibt nur noch wenige echte Urwälder auf der Erde.
☞ *Regenwald, Taiga*

Urzeit ☞ *Seite 235*

USA ☞ *Vereinigte Staaten von Amerika*

Usbekistan Asien

Fläche: 447 400 km² (55. Land)
Einwohnerzahl: 20,3 Mio.
Hauptstadt: Taschkent (2,1 Mio. Einw.)
Bevölkerung: Usbeken, Russen, Tataren u. a.
Sprachen: Usbekisch, Russisch
Religion: Moslems Geld: Rubel
Der mittelasiatische Staat besteht zu drei Vierteln aus Wüste. Die Usbeken leben überwiegend an den Flüssen und in den künstlich bewässerten Oasen. Sie bauen Baumwolle und Getreide an und betreiben Schafzucht. Bis 1991 war Usbekistan eine Republik der ehemaligen Sowjetunion und gehört heute zur GUS.

Die Astronomen oder Himmelsforscher beschäftigen sich seit jeher mit der Frage nach den Grenzen des Weltalls. Deswegen bauen sie immer größere Teleskope, um noch tiefer ins Universum blicken zu können. Bei dieser Suche stellten sie schon vor 80 Jahren zu ihrem Erstauen fest, daß die am weitesten entfernten Milchstraßen sich von der Erde in rasendem Tempo entfernen. Manche erreichen dabei ein Drittel der Lichtgeschwindigkeit. Hat das Universum also keine Grenzen?

Wenn die Galaxien heute auseinanderfliegen, müssen sie sich wohl vor ewiger Zeit einmal nahe beieinander befunden haben. Die Astronomen haben dazu die Vorstellung vom Urknall entwickelt. Vor rund 15 Milliarden Jahren begann das gesamte Weltall mit einem Urknall oder einem Big Bang. Den Anfang machte also unvorstellbar viel Energie. Bereits nach wenigen Sekunden gingen aus dieser Energie alle Elementarteilchen hervor, aus denen die Atome bestehen. Dabei entstanden auch die verschiedenen Kräfte, die wir heute im Weltall und auf der Erde feststellen, wie die Schwerkraft oder Anziehungskraft und das Magnetfeld. Schon drei Minuten nach dem Urknall vereinigten sich die Elementarteilchen zu dem Gas Wasserstoff. Dieses Gas macht neun Zehntel der gesamten Materie im Weltall aus.

Der Urknall führte dazu, daß die Wasserstoffwolken mit ungeheurer Geschwindigkeit auseinanderflogen. Im Lauf von Jahrmilliarden verdichteten sich manche dieser Wolken zu Galaxien und Sternen. Die Sterne glühten auf, brannten einige Milliarden Jahre lang und verloschen dann. Viele unter ihnen explodierten kurz vorher. Dabei entstanden die schwereren chemischen Elemente wie das Eisen, das sich auf der Erde befindet.

Zur Zeit dehnt sich das Weltall aus. Vielleicht wird es sich in alle Ewigkeit weiter ausdehnen. Vielleicht kommt die Bewegung aber auch zum Stillstand. Dann könnte es sein, daß das Weltall wieder in sich zusammenfällt und der Urknall sich am Ende gar wiederholt. Keiner von uns wird das jedenfalls erleben. Die Astronomen haben berechnet, daß das Weltall frühestens in 60 Milliarden Jahren wieder beginnen wird, in sich zusammenzufallen. Schon viel früher wird die Sonne sich aber so weit erhitzt haben, daß sie die Erde verbrennt, und schließlich wird unser ganzes Sonnensystem untergehen.

Urlandschaft vor etwa 4 Milliarden Jahren

Vanuatu Ozeanien

Fläche: 12 189 km² (155. Land)
Einwohnerzahl: 157 000
Hauptstadt: Port Villa (19 300 Einw.)
Bevölkerung: Melanesier
Sprachen: Pidgin-Englisch, Englisch, Französisch
Religion: Christen, Naturreligionen Geld: Vatu
Der Staat im Pazifik besteht aus 12 größeren und 70 kleineren gebirgigen Vulkaninseln, die von Korallenriffen umgeben sind. Die Vanuaten leben vom Kokosnußanbau und vom Fischfang.

Vasco da Gama (1469 bis 1524) Portugiesischer Seefahrer und Entdecker. Er umsegelte das Kap der Guten Hoffnung an der Südspitze Afrikas und entdeckte dabei den Seeweg nach Ostindien.
☞ *Entdecker*

Vatikanstadt Europa

Fläche: 0,44 km² (193. Land)
Einwohnerzahl: 840
Sprachen: Italienisch, Latein
Religion: Katholiken Geld: Italienische Lira
Der Vatikan ist der kleinste Staat der Welt. Er liegt mitten in der italienischen Hauptstadt Rom und besteht nur aus dem Petersdom mit dem Petersplatz und den umliegenden Palästen. Das Oberhaupt des Kirchenstaates und zugleich von etwa 1 Milliarde Katholiken in aller Welt ist der Papst. Im Vatikan leben Priester und geistliche Würdenträger aus allen Teilen der Erde, die sich untereinander auch in Latein verständigen können. Außerdem gehören zum Vatikan 3 000 Angestellte.

Peterskirche in Rom

Vegetation Alle Pflanzen in einem bestimmten Gebiet bilden die Vegetation. Man spricht etwa von der Vegetation der Wiese oder des Bergwalds. Auf der Erde trifft man von Norden nach Süden auf große Vegetationszonen: die Tundra, den Nadelwald, den Mischwald, die Steppe, die Wüste, die Savanne und den Regenwald. Die Vegetation in den einzelnen Zonen unterscheidet sich je nach Höhenlage und Klima. ☞ *Höhenstufen, Klima*

Venedig Die weltberühmte italienische Stadt liegt auf mehreren Inseln in einer Lagune. Fast alle Häuser sind auf Eichenpfählen errichtet und von Wasser umspült, und statt Straßen gibt es hier Kanäle. Der gesamte Verkehr findet mit Motorbooten und Gondeln statt. Jährlich wird die Lagunenstadt von Millionen Fremden aus aller Welt besucht.
☞ *Italien, Lagune*

Venezuela Südamerika

Fläche: 912 050 km² (32. Land)
Einwohnerzahl: 19,7 Mio.
Hauptstadt: Caracas (1,3 Mio. Einw.)
Bevölkerung: Mestizen, Mulatten, Schwarze, Weiße
Sprache: Spanisch
Religion: Christen Geld: Bolivar
Das Land in Südamerika liegt am Karibischen Meer. Im Norden und Westen ist es gebirgig, den Mittelteil nimmt das Tiefland des Orinoco ein, im Süden ist es Hochland. Es gibt noch dichte Regenwälder. Der Reichtum Venezuelas beruht auf seinen Ölvorkommen, die auch im Maracaibo-See, einer Meeresbucht, gefördert werden. Die Bucht ist mit einer 8,6 km langen Brücke überspannt.

Verdunstung Ständig verdunstet Wasser auf der Erde. Es geht in den gasförmigen Zustand über und steigt in die Luft auf, wo es wieder zu Wassertröpfchen kondensiert. Die Verdunstung findet bei jeder Temperatur statt, also auch im Winter, und trägt zur Umverteilung des Wassers auf der Erde bei.
☞ *Wasserkreislauf*

Vereinigte Arab. Emirate Asien

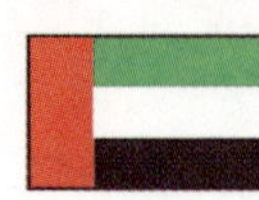

Fläche: 83 600 km² (113. Land)
Einwohnerzahl: 1,7 Mio.
Hauptstadt: Abu Dhabi (92 000 Einw.)
Bevölkerung: Araber, Fremdarbeiter vorwiegend aus Indien und Pakistan
Sprachen: Arabisch, Hindi, Englisch
Religion: Moslems Geld: Dirham
Das Land auf der Arabischen Halbinsel am Persischen Golf besteht größtenteils aus Wüste und Salzsümpfen. Es ist ein Zusammenschluß von sieben Beduinenscheichtümern, den Emiraten. Die Haupteinnahmequelle ist das Erdöl.

Verkehr

Alle Industrieländer der Erde haben ein gut ausgebautes Verkehrsnetz mit Straßen, Eisenbahnlinien, schiffbaren Flüssen und Kanälen. Ohne diese Verkehrswege könnten moderne Staaten gar nicht bestehen. Schon die Völker im Altertum, die Assyrer, die Perser und die Ägypter, hatten Straßen gebaut, und das römische Weltreich besaß vor 2000 Jahren ein großes Straßennetz. Die gut gebauten Römerstraßen verfielen bis auf wenige, und im Mittelalter gab es in Europa nur noch bessere Feldwege. Wer mit der Postkutsche reiste, wußte nie genau, wann er ans Ziel kam. Eine Reise von Hamburg nach Berlin dauerte damals fast eine Woche. Heute schafft man diese Entfernung mit dem Auto auf der Autobahn in knapp drei Stunden, und auch der Zug braucht nicht viel länger.

Vierspurige Autobahnen überqueren hohe Gebirge, lange Spannbrücken verbinden die Ufer der breitesten Ströme und führen sogar über Meeresbuchten. Flüsse und Kanäle bilden ein Wasserstraßennetz, auf dem auch große Schiffe fahren können. Eisenbahnstrecken verbinden alle großen Städte in Europa. All diese Verkehrswege folgen den sogenannten Verkehrsleitlinien. Das sind Täler oder Flußläufe, an denen sich Straßen- und Eisenbahnlinien entlangziehen. Eine solche Verkehrsleitlinie in Europa ist zum Beispiel der Rheingraben von der Schweiz bis in die Niederlande oder das Donautal von Deutschland bis Rumänien.

Die Erschließung eines Landes durch Verkehrswege bringt aber nicht nur Vorteile. Jede neue Straße benötigt ungeheuer viel Land. Kanäle führen oft durch Flußlandschaften und zerstören die Auenwälder. Flughäfen in dichtbesiedelten Gebieten bringen Lärmbelästigung und Luftverschmutzung für die Anwohner. In Großstädten und Ballungsräumen sind so viele Fahrzeuge unterwegs, daß es oft große Staus gibt. Eine Möglichkeit, den zunehmenden Autoverkehr einzudämmen, sieht man im Ausbau des Schienennetzes für schnellere Züge. Man hofft, so wenigstens im Personenverkehr die überfüllten Straßen zu entlasten. Der Intercity-Expreß braucht für die 820 km von Hamburg nach München nur 6 Stunden. Das kann man auf den überfüllten Straßen heute selbst mit dem schnellsten Auto nicht schaffen. Die Zukunft des Personen- und Güterverkehrs in dichtbesiedelten Ländern liegt also nicht auf der Straße, sondern auf der Schiene.

Vereinigte Staaten von Amerika

Nordamerika
Fläche: 9 363 123 km² (4. Land)
Einwohnerzahl: 249 Mio.
Hauptstadt: Washington (607 000 Einw.)
Bevölkerung: Weiße verschiedenster Abstammung sowie Schwarze, Indianer, Mexikaner
Sprache: Englisch
Religion: Christen   Geld: US-Dollar
Die USA , die **U**nited **S**tates of **A**merica, sind nach Kanada das größte Land Amerikas und erstrecken sich vom Atlantik im Osten bis zum Pazifik im Westen. Die Vereinigten Staaten gliedern sich in 50 Bundesstaaten und gelten als die bedeutendste Macht der Erde.

Vereinte Nationen ☞ *UNO*

Verkehr ☞ *Seite 237*

Verklappung Jahrzehntelang brachten Schiffe giftigen Klärschlamm aus Industriegebieten in die Nordsee, um diesen dort zu verklappen. Dazu wurde die hintere Klappe des Schiffs geöffnet und der Klärschlamm ins Meer gekippt. So gelangte vor allem Dünnsäure, die in chemischen Fabriken als Abfallstoff anfällt, ins Meer. Durch die Meerwasserverschmutzung gingen viele Lebewesen zugrunde. Heute ist die Verklappung in der Nordsee verboten. Trotzdem werden die Meere häufig noch als billige Abfallgrube betrachtet. ☞ *Umweltschutz*

Verlandung Wenn Gewässer allmählich austrocknen, spricht man von Verlandung. Zuerst siedeln sich Pflanzen an, und der Seegrund trocknet immer mehr ab. Schließlich entsteht ein Moor. ☞ *Moor*

Versteinerung Abgestorbene Tiere und Pflanzen, die vor Jahrmillionen im Schlamm versanken, lösten sich auf. Aber ihr Körperabdruck blieb in den Gesteinsschichten erhalten und versteinerte. Wurde er von Kalk oder von Ton ausgefüllt, dann findet man die ganze Form des Lebewesens als Versteinerung. Tiere mit festem Gehäuse wie die Ammoniten versteinerten ebenfalls meist ganz. Auch Trittsiegel von Tieren und Fußabdrücke von Menschen versteinerten. Die Fossilien geben uns Aufschluß über Lebewesen aus früheren Zeiten. ☞ *Ammonit, Bernstein, Erdgeschichte, Fossilien*

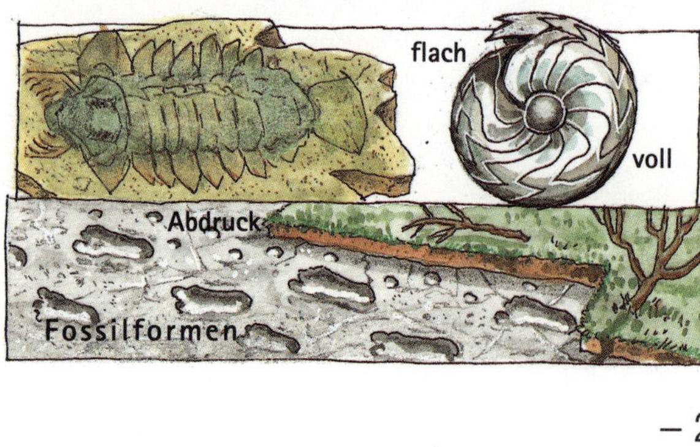

Versteppung Wo der Wald gerodet wird, bleibt eine kahle Fläche zurück. In Trockengebieten gedeihen auf dem Boden nur noch kümmerliche Pflanzen. Das Wasser fließt sofort ab, der Boden wird vom Wind fortgetragen und vom Regen abgeschwemmt. Schließlich wächst nichts mehr. Um eine solche Versteppung zu verhindern, muß man kahlgeschlagene Waldstücke sofort aufforsten. ☞ *Aufforstung, Steppe*

Verwitterung Durch das Wetter, durch Frost und Hitze, durch Wasser, Eis und Wind verwittert die Erdoberfläche. Das Eis erweitert Felsspalten zu großen Rissen und sprengt Gesteinsbrocken ab. Das Gestein wird immer weiter zerkleinert, und am Ende der Verwitterung bleiben Sand und Staub übrig. Durch diese Vorgänge werden Gebirge allmählich abgetragen, und die Erdoberfläche verändert sich ständig. ☞ *Erosion*

Vesuv Der 1 277 m hohe Vesuv bei Neapel ist ein noch tätiger Vulkan. Er hatte im Jahr 79 seinen größten Ausbruch. Dabei wurden die Städte Pompeji, Herculaneum und Stabiae mit meterhoher Asche und Lava bedeckt. Man hat diese Städte teilweise wieder ausgegraben und so einen Eindruck vom Leben der Römer gewonnen. 1944 brach der Vesuv erneut aus, und seitdem steigen aus dem Krater ständig Dämpfe auf. ☞ *Italien, Vulkan.*

Victoriafälle Wasserfälle des Sambesistroms in Südafrika. Der Strom ist dort 1 700 m breit und stürzt 110 m tief in eine enge Schlucht. Über die Sambesifälle führt eine Eisenbahnbrücke in 130 m Höhe. ☞ *Afrika*

Victoriasee Größter See Afrikas in Tansania, und drittgrößter See der Erde. Mit 68 000 km² ist er über 100mal größer als der Bodensee. Der Victoriasee ist 40 bis 80 m tief. ☞ *Afrika*

Völker

Fast alle Völker der Erde kennen ein Märchen von der Entstehung der Menschen. Danach hat ein Gott die Menschen aus Lehm geformt und in einem Ofen gebacken. Der Mensch glückte ihm aber nicht aufs erste Mal, und so hat er mehrere Versuche unternommen. Und je nach dem Erdteil, in dem das Märchen erzählt wird, sind einmal die Weißen, die Gelben oder die Schwarzen am besten geraten.
Wir sehen aus dieser Geschichte, daß jede Menschenrasse stolz auf ihre Hautfarbe ist und sich für etwas Besonderes hält. Tatsächlich ist die Hautfarbe das auffälligste Unterscheidungsmerkmal zwischen Menschenrassen. Danach unterteilen wir drei große Gruppen: die Hellhäutigen, die Gelbhäutigen und die Dunkelhäutigen. Außer diesen drei Rassen gibt es noch die dunkelhäutigen Ureinwohner Australiens, die Aborigines. Sie bilden eine eigene, wenn auch kleine Gruppe. Zu den Hellhäutigen, den Weißen, gehören die blonden Schweden genauso wie die dunkelhaarigen Italiener oder die Araber und Inder. Die Gelben bewohnen ganz Asien, und die größten Völker sind dort die Indonesier, die Chinesen und die Japaner. Sie haben ein besonderes Rassemerkmal, nämlich die schräggestellten Augen mit Lidfalte. Außerdem besitzen sie schwarze Haare. Zu dieser Gruppe gehören auch die Indianer Nord- und Südamerikas und die Eskimos. Auch die meisten Schwarzen in Afrika haben ein besonderes Rassemerkmal, nämlich schwarze, stark gelockte Haare. Außerdem besitzen sie eine breite Nase und wulstige Lippen. Die Ureinwohner Australiens, die Aborigines, ähneln den Schwarzafrikanern, unterscheiden sich aber von diesen durch ihr hellbraunes bis blondes Haar.
Nun wäre es einfach, wenn man die Menschen nur nach ihrer Hautfarbe in Weiße, Gelbe oder Schwarze einteilen könnte. Tatsächlich gibt es auf der ganzen Erde fast keine reinrassigen Völker mehr. Im Laufe der Geschichte haben sich die Völker miteinander vermischt, und es entstanden Mischrassen. So haben die Nachkommen von schwarzen und weißen Eltern, die Mulatten, meist mittelbraune Haut. Sie leben vor allem in Lateinamerika, wo sich schwarze Negersklaven mit weißen Europäern vermischt haben. In Mittel- und Südamerika bilden die Mestizen die größte Bevölkerungsgruppe. Es sind Mischlinge zwischen der indianischen Urbevölkerung und den spanischen Eroberern, also zwischen Indianern und Weißen. Auch Indianer und Schwarze haben häufig geheiratet, ihre Kinder bezeichnet man als Zambos.

Viehzucht Schon vor 5 000 Jahren hatten die Ägypter große Rinderherden. Sie züchteten auch Gänse und Hühner. Heute werden auf der Welt mehr Schlachttiere gehalten als jemals zuvor. Man schätzt den Weltbestand an Rindern auf 1,5 Milliarden Stück. Und fast ebenso groß ist die Zahl der Schafe und Schweine. Nie vorher wurde soviel Fleisch und Milch erzeugt, und dennoch sind Armut und Hunger weit verbreitet. Große Teile der Erde wurden in Weideland verwandelt. In Brasilien holzt man den Regenwald ab, um Platz für Rinderfarmen zu schaffen. Viele Entwicklungsländer haben den Anbau von Getreide und Nährpflanzen aufgegeben, um Viehfutter anzupflanzen, das sie in die reichen Länder verkaufen – und dabei leiden sie Hunger. Würden die Menschen in den Industriestaaten weniger Fleisch essen, bliebe in den Entwicklungsländern mehr lebenswichtiges Ackerland erhalten.

Vierte Welt Die am wenigsten entwickelten Länder der Erde werden manchmal auch als „Vierte Welt“ bezeichnet. Dazu gehören die 40 ärmsten Staaten. Sie leiden unter unvorstellbarer Armut und vor allem Hunger. Die meisten dieser Länder liegen im mittleren Afrika. Drei von fünf Einwohnern in Vierte-Welt-Ländern wie dem Tschad, dem Sudan, Angola oder Somalia können weder lesen noch schreiben. ☞ *Dritte Welt*

Vietnam Asien

Fläche: 331 689 km² (64. Land)
Einwohnerzahl: 66,5 Mio.
Hauptstadt: Hanoi (1,1 Mio. Einw.)
Bevölkerung: Vietnamesen, Chinesen, Thai, Khmer
Sprachen: Vietnamesisch, Chinesisch, Russisch
Religion: Buddhisten, Christen Geld: Dong
Das gebirgige Land in Südostasien hat eine lange Küste am Südchinesischen Meer. Die meisten Menschen leben im Tiefland des Mekong und des Roten Flusses. Ein dreißigjähriger Krieg, der erst 1975 zu Ende ging, hat Vietnam weitgehend zerstört.

Vogelfluglinie Kürzeste Verbindung zwischen Mitteleuropa und Skandinavien. Sie verläuft von der Ostseeküste über die dänischen Inseln nach Südschweden. Auf dieser Route verkehren die Fährschiffe. Den Namen hat der Verkehrsweg nach dem Weg der Zugvögel.

Völker ☞ *Seite 239*

Völkermord In vielen Staaten leben kleine Volksgruppen mit anderer Kultur, anderer Sprache oder anderer Religion. Manchmal versucht die Mehrheit, diese Minderheiten zu unterdrücken, sie aus dem Land zu drängen oder sie sogar auszulöschen. So hat Deutschland im Dritten Reich die bis dahin hier lebenden Juden verfolgt und zu Millionen in Vernichtungslagern umgebracht. Das ist Völkermord. Auch heute noch gibt es grausame Verfolgung von Minderheiten. Die UNO, der fast alle Völker der Erde angehören, kämpft gegen die Ausrottung kleiner Völker und der letzten Naturvölker.

Volkszählung Niemand weiß genau, wie viele Menschen auf der Erde leben. Man schätzt, daß es im Jahr 2 000 über sechs Milliarden sein werden. Alle fünf bis zehn Jahre stellt man in den meisten Staaten die Einwohnerzahl neu fest. Dabei wird gleichzeitig nach Geschlecht, Alter, Familienstand und Beruf unterschieden. Solche Volkszählungen sind in den Ländern, in denen viele Menschen weder lesen noch schreiben können, besonders ungenau. Deshalb kann man die gesamte Weltbevölkerung auch nur ungefähr schätzen.

Vorarlberg Bundesland Österreichs, 2 600 km² Fläche, 336 200 Einwohner. Die Hauptstadt von Vorarlberg ist Bregenz. ☞ *Österreich*

Vulkan ☞ *Seite 241*

Vulkaninsel Am 14. November 1963 erschien vor der Südküste Islands eine riesige Dampfwolke, die ein Vulkan auf dem Meeresgrund verursacht hatte. Allmählich begann sich der feuerspeiende Berg aus dem Wasser zu heben – eine Vulkaninsel war entstanden. Vulkane können auf dem Festland oder auf dem Meeresgrund ausbrechen. Im Pazifischen Ozean gibt es ganze Ketten vulkanischer Inseln. ☞ *Vulkan*

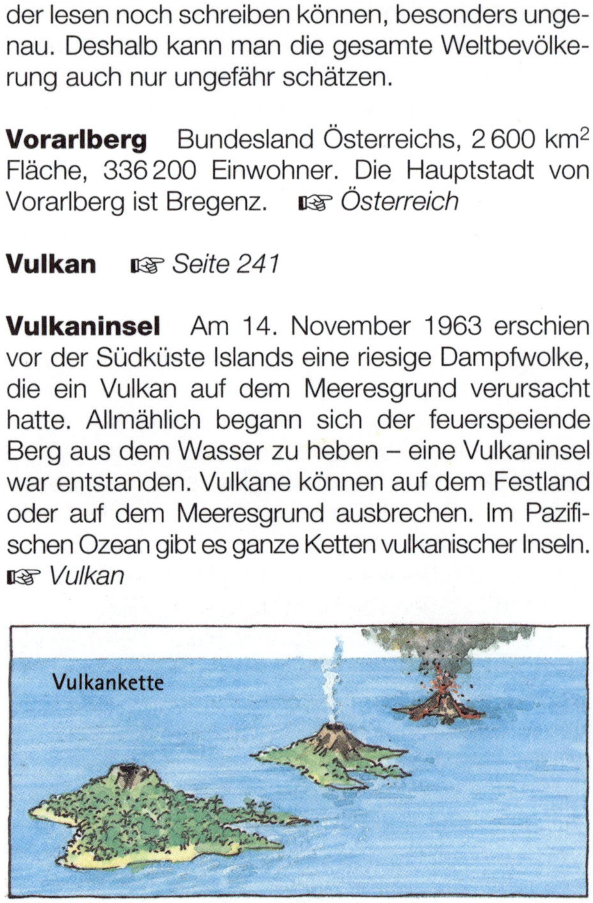

Vulkan

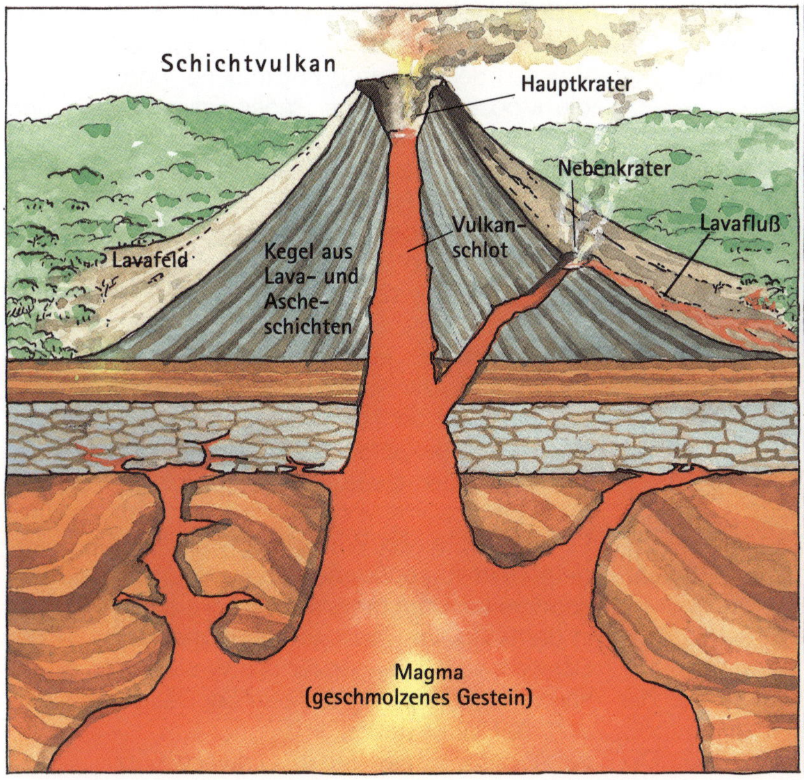

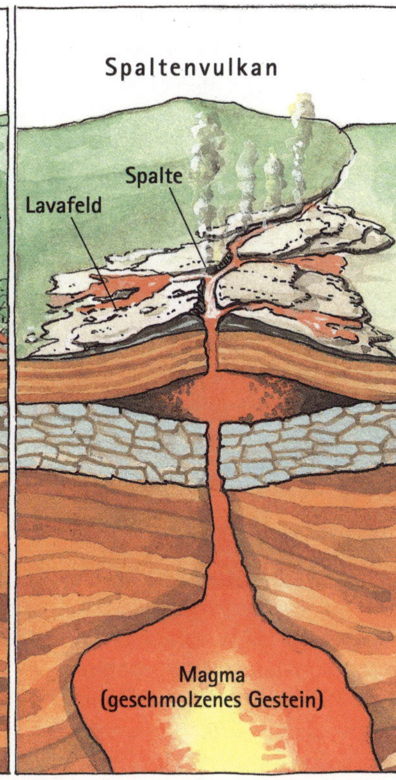

Vulkane sind gefährliche Berge, aber das sieht man ihnen nicht immer an. Jahrhundertelang hatten die Bewohner der Antilleninsel Martinique im Schatten des 1 530 m hohen Mont Pelée gelebt. Die Einwohner eines kleinen Städtchens am Fuß des Berges ließen sich weder durch kleinere Ausbrüche noch davon beeindrucken, daß es gelegentlich im Innern des Vulkans rumorte. Im Mai 1902 stieg dann aus einem Berghang eine feurige Rauchsäule auf. Plötzlich schoß eine glühendheiße Wolke hervor und wälzte sich innerhalb von einer Minute über das Städtchen hinweg. Die Wolke enthielt giftige Gase und glühenden Staub. Von den 30 000 Einwohnern der Stadt blieb nur einer am Leben – er saß zufällig in einem unterirdischen Gefängnis. Noch gewaltiger war die berühmte Eruption des Krakatau, einer indonesischen Vulkaninsel. Er sprengte sich buchstäblich selbst in die Luft. Dabei entstand eine sehr hohe Flutwelle, die noch auf entfernten Inseln ganze Dörfer mitriß.

Solche Vulkanausbrüche können sich jederzeit wiederholen. 1992 sah man im Fernsehen den Ausbruch des Ätna auf Sizilien, wenn die Eruption auch nicht so eindrucksvoll war wie beim Krakatau.

Es gibt etwa 500 tätige Vulkane auf der Erde und Tausende von erloschenen Vulkanen. Die meisten finden sich am Rand der Kontinente oder auf Inseln, besonders im Pazifischen Ozean. In der Nähe der Tiefseegräben gibt es über 300 tätige Vulkane, und die Feuerkette reicht bis nach Hawaii. Eine zweite Vulkankette erstreckt sich entlang des mittelatlantischen Rückens von Island bis nach Ostafrika. Die Vulkane liegen in Zonen, wo die Erde nicht zur Ruhe kommt. Hier finden auch die meisten Erdbeben statt.

Tief in der Erdrinde befindet sich der Vulkanherd mit dem zähflüssigen, heißen Magma. Es ist eine glutflüssige Gesteinsschmelze, die unter ungeheurem Druck steht. Wenn der Druck zu hoch wird, kann das Magma in einer Erdspalte nach oben steigen. Dabei bahnt es sich seinen Weg durch den Vulkanschlot und wird mit ungeheurer Wucht aus dem Vulkankrater herausgeschleudert. Dann läuft die glühendheiße Lava über die Hänge des Vulkans und baut den Berg immer höher auf. Es gibt verschiedene Vulkanformen. Am bekanntesten ist der Schichtvulkan, der wie ein Kegel aussieht. Manchmal tritt Magma nur aus Erdspalten aus und bildet dann ein großes Lavafeld aus fruchtbarem Boden.

Waadt Kanton im Südwesten der Schweiz zwischen Genfer und Neuenburger See. Die Hauptstadt der Waadt ist Lausanne. ☞ *Schweiz*

Wadi Ausgetrocknetes Flußtal in der Wüste. Wenn es in der Wüste regnet, sind die Niederschläge gewaltig. Das Wasser kann in den steinharten Boden nicht eindringen. Es fließt in den Wadis ab, die dann zu reißenden Strömen werden. ☞ *Wüste*

Währung Das von einem Staat eingeführte Zahlungsmittel bezeichnet man als Währung. Die deutsche Währung ist die Deutsche Mark (DM), die österreichische der Österreichische Schilling (öS), die schweizerische der Schweizer Franken (sfr). Die meisten Währungen sind untereinander konvertierbar, das heißt, man kann DM in öS oder in sfr tauschen und umgekehrt und bekommt jeweils den entsprechenden Geldwert dafür. In Europa soll ab 1995 eine gemeinsame Währung für alle EG-Länder eingeführt werden, der Ecu (👁 eküh) ☞ *Devisen*

Wald Rund ein Fünftel der Erdoberfläche ist von Wald bedeckt. Die größten zusammenhängenden Waldgebiete sind die Nadelwälder in der sibirischen Taiga und in Kanada sowie der Regenwald am Amazonas. Noch vor 50 Jahren war die Waldfläche doppelt so groß wie heute. Seither hat man immer mehr Wald geschlagen – um Holz zum Heizen und Bauen zu haben, um Papier herzustellen, um Platz für Ackerland, Viehweiden, Straßen oder Häuser zu gewinnen. Die Wälder auf der Erde sind aber für uns lebensnotwendig. Als Sauerstoffspender sind die Bäume unersetzlich. Wälder verbessern nicht nur die Luft, sie regeln auch das Klima und die Luftfeuchtigkeit auf der Erde. Je mehr Wald abgeholzt wird, desto weiter dringt die Wüste vor und desto wärmer wird es auf der Erde. Der Schutz des Waldes ist ein wichtiger Teil des Umweltschutzes.
☞ *Bannwald, Klima, Umweltschutz*

Waldboden In einem gesunden Wald ist der Boden von Kräutern und Moosen bedeckt. Die Wurzeln der Bäume und Sträucher und vor allem die Moose halten das Regenwasser zurück und speichern es. Auf diese Weise wird der Grundwasserspiegel ausgeglichen. Wo der Waldboden nackt und kahl ist, schießt das Wasser zu Tal, und es kommt zu Überschwemmungen. Deshalb ist ein gesunder Wald auch für die Wasserwirtschaft wichtig. ☞ *Wald, Wasserkreislauf*

Waldsterben Gegen Ende der 70er Jahre begann in Deutschland das Waldsterben. Zuerst zeigte es sich bei Tannen. Die Bäume verloren ihre Nadeln und bekamen kahle Zweige. Nach ein paar Jahren starben diese Bäume ab. Inzwischen sind auch Laubbäume vom Waldsterben befallen, und fast die Hälfte aller Wälder in Deutschland und anderen mitteleuropäischen Ländern sind krank. Besonders schlimm betroffen sind bei uns die Wälder in der Rhön, im Harz und im Erzgebirge sowie der Schwarzwald. Ursache für das Waldsterben ist der saure Regen, der die Wurzeln der Bäume schädigt und die Blätter verätzt.
☞ *Abgase, saurer Regen, Umweltschutz*

Wales (👁 wäils) Landesteil im Südwesten der britischen Hauptinsel. ☞ *Großbritannien*

Walfang Der Walfang war früher von großer wirtschaftlicher Bedeutung. Man jagte den Wal vor allem deshalb, weil man aus dem Speck das Walöl als Rohstoff für Margarine gewann. Die Knochen und die übrigen Abfälle wurden zu Walmehl verarbeitet und als Futtermittel oder zur Düngung verwendet. Auch Seife und Kerzen machte man aus Walfett. Das Walfleisch gilt bei den Japanern heute noch als Delikatesse, und auch die Eskimos ernährten sich davon. Die Jagd auf den Wal war so gewinnbringend, daß man die Wale schon vor 50 Jahren nahezu ausgerottet hatte. Besonders die Isländer, die Norweger, Russen und Japaner gingen mit großen Flotten auf Walfang. Um die größten Meeressäuger vor dem Aussterben zu bewahren, mußten Walfangquoten festgesetzt werden. Danach durfte nur eine bestimmte Anzahl von Walen im Jahr getötet werden. Schließlich wurde es nötig, den Walfang ganz einzustellen, weil fast alle Arten vom Aussterben bedroht sind. 1994 wurde das Walfangverbot verlängert, aber nicht alle Länder wollen sich daran halten.

Wallis Kanton im Südwesten der Schweiz. Das Wallis ist ein berühmtes Fremdenverkehrsgebiet. Die Hauptstadt ist Sitten. ☞ *Kanton, Schweiz*

Wanderdüne An Sandküsten und in Wüsten weht der Wind den Sand zu Hügeln auf, und es entsteht eine Dünenlandschaft. Manchmal können die Sandberge eine Höhe von mehr als 200 m erreichen. Wenn sich die Düne einigermaßen verfestigt hat, wird der Sand vom Wind bis auf die Spitze der Düne getrieben. Dort rollt er über den Kamm und baut sich von unten neu auf. Im Lauf der Zeit wird die Düne so immer weiter verfrachtet. Man spricht dann von einer Wanderdüne. Sie bewegt sich bis zu 25 m im Jahr in Windrichtung weiter. ☞ *Düne*

Warmfront Kalte Luft ist schwerer als warme und liegt deshalb auf dem Boden. Bringt der Wind nun warme Luft heran, so entsteht eine Warmfront, und die warme Luft fließt an der kalten nach oben. Dabei kühlt sie sich stark ab, und es entstehen Wolken, die schließlich abregnen. Der Wetterbericht spricht dann von einem Tief oder Tiefdruckgebiet. ☞ *Tiefdruckgebiet, Wetter*

Warschau Hauptstadt von Polen mit 1,6 Millionen Einwohnern. Die Stadt wird von der Weichsel durchflossen, die auf polnisch Wisla heißt. ☞ *Polen*

Washington Hauptstadt der Vereinigten Staaten von Amerika und Sitz der US-Bundesregierung. Die Stadt an der Ostküste hat 607 000 Einwohner. ☞ *Vereinigte Staaten von Amerika*

Wasserfall Wenn im Gebirge hartes Gestein den Lauf eines Flusses absperrt, stürzt das Wasser als Wasserfall zu Tal. Das fließende Wasser sägt sich allmählich in den Gesteinsriegel und trägt ihn ab. Manchmal entstehen dabei mehrere Stufen, die man Kaskaden nennt. Auch die Niagarafälle in Kanada zwischen dem Erie- und dem Ontariosee stürzen in Kaskaden rund 50 m in die Tiefe. Der höchste Wasserfall ist der Salto Angel in Venezuela mit 978 m. Die Tribergfälle im Schwarzwald stürzen über sieben Stufen 163 m tief. Die höchsten Wasserfälle in den Alpen sind die Krimmler Fälle in Österreich mit 380 m Höhe und die Grießbachfälle in der Schweiz, die 300 m tief herabstürzen. ☞ *Niagarafälle, Victoriafälle*

Wasserhalbkugel Je nachdem, von welcher Seite man auf den Globus blickt, sieht man fast nur Wasser oder überwiegend Land. Man unterscheidet deshalb zwischen der Wasserhalbkugel und der Landhalbkugel. Insgesamt bedecken die Ozeane über zwei Drittel der Erdoberfläche. ☞ *Ozean*

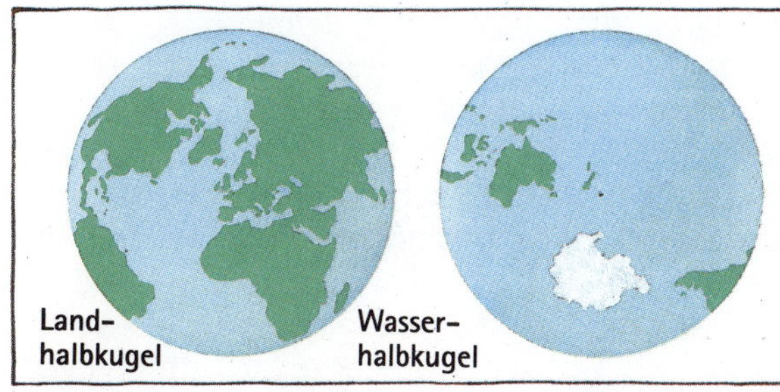

Wasserhose Luftwirbel bei einem Sturm. Dabei wird das Wasser aus dem Meer bis in die Wolken hochgesogen und bildet einen Schlauch. Wasserhosen sind Tromben. Sie können über einen Kilometer hoch werden, haben aber meist nur wenige Meter Durchmesser. ☞ *Wind, Sturm*

Wasserkraftwerk In Wasserkraftwerken wird die Energie des fließenden Wassers in elektrischen Strom umgewandelt. Im Gebirge baut man dazu Staudämme und sperrt so einen Wasserlauf in einem engen Tal ab. Hinter der Staumauer staut sich das Wasser zu einem großen See auf. Durch Öffnungen in der Mauer stürzt das Wasser auf die Turbinen im Kraftwerk, das am Fuß der Staumauer steht. Flußkraftwerke werden mitten in einem Strom errichtet. Hier treibt das fließende Wasser die Turbinen an. Eine besondere Form ist das Gezeitenkraftwerk. Man baut solche Kraftwerke dort, wo der Unterschied zwischen Ebbe und Flut sehr hoch ist. ☞ *Gezeitenkraftwerk*

Wasserkreislauf ☞ *Seite 244*

Wasserscheide Bäche, Flüsse und Ströme bilden zusammen ein Wassereinzugsgebiet. Die Einzugsgebiete werden durch eine Wasserscheide voneinander getrennt. Das beginnt schon bei den Bächen, die an einem Berg in verschiedene Richtungen abfließen. Die Wasserscheide bestimmt also die Fließrichtung eines Flusses und damit auch, in welches Meer er schließlich einmal mündet. ☞ *Einzugsgebiet*

Wasserkreislauf

Ohne Wasser gäbe es kein Leben auf unserem Planeten. Täglich verdunsten gewaltige Wassermengen aus den Ozeanen und steigen als Wasserdampf auf. Die Wasserteilchen lagern sich in Wolken an und fallen als Regen oder Schnee irgendwo wieder auf die Erde nieder. Die Niederschläge versickern im Boden und vermehren das Grundwasser. In Quellen gelangt das unterirdische Wasser wieder an die Erdoberfläche und speist Bäche, Flüsse und Seen. Schließlich fließt das Wasser ins Meer zurück. In diesen Wasserkreislauf geraten irgendwann nach vielen tausend Jahren auch die Wassertropfen, die sich heute noch in der Tiefe der Meere befinden. Es geht also kein Wasser auf der Erde verloren, und die Wassermenge bleibt immer gleich. Der gesamte Wasserkreislauf auf unserem Planeten wird von einem „Motor" in Gang gehalten: von der Sonne.

Aus dem riesigen Wasserspeicher „Meer" verdunstet im Jahr etwa ein Drittel und steigt als Gas in die Lufthülle auf. Es ist Süßwasser, denn die Salze verdunsten nicht mit. Wiederum ein Drittel der verdunsteten Wassermassen kehrt im Laufe eines Jahres in Form von Regen, Schnee oder anderem Niederschlag auf die Erde zurück und füllt den Grundwasserspiegel, die Seen, Flüsse und Meere wieder auf. Die Verdunstung geht ständig vor sich, sommers wie winters und bei jeder Temperatur.

Die Verteilung des Wassers auf der Erde ist allerdings sehr ungleichmäßig. In manchen Gegenden regnet es fast nie, zum Beispiel auf der Arabischen Halbinsel. Sie ist zwar an drei Seiten vom Meer eingeschlossen, aber das dort verdunstete Wasser regnet in irgendeinem anderen Teil der Erde ab. Zu der Verdunstung aus Oberflächengewässern kommen noch riesige Wassermengen durch die Pflanzen in den Wasserkreislauf. Es ist das Wasser, das die Pflanzen mit ihren Wurzeln aus dem Erdreich aufnehmen und über die Blätter wieder abgeben. Eine einzelne Birke verdunstet täglich bis zu 300 Liter Wasser. Wir können uns vorstellen, wie groß die Wassermenge sein muß, die ein Wald täglich an die Luft abgibt. Laubbäume verdunsten dabei wesentlich mehr Wasser als Nadelbäume. Der riesige Amazonasurwald spielt im Wasserhaushalt der Erde eine bedeutende Rolle. So ist es verständlich, daß das Weltklima durcheinander gerät, wenn dieser Verdunster und Luftbefeuchter abgeholzt wird.

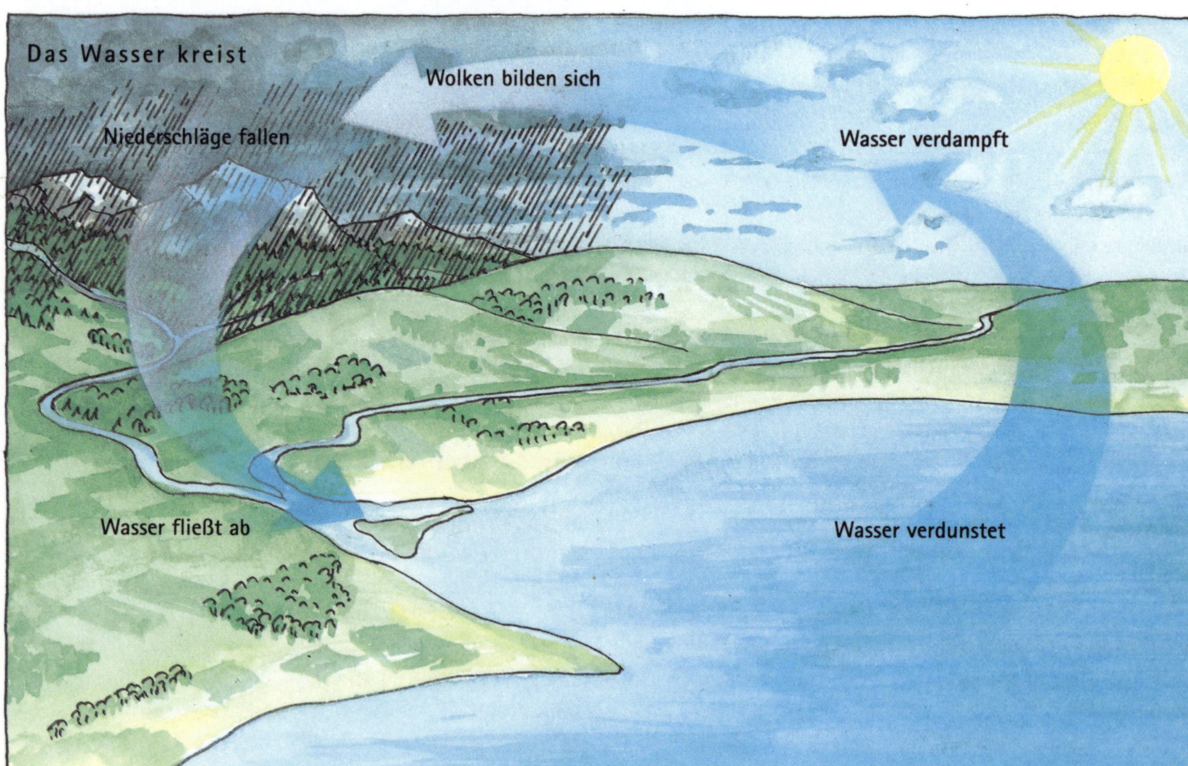

Wasserschutzgebiet Zum Schutz des Grundwassers und um sauberes Trinkwasser zu erhalten, werden bestimmte Gebiete in der Nähe von Wasserwerken zu Wasserschutzgebieten erklärt. Der Zutritt zu einer Trinkwasserquelle ist meist untersagt. Es gibt auch Schutzzonen, die ein großes Landschaftsgebiet umfassen. Hier ist Landwirtschaft erlaubt, aber es darf nicht gedüngt werden, und auch der Einsatz von Pflanzenschutzmitteln, die ins Grundwasser gelangen könnten, ist verboten. ☞ *Trinkwasser, Wasserkreislauf*

Wasserstoff Ein Gas und zugleich das leichteste chemische Element. Wasserstoff verbrennt zusammen mit Sauerstoff unter lautem Knall. Dabei bildet sich Wasser. Auf diese Weise ist auf der Erde vermutlich aus Sauerstoff und Wasserstoff Wasser entstanden. ☞ *Urzeit*

Watt An der Nordseeküste zieht sich ein bis 20 km breiter Gürtel aus feinstem Schlick und Sand entlang. Dieses Watt ist bei Flut vom Meerwasser überschwemmt, bei Ebbe liegt es trocken. Dann sieht man die Rillen und Rinnen, in denen das Meer bei Ebbe vom Watt abfließt. Man nennt sie Priele. Im feuchten nährstoffreichen Wattboden leben Millionen kleinster Tiere wie Muscheln, Schlickkrebschen, Sandschnecken, Sandigel und unzählige Würmer. In den wassergefüllten Prielen können Fische und Garnelen, Krabben und Quallen, die im Watt festgehalten wurden, die nächste Flut abwarten. Das Watt ist ein Paradies für Vögel. Sie finden hier bei Ebbe reichlich Nahrung. Wenn die Zugvögel im Herbst nach Süden fliegen, kommen Scharen von Vögeln aus dem Norden zum Überwintern hierher. Deshalb hat man große Teile des Nordseewatts unter Naturschutz gestellt.

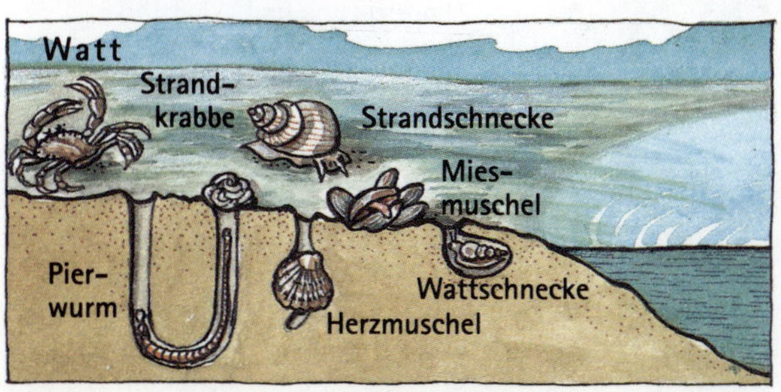

Weiler Kleine Siedlung, die meist nur aus einigen Bauernhöfen besteht. ☞ *Dorf*

Wein Eines der ältesten Getränke der Menschheit aus vergorenem Traubensaft. Der Weinanbau verlangt warme und geschützte Lagen. Im Altertum war er vor allem im Mittelmeerraum verbreitet und wurde von den Römern in viele Länder Europas gebracht. Heute wird Wein in allen Erdteilen angebaut, doch kommen fast neun Zehntel der Weinproduktion aus Europa.

Weißrußland ☞ *Rußland*

Weizen Eine der wichtigsten Getreidearten. Der Weizen stellt hohe Ansprüche an Boden und Klima und gedeiht daher nicht überall. Die größten Anbaugebiete der Erde liegen in China, den USA, und der Ukraine. ☞ *Ackerbau, Getreide*

Wellen ☞ *Meereswellen*

Weltbevölkerung 1992 lebten auf der Erde rund 5,5 Milliarden Menschen. Im Jahr 2 000 wird es nach Schätzungen etwa 6,5 Milliarden Menschen auf der Erde geben. Bis zum Jahr 2 050 wird die Weltbevölkerung auf über 10 Milliarden Menschen anwachsen. Am schnellsten nimmt die Bevölkerung in den Ländern der Dritten Welt zu. Dadurch wird in Zukunft noch mehr Armut und Hunger in diesen Ländern herrschen. Wenn die reichen Industrieländer nicht helfen, verhungern jedes Jahr Millionen von Menschen, vor allem Kinder.
☞ *Hunger, Übervölkerung*

Weltmeer Die drei Ozeane bilden das Weltmeer. Es umfaßt auch alle Nebenmeere der Ozeane und bedeckt 360 Millionen km^2, das sind fast drei Viertel der Erdoberfläche. ☞ *Ozean*

Weltraum In ungefähr 1 200 km Höhe geht die Lufthülle der Erde in den luftleeren Weltraum über. In diesem gewaltigen Universum, dessen Grenzen wir nicht kennen, ist unser Milchstraßensystem nur eines von etwa hundert Millionen. Jedes der außergalaktischen Sternsysteme besteht wiederum aus Milliarden von Einzelsternen. ☞ *Galaxis, Sterne*

Weltraumfahrt Die Erforschung des Weltraums ist möglich, seit man mit Raumfahrzeugen den Anziehungsbereich der Erde verlassen kann. Dazu ist eine Geschwindigkeit von 40 000 km pro Stunde erforderlich, die Raketen erreichen. ☞ *Raumfahrt*

Wetter

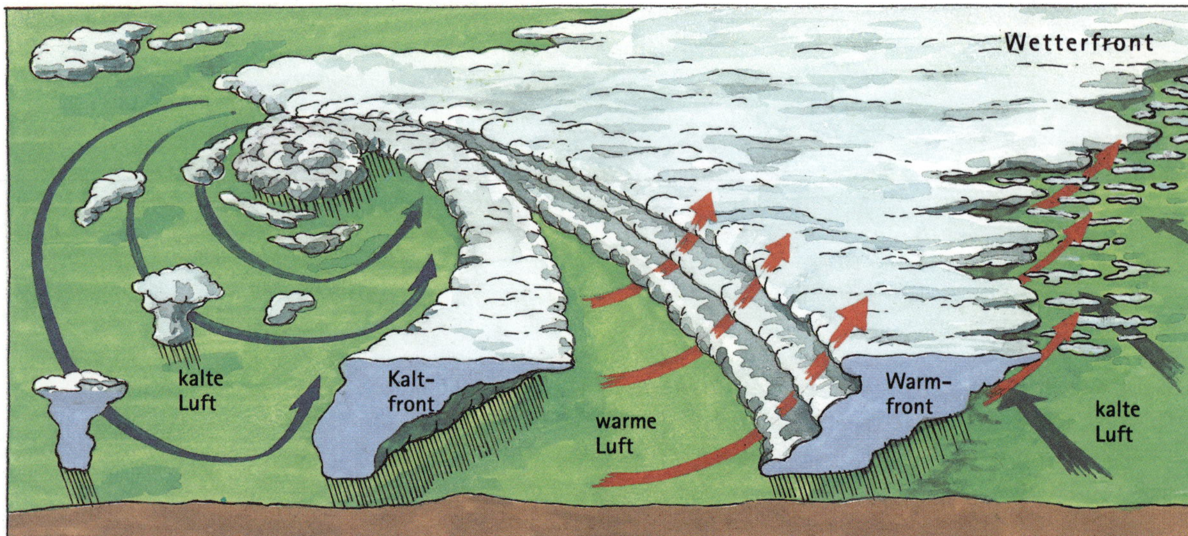

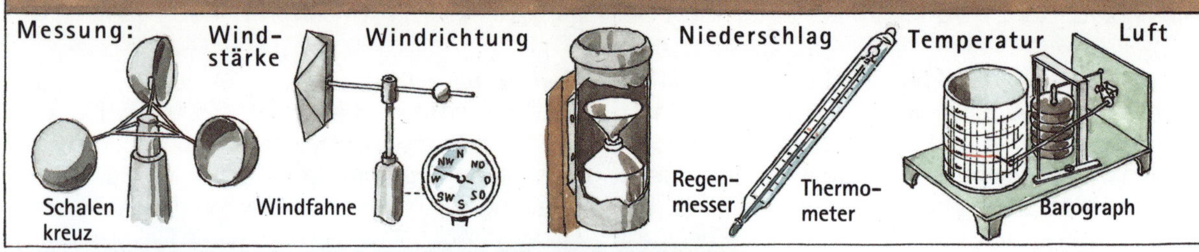

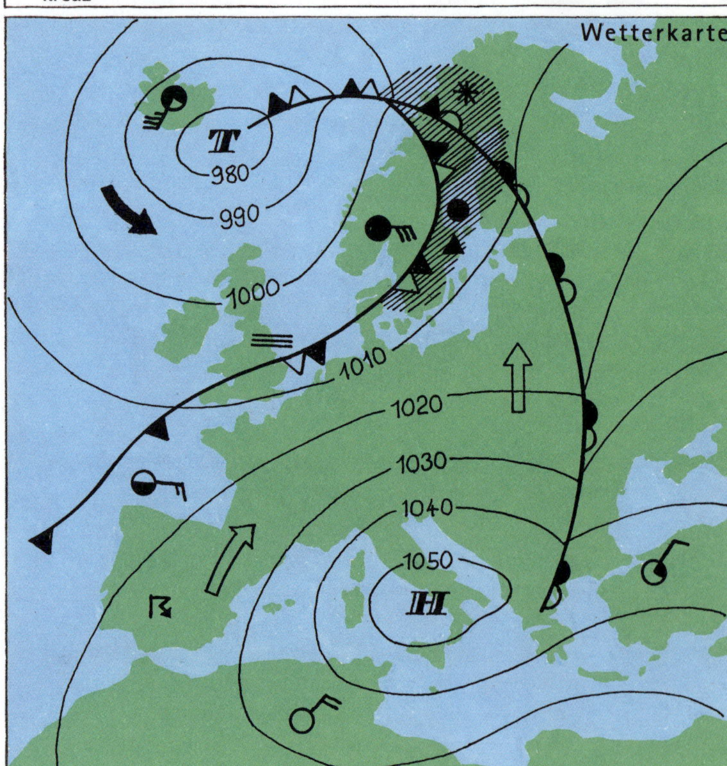

- Hochdruckgebiet
- Tiefdruckgebiet
- wolkenlos
- heiter
- halbbedeckt
- wolkig
- bedeckt
- Regen
- Schnee
- Hagel
- Gewitter
- Nebel
- Niederschlagsgebiet
- Windrichtung und Windstärke
- warme Luftströmung
- kalte Luftströmung
- Warmfront am Boden
- Warmfront in der Höhe
- Kaltfront am Boden
- Kaltfront in der Höhe
- 990 Linie gleichen Luftdrucks

Wetter

Die Erde ist von einer Gashülle umgeben, die wir Atmosphäre nennen. Alles, was sich in der Atmosphäre abspielt, ist Teil des Wetters. Das Wetter äußert sich durch unterschiedliche Erscheinungen wie Luftfeuchtigkeit und Temperatur, Niederschlag, Sonnenschein, Wolken, Luftdruck und Winde. Die Wissenschaft, die sich mit dem Wetter beschäftigt, heißt Meteorologie.
Besonders ausgeprägt ist das Wetter in der untersten Schicht der Atmosphäre, der Troposphäre. Sie reicht am Äquator bis in ungefähr 17 km Höhe. Je weiter man sich vom Äquator entfernt, desto niedriger wird dieses Stockwerk in der Lufthülle. Die Troposphäre ist dann nur noch zwischen 11 und 8 km hoch. Moderne Verkehrsflugzeuge fliegen oberhalb der Troposphäre, um Wettererscheinungen wie Wolken, Regen und Winden zu entgehen.

Die Sonne als Wettermaschine

Ohne die Sonne gäbe es kein Wetter. Sie heizt die Oberfläche des Festlands und des Meeres unterschiedlich stark auf. Die Auswirkungen merkt man an der Küste besonders deutlich. Am Tag erwärmen sich das Festland und die darüber liegende Luft stärker als das Meer. Die warme Luft steigt nach oben. In das entstehende Luftloch fließt die kühlere Meeresluft nach, und der Wind strömt tagsüber vom Meer auf das Festland. Nachts kühlt das Festland genau so schnell ab, wie es sich tagsüber erwärmt hat. Das Meer hingegen hält seine Temperatur ziemlich gleichmäßig und ist nachts wärmer als das Land. Die warme Luft über dem Meer steigt auf, und vom Festland strömt kalte Luft nach. Es weht eine kühle, ablandige Brise.

Tiefdruck- und Hochdruckgebiete

In einigen Gebieten der Erde ist das Wetter fast immer gleich, zum Beispiel in Westaustralien. Hier herrscht fast das ganze Jahr über trockenes und warmes Wetter. In Mitteleuropa hingegen wechselt das Wetter ständig: Auf Sonnenschein kann in kürzester Zeit Regen folgen und umgekehrt. Der Grund für dieses veränderliche Wetter liegt darin, daß in Mitteleuropa verschiedene Luftmassen aufeinander treffen. Aus dem Atlantik kommt kühle und feuchte Luft, aus dem Mittelmeergebiet warme und trockene Luft.
In der Wettervorhersage ist immer wieder die Rede von Tiefdruck- und Hochdruckgebieten. In Tiefdruckgebieten herrscht ein niedrigerer Luftdruck als in der Umgebung. Wegen dieses Luftdruckunterschieds strömen Winde in das Tiefdruckgebiet ein. Diese Windströmungen werden durch die Erddrehung abgelenkt und verlaufen entgegen dem Uhrzeigersinn. So entsteht das spiralförmige Wolkenbild, das wir von Satellitenfotos im Fernsehen her kennen. In Hochdruckgebieten ist es gerade umgekehrt: Die Luft strömt dort im Uhrzeigersinn. In Wetterkarten sind die Tiefdruckgebiete mit einem **T**, die Hochdruckgebiete mit einem **H** gekennzeichnet. Um diese Wettergebiete sind Kreislinien gezeichnet. Es sind Linien gleichen Luftdrucks, die Isobaren. Alle Orte auf diesen Linien haben zu dem Zeitpunkt, zu dem die Wetterkarte erstellt wurde, den gleichen Luftdruck. Natürlich ändert sich das ständig. Je dichter die Linien beieinander liegen, um so größer sind die Luftdruckunterschiede und um so heftiger wehen die Winde.

Warm- und Kaltfronten

Wenn Luftmassen von unterschiedlicher Temperatur, Luftfeuchtigkeit und Luftdruck aufeinander treffen, bildet sich eine Wetterfront aus. Bei unterschiedlichem Luftdruck kann sich die Windgeschwindigkeit sehr rasch ändern, und wir sprechen dann von Böen oder Turbulenzen. Es gibt drei Arten von Wetterfronten. Bei einer Warmfront trifft warme Luft auf kalte Luft und gleitet über sie schräg nach oben hinweg. Wenn eine Warmfront vorüberzieht, steigt die Lufttemperatur an. Der Luftdruck fällt dann ab, die Niederschläge lassen nach, und der Wind dreht bei uns auf West. Kaltfronten hingegen bringen unruhiges Wetter. Eine Kaltfront gleitet unter der Warmluft hindurch, weil kalte Luft schwerer ist als warme. Die Temperatur sinkt, und meistens beginnt es heftig zu regnen. Der Wind dreht dann auf Nordwest. Manchmal verwirbeln sich auch kalte und warme Luftmassen, und es regnet.

Die Wettervorhersage

Das Wettergeschehen in der Troposphäre wird von Satelliten und Wetterstationen aufgezeichnet und im Wetteramt ausgewertet. Dort stellen Meteorologen die tägliche Wettervorhersage aus einer Vielzahl von Messungen zusammen. Trotz modernster Computertechnik ist es aber bisher noch nicht möglich, eine genaue Wettervorhersage über mehr als zwei oder drei Tage zu geben. Allerdings kann man heute schon die allgemeine Wetterlage für fast zwei Wochen ziemlich zutreffend vorhersagen.

Weltreligion In der Welt gibt es viele Religionen. Zu den großen Weltreligionen zählen aber nur fünf: Christentum, Islam, Hinduismus, Buddhismus und Judentum. Zwischen diesen alten Religionen, deren Wurzeln in Asien liegen, gibt es viele Berührungspunkte, aber auch große Unterschiede.

Weltstadt Städte mit über 1 Million Einwohnern bezeichnet man als Weltstädte. Oft ist es gar nicht möglich, bei den gewaltigen Stadtlandschaften von einer Stadt zu sprechen. Es ist eine Agglomeration, eine Anhäufung mehrerer Städte, die ineinander übergehen. Man bezeichnet die Stadtlandschaften auch als Megastädte; die jeweils größten in den einzelnen Erdteilen sind:

Asien	Tokio	Japan	28 Mio.
Nordamerika	Mexico City	Mexiko	22 Mio.
	New York	USA	14 Mio.
Südamerika	Sao Paulo	Brasilien	20 Mio.
Europa	Moskau	Rußland	11 Mio.
Afrika	Kairo	Ägypten	13 Mio.
Australien	Sydney		3,5 Mio.

Von den 20 Megastädten mit über 10 Millionen Einwohnern liegen 10 in Asien. ☞ *Stadtlandschaft*

Weltzeit Ortszeit von Greenwich (👄 grienitsch). Die Sternwarte in London liegt auf dem Nullmeridian. Bei astronomischen Daten und bei der Navigation wird immer diese Zeit als Greenwich-Zeit angegeben. Auf Weltzeituhren kann man gleichzeitig die verschiedenen Zonenzeiten und die Greenwich-Zeit ablesen. ☞ *Greenwich, Meridian, Zeitzonen*

Wendekreis Etwa 23 Grad nördlich und südlich des Äquators verlaufen die beiden Wendekreise. Auf diesen Wendekreisen bleibt die Sonne bei der Sommersonnenwende auf den beiden Erdhälften scheinbar auf dem höchsten Punkt stehen. Dann nähert sie sich wieder dem Äquator, und der Sonnenstand wird täglich niedriger. Der nördliche Wendekreis ist der des Krebses, der südliche der des Steinbocks. Zwischen den Wendekreisen liegen die Tropen.
☞ *Äquator, Jahreszeiten, Zenit*

Westindien Inselgruppe vor Mittelamerika in der Karibischen See. Sie hat ihren Namen daher, weil Kolumbus auf seiner Entdeckungsreise glaubte, hier Indien erreicht zu haben. Zu den Westindischen Inseln gehören die Antillen und die Bahamas.

Westsahara Afrika

Fläche: 266 000 km² (75. Land)
Einwohnerzahl: 170 000
Haupststadt: El-Aaiún (96 800 Einw.)
Bevölkerung: Araber, Berber
Sprachen: Arabisch, Spanisch, Berberisch
Religion: Moslems Geld: Dirham
Der kleine westafrikanische Staat an der Atlantikküste besteht überwiegend aus Sand und Felswüste.

Wetter ☞ *Seite 247*

Wetterkarte In einer Wetterkarte werden die Messungen verschiedener Wetterbeobachtungsstationen zu Luftdruck, Temperatur, Bewölkung, Niederschlagsmenge und Windstärke eingetragen. ☞ *Wetter*

Wetterleuchten Weit entfernte Gewitter, deren Donner nicht mehr zu hören ist, erkennt man am Wetterleuchten. Es ist der Widerschein von weit entfernten Blitzen. ☞ *Gewitter*

Wettersatellit Zur Wetterbeobachtung werden Satelliten mit Raketen ins Weltall geschossen und auf eine Erdumlaufbahn gebracht. Sie tasten Wolkenbilder ab und senden diese über Funk an die Wetterwarten zur Auswertung. ☞ *Wetter*

WEZ Abkürzung für westeuropäische Zeit.
☞ *MEZ, OEZ, Zeitzonen*

Wien Bundesland Österreichs mit 415 km² Fläche. Wien ist zugleich österreichische Hauptstadt mit 1,5 Millionen Einwohnern. ☞ *Österreich*

Wiese Auf einer Wiese gedeihen vor allem Süßgräser, die dem Vieh als Futter dienen. Natürliche Wiesen sind die Almwiesen oberhalb der Baumgrenze und die Wiesen in den Überschwemmungsgebieten von Flüssen. Die meisten Wiesen sind aber künstlich angelegt. Der Bauer hat hier Futtergräser und bestimmte Kleearten ausgesät. Diese Wiesen werden ein- bis zweimal im Jahr gemäht, und das Heu wird als Winterfutter eingebracht. Viehweiden hingegen werden meistens nicht gemäht.

Wikinger Die Wikinger waren ein räuberisches Seefahrervolk aus Norwegen. Sie eroberten große Teile Nord- und Westeuropas. Um das Jahr 1000 kamen sie bis nach Grönland und Nordamerika.

Wind

Der Wind ist eine der großen Naturkräfte, die dem Menschen immer wieder Rätsel aufgegeben haben. Lange wußte man nicht, wie die Winde entstehen. Man bemerkte nur die Bewegungen der Luft – eine schwache Brise, einen Sturm oder gar einen Orkan – und unterschied die Windstärken. Und seit Jahrhunderten sind die großen Windströme der Erde bekannt, die fast das ganze Jahr über gleichmäßig aus derselben Richtung wehen. Es sind die Passatwinde beiderseits des Äquators. Nördlich und südlich der Wendekreise liegen windstille Zonen, die Roßbreiten. Der Name kommt daher, daß die Segelschiffe früher in diesem Gebiet nicht mehr vorankamen. So waren die Seeleute oft gezwungen, die mitgeführten Pferde an Bord zu schlachten.

In manchen Teilen der Erde treten beständige Winde auf. Dazu gehört der Monsun in Indien. Er weht im Sommer vom Indischen Ozean her auf das Land und bringt Regen. Bleibt er einmal aus, dann verdorren die Felder und es kommt zu Hungersnöten. Manchmal bringt der Monsun auch zuviel Wasser, und es gibt gewaltige Überschwemmungen. In Südfrankreich kennt man den Mistral, einen kalten, trockenen Wind. Er fegt vor allem im Winter durch das Rhônetal. Dabei kommt es zu großen Temperaturstürzen. In Nordafrika und auf der Arabischen Halbinsel gibt es einen trockenheißen Wüstenwind, der Staub und Sand mit sich bringt. Dieser Samum ist sehr gefürchtet und manchmal sogar noch an der europäischen Mittelmeerküste zu spüren. An der Adriaküste Kroatiens gibt es einen kalten Fallwind, der oft mit Sturmstärke bis nach Italien bläst. Diese Bora hat schon manchem Sommerurlauber an der Adria einen Badetag verdorben. Und in Süditalien kennt man den Schirokko, einen heißen, trockenen Wind aus Nordafrika.

Zu den ständig wehenden Winden gehören der See- und Landwind. Da die Luft stets vom kalten zum warmen Gebiet fließt, kommt es an der Küste zu einem Kreislauf. Tagsüber weht der anlandige Wind vom kalten Meer zur erwärmten Küste, nachts weht der ablandige Wind vom abgekühlten Land aufs Meer. Die schrecklichsten Winde sind die Tornados und Taifune. Diese Wirbelwinde erreichen oft Drehgeschwindigkeiten von über 300 km pro Stunde. Sie rasen wie ein Riesenstaubsauger über das Land und hinterlassen kilometerlange Spuren der Zerstörung.

Windenergie Wie fließendes Wasser hat auch bewegte Luft eine Energie. Man kann damit Windmühlen antreiben, wie dies manchmal noch in Holland und in Spanien geschieht. Eine andere Art, die Windkraft zu nutzen, sind Windkraftwerke. Dabei treibt der Wind einen Propeller an, der wiederum einen Dynamo dreht, ähnlich wie beim Fahrrad. Dadurch wird die Windkraft in elektrischen Strom umgewandelt. Solche Windkraftanlagen sind nur dort möglich, wo ständig gleichmäßig starke Winde wehen. Auf Windfarmen wird mit Windkraftmaschinen elektrischer Strom erzeugt.

Windhose Wirbelwind, der große Zerstörungen anrichten kann. Solche Windhosen heißen auch Tromben. ☞ *Trombe, Wasserhose*

Windrose Darstellung der Himmelsrichtungen in einem Kreis. Ein Kompaß besteht aus einer Windrose und der Kompaßnadel. Alte Landkarten haben Windrosen zur Orientierung. Der Norden liegt stets oben. ☞ *Himmelsrichtung, Kompaß*

Windstärke Der Wind wird mit einem Drehkreuz gemessen, an dem sich drei Schalen befinden. Der Wind fängt sich in den Schalen und dreht den Windmesser. Nach der Umdrehungszahl pro Sekunde wird die Windgeschwindigkeit errechnet.

Winterzeit Die Sommerzeit geht mit der Herbsttagundnachtgleiche am 23. September zu Ende. Dann wird die Uhr in den meisten europäischen Ländern wieder um eine Stunde zurückgestellt, und es herrscht Winterzeit. ☞ *Sommerzeit*

Wirbelsturm Wirbelstürme sind tropische Orkane, die Drehgeschwindigkeiten von über 200 km pro Stunde erreichen. Sie bewegen sich bis zu 30 km in der Stunde vorwärts und richten verheerende Zerstörungen an. ☞ *Sturm, Trombe*

Wolf Noch vor 250 Jahren waren Wölfe überall in Mitteleuropa und auch in Deutschland anzutreffen. Dann wurden die Raubtiere aus den dichtbesiedelten Gebieten vertrieben und nahezu ausgerottet. Heute leben in Osteuropa und in abgelegenen Gebirgsgegenden Südeuropas noch Wölfe. Auch in Skandinavien nehmen die Wolfsrudel wieder zu.

World Wide Fund for Nature (👄 wörld weid fand for näitscher) Diese Stiftung, abgekürzt WWF, hat es sich zur Aufgabe gemacht, bedrohte Tierarten vor dem Aussterben zu bewahren und die natürliche Umwelt des Menschen zu erhalten.

Wolken Wenn feuchte Luft abkühlt, wird das verdunstete Wasser in Form von Wolken sichtbar. Aus dem unterkühlten Wasserdampf bilden sich Wassertröpfchen. Je nach Größe und Anzahl der Tröpfchen entstehen Zirrus- oder Federwolken, Kumulus- oder Haufenwolken, Stratus- oder Schichtwolken. Diese Wolken, von denen es noch Zwischenformen gibt, finden sich in verschiedenen Höhen. Im untersten Wolkenstockwerk bis in 2 000 m Höhe liegen die schweren, aufgetürmten Haufenwolken. Dazu gehören die Gewitterwolken, die wie ein Amboß aussehen und hoch in die Lufthülle reichen. Im zweiten Stockwerk bis in 8 000 m Höhe trifft man vor allem weiße Wattewölkchen und Wolkenballen. Im dritten Stockwerk bis in etwa 12 000 m Höhe segeln Schäfchenwolken und zarte Schleierwolken aus feinen Eiskristallen.

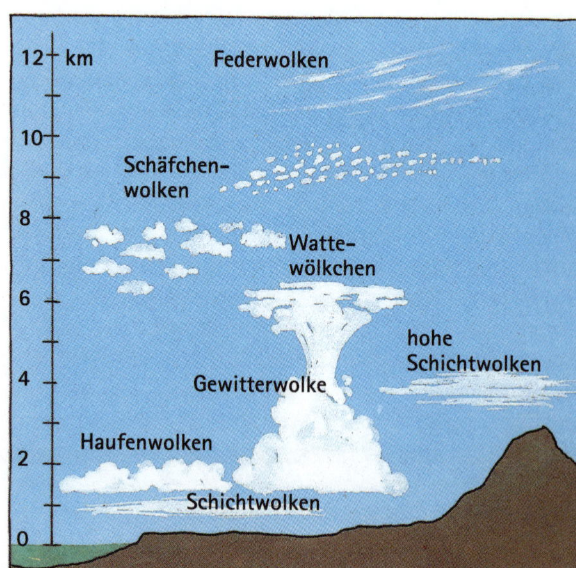

Wüste

Ein Fünftel der Erde sind Trockengebiete, in denen es kaum regnet. Südlich und nördlich des Äquators zieht sich ein Wüstengürtel um die Erde. Die größte Sandwüste ist die Sahara in Nordafrika. Sie bedeckt eine Fläche, die fast so groß ist wie die USA. Noch trockener als die Sahara ist die Atacamawüste in Chile am Pazifik unterhalb der Anden. In großen Teilen dieser Wüste hat es noch nie geregnet. Sandig sind auch die Wüsten in Arabien und im Innern Asiens. Die asiatische Wüste Gobi ist im Sommer sehr heiß, im Winter sehr kalt. Hier gibt es nicht nur Sandstürme, sondern auch Schneestürme. Nicht alle Wüsten sind also ständig heiß. Auch die Sahara, in der untertags über 50 Grad Hitze herrschen, kühlt in der Nacht stark ab, und es ist oft bitterkalt. Das kommt daher, daß es in den Wüsten kein Wasser gibt, das die Wärme speichert.

Wüsten sind nicht immer so öde und lebensfeindlich, wie es der Begriff ausdrückt. Pflanzen, Menschen und Tiere haben sich auch diesen Lebensraum erobert und den schwierigen Lebensbedingungen angepaßt. In der Sahara liegt der Grundwasserspiegel oft hoch. An den Wasserlöchern, den Oasen, haben sich Beduinen angesiedelt.

Wenn es in der Wüste einmal regnet, und das kommt selten genug vor, ergießen sich in kurzer Zeit wahre Sturzbäche auf die heiße Erde. Das meiste Wasser verdampft sofort. Der Rest fließt in ausgetrockneten Flußtälern, den Wadis, dahin. Irgendwo, am Ende eines Wadis, sammelt sich das Wasser zu einem See, der schon nach ein paar Tagen wieder ausgetrocknet ist. Die zurückbleibende Feuchtigkeit bringt die Wüste zum Blühen. Samen, die jahrelang in der trockenen Erde ruhten, fangen an zu keimen, treiben aus, blühen, tragen Früchte und bilden neue Samen. Das geschieht in kürzester Zeit, denn schon rasch kehrt die gewohnte Dürre wieder ein.

Die meisten Wüstentiere sind kleine Nager wie Ratten, Springmäuse und Erdhörnchen. Auch Kriechtiere, vor allem Schlangen und Echsen, sowie verschiedene Vogelarten leben in der Wüste. Man sieht die Tiere kaum, da sie sich tagsüber im Boden verkriechen. Nachts gehen sie auf Nahrungssuche. Sie sind dem Wüstenleben so gut angepaßt, daß ihnen die Flüssigkeit genügt, die sie mit der Nahrung aufnehmen. Die meisten Tierarten finden wir in den Wüsten Nordamerikas. Hier wachsen auch Säulenkakteen, die im Stamm Wasser speichern.

X(h)osa Bantuvolk in Südafrika mit etwa 6 Millionen Angehörigen. Die X(h)osa leben in den Homelands Transkei und Ciskei. Diese Länder wurden den Bantus in Südafrika von den Weißen zugewiesen. Die Homelands sind eigentlich nichts anderes als Reservate, wie es sie ähnlich auch für Indianer in Nordamerika gibt. ☞ *Afrika, Bantu, Reservat*

Yak Wildrind, das im Gebirge Tibets in Höhen zwischen 4 000 und 6 000 m lebt. Der Yak hat ein langes dichtes Fell, das bis zu den Knien und Hufen herabhängt. Dadurch machen ihm auch die heftigsten Winterstürme nichts aus. Yaks werden von den Tibetern als Reit- und Lasttiere verwendet.
☞ *Asien, Tibet*

Yams Die Yamswurzel wächst in etwa 600 Arten in den Tropen, besonders in Asien und Ozeanien. Einige Arten kommen auch in Afrika und Mittelamerika vor. Sie liefern – ähnlich wie die Kartoffel – große Knollen, die viel Stärke enthalten.

Yellowstone Nationalpark Das erste unter Naturschutz gestellte Gebiet der USA. Dieser älteste Nationalpark im Nordwesten des Staates Wyoming ist 9 000 km^2 groß. In der Hochgebirgslandschaft gibt es heiße Quellen. Der bekannteste Geysir, der „Old Faithful", stößt alle 30 bis 90 Minuten einen bis zu 40 m hohen Wasserstrahl aus. Im Wildschutzgebiet leben noch Bisons, Schwarzbären, Grizzlys, Elche, Wölfe und Biber. Der Yellowstone-River hat einen tiefen Canyon gegraben.
☞ *Cañon, Geysir, Nordamerika*

Yucatan Halbinsel in Mexiko. Sie trennt den Golf von Mexiko von der Karibischen See. In Guatemala und auf der Halbinsel Yucatan siedelte das Volk der Maya. Alte Tempelstädte und viele Ruinen erinnern noch an die Blütezeit des alten Indianervolks, das bis zur Ankunft der Spanier hier lebte. ☞ *Maya, Mexiko*

Zaire Afrika

Fläche: 2 345 409 km^2 (12. Land)
Einwohnerzahl: 36 Mio.
Hauptstadt: Kinshasa (2,8 Mio. Einw.)
Bevölkerung: Bantu
Sprachen: Französisch, ChiLuba, Kikongo, Lingala, Suaheli, verschiedene andere Sprachen
Religion: Christen, Moslems, Naturreligionen
Geld: Zaire

Zaire (👁 sa:ire) nimmt den größten Teil des Kongobeckens ein und steigt im Ruwenzori-Gebirge bis auf 5 100 m Höhe an. Das Kongobecken ist nach dem Amazonasurwald das größte Regenwaldgebiet der Erde. Hier leben noch etwa 40 000 Pygmäen. Zaire exportiert Kakao, Kaffee, Kautschuk und Edelhölzer.

Zambo Mischling, dessen Eltern Indianer und Schwarze sind. Zambos leben in den lateinamerikanischen Ländern, wo sich Nachfahren von Negersklaven und einheimische Indianer vermischt haben. In Brasilien heißen sie auch Cafuzos. ☞ *Völker*

Zebra Wildpferd in den afrikanischen Steppen. Es gibt noch vier Arten dieser „Tigerpferde". Sie heißen so wegen ihrer schwarzen Streifen auf dem weißen Fell, die in der Savanne Schutz durch Tarnung bieten. Einst gab es große Zebraherden in den Steppen Ost- und Südafrikas. Heute sind die Herden sehr zusammengeschmolzen, und zwei Arten von Zebras sind vom Aussterben bedroht.

Zebu Hausrind der Inder. Es hat einen Fetthöcker auf dem Nacken und heißt deshalb auch Buckelrind.

Zeche Andere Bezeichnung für ein Kohlenbergwerk. Man sagt auch Kohlengrube. ☞ *Bergbau*

Zeitzonen ☞ *Seite 255*

Zelt Bei fast allen Völkern ist das Zelt als Behausung bekannt. Man kann es zerlegen, transportieren und an jeder Stelle wieder aufbauen. Nicht seßhafte Völker, die ständig auf der Jagd waren oder als Nomaden mit dem Vieh umherzogen, lebten in Zelten. Diese bestanden meist aus Tierhäuten, Stoffbahnen, Filzdecken oder aus Grasmatten und Rindenstücken, die man über Holzstangengerüste legte. Aus Rinde wurde das Wigwam der Indianer, aus Filz die Jurte der mongolischen Steppenvölker gebaut. Die prachtvollsten Zelte haben die Beduinen in Nordafrika und Arabien. ☞ *Hausbau*

Zenit Der höchste Punkt am Himmel. Er liegt genau senkrecht über dem Beobachter. Die Sonne erreicht im Zenit ihren höchsten Stand. ☞ *Horizont*

Zentralafrik. Republik Afrika

Fläche: 622 984 km^2 (42. Land)
Einwohnerzahl: 3,1 Mio.
Hauptstadt: Bangui (473 800 Einw.)
Bevölkerung: Bantu
Sprachen: Französisch, Sangho
Religion: Naturreligionen, Christen, Moslems
Geld: Afrikanischer Franc
Das tropische Hügelland in Mittelafrika ist größtenteils von Feuchtsavanne bedeckt. Hier werden zwar Diamanten gefunden, aber es gehört dennoch zu den ärmsten Ländern Afrikas.

Zentralmassiv Großes, bis über 1 800 m hohes Gebirgsmassiv in Frankreich, das westlich der unteren Rhône liegt. Es gehört zu den am dünnsten besiedelten Gebieten des Landes. ☞ *Frankreich*

Zersiedelung Früher bauten die Menschen ihre Häuser meist um den Marktplatz herum. Der Mittelpunkt des Dorfes war die Kirche. So entstanden geschlossene Ortschaften. Je mehr Häuser hinzukamen, desto weiter dehnte sich ein Dorf in die Landschaft aus. Auch große Städte breiten sich heute immer mehr aus. Am Stadtrand werden vor allem Einfamilienhäuser gebaut, die viel Platz beanspruchen. Die Wohnsiedlungen stoßen oft an die nächsten Dörfer und saugen diese auf. So kommt es zu einer Zersiedlung der Landschaft, und zwischen den Ortschaften liegen oft nur noch wenige freie Felder und kaum noch Wälder. In Fremdenverkehrsgebieten errichten die Menschen außerhalb der Orte Zweithäuser, die oft nur wenige Wochen im Jahr bewohnt sind. Dadurch wird auch die Erholungslandschaft zersiedelt.

Zigeuner Sammelbegriff für ein verstreut lebendes Wandervolk, das ursprünglich aus Indien stammt. Die 4 bis 8 Millionen Zigeuner nennen sich selbst Róm und haben sich über ganz Europa verbreitet. Man unterscheidet drei Hauptgruppen: die Roma in Osteuropa, die Sinti in Mitteleuropa und Deutschland und die Gitano(s) in Frankreich und Spanien. Viele Zigeuner sind auch heute noch nicht seßhaft, sondern ziehen mit Wohnwagen im Land umher. Die Zigeuner haben eigene Regeln und Gesetze, die uns oft fremdartig erscheinen.
☞ *Menschenrassen, Völker*

Zisterne Sammelbecken für den Regen in trockenen Gebieten. Die Zisterne liegt unter der Erde, und das Regenwasser von Dächern oder Auffangbehältern wird in die Zisterne geleitet.

Zitrusfrüchte Die Zitrone hat dieser Gruppe von Südfrüchten den Namen gegeben. Dazu zählen neben der Orange die Limone, die Mandarine, die Clementine, Pampelmuse und andere Züchtungen. Zitronen und Orangen stammen aus Asien, insbesondere aus China. Die meisten Zitrusfrüchte kommen aus den USA.

Zivilisation Verfeinerte Lebensweise. Man versteht darunter heute die Entwicklung von Kultur und Technik im Gegensatz zur Lebensweise der Naturvölker, von denen es nur noch wenige gibt. In den Zivilisationsländern wurde die Natur immer weiter in den Hintergrund gedrängt. Man findet hier sogenannte Zivilisationskrankheiten, die Naturvölkern weitgehend unbekannt sind, wie Streßerscheinungen durch berufliche Belastung, Lärm und Hetze sowie Fettsucht und Bandscheibenschäden durch mangelnde Bewegung.

Zoll Wer Waren von einem Land über die Grenze in ein anderes bringen will, muß dafür Einfuhrzoll bezahlen. Zölle sind Schutzgebühren, um billige Waren aus dem Ausland zu verteuern. Dadurch soll verhindert werden, daß sie den inländischen Waren auf dem Markt Konkurrenz machen und diese sich schlechter verkaufen. Wer zollpflichtige Waren ins Land schmuggelt, macht sich strafbar.

Zuckerhut Weltberühmter, steil aufragender Berg in der Bucht von Rio de Janeiro in Brasilien. Zum 395 m hohen Gipfel über dem Meer führt eine Seilbahn. ☞ *Südamerika*

Zuckerrohr Süßgras, das ähnlich aussieht wie Schilf und bis zu 7 m hohe Halme hat. Das Mark dieses etwa zwei Finger dicken Rohres enthält den Rohrzucker. Die Stengel werden in Quetschmühlen ausgepreßt, um den zuckerhaltigen Saft zu gewinnen. Zuckerrohr wurde schon vor über 2 000 Jahren in indischen Gärten angepflanzt. Die Araber kannten den Zucker lange vor den Europäern und brachten ihn nach Südspanien. Von dort aus verbreitete sich das Zuckerrohr auf die Kanarischen Inseln und nach der Entdeckung Amerikas auch in die tropischen Gebiete der Neuen Welt. Auf den Inseln Kuba und Jamaika entstanden große Zuckerrohrplantagen, wo schwarze Sklaven aus Afrika harte Arbeit verrichten mußten. Jahrhunderte lang war der Zucker ein teurer Luxus und nur für reiche Leute erschwinglich. ☞ *Zuckerrübe*

Zuckerrohrplantage

Zuckerrübe Besondere Sorte der weißen Runkelrübe, die Zucker liefert. Dieser Ersatz für das Zuckerrohr wurde im 18. Jahrhundert in Deutschland entdeckt. Die Zuckerrübe wird in allen Ländern angebaut, in denen kein Zuckerrohr wächst. Heute wird mehr Zucker aus Zuckerrüben als aus Zuckerrohr gewonnen.

Zug Einer der kleinsten Kantone der Schweiz. Die Hauptstadt Zug hat 20 000 Einwohner. ☞ *Schweiz*

Zugspitze Höchster Berg Deutschlands mit 2 963 m. Auf dem Gipfel der Zugspitze befindet sich eine Wetterstation. ☞ *Alpen, Deutschland*

Zulu Bantuvolk in Südafrika mit etwa 7 Millionen Angehörigen ☞ *Afrika, Bantu, X(h)osa*

Zürich Kanton in der Nordschweiz. Die Hauptstadt Zürich am Zürichsee hat 340 000 Einwohner und ist damit die größte Stadt in der Schweiz.
☞ *Kanton, Schweiz*

Zweihundertmeilenzone Um den Fischbestand vor den eigenen Küsten zu sichern, haben viele Länder ein Fangverbot erlassen. Danach ist es Fangflotten nicht erlaubt, innerhalb von 200 Seemeilen vor den Küsten eines fremden Landes zu fischen.

Zyklon Heftiger Wirbelsturm in den Tropen, der im Indischen Ozean im Golf von Bengalen besonders häufig auftritt. ☞ *Sturm, Trombe*

Zypern Europa

Fläche: 9 251 km^2 (160. Land)
Einwohnerzahl: 701 000
Hauptstadt: Nicosia (165 000)
Bevölkerung: Griechen, Türken
Sprachen: Griechisch, Türkisch, Englisch
Religion: Christen, Moslems Geld: Zypern-Pfund
Die gebirgige Insel im östlichen Mittelmeer ist geteilt. Im Süden bewohnen Griechen etwa zwei Drittel der Insel, im Norden leben Türken. Die Zyprioten exportieren Obst und verdienen am Tourismus.

Zypresse Hoher, schlanker Nadelbaum, der in Europa vor allem im Mittelmeergebiet verbreitet ist. Die Zypresse wird bis 25 m hoch und ist neben der Pinie der kennzeichnende Baum der italienischen Landschaft.

Zeitzonen

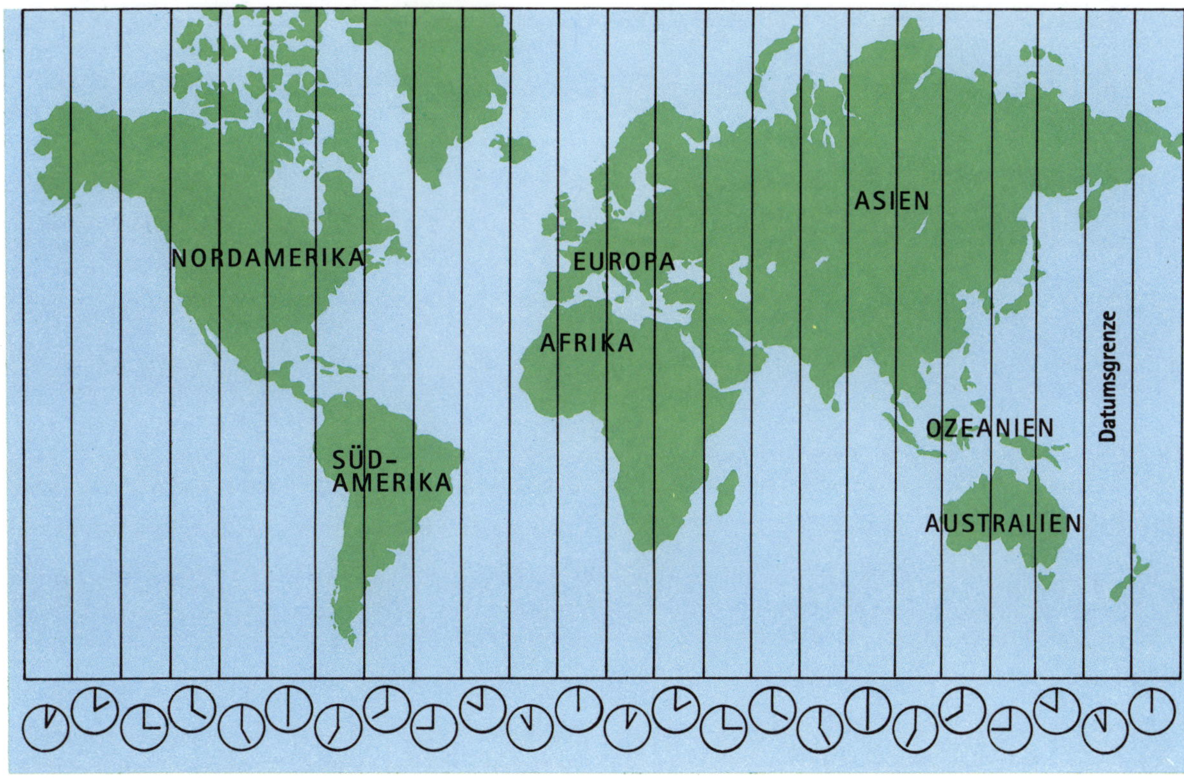

In 24 Stunden dreht sich die Erde einmal um ihre Achse. Die Sonne hingegen scheint dauernd, ihr Licht fällt aber immer nur auf eine Hälfte der Erdkugel. Die andere Hälfte liegt im Schatten, also im Dunkeln. Mit jedem Sonnenaufgang gelangen neue Gebiete ins Licht, während andere bei Sonnenuntergang in die Nacht entschwinden.

Wenn wir einen Globus betrachten, leuchtet uns sofort ein, daß alle Orte der Erde, die auf einem Längengrad oder Meridian liegen, die gleiche Zeit haben. Das gilt zum Beispiel für die Städte London und Accra in Westafrika. In Orten westlich dieser Linie geht die Sonne später auf, in Orten östlich davon früher. Nehmen wir an, die Sonne geht in Berlin Punkt 6.00 Uhr auf. Hannover liegt ungefähr 250 km oder rund 4 Längengrade weiter westlich. Hier erscheint die Sonne rund 15 Minuten später als in Berlin. Und in Bonn geht die Sonne noch einmal weitere 10 Minuten später auf als in Hannover. Man kann auch ausrechnen, wie weit bei uns zwei Orte voneinander entfernt sein müssen, damit die Sonne zwischen ihnen um eine Sekunde später aufgeht: Es sind rund 400 m. Also herrscht selbst in einem Stadtviertel nicht genau dieselbe Sonnenzeit!

Nun wäre es sehr unpraktisch, wenn jeder Ort seine eigene Zeit hätte. Deswegen teilt man die Erde in 24 Zeitzonen ein. Wenn wir nach Osten reisen, müssen wir bei jedem Übergang von einer Zeitzone in die andere die Uhr um eine Stunde vorstellen. Reisen wir in den Westen, etwa nach Nordamerika, müssen wir die Uhr zurückstellen.

Die Grenzen der Zeitzonen fallen allerdings nicht mit den Ländergrenzen zusammen. Mitten durch Deutschland verläuft eine Zeitzone. Dennoch hat man festgelegt, daß ganz Deutschland dieselbe Zeit hat. Diese Mitteleuropäische Zeit (MEZ) gilt in fast ganz Europa. In Griechenland und in der Türkei herrscht dagegen bereits die Osteuropäische Zeit (OEZ), die im Vergleich zu unserer Zeit eine Stunde voraus ist. Länder mit großer Ausdehnung in West-Ost-Richtung können keine einheitliche Zeit mehr haben. Die USA erstrecken sich über viereinhalb Zeitzonen. Wenn es an der Ostküste 8.30 Uhr ist, dann ist es in Kalifornien erst 3.00 Uhr morgens. Noch mehr Zeitzonen hat Rußland, nämlich elf! Zwischen Asien und Amerika verläuft noch eine ganz besondere Zeitzone, die Datumsgrenze. Wer sie überschreitet gewinnt oder verliert einen Tag.

Die Deutsche Bibliothek – CIP-Einheitsaufnahme

Unsere Erde von A – Z: Lexikon für Kinder / Hans Peter
Thiel. Ill.: Ilse und Rudolf Ross. – München: F. Schneider,
1993
ISBN 3-505-04679-5
NE: Thiel, Hans Peter; Ross, Ilse

Schleißheimer Straße 267, 80809 München

Umschlag und Illustrationen: Ilse und Rudolf Ross
Umschlaggestaltung: Adolf Bachmann
Redaktion: Hans Peter Thiel und Herta Hamann-Thiel
Lektorat: Susanne Härtel
Herstellung: Manfred Prochnow
Satz: L*O*W München
Druck: Tiskarna Ljudske pravice, Ljubljana, Slowenien
ISBN: 3-505-04679-5

94 95 96 | 12 11 10 9 8 7 6 5 4 3 2